REVISTA TRIMESTRAL DE

DIREITO PÚBLICO

8/1994

MALHEIROS EDITORES

Revista Trimestral de Direito Público

Órgão do

IDEPE
INSTITUTO INTERNACIONAL
DE DIREITO PÚBLICO E EMPRESARIAL

INSTITUTO DE DIREITO ADMINISTRATIVO PAULISTA
IDAP

REVISTA TRIMESTRAL
DE DIREITO PÚBLICO
publicação trimestral de
MALHEIROS EDITORES LTDA.
Rua Paes de Araújo, 29, cj. 171
CEP 04531-940
São Paulo, SP - Brasil - Tel. 822-9205
Fax: 829-2495

Assinaturas e comercialização:
CATAVENTO DISTRIBUIDORA DE
LIVROS S.A.
Rua Conselheiro Ramalho, 928
CEP 01325-000
São Paulo, SP - Brasil - Tel. 289-0811
Fax: 251-3756

Diretor Responsável: Álvaro Malheiros
Diretora: Suzana Fleury Malheiros
Supervisão Gráfica: Vânia Lúcia Amato

Composição: HELVÉTICA EDITORIAL
Impressão: Gráfica e Editora FCA
(Fundação de Ciências Aplicadas)

SUMÁRIO

DOUTRINA

EMENDAS DE TRATADOS INTERNACIONAIS
— **Vicente Marotta Rangel** 5

A ORGANIZAÇÃO CONSTITUCIONAL DA FUNÇÃO PLANEJADORA
— **Fábio Konder Comparato** 12

COMPETÊNCIAS ADMINISTRATIVAS DOS ESTADOS E MUNICÍPIOS — LICITAÇÕES
— **Lúcia Valle Figueiredo** 24

CONTRARIEDADE À CONSTITUIÇÃO E RECURSO EXTRAORDINÁRIO: ASPECTOS INEXPLORADOS
— **Gilmar Ferreira Mendes** 40

PARECERES

LEI DE ZONEAMENTO URBANO — COMPETÊNCIA EXCLUSIVA DO LEGISLATIVO MUNICIPAL — DELEGAÇÃO DE PODERES AO EXECUTIVO
— **Arnoldo Wald** 47

REGULAMENTO — LIMITES — PROIBIÇÃO DE FUMAR EM RESTAURANTES
Celso Antônio Bandeira de Mello 61

INCONSTITUCIONALIDADE DE PRECEITO DE CONSTITUIÇÃO ESTADUAL (parágrafo único do art. 293 da Constituição do Estado de São Paulo)
— **Geraldo Ataliba** 70

INCENTIVOS FISCAIS E FINANCEIROS
— **José Souto Maior Borges** 86

EFICÁCIA SOCIAL DA PRESTAÇÃO JURISDICIONAL
— **Teori Albino Zavascki** 107

ESTUDOS E COMENTÁRIOS

MEDIDA PROVISÓRIA: CONTROLE JURISDICIONAL DE SEUS PRESSUPOSTOS
— **Carlos David S. Aarão Reis** 114

CONTROLE JURISDICIONAL DOS ATOS POLÍTICOS DO PODER EXECUTIVO
— **Derly Barreto e Silva Filho** 123

SERVIDORES PÚBLICOS MUNICIPAIS, REGIME JURÍDICO E O FGTS
— **Sandra Krieger Gonçalves Silva** 135

FUNÇÃO ADMINISTRATIVA NO ESTADO BRASILEIRO
— **Yara Martínez Carvalho e Silva Stroppa** 146

MINISTÉRIO PÚBLICO E TUTELA DOS INTERESSES DIFUSOS
— **Luiz Fabião Guasque** 175

RECURSOS HÍDRICOS E CONSTITUIÇÃO
— **Dimas Macedo** 191

CONFERÊNCIAS E DEBATES

DÍVIDA EXTERNA E ÉTICA NAS RELAÇÕES INTERNACIONAIS
— **José Carlos de Magalhães** 199

INOVAÇÕES DA JURISPRUDÊNCIA EM MATÉRIA AMBIENTAL
— **Alvaro Luiz Valery Mirra** 206

JURISPRUDÊNCIA 220

DOUTRINA

EMENDAS DE TRATADOS INTERNACIONAIS

VICENTE MAROTTA RANGEL
Catedrático de Direito Internacional da Faculdade de Direito da Universidade de S. Paulo, Aposentado

Introdução. I — Observações Prévias. Diplomas convencionais. Processualística dos tratados internacionais. II — Temática genérica. Os artigos 39 e 40 das Convenções de Viena, de 1969 e 1986. Modificações de tratados multilaterais. Competências do Presidente da República. III — Temática específica. Competências do Congresso Nacional. Sugestão de emendas. IV — Considerações finais. Prudência necessária na sugestão de emenda. Casos de aprovação ou recusa do tratato. Emenda e reserva. Qualificação prévia do tratado.

1. Questões referentes à temática dos tratados internacionais, conquanto versadas com relativa freqüência em nosso país, continuam a exigir aclaramentos, como o testemunham controvérsias debatidas no âmbito do Poder Executivo e do Congresso Nacional, assim como no contexto das relações entre ambos os Poderes.

A respeito em particular da competência do Poder Legislativo em interpor ou não emenda de tratados internacionais muito se tem discutido, sendo o rol dos favoráveis e o dos contrários a essa competência integrados por juristas igualmente numerosos e ilustres.

2. Não é propósito deste estudo assumir posição imediata em prol de uma ou outra das correntes antagônicas, mas antes o de tentar entender as bases que cada qual delas se assenta, o de equacionar a matéria de modo mais compreensivo e abrangente. Significativo, por sinal, é persistir o debate, não obstante as disposições constitucionais pertinentes se tenham mantido, sobretudo ao longo do período republicano, inalteradas ou sujeitas a variações mínimas. Ou mesmo, quem sabe, precisamente devido à continuidade dessas disposições, que não primam por ser elucidativas e concludentes.

3. Ora, a expressão "emenda de tratados internacionais", utilizada pelos que discutem a matéria controvertida, se refere a duas coisas que se não devem confundir. Ela concerne a etapas diferentes na processualística dos atos internacionais, que importa essencialmente distinguir. Uma delas concerne à temática genérica do processo de conclusão dos tratados internacionais, temática essa comum aos quadrantes do direito das gentes e do direito constitucional. A segunda etapa se refere à questão específica do processo decisório do Congresso Nacional referente à aprovação ou não do tratado internacional, questão essa inserida não apenas no âmbito do direito constitucional, mas também, em particular, das normas parlamentares e regimentais pertinentes. Convém esclarecer, todavia, que embora distintas, essas etapas não são apenas complementares, mas guardam entre si estreita conexão.

4. Antes de examiná-las sucessivamente, convém tecer observações a respeito do regime jurídico dos tratados internacionais.

I — Observações prévias

5. Quanto a esse regime, cabe recordar serem os tratados internacionais atos jurídicos emanados tradicionalmente da vontade de Estados. Apresentam-se eles, na atualidade, decorrentes igualmente da vontade de organizações internacionais. Daqueles atos cuida tanto a Convenção sobre Tratados, de 20 de fevereiro de 1928, de âmbito regional, concluída na VI Conferência Panamericana de Havana, como a Convenção de Viena sobre o Direito dos Tratados, de 23 de maio de 1969. Sobre tratados concluídos entre Estados e organizações internacionais e entre essas mesmas organizações, versa a Convenção de Viena de 21 de março de 1986.

6. Como todo ato jurídico, o tratado internacional pode e deve ser considerado em função de dois prismas: como um processo de elaboração de norma jurídica e como a própria norma jurídica resultante dessa elaboração. Ele se reveste de características, ora de ordem contratual (via de regra nos atos bilaterais), ora de ordem legal (nos atos multilaterais).

7. O tratado é, por outro lado, ato complexo que se perfaz através da seqüência de três etapas, as quais devem ser consideradas como sendo: *a*) anterior ao consentimento da Parte Contratante; *b*) o próprio consentimento; *c*) subseqüente a esse consentimento. A primeira dessas etapas abrange diferentes fases: a da negociação, a da redação, a da adoção e autenticação do texto, a da assinatura, a da submissão ao Congresso, a da aprovação pelo Congresso. Embora as Convenções de Viena, de 1969 e de 1986, contemplem várias modalidades de manifestação do consentimento, este, em princípio, é expresso em nosso país por meio da ratificação, na conformidade do que a Convenção de Havana, de 20 de fevereiro de 1928, estipula em seu artigo 5º., a saber: "Os tratados não são obrigatórios senão depois de ratificados pelos Estados contraentes, ainda que esta cláusula não figure no próprio tratado". Aduz a mesma Convenção (artigo 6º., alínea 1ª.) que "a ratificação deve ser dada sem condições e abranger todo o tratado". Ato de competência do Chefe de Estado, ela pressupõe, em regra, admitidas exceções, manifestação de anuência do Poder Legislativo. Da etapa subseqüente ao consentimento consta o depósito ou permuta dos instrumentos de ratificação e a entrada em vigor do tratado no âmbito das relações entre as Partes assim como no âmbito interno do país (promulgação e publicação do tratado).

II — Temática genérica

8. Constam dos artigos 39 e 40 da Convenção de Viena sobre o Direito dos

Tratados referências ao tema da "emenda de tratados internacionais". Aquele artigo consigna a regra de que o tratado "poderá ser emendado por acordo entre as partes". "Partes" — esclarece o artigo 2º, § 1º, alínea *g* — significam os Estados que consentiram "em se obrigar pelo tratado" em relação aos quais "este esteja em vigor". Ora, é manifesto que esse acordo é mais fácil de ser obtido na hipótese de tratados bilaterais. Ilustrativo a respeito é o fato de que o único exemplo constante da prática brasileira em que emenda sugerida pelo Congresso Nacional se incorporou a tratado ocorreu em convenção dessa espécie, ou seja, o acordo de comércio e pagamentos entre o nosso país e a República da Tchecoslováquia, firmado no Rio de Janeiro a 24 de junho de 1960. Consoante o Decreto legislativo 17, de 1961, acrescentar-se-ia ao artigo 14 desse acordo um parágrafo e se suprimiria de uma lista de mercadorias determinado produto (minério de manganês).

9. Difícil, ao contrário (e muitas vezes impossível), é alcançar acordo a respeito de emendas suscitadas por uma das Partes Contratantes em relação a tratados multilaterais. Imagine-se de imediato um tratado de que sejam Partes Contratantes mais de uma centena de Estados (o que ocorre hoje com relativa freqüência). A obtenção de consentimento de todas elas se apresenta como empresa temerária. Se apenas algumas (ou mesmo a maioria) concordam com a emenda, surge o problema crucial (de difícil equacionamento) de conflito de tratados cuja solução constitui desafio e tormento dos analistas.

10. É precisamente a tratados multilaterais que se refere o artigo 40 da Convenção, o qual versa sobre: *a*) o procedimento a ser seguido pela proposta da emenda; *b*) os destinatários da proposta; *c*) os efeitos decorrentes de acordo para a emenda do tratado; *d*) as relações subsistentes entre o tratado originário e o tratado emendado. Do "estudo específico dos tratados multilaterais", mormente os institucionais, e conhecimento dos padrões resultantes desse estudo, a que procedeu José Francisco Rezek (*Direito dos Tratados*, Rio de Janeiro, 1984, pp. 430-436), sobressai a relevância e a complexidade do problema das emendas dos tratados internacionais.

11. Regras similares a esses artigos 39 e 40 se divisam nos artigos (de mesma numeração) da Convenção de Viena, de 1986, sobre Direito dos Tratados entre Estados e Organizações Internacionais ou entre Organizações Internacionais. Dessemelhança ocorre, bem é de ver, em relação a outra disposição: à alínea *g*, § 1º, do artigo 2º, uma vez que "parte", consoante o último tratado, "significa um Estado ou uma *organização internacional* que consentiu em se obrigar pelo tratado, esteja este em vigor ou não" (grifo acrescentado).

12. Em ambas as convenções, distinguem-se *emenda* e *modificação* de tratado. A "modificação" está contemplada no artigo 41 dessas convenções, o qual dispõe que "duas ou mais partes num tratado multilateral podem concluir um acordo para modificar o tratado, *somente entre si*", desde que obedecidas determinadas condições previstas no mesmo artigo (grifo acrescentado). "Amendment" — diz T. O. Elias — "embraces both the alteration of particular provisions and general "review" of the treaty as a whole". "Modification" é termo reservado "for an agereement wich is concluded with a view to varying some provisions of the original treaty as between certain only of the parties" (*Modern Law of Treaties*, Dobbs Ferry-Leiden, Oceana, Sijthoff, 1974, pp. 89-95).

13. Conexas com as emendas se situam as reservas aos tratados internacionais. Enquanto aquelas pretendem a revisão ou reforma de determinadas cláusulas, estas visam suspender-lhes a aplicação nas relações de Partes entre si. A introdução de reservas não é irrestrita. Declara-o a Convenção de Viena sobre o Direito dos Tratados, cujo artigo 19 assim dispõe: "Um Estado pode, ao assinar, ratificar, aceitar ou aprovar um tratado, ou a ele aderir, formular uma reserva, a menos que: *a*) a reserva seja proibida pelo tratado; *b*) o tratado apenas autorize determinadas reservas, entre as quais não figure a reserva em questão; ou *c*) nos casos não previstos na alínea *a* e *b*, a reserva seja incompatível com o objetivo e a finalidade do tratado". De forma similar preceitua o artigo 19 da Convenção de Viena sobre Direito dos Tratados entre Estados e Organizações Internacionais ou entre Organizações Internacionais.

14. Vinculada à acepção do termo "emenda de tratado" na ordem jurídica internacional, coloca-se a questão da competência dos poderes de cada Parte no procedimento de emenda. A solução a essa questão é confiada ao direito constitucional de cada Estado. Assim, toda a problemática de emenda a tratado, tal como ambas as Convenções de Viena postulam, se situa no âmbito da negociação dos tratados, tanto que elas estabelecem, em sua regra geral (artigo 39) (após consignar poder um tratado "ser emendado por acordo entre as partes"), que as disposições da parte II "aplicar-se-ão a tal acordo, salvo na medida em que o tratado dispuser de outra forma". Ora, entre as disposições de parte II, constam as dos parágrafos do artigo 7º., a respeito dos plenos poderes. Dispõe o § 2º. desse artigo o que se segue:

"Em virtude de suas funções e independentemente da apresentação de plenos poderes, são considerados representantes do seu Estado:

"a) os chefes de Estado, chefes de Governo e Ministros das Relações Exteriores, para todos os atos relativos à conclusão de um tratado;

"b) os chefes de missão diplomática, para a adoção do texto de um tratado entre o Estado acreditante e o Estado acreditado;

"c) os representantes acreditados pelos Estados perante uma conferência ou organização internacional ou um de seus órgãos, para a adoção do texto de um tratado em tal conferência, organização ou órgão."

15. Ao comentar a norma do artigo 39 da mais antiga dessas Convenções de Viena mas aplicável igualmente à Convenção de 1988, observam com razão Ernesto de la Guardia e Marcelo Delpech que a remissão não deve ocorrer apenas em relação às disposições de parte II: "le enmienda no puede hacerse sino mediante un *nuevo tratado*, al cual se aplicarán, como es lógico, todas las normas relativas a los tratados, *y no sólo* las contenidas en la Parte II" (grifo dos Autores) (*El Derecho de los Tratados y la Convención de Viena de 1969*, Buenos Aires, La Ley, 1970, p. 354). Como quer que seja, o enunciado do § 2º. *supra* diz respeito à temática da representação dos Estados na esfera das relações exteriores, no acreditamento de membros de missão diplomática ou de delegação a conferências, órgão ou organismos internacionais.

16. A leitura da disposição do § 2º. do artigo 7º. nos encaminha para o exame da origem e qualificação dos *representantes dos Estados*, aos quais compete propor, modificar, recusar "emendas a tratados internacionais" na fase de negociação dos mesmos. Certo, não contém a Constituição Federal de 1988 (assim como as anteriores) essa expressão. Mas a Constituição se refere ao tema da representação do Estado na ordem exterior. Ela contempla áreas que são de competência privativa do Presidente da República, quais sejam a de "manter relações com Estados estrangeiros e acreditar seus representantes diplomáticos" e a de "celebrar tratados, convenções e atos internacionais, sujeitos a referendo do Congresso Nacional" (artigo 84, incisos VII e VIII). Tais atribuições são próprias da esfera do Poder Executivo, por intermédio do qual os Estados se articulam reciprocamente no amplo cenário das relações internacionais, o que ocorre, via de regra, nos regimes tanto presidencialistas como parlamentaristas. É o Poder que tem antenas endereçadas para o ambiente exterior dos Estados em cuja atmosfera propícia os contatos recíprocos se iniciam e se consolidam.

17. Em face do que acima se expôs, e tendo em vista as disposições da Constituição Federal de 1988 assim como da Convenção de Viena sobre o Direito dos Tratados de 1969, afigura-se pertinente deduzir que "a emenda de tratados internacionais" é procedimento inscrito na fase de negociação dos tratados e se situa na esfera das competências do Poder Executivo. Não cabe, assim, ao Congresso Nacional emendar *esses tratados*, embora possa, como a seguir diremos, propô-las ou sugeri-las ao Poder Executivo. Compreende-se, pois, a clássica assertiva de João Barbalho em seu livro sobre a primeira Constituição republicana, a de que a emenda quebraria a integridade do tratado e significaria "rejeitá-lo *per totum*" (*Constituição Federal Brasileira*, Rio de Janeiro, 1902, p. 111). Compreende-se também o comentário de Celso de Albuquerque Mello, o de ser a emenda do Congresso uma "interferência indevida nos assuntos do Executivo, uma vez que só a ele competem negociações no domínio internacional" e a de nada mais ser a emenda do que uma forma indireta pela qual o Legislativo se imiscui na negociação". Diferentemente ocorreria com a reserva que o Legislativo poderia apresentar "desde que seja cabível", cabendo, entretanto, ao Executivo "apreciar a vantagem de ratificar o tratado aprovado pelo Congresso com reserva ou deixar de fazê-lo" (*Curso de Direito Internacional Público*, 1º vol., 4ª ed., 1974, pp. 122-123).

III — Temática específica

18. Como acima se disse, o consentimento do tratado pelas Partes Contratantes constitui fase indeclinável na processualística dos atos internacionais. Condição de validade do próprio tratado, esse consentimento deve ser escoimado de erro (artigo 48), de dolo (artigo 49), de corrupção (artigo 50) e de coação (artigos 51 e 52). Pressupõe ele aprovação parlamentar, porquanto — nos termos da Constituição vigente — é "da competência exclusiva do Congresso Nacional resolver definitivamente sobre tratados, acordos ou atos internacionais que acarretem encargos ou compromissos gravosos ao patrimônio nacional" (artigo 49, I). Outrossim, segundo ainda a mesma Constituição, "compete privativamente ao Presidente da República celebrar tratados, convenções e atos internacionais, sujeitos a referendo do Congresso Nacional" (artigo 84, VIII). É assim, por meio de decreto legislativo (artigo 59, VI), que o Congresso Nacional manifesta a sua aprovação a esses "tratados, convenções e atos internacionais".

19. Dispõe o Regimento Interno do Senado Federal a respeito de tramitação do *projeto de decreto legislativo referente a atos internacionais*. A esse projeto — diz a alínea *c* do artigo 36 do Regimento — *poderão ser oferecidas emendas* perante a Comissão de Relações Exteriores e Defesa Nacional, "nos cinco dias subseqüentes à distribuição de ambos". "Publicados o parecer e as emendas e distribuídos os avulsos, decorrido o interstício regimental, a matéria será incluída em Ordem do Dia", acrescenta a alínea *d* do mesmo artigo (grifos nossos).

20. Emendas que se incorporem ao projeto de decreto legislativo e que a este eventualmente se integrem não constituem, porém, a rigor, emendas do tratado internacional. Estas são de competência do Poder Executivo. As emendas que venham a incorporar-se ao decreto legislativo concernentes a esse tratado, valem como se fossem *propostas de emenda* do tratado. São propostas encaminhadas à apreciação do Poder Executivo. Elas têm significado, para usar de termos empregados por Pontes de Miranda, de *sugestão de alterações* do tratado, que o Poder Legislativo endereça ao Presidente da República (*Comentários à Constituição de 1967*, 2ª ed., t. III, São Paulo, Ed. RT, p. 106).

21. Na hipótese de emenda *sugerida* pelo Congresso Nacional, *proposta* pelo Poder Executivo e *aceita* pelas demais Partes (o que seria extremamente difícil de ocorrer no caso de acordos multilaterais), se tem indagado da necessidade de o tratado assim emendado ser novamente submetido ao crivo do Poder Legislativo. Insigne antecessor nesta Consultoria Jurídica, o Professor Haroldo Valladão asseverou que não (parecer CJ/1.777, de 2 de abril de 1962, § 11), entendimento esse que nos afigura merecedor de acolhimento e subscrição.

IV — Considerações finais

22. Admita-se que, em relação ao tratado encaminhado à sua apreciação, o Congresso Nacional, ao invés de aprová-lo ou de rejeitá-lo totalmente, prefira seguir uma terceira via: sugerir que a esse tratado determinada emenda se incorpore.

23. Quanto a essa terceira via, impõe-se de imediato um alvitre: o de que ela seja utilizada com extrema prudência.

A razão dessa prudência reside no fato de que o tratado é resultante de um delicado esforço de negociação e o equilíbrio em decorrência alcançado não deve ser rompido com propostas ulteriores de modificação. Tais propostas podem ter o significado de rejeição pura e simples do tratado. Muitas vezes seria preferível proclamar francamente esse significado a exigir esforço penoso e inútil de renegociação.

Em todo caso, estamos entre aqueles que não excluem, de forma categórica, essa terceira via. Sobre os casos de sua eventual utilização, dir-se-á a seguir.

24. Que se poderia entender por uma proposta de alteração do tratado? Comecemos por dizer que a avaliação dessa alteração se inscreve na esfera de competência concorrente dos Poderes Executivo e Legislativo, embora cabendo àquela decisão final a respeito.

25. Entre os elementos conducentes a essa avaliação está o exame da espécie e da natureza do tratado em causa. Desse exame se inferirá se a propositura de sugestão de emenda (na esfera do Congresso Nacional) ou da própria emenda (no âmbito do Poder Executivo) terá a valia ou não de recusa ao tratado. Quanto à espécie de tratado, importa distinguir, como acima se disse, os bilaterais dos plurilaterais. O advento destes, o que somente se deu a partir do começo do século passado, é que demandou reflexões especiais sobre o problema das emendas, tema até então ignorado na prática e na teoria dos acordos internacionais. Tais reflexões necessitaram de maior aprofundamento com o surgimento de tratados constitutivos de organizações internacionais, alguns dos quais reconhecidos como pertencentes ao nível mais alto do ordenamento jurídico internacional, em relação aos quais o mecanismo de emendas se revela operacionalmente complexo, se não impossível.

26. Em que casos a interposição de emendas poderá, não obstante, ensejar aprovação do tratado? Os seguintes são de acolher: *a*) se, em sendo bilateral, houver concordância da outra Parte Contratante com a emenda proposta; *b*) se, em sendo multilateral, houver concordância das demais Partes Contratantes; *c*) se, em sendo multilateral e não havendo essa concordância, a emenda for compatível com a natureza e fins do tratado, na hipótese em que este não contenha cláusulas a respeito de sua própria modificação; *d*) se, em sendo multilateral e havendo discrepância de alguma Parte Contratante, existirem tais cláusulas e a emenda proposta com estas se harmonize. A primeira hipótese se concretizou com referência ao único caso sobre emenda constante da prática brasileira, acima referido. Nota do Ministro das Relações Exteriores da Tchecoslováquia, de 10 de janeiro de 1963, em resposta à que lhe endereçara a 10 de setembro de 1962 o Embaixador do Brasil em Praga, concordou com as sugestões de modificações propostas pelo Congresso Nacional e com as quais o governo brasileiro "esteve conforme". Consoante aquela Nota, o Acordo entrou em vigor trinta dias após ter sido datada, ou seja, a 10 de fevereiro de 1963. Foi ele promulgado, a seguir, pelo Decreto n. 51.951, de 26 de abril de 1963, publicado no *Diário Oficial* de 7 de maio do mesmo ano. Por esse ato governamental, se determinou que tanto o Acordo como as Notas de 18 de setembro de 1962 fossem "executados e cumpridos tão inteiramente como neles se contêm".

27. Em que casos a aposição de emendas valerá como recusa do tratado? O primeiro e o mais simples é aquele em que a Parte Contratante de tratado bilateral ou multilateral não aceite modificação desse tratado. O segundo caso é o de tratado multilateral que não contemple cláusulas sobre revisão ou emenda e cuja natureza e fins não se coadunem com a emenda proposta. Terceiro caso é o de tratato multilateral que contemple tais cláusulas, com as quais, todavia, a emenda sugerida ou proposta não se harmonize.

28. Afiança-se, por vezes, que as *emendas* sugeridas pelo Congresso Nacional ou propostas pelo Poder Executivo são, em última instância, *reservas* ao tratado. Pensamos não ser de acolher a identificação destas com aquelas. Emendas e reservas se distinguem, como ficou asseverado (item n. 13). Determinada cláusula do tratado pode admitir reserva e não emenda; pode, ao contrário, admitir emenda e não reserva. É certo que, em determinados casos, a emenda poderia ter o significado de reserva. Se o terá, somente o diria a análise do tratado e de suas disposições.

29. Como acima se assinalou, a decisão de interpor emenda deve ser tomada com extrema prudência. O tratado resulta de um processo árduo e complexo de negociação. As disposições dele constantes se concatenam reciprocamente numa delicada relação de equilíbrio, insusceptível o mais das vezes de ser restabelecido em negociações ulteriores.

30. Decidido, porém, o oferecimento de emendas, não tem o Congresso Nacional competência de propô-las diretamente às Partes Contratantes mas, sim, o de sugerir ao Poder Executivo que as proponha.

31. Ressalte-se, enfim, em face de quanto acima se disse, que a questão da admissibilidade de emendas não pode e nem deve ser equacionada em tese, pois ela depende do exame da natureza e espécie do tratado assim como das estipulações desse tratado que as emendas se refiram.

A ORGANIZAÇÃO CONSTITUCIONAL DA FUNÇÃO PLANEJADORA*

FÁBIO KONDER COMPARATO
Professor Titular da Faculdade de Direito da Universidade de S. Paulo
Doutor em Direito da Universidade de Paris

Em artigo publicado na *Revista Brasileira de Estudos Políticos*, n. 28, janeiro de 1970 ("O Planejamento Regional no Federalismo"), o Professor Washington Peluso Albino de Souza afirmava com vigor que já ia longe "a época das discussões sobre a legitimidade democrática do planejamento. Acima de regimes políticos", enfatizava, "impõe-se como conquista científica. E como técnica de racionalização de esforços e do aproveitamento de recursos, passou a interessar às nações, sem discriminação também dos graus de desenvolvimento".

Um quarto de século depois de escritas essas lúcidas observações, no entanto, a difusão universal das receitas neoliberais, acompanhada do colapso dos regimes comunistas, acabou por provocar, com a necessária correção dos excessos estatistas e nacionalistas do passado, também uma injustificável prevenção contra o planejamento da ação governamental no desempenho de políticas públicas.

Urge, portanto, retomar as idéias tão bem-defendidas pelo eminente Professor mineiro, reexaminando a questão no contexto histórico de uma indispensável e inadiável reforma da nossa estrutura estatal.

Constitui verdadeiro truísmo reconhecer que a complexidade estrutural e a aceleração do ritmo das transformações sociais, no mundo contemporâneo, aumentaram exponencialmente a importância das tarefas de previsão e planejamento no nível governamental. Sem risco de erro, pode-se dizer que o bom desempenho dessas tarefas torna-se hoje o principal fator de legitimação dos sistemas de governo.

Os governantes, afinal, sempre foram, como bem salientaram os filósofos gregos, os pilotos (*kubernetes*[1]) da sociedade política, os homens encarregados de fixar a rota e conduzir a navegação a bom destino. Na navegação aérea de longo curso, por exemplo, é essencial estabelecer-se um adequado plano de vôo,

* Artigo destinado à publicação, numa coletânea de estudos jurídicos em homenagem ao Prof. Washington Peluso Albino de Souza.

1. Daí porque o verbo latino *gubernare*, em sua acepção própria, significa dirigir um navio, e *gubernator* é o timoneiro.

com a previsão das diferentes escalas, a eventual troca de tripulantes, o abastecimento de carburante e todas as demais providências correlatas.

Ora, o desenvolvimento nacional é, sem dúvida, a mais importante das "navegações de longo curso" que possa empreender uma sociedade. É a principal política pública, aquela dotada de maior sentido arquitetônico — para usarmos da expressão tão cara a Aristóteles na definição da arte política —, pois engloba e harmoniza todas as demais atividades governamentais.

Para poder acompanhar a rapidez das transformações sociais, o piloto-governante há de contar com um horizonte previsional suficientemente amplo e um serviço de "acompanhamento de vôo" que lhe dê, imediatamente, todas as informações básicas sobre o desempenho da economia nacional e a situação social das populações. Ele deve, por exemplo, ter sempre em mente, para orientação de seu programa de atividades, que a composição relativa da infraestrutura de um país altera-se significativamente, no curso do processo de desenvolvimento nacional, observando-se uma redução dos investimentos em saneamento, tratamento de água, ferrovias e irrigação, e um acréscimo de investimentos em telecomunicações, estradas de rodagem e energia.[2] Ele não pode ignorar que os progressos em matéria de saúde e educação das populações não dependem exclusivamente do montante dos investimentos realizados, mas também e sobretudo da qualidade dos serviços prestados, cuja avaliação só pode dar-se em termos de médio e longo prazos. Ele não esquecerá, enfim, que a estrutura etária das populações e as causas de mortalidade — fatores que influem, decisivamente, no orçamento das instituições de previdência social do país — evoluem num quadro temporal de duração muito superior à de uma legislatura, ou de um mandato presidencial.

Tudo isso demonstra a verdade, afinal das contas óbvia, de que a linha evolutiva das sociedades, tal como a dos indivíduos, vai no sentido de uma cerebralização crescente de funções, o que exige correspondente transformação da estrutura estatal, modelada pelo constitucionalismo clássico.

2. Cf. *World Bank, World Development Report 1994 — Infrastructure for Development*, p. 4, quadro 2.

A exigência histórica de uma nova organização das funções estatais

A concepção clássica de Constituição no sentido material, tal como resulta do pensamento político europeu dos séculos XVII e XVIII, corresponde, em sua essência, às idéias de Aristóteles. Sem dúvida, a noção de *politéia*, na *Política*, não é unívoca.[3] Mas duas das múltiplas acepções do termo acabaram predominando sobre as demais; quais sejam, a de organização de competências numa sociedade, em função do poder supremo (*kurion*),[4] e a idéia de "império da lei".[5]

3. Essa ambigüidade do termo, ao longo da obra, parece estar ligada às diferentes épocas de sua composição. Com efeito, como bem ressaltou a crítica moderna (R. Weil, *Aristote et l'histoire. Essai sur la "Politique"*), ao lado dos livros VII e VIII e da maior parte do livro VII — todos considerados os mais antigos —, o livro III aparece como de confecção bem mais recente e o caráter "realista" dos livros IV, V e VI demonstra que sua redação tampouco pode ser considerada como tendo sido feita na mesma época que a dos demais.

4. No trecho numerado 1278b, 5-15, afirma o filósofo que "*politéia* é a ordem (organização) das diferentes magistraturas de um Estado e, especialmente, daquela que detém a autoridade suprema. Em toda parte, com efeito, a autoridade suprema na *pólis* é o órgão soberano, e a constituição é, de fato, a autoridade suprema. Entendo que, por exemplo, nos Estados democráticos o povo é soberano, enquanto, ao contrário, nos oligárquicos, é a minoria".

5. "Onde as leis não têm autoridade alguma, não há constituição: é essencial, com efeito, que a soberania da lei se estenda a todas as coisas, e que os magistrados estatuam tão-somente em casos particulares; é nisto que se reconhece uma verdadeira constituição" (1292a, 30).

Pode-se mesmo dizer que a noção de Estado de Direito, longe de ter sido criada pelos juristas europeus do século XIX, já se encontra *ante litteram* no pensamento aristotélico, com a ênfase dada ao princípio da supremacia da lei e da soberania do órgão encarregado de editá-la.

A separação de Poderes, cujas bases foram também lançadas por Aristóteles, é mero corolário desse princípio.[6] Para garantir a liberdade individual — valor montante da modernidade européia — era indispensável separar o legislador do aplicador da lei, ou seja, assentar claramente a distinção entre lei e decreto executivo, assim como submeter, de modo igual, todos os cidadãos ao império de uma lei única.

O mundo contemporâneo — a partir do final da guerra européia de 1914-1918 e, sobretudo, desde a grande crise de 1929 — subverteu ambos esses princípios: a lei deixou de ser a norma geral, igualmente aplicável a todos os que vivem debaixo de um mesmo Estado, e o Poder Executivo tornou-se autêntico legislador.

Na doutrina germânica dos anos 20 e 30, Carl Schmitt profligou largamente a confusão entre lei e decreto individual (*Befehl*), ou entre lei e medida administrativa (*Massnahme*).[7] O período imediatamente ulterior à segunda guerra mundial, no entanto, assistiu à generalização de leis-provimento (*Massnahmegesetze*) em todos os países. Ao mesmo tempo, consolidou-se a era dos decretos-leis, expedidos pelo Poder Executivo, cujo início de aplicação teve origem na primeira grande guerra européia. Até mesmo nos Estados Unidos, que até então haviam sido fidelíssimos ao princípio da rígida separação de Poderes, o colapso econômico-financeiro de 1929, seguido pela mais dura depressão já sentida em todos os tempos, suscitou a criação das chamadas *independent regulatory commisions*, órgãos normativos autônomos dotados de competência "quase-legislativa".

A segunda metade do século assistiu à consolidação de todas essas experiências, inauguradas sob o signo da excepcionalidade. A Constituição francesa de 1958 (arts. 34 e 37) e a portuguesa de 1976 (arts. 167, 168 e 201) consagraram a dualidade de competências legislativas próprias, entre o Legislativo e o Poder Governamental, paralelamente à previsão constitucional de legislação delegada. Ao mesmo tempo, generalizou-se a institucionalização de órgãos normativos autônomos,[8] inclusive em nosso País.

A razão matriz dessa evolução histórica foi, evidentemente, a inadequação da organização clássica de Poderes ao caráter essencialmente dinâmico do Estado contemporâneo, cada vez mais absorvido na tarefa de programar e realizar

6. A distinção entre lei (*nomos*) e decreto executivo (*psefisma*) veio à luz bem cedo na civilização grega. Uma lei citada por Andócides, no início do século IV a.C., e considerada como devida a Sólon, dispunha: "Decreto algum, nem do Conselho (*Bulê*) nem da assembléia do povo (*Eklesia*) prevalecerá contra uma lei" (*apud* Jacqueline de Romilly, *Problèmes de la Démocratie Grecque*, Ed. Hermann, 1975, p. 168). Há quem sustente, no entanto, que essa distinção teria sido introduzida em Atenas no arcontado de Eucleides, no final do séc. V (cf. C. Hignett, *A History of the Athenian Constitution*, Oxford, 1975, p. 211). Seja como for, Aristóteles queixava-se de que os demagogos logravam sempre obter da assembléia do povo decretos revogadores de leis (*Política* IV, 4 1292a). No *De Re Publica*, Cícero observa que, quando os atenienses suprimiram o areópago e a assembléia do povo passou a governar por meio de decretos, a *politéia* perdeu o que fazia a sua beleza: "Si Athenienses quibusdam temporibus sublato Areopago nihil nisi populiscitis ac decretis agebant, quoniam distinctos dignitatis gradus non habebant, non tenebat ornatum suum civitas" (livro I, XXVII-43).

7. Cf. *Verfassungslehre*, 7ª ed., Berlim, Duncker/Humblot, 1989, pp. 142 e ss.; e, sobretudo, *Legalitat und Legitimitat*, 4ª ed., Berlim, Duncker/Humblot, 1988.

8. Veja-se o estudo de Claude-Albert Colliard e Gérard Timsit, *Les Autorités Administratives Indépendantes*, Paris, Presses Universitaires de France, 1988.

políticas públicas, e cada vez menos empenhado em meras declarações de direitos. Da mesma forma que a lei, como norma geral e abstrata, não é um instrumento de governo e, muito menos, de transformação social, mas uma regra de competência ou de comportamento humano, assim também o Legislativo não é um órgão funcionalmente dotado de iniciativa e impulsionamento da ação estatal. O próprio Montesquieu já o dissera, excelentemente: "le corps représentant ne doit pas être choisi pour prendre quelque résolution active, chose qu'il ne ferait pas bien, mais pour faire des lois, ou pour voir si l'on a bien exécuté celles qu'il a faites, chose qu'il peut très bien faire, et qu'il n'y a même que lui qui puisse bien faire".[9]

No plano da organização federal, aliás, assistiu-se a uma evolução semelhante. O federalismo original era essencialmente estático, porque fundado na repartição da competência legislativa entre o Poder central e os Estados-membros. O novo federalismo, ao contrário, tende a privilegiar o aspecto dinâmico da ação estatal, vale dizer, a competência para a realização de políticas públicas. Por isso mesmo, a tendência atualmente visível em todos os países, até mesmo naqueles organizados tradicionalmente sob a forma de Estado unitário, é a repartição do território em regiões geoeconômicas, dotadas de autonomia administrativa e planejadora, ainda que despidas de competência legislativa.[10]

Como tive ocasião de assinalar alhures[11], a organização de Poderes do constitucionalismo clássico, fundada na supremacia da lei e do órgão legislativo, apresenta um defeito irremediável, qual seja, a ausência de um órgão de impulsionamento da ação estatal. Rompendo com o esquema constitucional consagrado, o Poder Executivo assumiu, em todos os países, essa função natural de liderança, tornando-se, de fato, o principal Poder.[12]

Daí por que alguns teóricos do Estado têm procurado ensaiar um novo modelo de organização de Poderes, de modo a levar na devida conta essa mutação fundamental. É o caso, por exemplo, de Karl Loewenstein, em sua conhecida obra sobre a teoria da Constituição.[13] Para ele, a nova tripartição dos Poderes estatais deve fundar-se na dinâmica das forças de poder numa sociedade pluralista de massas, desdobrando-se no poder de estabelecer as decisões políticas fundamentais (*policy determination*), na função executiva dessas grandes decisões políticas (*policy execution* e nos controles políticos (*policy control*).

O que ressalta desde logo de positivo, nessa nova classificação, é o fato de que a matéria classificada já não é a lei, ou o poder de editá-la, mas sim o conjunto das políticas públicas ou programas de ação governamental (*policies*). Não se pode, porém, deixar de observar, criticamente, que o renomado autor, sem embargo de rejeitar com vigor o dogmatismo da teoria tradicional, continuou preso, não se sabe por que, a um esquema ternário, uma espécie de arremedo profano do dogma da Santíssima Trindade, como se fizesse parte da natureza

9. *Esprit des Lois*, livro XI, cap. VI.

10. O federalismo regional foi pioneiramente defendido entre nós pelo Professor Paulo Bonavides. Cf. a sua obra *Política e Constituição — Os Caminhos da Democracia*, Rio de Janeiro, Ed. Forense, 1985, parte I.

11. *Para Viver a Democracia*, São Paulo, Brasiliense, 1989, pp. 108 e ss.

12. O fenômeno, extensamente discutido pelos cientistas políticos, ainda permanece geralmente estranho às análises jurídicas. As considerações pertinentes do grande constitucionalista francês Bernard Chantebout (*Droit Constitutionnel et Science Politique*, 5ª ed., Paris, Armand Colin, 1983, pp. 298 e ss.) constituem notável exceção à regra.

13. *Verfassungslehre*, 3ª ed., Tuebingen, J. C. B. Mohr, 1975, pp. 39 e ss. A obra foi publicada originalmente nos Estados Unidos, sob o título *Political Power and the Governmental Process*, The University of Chicago Press, 1957.

do Estado a existência de três — não mais e não menos — funções essenciais do Poder Público.

Sem querer ensaiar uma nova explicação englobante dessa matéria, parece-me indispensável ressaltar a indispensabilidade, para o Estado contemporâneo, do exercício da função de planejamento ou programação das grandes políticas públicas, bem como sublinhar o fato de que essa função essencial não pode ser acumulada com as tarefas administrativas de governo nem com a função legislativa tradicional, mas deve ser desempenhada por um órgão especial, dotado da necessária autonomia.

Com efeito, se os fundamentos da legitimidade política evoluem historicamente, e se a democracia parece ser, incontestavelmente, o critério predominante de legitimidade dos tempos modernos, importa reconhecer que, para a sociedade de massas contemporânea, já não basta a afirmação da soberania popular e a garantia dos direitos fundamentais da pessoa humana, como base da convivência política. Importa, ainda, estabelecer as condições institucionais de direção eficaz do processo de desenvolvimento nacional.

Ora, se entendermos esse processo como a elevação constante do nível de vida e a melhoria permanente da qualidade de vida de toda uma população, é preciso reconhecer que se trata de uma exigência universal, não limitada a alguns países apenas, ou restrita a uma só fase histórica da vida de uma nação. De modo geral, todos os países, ricos ou pobres, antigos e recentes, devem desenvolver-se, visando à humanização integral das condições de vida.

À luz dessas considerações, percebe-se facilmente que a grande dicotomia da organização estatal, neste final de século, já não é a de *legislar* e *aplicar as leis*, mas sim a de *programar e executar as grandes políticas nacionais*. A legislação aparece, nessa perspectiva, como quadro condicionante da ação estatal, mas não como sua finalidade última. E assim como a separação tradicional entre o legislador e o aplicador da lei fundamenta-se no princípio da submissão da vontade particular — em especial a dos governantes — à vontade geral expressa na lei, assim também a nova dicotomia encontra seu fundamento no princípio da predominância das grandes decisões programáticas sobre a vontade particular dos governantes, na necessidade de se não confundirem os objetivos cardeais da ação estatal com os seus meios de execução.

A organização constitucional do planejamento

Urge, portanto, repensar o quadro constitucional de organização das funções estatais, à luz da nova exigência de programação institucional de políticas públicas, sendo certo que essa recomposição estrutural dos Poderes Públicos há de ser feita, tanto no plano da distribuição federal de competências quanto no nível da organização horizontal de funções, em cada unidade política.

a) Reformar a federação

No tocante à organização federal do Estado, é inadiável rever-se o esquema político tradicional, criado pela Constituição norte-americana. Sem dúvida, ele continua plenamente válido para os Estados oriundos de um movimento associativo ou confederal, nos quais o problema político fundamental é o de relativizar antigas soberanias nacionais. Por isso mesmo, esse modelo é o mais indicado para a constituição de grandes conglomerados políticos pluriculturais, como a Comunidade Européia. Observe-se, contudo, que os novos complexos federais já não se fundam em mera distribuição da competência legislativa, como sucedeu com a criação dos Estados Unidos da América do Norte, e sim na harmonização de políticas públicas, a começar pela política econômica e financeira, de modo geral.

Seja como for, nos países originalmente unitários e dotados de inquestionável unidade cultural, como é o caso do Brasil, o esquema federal clássico, fundado principalmente na distribuição da competência legislativa entre as diferentes unidades políticas, torna-se sempre mais inepto. Entre nós, por exemplo, a tendência histórica de concentração na União da maior parte do poder de legislar não foi, propriamente, revertida pela Constituição de 1988. Ao invés de um movimento de devolução aos Estados, ou Municípios, de parte do que haviam perdido nesse terreno, no curso do tempo, o que se fez foi estabelecer uma competência legislativa concorrente em determinadas matérias (art. 24). Mas essa disposição constitucional revelou-se desde logo inoperante, mantendo-se, na prática, a uniformidade legislativa nacional.

No que concerne às políticas públicas, a inadequação do esquema federal clássico transparece, nitidamente, das próprias disposições da Constituição de 1988. A enumeração das funções próprias da União e dos Municípios é extensa e minuciosa (arts. 21 e 30). Mas nada se diz sobre a competência própria dos Estados para desenvolver programas de ação administrativa, em matéria econômica e social. Tudo se passa como se a existência dos Estados-membros fosse inteiramente supérflua em nossa organização estatal.

Os autores da Constituição de 1988, no entanto, desatentos a essa incoerência organizacional, criaram mais três Estados, e ainda previram, por via de uma Comissão de Estudos Territoriais, a possibilidade de se criarem outros mais (Ato das Disposições Constitucionais Transitórias, art. 12). Ora, os três Estados criados em 1988 — Tocantins, Roraima e Amapá — e mais oito outros, num total de onze, portanto, têm receitas próprias muito inferiores ao montante das transferências de recursos fiscais que lhes são feitas pela União. Do total das receitas financeiras do Estado de Tocantins, por exemplo, 22% são oriundos de recursos próprios e 78% de recursos federais; em Roraima, esses percentuais são de 13 e 87, respectivamente; no Amapá, 11 e 89; e no Estado do Acre, 10 e 90. Faz algum sentido sustentar-se a autonomia política dessas unidades federativas, incapazes de atender, com recursos próprios, às suas despesas correntes?

Escusa observar que o desenvolvimento nacional, com a superação das profundas desigualdades regionais, não pode fundar-se nesse esquema político inepto e inconseqüente. É absolutamente necessário e urgente reformular a nossa organização federal, se quisermos iniciar, seriamente, o processo de desenvolvimento.

Ora, essa reformulação, como indiquei acima, passa pela consagração das regiões geoeconômicas como novas unidades federativas, em complementação à ordem federativa tradicional, de origem norte-americana.

A Constituição italiana de 1947 foi a primeira carta política a organizar, sistematicamente, o chamado Estado Regional, que outros preferem denominar "Estado Unitário-Federal".[14] De acordo com o disposto em seu art. 115, "as regiões são constituídas em entidades autônomas com poderes próprios e funções, segundo os princípios fixados na Constituição". No artigo 117 são elencadas, taxativamente, certas matérias sobre as quais as Regiões têm competência legislativa, sendo que as leis nacionais

14. Cf. José Juan González Encinar, *El Estado Unitario-Federal*, Madri, Editorial Tecnos, 1985.

podem prever que a sua regulamentação seja feita pelo legislador regional. Põe-se hoje, no quadro da Comunidade Européia, a questão, delicada entre todas, da representatividade ou poder externo das Regiões.[15]

A Constituição brasileira de 1988 previu a criação de Regiões, mas "para efeitos administrativos" tão-somente, por iniciativa exclusiva da União e debaixo de sua competência própria (art. 43). O art. 48, IV, determina, claramente, que ao Congresso Nacional compete votar os planos regionais de desenvolvimento. Ou seja, as regiões previstas no texto constitucional têm existência meramente burocrática ou formal.

O novo federalismo, no entanto, não prescinde da criação de Regiões como sujeitos políticos autônomos, dotados de competência própria de planejamento e realização de políticas públicas.[16] O que implica, claramente, a reorganização do atual modelo financeiro federal. Os Estados e Municípios deveriam prover as suas despesas correntes unicamente com recursos próprios. As transferências de recursos financeiros federais deveriam ser feitas, unicamente, para as regiões e consórcios de Municípios, com a finalidade exclusiva de investimento em infra-estrutura ou programas educacionais, no quadro de planos regionais ou locais de desenvolvimento.

É de primeira evidência que o Poder Público federal não pode e não deve tudo prever e programar. A resolução dos problemas regionais e locais, como bem salientou o Professor Washington Peluso Albino de Souza, no estudo citado no exórdio, "exige conhecimento profundo de costumes, tradições, desejos coletivos, dados culturais que escapam às melhores técnicas de indagação e de levantamentos. Numa palavra", sintetizou, "sem vivência local e regional, dificilmente se poderá chegar ao ponto de conhecê-los e, portanto, de submetê-los a um plano".

Mas isso não significa, como é óbvio, que a programação regional e local de políticas públicas possa fazer-se em desarmonia com o plano nacional de desenvolvimento. Constitui mandamento constitucional (art. 174, § 1º) que a lei de diretrizes e bases do planejamento nacional regule a compatibilização dessas diferentes esferas planificadoras. A Constituição aí prevê, na verdade, a "incorporação" dos planos regionais ao plano nacional. Mas esse excesso centralizador deve ser atenuado, como acabo de ressaltar.

b) Reformular a organização interna de Poderes

Já no plano da organização funcional de competências, dentro de cada unidade política, o princípio básico consiste em combinar a legitimidade representativa com a eficiência operacional.

A Constituição integrou o planejamento no conjunto das funções normais do Estado (art. 174), mas não soube organizar institucionalmente o seu exercício, à luz do princípio fundamental acima enunciado. A rigor, quando há efetivamente planejamento da ação estatal — o que, convenhamos, raramente ocorre entre nós — ele se dá no âmbito do Poder Executivo e, mais precisamente, nos limites temporais do mandato do seu Chefe. Os planos, se existentes, não passam de programas de governo, com todas as marcas da pessoalidade e precariedade que lhes são próprias, pois submetidos que são às exigências mutáveis da conjuntura política. Daí a indefectível descontinuidade da ação administra-

15. Cf. Antonio La Pergola, *Regionalismo, Federalismo e Poder Externo do Estado — O caso italiano e o direito comparado*, Ed. RT 632/7.

16. Foi o que propus em *Muda Brasil — Uma Constituição para o Desenvolvimento Democrático*, 4ª ed., São Paulo, Brasiliense, 1987.

tiva, em todos os níveis. Nenhuma equipe governamental persevera nos programas da que a antecedeu, nem planeja por prazo superior ao mandato executivo.

Sem dúvida, os países em que a planificação do desenvolvimento nacional foi mais bem-sucedida — como a França,[17] o Japão,[18] a Coréia do Sul ou Taiwã[19] — organizaram o seu exercício na esfera do Poder Executivo. Mas o órgão de planejamento pôde sempre contar com uma posição de razoável autonomia em relação ao Governo.

Na verdade, essa autonomia impõe-se pela própria natureza das funções a serem exercidas. Com efeito, o Executivo é sempre absolvido pelo curto prazo, ou pelos problemas de conjuntura, até mesmo eleitoral. Concentrar no mesmo ramo do poder políticas públicas (necessariamente a longo prazo) e a gestão dos negócios correntes, significa, portanto, na prática, subornar aquelas a esta. Na escala de prioridades, o governante dará sempre preferência à solução dos problemas momentâneos, em prejuízo do encaminhamento das grandes questões de organização estrutural do Estado, ou dos programas de ação em profundidade, aparentemente não ligados à "crise" da hora.

Ademais, num regime político como o nosso, em que tradicionalmente o Chefe do Poder Executivo não pode pleitear a reeleição, é preciso demarcar cada gestão governamental em relação à imediatamente anterior, ou sucessiva. Nenhum governo gosta de ser considerado mero executor dos programas do que o antecedeu, nem pode pretender, por isso mesmo, vincular o seu sucessor aos projetos e às políticas governamentais que tiver decidido.

Parece óbvio, por conseguinte, que a boa organização do Estado impõe a separação harmônica das funções executivo-administrativas, das funções de previsão e planejamento, com a sua atribuição a órgãos distintos, mas interdependentes.

A assunção, por um órgão estatal autônomo, da função planejadora pressupõe seja ele estruturado de modo a corresponder aos requisitos retromencionados de competência técnica e representatividade democrática.

Ora, a capacitação técnica do órgão de planejamento afasta, desde logo, a exigência e mesmo a conveniência de que os seus integrantes sejam escolhidos pelo processo eleitoral ordinário. A designação dos integrantes do mais alto nível técnico de planejamento só pode fazer-se segundo o critério de capacitação pessoal e deve, por conseguinte, provir do Chefe de Estado, com o controle do Parlamento.

Mas o preenchimento desse requisito de reconhecida habilitação técnica, por si só, não preenche uma das exigências mais destacadas da democracia contemporânea, a saber, a participação dos governados na montagem das políticas públicas. Para que estas sejam legítimas, é indispensável que os planos governamentais, que as expressam, contem com a colaboração do povo, em todas as suas fases. Ora, a representação adequada do povo no órgão estatal de planejamento, a todas as luzes, não pode fazer-se nos moldes da representação popular clássica, por meio do sufrágio universal. O que se quer é uma cooperação organizada no mesmo nível de exigência técnica em que

17. Na extensa bibliografia sobre a experiência francesa de planejamento, ressalte-se o opúsculo de Emile Quinet, *La Planification Française*, Paris, Presses Universitaires de France, Collection Que Sais-Je?, n. 2.532, 1990.

18. Sobre a planificação do desenvolvimento industrial japonês, veja-se o livro de Chalmers Johnson, *Mit ans the Japanese Miracle*, Stanford University Press, Califórnia, 1982.

19. Uma boa análise da planificação coreana e taiwanesa encontra-se em Lawrence J. Lau (org.), *Models of Development — A Comparative Study of Economic Growth in South Korea and Taiwan*, São Francisco, ICS Press, 1990; e em Robert Wade, *Governing the Market — Economic Theory and the Role of Government in East Asian Industrialization*, Princeton University Press, 1990.

se fundamenta um programa de ação estatal.

Daí a necessidade de uma representação categorizada de interesses econômicos e sociais concretos, tal como sucede, por exemplo, com o Comissariado Nacional do Plano, na França. Se se trata, por exemplo, de um programa de política industrial, os setores da sociedade civil a se fazerem presentes, no órgão de planejamento, são os que atuam na área, na qualidade de empresários ou trabalhadores, sem prejuízo da colaboração dos demais setores produtivos e dos representantes dos consumidores. Se se cuida de um plano nacional de educação (Constituição Federal, art. 214), dever-se-ia chamar ao órgão planejador um grupo de delegados do conjunto dos responsáveis pelo ensino público e privado do País, além de representantes da comunidade.

As mesmas exigências técnicas e democráticas hão de ser atendidas quanto ao procedimento da planificação.

Importa, em primeiro lugar, como se faz na França, separar os objetivos de cada política pública da sua estrutura organizativa. Os objetivos dos programas de ação governamental devem ser englobados na grande política de desenvolvimento nacional, da qual constituem capítulos. A aprovação desses objetivos há de ser feita previamente pelo Parlamento, com força vinculante de lei. Nada impede, no entanto, que sobre pontos particularmente polêmicos — como a política de natalidade, por exemplo — a questão seja submetida previamente a plebiscito popular. Como bem salientou o Professor Washington Albino de Souza no estudo citado, "o ajustamento dos objetivos politicamente pretendidos à realidade em causa é tarefa tão delicada como a de planejar, mas não está nas mãos do planejador e, sim, do político".

Na Constituição francesa de 1958, as leis que aprovam políticas públicas, notadamente a que aprova o plano, são chamadas "leis de programa" (art. 34, penúltima alínea). Em sua decisão n. 86-207 D.C., de 25 e 26 de junho de 1986, o Conselho Constitucional francês definiu esse tipo de lei como sendo a que, "não somente define os objetivos de médio e longo prazos em matéria econômica e social, como também comporta previsões de despesas para a realização desses objetivos".

A lei do plano é, com efeito, o protótipo das chamadas "leis-objetivo",[20] ou leis de programa finalístico,[21] que impõem à Administração Pública metas a serem alcançadas dentro de certo prazo, sem no entanto especificar os meios ou instrumentos necessários à consecução desses objetivos. Dão, portanto, ao Governo uma margem mais ou menos grande de poder discricionário.

Ao órgão planejador, obrigado a respeitar os objetivos fixados pela representação popular ou diretamente aprovados pelo povo, deve ser reconhecida a competência privativa de elaborar e apresentar, ao órgão legislativo, o orçamento-programa correspondente a cada política pública.[22] Os orçamentos integrantes de cada programa de ação estatal, como é lógico, uma vez aprovados pelo Parlamento, deveriam determinar a ela-

20. O professor Gomes Canotilho prefere denominá-las "normas-fim" ou "normas-tarefa": Cf. seu *Direito Constitucional*, 5ª ed., Coimbra, Almedina, 1991, pp. 193/194. Ainda em Portugal, Luís S. Cabral de Moncada (*A Problemática Jurídica do Planejamento Econômico*, Coimbra Editora, 1985, p. 202) emprega a expressão "lei-prognóstico". Entre nós, vejam-se os estudos do Professor Eros Roberto Grau, *Planejamento Econômico e Norma Jurídica*, São Paulo, Ed. RT, 1978, e "Nota sobre a noção de norma-objetivo", *RDP* 71/137.

21. *Zweckprogramm* ou *Finalprogramm*, como dizem Hans-Joachim Koch e Helmut Russmann, *Juristische Begrundungslehre*, Munique, Beck, 1982, pp. 21 e ss., 79, 85 e ss. e 236 e ss.

22. A monografia do Professor José Afonso da Silva, *Orçamento-Programa no Brasil*, São Paulo, Ed. RT, 1973, embora anterior à Constituição de 1988, permanece válida no nível dos princípios.

boração dos orçamentos anuais, de iniciativa do Poder Executivo. O que implica uma revisão completa das normas constitucionais em matéria de orçamento (arts. 165 e seguintes), cuja inadequação tem-se tornado patente.

A responsabilidade de execução dos planos aprovados pelo Parlamento incumbe, obviamente, ao Poder Executivo. Mas isto não significa que este haveria de limitar-se a exercer uma tarefa meramente administrativa, sem qualquer ação inovadora, ou de impulsionamento da máquina estatal. A execução de uma política pública implica a necessária competência para desenvolver as diretrizes lançadas no plano, bem como para a sua adaptação à mudança ulterior das circunstâncias existentes no momento de sua concepção.

Por essas razões, sou levado a sustentar que a Constituição deveria reconhecer ao Poder Executivo uma competência normativa própria, exercitável por meio de decretos autônomos, nos limites dos planos aprovados pelo Congresso.[23]

Mas todo esse esforço racionalizante e diretor da atividade estatal não seria afinal bem limitado, uma vez que, segundo o mandamento constitucional (art. 174), o planejamento, embora consagrado em caráter mais incisivo do que nas Constituições anteriores, como disse o Professor Washington Albino de Souza,[24] é meramente indicativo para o setor privado?

É claro que não. Esse tipo de indagação revela a velha obstinação socialista de considerar que o exercício da atividade empresarial pode e mesmo deve fazer-se fora de um contexto de liberdade de iniciativa. O fracasso rotundo das experiências de estatismo econômico, em todo o mundo, deveria nos curar definitivamente dessa perigosa ilusão dogmática. A liberdade empresarial, ao propiciar a permanente diversificação de iniciativas e o constante estímulo à criatividade, representa não somente uma condição indispensável de saúde econômica da nação, como ainda a melhor garantia de proteção aos interesses democráticos do consumidor. Ou seja, uma economia voltada concretamente para o homem, na sua condição essencial de ser livre e criador.

O que acontece é que essa indispensável liberdade empresarial há de ser dirigida para a consecução dos grandes objetivos nacionais. É justamente aí que aparece o Estado, em sua função essencial de pilotagem. O comandante ou piloto não pode ser um *fac totum* pronto a se ocupar de todos os afazeres e a desempenhar qualquer tarefa. Compete-lhe apenas — mas isto é essencial — manter a nau no rumo certo, com a velocidade programada. Da mesma forma, não compete ao maestro desincumbir-se também do papel de instrumentista, mas sim, unicamente, dirigir a orquestra como um todo harmônico, de forma a extrair o melhor resultado global da virtuosidade própria de cada um dos seus componentes.

Ora, a adequada programação de políticas públicas, como a de investimentos em infra-estrutura, por exemplo, representa, por si só, o melhor dos estímulos à organização da atividade empresarial privada de acordo com os objetivos fixados pelo Estado.

c) A função de controle[25]

A avaliação de políticas públicas, isto é, a apreciação de seu impacto sobre

23. No anteprojeto de Constituição que tive ocasião de elaborar, atribuí ao Presidente da República, entre as matérias de sua competência privativa, a de "editar decretos-leis para a consecução dos objetivos fixados no plano nacional de desenvolvimento" (art. 94, II). Hoje, estenderia essa competência a todos os planos ou programas de ação governamental, aprovados pelo Legislativo.

24. "A experiência brasileira de Constituição Econômica", na *Rev. Informação Legislativa* (Senado Federal), n. 102, 1989, p. 21.

25. Cf. Josaphat Marinho, "Planejamento como controle do Poder", *RDP* 95/22.

a sociedade, é tarefa das mais complexas, envolvendo uma grande variedade de exames e apreciações. Ela não se confunde com o exame, puro e simples, de sua legalidade, nem com a tradicional fiscalização contábil e financeira da atividade administrativa, exercida pelos Tribunais de Contas. É bem verdade que a Constituição de 1988 ampliou a competência funcional desses órgãos, ao incluir em suas atribuições a fiscalização *operacional* da Administração federal, direta e indireta (art. 70). Mas ninguém ignora que os nossos Tribunais de Contas encontram-se despreparados para exercer essa nova função com um mínimo de eficiência.

Na verdade, a ampliação da competência desses tribunais não foi uma medida sábia quanto à simples prestação de serviços públicos permanentes e ela é francamente absurda no que tange à realização de programas governamentais. Teria sido preferível aparelhar melhor os Tribunais de Contas para o exercício da fiscalização contábil e financeira. O constituinte cedeu nesse passo, como em tantos outros, à sua incoercível tendência ao excesso normativo e ao inchaço orgânico.

Se a atividade de programação das políticas públicas deve ser atribuída privativamente, como assinalei, a um órgão estatal autônomo, a ele deve caber, coerentemente, a função de avaliação do desempenho executivo desses programas de ação. Mesmo por que ao órgão de planejamento, conforme o modelo acima descrito, cabe o poder de elaborar os orçamentos-programas de cada política pública a ser realizada. Conforme os resultados dessa avaliação de desempenho, deveria competir ao órgão planejador, nos casos extremos, o poder de sustar a liberação de verbas orçamentárias para os programas deficientes, mediante comunicação ao Congresso Nacional.

Ao exercer essa tarefa de avaliação de políticas públicas, seria da maior conveniência, de resto, que o órgão de planejamento suscitasse a colaboração de entidades profissionais e de associações de usuários e consumidores, pondo dessa forma em atuação todos os instrumentos disponíveis de uma democracia participativa.

Mas as funções de controle da realização dos planos de ação governamental não se esgotam na avaliação de desempenho. Faz-se também necessário renovar o quadro tradicional do exame da legalidade dos atos dos Poderes Públicos, relativamente aos planos aprovados. Nesse sentido, parece-me indispensável que o órgão de planejamento, como tive ocasião de sugerir,[26] goze da mais ampla competência impediente, que poderá se apresentar sob três modalidades. De um lado, a iniciativa de propor ao Legislativo a sustação dos atos normativos governamentais que exorbitem do quadro fixado pela lei do plano. De outro lado, a iniciativa de propor ao Chefe do Poder Executivo o veto das leis incompatíveis com o plano aprovado, levando-se em conta que este se coloca sempre em nível legislativo superior ao das leis ordinárias. Finalmente, deveria ainda incumbir ao órgão planejador a competência para propor, perante um tribunal superior, uma ação direta de invalidade de leis ou atos do Poder Público, contrários a plano já aprovado.

Conclusão

A idéia geral de *governabilidade*, que ingressou no campo da ciência política nos anos 70 deste século, como conseqüência da crise no Estado do Bem-Estar Social, ainda não ganhou contornos nítidos de um conceito operacional. Ela deveria ser repensada e sistematizada, em função dos dados fundamentais

26. Cf. o art. 82 de meu anteprojeto de Constituição, em *Muda Brasil — Uma Constituição para o Desenvolvimento Democrático*, cit., p. 97.

do fenômeno político, que são o sistema institucional, considerado como um sistema regulatório de decisões, e as características do grupo humano dirigente no Estado. De modo geral, os juristas e economistas preocupam-se unicamente com o primeiro desses elementos, enquanto os sociólogos costumam pôr em relevo o segundo.

Pois bem, a idéia de *desenvolvimento político*,[27] que parece hoje fora de moda, poderia ser retomada a fim de explicitar-se nessas duas direções: a institucional e a de capacitação grupal. No tocante ao aspecto institucional, temos que, em países subdesenvolvidos, as instituições políticas dificultam a tomada de decisões oportunas e eficazes. Decisões oportunas são as que atendem, sincronicamente, aos problemas e questões a resolver, enquanto as decisões eficazes são as que produzem os resultados objetivados pelo órgão decididor. Em países subdesenvolvidos, o sistema político, ou impede a tomada de decisões oportunas — por força do mau funcionamento do sistema democrático — ou, simplesmente, produz decisões não seguidas de efeito algum, ou então decisões desviantes.

No grande debate que se trava hoje, em todo o mundo, a respeito das relações entre democracia e eficiência econômica — ou seja, a indagação sobre se os regimes democráticos seriam menos favoráveis ao crescimento econômico do que os regimes autoritários — , é fundamental que o jurista compareça, para chamar a devida atenção sobre a boa ou má qualidade das instituições políticas, sob o duplo aspecto da oportunidade e da eficácia das decisões. Seria preciso demonstrar que o mau desempenho econômico de muitas democracias, em países subdesenvolvidos, não deve ser debitado aos mecanismos tradicionais da soberania popular, como a ocorrência de eleições livres e a livre competição entre partidos políticos, nem muito menos ao respeito aos direitos humanos. A ineficiência econômica eventual dos países subdesenvolvidos democráticos, em relação aos de cunho autoritário, provém, claramente, da deficiente ou errônea arquitetura das instituições de governo, no que tange à realização de políticas públicas.

Nessa linha de raciocínio, creio haver mostrado a importância da organização constitucional do planejamento para o desempenho da política de desenvolvimento nacional. Oxalá essa importância seja sentida entre nós no amplo meio dos formadores de opinião, a fim de que essa mudança institucional, da qual carecemos dramaticamente, entre, enfim, na ordem do dia da próxima reforma constitucional.

São Paulo, 29 de agosto de 1994

27. Cf. Hélio Jaguaribe, *Desenvolvimento Político*, São Paulo, Ed. Perspectiva, 1975 e Bertrand Badie, *Le Développement Politique*, 3ª ed.. Paris, Economica, 1984.

COMPETÊNCIAS ADMINISTRATIVAS DOS ESTADOS E MUNICÍPIOS — LICITAÇÕES

LÚCIA VALLE FIGUEIREDO
Professora Titular de Direito Administrativo da Faculdade de Direito da Universidade Católica de S. Paulo
Juíza do Tribunal Regional Federal da 3ª Região

1. A federação brasileira: 1.1 A partilha constitucional de competências. 2. Competências expressas da União e dos Municípios. 3. Competências administrativas concorrentes (art.23): 3.1 Competências concorrentes para legislar (art. 24). 4. Competências remanescentes dos Estados. 5. Normas gerais: Competência privativa da União (art. 22, XXVII) e que admite suplementação (art. 24, § 1º, § 2º e § 3º): 5.1 Normas Gerais: Conceito e alcance; 5.2 Sistematização das normas gerais; 5.3 Principais efeitos das normas gerais. 6. Algumas considerações sobre a aplicação prática do conteúdo das normas gerais na lei de licitações (Lei 8.666/93, com as modificações da Lei 8.883 de 1994).

1. A federação brasileira

A federação brasileira, nos termos da Constituição de 1988, tem particularidade e anomalia que a diferencia do conceito lógico-jurídico de federação.

Federação é o modelo constitucional em que se prevê a descentralização do poder estatal, tal seja, a pluralidade de centros de poderes autônomos, coordenados pelo poder central, este sim, exercendo a soberania externa.

Assinala Lucio Levi, no *Dicionário Político*, organizado por Noberto Bobbio: "... o equilíbrio constitucional não pode se manter sem a primazia da constituição em todos os poderes. Com efeito a autonomia desse modelo se traduz no fato de que o poder de decidir concretamente, em caso de conflito, quais sejam os limites que as duas ordens de poderes soberanos não podem ultrapassar, não pertence nem ao poder central, como acontece no Estado Unitário, onde as coletividades territoriais menores usufruem de uma autonomia delegada, nem aos Estados federados (como acontece no sistema confederativo, que não limita a soberania absoluta dos Estados). Este poder pertence a uma autoridade neutral, os tribunais, aos quais é conferido o poder de revisão constitucional das leis" (verbete "Federalismo", ob. cit., p. 481).

Dissemos que a Constituição de 1988, em termos de federação, tem particularidade e, ao mesmo tempo, anomalia. A particularidade é — sem dúvida — a inclusão do Município na Federação. E a anomalia reside no fato de o Município não ter no Poder Central representatividade, vez que o sistema bicameral, a Câmara dos Deputados formada por representantes do povo, eleitos proporcionalmente em cada Estado, e o Senado Federal por representantes dos Estados e do Distrito Federal.

O Município não se faz, pois, representar. Pois bem, ainda que se possa dizer integrar o Município anomalamente o conceito de federação, em termos jurídico-positivos é o Município ente da federação.

A federação é tão importante, na Constituição brasileira, que se constitui em seu cerne fixo, como se verifica do artigo 60, § 4º., inciso I:

"Art. 60.............................
"§ 4º. Não será objeto de deliberação a proposta de emenda tendente a abolir:

"I — a forma federativa de Estado;
...."

Característica essencial do Estado federal é a coexistência pacífica de ordens jurídicas parciais.

No dizer de Kelsen: "...O conceito de âmbito de validade material encontra aplicação, p. ex., se uma ordem jurídica total — como no caso de um Estado federal — coordena-se em vários ordenamentos jurídicos parciais, cujo âmbito de validade, em relação aos objetos que por ele devem ser regulados, são reciprocamente delimitados; assim, p. ex., se os ordenamentos jurídicos dos Estados-Membros podem regular tão-só certas espécies enumeradas na Constituição ou — como se costuma também expressar — se apenas a regulação dessas espécies entra na competência dos Estados-Membros, a regulação de todos os outros casos, todavia, é reservada ao ordenamento jurídico do Estado federal (que também apenas é uma parte do ordenamento jurídico), ou, em outras palavras, entra na competência do Estado federal" (*Teoria Geral das Normas*, pp. 187/188).

Impende assinalar que a federação, apesar de ter, pelo menos, conteúdo mínimo para assim se poder chamar, deverá ser analisada precipuamente a lume da Constituição vigente, sobretudo no pertinente à partilha constitucional, essencial à federação.

1.1 A partilha constitucional de competência

No que tange à partilha constitucional verificamos que a Constituição distingue as competências da União, dos Estados e dos Municípios, reservando à primeira e aos últimos competências expressas. Os Estados ficam com as competências residuais (art. 25, § 1º).

Demais disso, a Constituição atribui *competências administrativas comuns à União, Estados, Distrito Federal e Municípios* (art. 23) e *competências legislativas concorrentes à União, Estados e Distrito Federal* (art. 24).

Todavia, no artigo 30, a competência do Município é para legislar sobre assuntos de interesse local, o que torna a *competência municipal também concorrente* ou, em certas hipóteses, *específica, se a matéria for exclusivamente de interesse local*.

Ademais, no inciso II do mencionado art. 30, compete ao Município suplementar a legislação federal e a estadual no que couber.

2. Competências expressas da União e dos Municípios

Vejamos ainda que, sumariamente, as competências expressas da União e dos

Municípios pois alijarão a competência estadual — sediadas no art. 21 e discriminadas em 25 incisos, como, também, no artigo 30, I.

Quanto às competências da União, listadas no artigo 21, incisos I (manter relações com Estados estrangeiros e participar de organizações internacionais), II (declarar a guerra e celebrar a paz), III (assegurar a defesa nacional), IV (permitir, nos casos previstos em lei complementar, que forças estrangeiras transitem pelo território nacional ou nele permaneçam temporariamente), qualquer dúvida poderia incidir. *São competências inerentes à situação de soberania.*

No inciso V, a decretação do estado de sítio, de defesa e a intervenção federal também não podem estar ligadas, pela própria natureza das medidas, quer à competência dos Estados, autônomos para gerir os interesses de seu território, quer aos Municípios, autônomos para gerenciamento dos interesses locais. Claro está que as medidas ali encontradas transcendem, e muito, interesses regionais ou locais.

O mesmo se diga das competências do inciso VI (autorizar e fiscalizar a produção e o comércio de material bélico), VII (emitir moeda), VIII (administrar as reservas cambiais do País e fiscalizar as operações de natureza financeira, especialmente as de crédito, câmbio e capitalização, bem como as de seguros e de previdência privada), X (manter o serviço postal e o correio aéreo nacional), XII (explorar, diretamente ou mediante autorização, concessão ou permissão...).

Assim, o mesmo se poderá dizer dos demais incisos. As competências neles inseridas ou são de interesse que transcendem decididamente os dos Estados e Municípios, ou são de interesse próprio da União.

Todavia, cumpre assinalar que o inciso IX do artigo 21 (*elaborar e executar planos nacionais e regionais de ordenação do território e de desenvolvimento econômico e social*), bem como o inciso XX do mesmo artigo (*instituir diretrizes para o desenvolvimento urbano, inclusive habitação, saneamento básico e transportes urbanos*) podem ensejar alguma dificuldade, porque acabam por se imbricar com competências estaduais (planos regionais) e com competências municipais com as do inciso XX.

Entretanto, *imbricar* é sobrepor-se, como as telhas de um telhado. Não é tomar o lugar de, invadir, intrometer-se, imiscuir-se. Portanto, constitucionalmente atribuída a competência, é mister que se mantenha a União estritamente dentro do campo do interesse nacional.

Quanto à competência privativa da União para legislar sobre certas matérias, discriminadas no artigo 22, dúvidas podem assaltar no tocante à expressa disposição *de legislar sobre normas gerais* inciso *XXVII* (normas gerais, de licitação e contratação, em todas as modalidades, para a administração pública, direta e indireta, incluídas as fundações instituídas e mantidas pelo Poder Público, nas diversas esferas de governo, e empresas sob seu controle), ponto de absoluta polêmica, que adiante será versado.

Também deve-se analisar a possibilidade de haver disceptação entre *a competência privativa* para estabelecimento de normas gerais (art. 22, XXVII), e as do artigo 24, § 1º (a competência da União *concorrente limitar-se-á* a estabelecer normas gerais). O § único do mesmo artigo 22 estabelece a possibilidade de delegação aos Estados, mediante lei complementar.

3. *Competências administrativas concorrentes (art. 23)*

É no âmbito das competências concorrentes (neste artigo, *administrativas*) que pode residir o problema.

Vejamos os diversos incisos:

"Art. 23. É competência comum da União, dos Estados, do Distrito Federal e dos Municípios:

"I — zelar pela guarda da Constituição, das leis e das instituições democráticas e conservar o patrimônio público;

"II — cuidar da saúde e assistência pública, da proteção e garantia das pessoas portadoras de deficiência;

"III — proteger os documentos, as obras e outros bens de valor histórico, artístico e cultural, os monumentos, as paisagens naturais notáveis e os sítios arqueológicos;

"IV — impedir a evasão, a destruição e a descaracterização de obras de arte e de outros bens de valor histórico, artístico ou cultural;

"V — proporcionar os meios de acesso à cultura, à educação e à ciência;

"VI — proteger o meio ambiente e combater a poluição em qualquer de suas formas;

"VII — preservar as florestas, a fauna e a flora;

"VIII — fomentar a produção agropecuária e organizar o abastecimento alimentar;

"IX — promover programas de construção de moradias e a melhoria das condições habitacionais e de saneamento básico;

"X — combater as causas da pobreza e os fatores de marginalização, promovendo a integração social dos setores desfavorecidos;

"XI — registrar, acompanhar e fiscalizar as concessões de direitos de pesquisa e exploração de recursos hídricos e minerais em seus territórios;

"XII — estabelecer e implantar política de educação para a segurança do trânsito".

No § único dispõe-se que lei complementar fixará normas para cooperação entre a União e os Estados, o Distrito Federal e os Municípios, tendo em vista o equilíbrio do desenvolvimento do bem-estar em âmbito nacional.

Quid juris, inexistente a lei complementar? Ficariam inibidas as competências?

Não se nos afigura, pois que são as competências deveres. Nunca será demais repetir que exercem os entes políticos, enumerados nos artigos premencionados, função. E função é "atividade de quem não é dono" (Cirne Lima), e seu desempenho é obrigatório.

Entendidas as normas constitucionais como dotadas de eficácia e, em várias das hipóteses, com ratificação expressa de outras normas constitucionais como são as veiculadas nos artigos 215, 216, § 1º., § 2º., art. 225, *caput*, § 1º e § 2º., verificamos que as pessoas elencadas no artigo 23 *devem* exercitar plenamente a competência constitucional, mesmo sem se denotar a cooperação, que se deverá dar, se editada fosse a lei complementar.

3.1 Competências concorrentes para legislar (art. 24)

É no âmbito da competência concorrente para legislar que problemas de ordem interpretativa podem ocorrer. Comece-se pelo *caput* do artigo: "compete à União, aos Estados e ao Distrito Federal legislar concorrentemente...". E a legislação municipal, sobretudo em assuntos de interesse local, na esfera do direito administrativo, como no direito urbanístico e ambiental (inciso I), VI (florestas, caça, pesca, fauna, conservação da natureza, defesa do solo e dos recursos naturais, proteção do meio ambiente e controle da poluição), VII (proteção ao patrimônio histórico, cultural, artístico, turístico e paisagístico), VIII (responsabilidade por dano ao meio ambiente, ao consumidor, a bens e direitos de valor artístico, estético, histórico, turístico e paisagístico).

O socorro deverá vir da interpretação sistêmica com o art. 30, I (legislar sobre assuntos de interesse local), II (suplementar a legislação federal e a estadual no que couber), VIII (promover, no que couber, adequado ordenamento territorial, mediante planejamento e controle do uso, do parcelamento e da ocupação do solo urbano), em consonância com o artigo 182 (a política de desenvolvimento urbano, executada pelo Poder Público municipal, conforme diretrizes gerais fixadas em lei, tem por objetivo ordenar o pleno desenvolvimento das funções sociais da cidade e garantir o bem-estar de seus habitantes), § 1º (o plano diretor, aprovado pela Câmara Municipal, obrigatório para cidades com mais de vinte mil habitantes, é o instrumento básico da política de desenvolvimento e de expansão urbana), §4º (é facultado ao Poder Público municipal, mediante lei específica para área incluída no plano diretor, exigir, *nos termos da lei federal*, do proprietário do solo urbano não edificado, subutilizado ou não utilizado, que promova seu adequado aproveitamento, sob pena, sucessivamente, de...).

Todavia, o maior problema reside, sem sombra de dúvida, no § 1º do artigo 24, que transcrevemos:

"Art. 24. ....

"§ 1º. No âmbito da legislação concorrente, a competência da União limitar-se-á a estabelecer *normas gerais*" (grifamos).

O § 2º não desperta problema maior quando é afirmado que:

"§ 2º. A competência da União para legislar sobre normas gerais *não exclui a competência suplementar* dos Estados." (grifamos).

E os § § 3º e 4º:

"§ 3º. Inexistindo lei federal sobre normas gerais, os Estados exercerão a competência legislativa plena, para atender a suas peculiaridades.

"§ 4º. A superveniência de lei federal sobre normas gerais suspende a eficácia da lei estadual, no que lhe for contrário".

Enfrentemos inicialmente os § § 2º, 3º e 4º, deixando o § 1º, a questão das normas gerais, para abordagem mais ampla e especifica.

A Constituição admite expressamente, vez que "a competência da União não exclui a competência suplementar dos Estados", que estes legislem também sobre normas gerais, suplementarmente.

Suplementar é preencher claros, é adicionar, esclarecer, aperfeiçoar. Portanto, ao Estado cabe o aperfeiçoamento regional das normas gerais estabelecidas pela União.

Ainda há mais. Na inexistência de normas gerais exerce o Estado a competência plena, para atendimento de suas peculiaridades (§ 3º do art. 24).

Todavia, a superveniência de lei federal (nacional) sobre normas gerais *suspende a eficácia da lei estadual, no que esta for contrária à lei federal*.

Aos municípios também cabe a suplementação da legislação federal e estadual, no que couber. É dizer, no que não exceda os limites dos procedimentos locais (legislação sobre assuntos de interesse local, art. 30, I, conjugado com o II).

4. Competências remanescentes dos Estados

Segundo os constitucionalistas, as competências remanescentes dos Estados têm abrangência pequena. Em Constituição, como a nossa, que os poderes da União são expressos, e que a legislação municipal também é expressa, pouco remanesce ao Estado, a não ser, certamente, seu direito administrativo, neste podendo incluir-se a legislação sobre meio-ambiente (art. 24, VI), a proteção do patrimônio histórico, cultural, paisagístico e controle de poluição (art. 24, VII), a responsabilidade por dano ao meio ambiente, ao consumidor, a bens e direitos de valor artístico, estético, histórico, turístico e paisagístico.

Enfim, o enumerado no prefalado artigo 24, desde que não atinja o interesse local dos Municípios.

5. Normas gerais: competência exclusiva da União (art. 22, XXVII) e que admite suplementação (art. 23, § 1º, § 2º e § 3º)

Porém, como já afirmado anteriormente é, sem sombra de dúvida, grande problema o deslinde dos exatos termos *do possível conteúdo das normas gerais.*

Primeiramente devemos notar que a Constituição atribuiu à União a competência para legislar sobre normas gerais, dentro da competência concorrente entre a própria União, Estados e Distrito Federal (o já mencionado art. 24). E, nesse tópico, expressamente afirmou que a competência da União, nessa *legislação concorrente*, limitar-se-ia, apenas às normas gerais.

Todavia, *no que concerne às licitações e contratos, a competência da União é privativa para legislar sobre normas gerais (art. 22, XXVII).*

Convém, para aclarar, a reprodução de todo artigo e inciso imediatamente prefalados:

"Art. 22. Compete privativamente à União legislar sobre: (...)

"XXVII — normas gerais de licitação e contratação, em todas as modalidades, para a administração pública, direta e indireta, incluídas as fundações instituídas e mantidas pelo Poder Público, nas diversas esferas de governo, e empresas sob seu controle; (grifamos)

Refrise-se, pois: a competência para normas gerais é privativa, *portanto ampla*, no que concerne ao art. 22, XXVII e *admite suplementação* (§ 2º do art. 24) no que tange às competências do art. 24, § 1º.

Parece-nos que aí reside grande diferença. *Se as normas de licitação e contratos inserem-se no direito administrativo*, a par de, como é natural e evidente, envolverem outros ramos do direito (didaticamente, apenas, autônomos), *quis a Constituição, expressa e enfaticamente, alojar tudo que fosse passível de ser geral, homogêneo apenas na competência da União.*

5.1 Normas gerais: conceito e alcance

Dito isso, apenas, não se resolve o problema, porque persiste, e persiste forte, a dificuldade de se saber o que são afinal as normas gerais e quais seus limites.

As normas gerais *dirigem-se aos legisladores e intérpretes como normas de sobre direito.* Normas *que condicionam, no assunto em que a competência existe*, a legislação ordinária da pessoa política, também competente para legislar sobre a matéria.

A questão palpitante já foi versada pelos mestres do Direito, todavia sem que alcançasse uniformidade. Tal uniformidade ocorre, apenas e tão-somente, em campos parciais.

Diogo de Figueiredo Moreira Neto, em percuciente trabalho, "Competência concorrente limitada — O problema da conceituação das normas gerais", in Separata da *Revista de Informação Legislativa*, a. 25, n. 100 out./dez. 1988, como, aliás, em todos os temas em que o ilustre autor versa, citando Cláudio Pacheco, em seu *Tratado das Constituições brasileiras*, transcreve o seguinte trecho: "Surge logo a dificuldade de estabelecer um conceito apriorístico e uniforme de normas gerais, que sirva de chave ou de equação para selecionar, entre as numerosas preceituações que as matérias comportam, quais as que podem ser retidas, como 'gerais', na competência superior da União. Pode-se dizer, por exemplo, em pleno âmbito das expressões imprecisas, que as normas gerais serão os lineamentos fundamentais da matéria, serão as estipulações que apenas darão estrutura, plano e orientação. Pode-se conceituar ainda, pelo efeito indireto e fracionário de negativas, que serão aquelas que não espicificarão, que não aplicarão soluções optativas, que não concretizarão procedimentos, que não criarão direções e serviços, que não selecionarão e discriminarão atividades, que não preceituarão para a emergência, para a oportunidade, a modalidade especial e para o caso ocorrente, que não condicionarão a aplicabilidade e adaptabilidade, que não descerão a minúcias e requisitos. Mas em nada disto estará um conceito compacto, previdente e seletivo, que possa servir de critério único para decidir entre o que sejam normas gerais e o que sejam normas especiais ou específicas" (ob. cit., p. 143).

Em seguida, no tópico referente a "Construindo uma solução", traz a pêlo as características das normas gerais, segundo os vários autores, que, a seguir transcrevemos:

"A tabulação das diversas colocações doutrinárias, trazidas a este trabalho, resultantes da elaboração de diversos autores, permite a identificação de certas características mais comuns e freqüentemente indicadas.

"Sintetizando-as, a partir dessas características, as normas gerais seriam institutos que:

"a) estabelecem princípios, diretrizes, linhas mestras e regras jurídicas gerais (Bühler Maunz, Burdeau, Pontes, Pinto Falcão, Cláudio Pacheco, Shaid Maluf, José Afonso da Silva, Paulo de Barros Carvalho, Marco Aurélio Grecco);

"b) não podem entrar em pormenores ou detalhes nem, muito menos, esgotar o assunto legislado (Matz , Bühler, Maunz, Pontes, Manoel Gonçalves Ferreira Filho, Paulo de Barros Carvalho e Marco Aurélio Grecco);

"c) devem ser regras nacionais, uniformemente aplicáveis a todos os entes públicos (Pinto Falcão, Souto Maior Borges, Paulo de Barros Carvalho, Carvalho Pinto e Adílson Abreu Dallari);

"d) devem ser regras uniformes para todas as situações homogêneas (Pinto Falcão, Carvalho Pinto e Adílson Abreu Dallari);

"e) só cabem quando preencham lacunas constitucionais ou disponham sobre áreas de conflito (Paulo de Barros Carvalho e Geraldo Ataliba);

"f) devem referir-se a questões fundamentais (Pontes e Adílson Abreu Dallari);

"g) são limitadas, no sentido de não poderem violar a autonomia dos Estados (Pontes, Manoel Gonçalves Ferreira Filho, Paulo de Barros Carvalho e Adílson Abreu Dallari);

"h) não são normas de aplicação direta (Burdeau e Cláudio Pacheco).

"Nessa relação há, todavia, um elemento comum: idéia de que há, sem sombra de dúvida, um sentido limitativo nas normas gerais.

"Aqui estaria uma sobrecaracterística tão relevante que vale a pena ser tratada separadamente: a de conceito-limite" (ob. cit., pp. 149/150). Grifamos.

Vê, o ilustre administrativista *as normas gerais como terceiro gênero normativo*. De conseguinte com um *quid* diferenciativo. E averba: "Teríamos aqui três graus de generalização normativa: o generalíssimo, das normas-princípios; o geral, propriamente dito, das normas gerais; e o subgeral, das normas particularizantes'' (ob. cit. p. 154).

Em seguida, faz sua sistematização:

''*Quanto às normas gerais, destacamos:*

''*1. declaram um valor juridicamente protegido;*

''*2. conformam um padrão vinculatório para a norma particularizante;*

''*3. vedam o legialador e o aplicador de agirem em contrariedade ao valor nelas declarado, e, além distintamente dos princípios;*

''*4. aplicam-se concreta e diretamente às relações e situações específicas no âmbito de competência administrativa federal;*

''*5. aplicam-se concreta e diretamente às relações e situações específicas no âmbito de competência administrativa estadual (ou municipal), sempre que o Estado-Membro (ou Município) não haja exercido sua competência concorrente particularizante;*

''*6. aplicam-se concreta e diretamente às relações e situações específicas no âmbito de competência administrativa estadual (ou municipal), sempre que o Estado-Membro (ou Município) haja exercido sua competência concorrente particularizante em contrariedade ao valor nelas declarado*'' (ob. cit. pp. 155/156) (grifamos).

Como se verifica, bastante bem-urdida a sistematização proposta pelo autor, embora não concordemos com todos seus termos. Pouco discordamos da prefalada sistematização, porém, queremos deixar expressa nossa posição.

As *normas gerais*, para nós, possuem *características diferenciadas das normas, com hierarquia normativa inibitória ao legislador ordinário*, se estadual ou municipal, *de disporem de forma diferente*. E as matérias, que devam ser objeto de normas gerais, não podem ser legisladas por outros entes políticos, a não ser nas hipóteses constitucionais de suplementação (art. 24, § 2º da Constituição).

Concordamos, pois, com o autor quando se refere a um terceiro gênero normativo. Em termos da pirâmide kelseniana, poderíamos ter: a *Constituição*, as *normas gerais* (quando constitucionalmente couberem), as normas (gerais no sentido comum kelseniano) e as normas individuais. Hipóteses há, todavia, em que a pirâmide kelseniana conservar-se-á, *em face do ordenamento jurídico brasileiro*, como concebida pelo seu idealizador, tal seja, *Constituição, normas gerais e individuais*.

5.2 Sistematização das normas gerais

Assim, podemos chegar à seguinte sistematização, no que tange às normas gerais e, em especial, as que resultam de competências administrativas:

a) disciplinam, de forma homogênea, para as pessoas políticas federativas, nas matérias constitucionalmente permitidas, para garantia da segurança e certeza jurídicas;

b) não podem ter conteúdo particularizante que afete a autonomia dos entes federados, assim não podem dispor de maneira a ofender o conteúdo da federação, tal seja, não podem se imiscuir em assuntos que devam ser tratados exclusivamente pelos Estados e Municípios;

c) estabelecem diretrizes sobre o cumprimento dos princípios constitucionais expressos e implícitos.

Sintetizando podemos afirmar: normas gerais, no ordenamento brasileiro, têm características diferenciadas das normas (classicamente também denominadas de gerais), dispõem de forma homogênea para determinadas situações para garantia da segurança e certeza jurídicas, estabelecem diretrizes para o cumprimento dos princípios constitucionais expressos e implícitos, sem se imiscuirem no âmbito de competências específicas dos outros entes federativos.

5.3 Principais efeitos das normas gerais

Assim sendo, verificamos que as normas gerais têm como principais *efeitos* a legislação *homogênea geral, não particularizante* para as pessoas políticas, o cumprimento, ainda, dos princípios constitucionais expressos e implícitos, o coartamento da legislação dos entes federativos no que deve ser preservado homogeneamente, para se obter segurança e certeza jurídicas.

As normas gerais serão constitucionais se e na medida em que não invadam a autonomia dos entes federativos, com particularizações indevidas.

O emérito Ministro Carlos Velloso, em voto proferido na Ação Direta de Inconstitucionalidade n. 927-3, do Rio Grande do Sul — Medida Cautelar, assim averbou: "... A formulação do conceito de 'normas gerais' é tanto mais complexa quando se tem presente o conceito de lei em sentido material — norma geral, abstrata. Ora, se a lei, em sentido material, é norma geral, como seria a de lei de 'normas gerais' referida na Constituição? Penso que essas 'normas gerais' devem apresentar generalidade maior do que apresentam, de regra, as leis. Penso que 'norma geral', tal como posta na Constituição, tem o sentido de diretriz, de princípio geral. A norma geral federal, melhor será dizer nacional, *seria a moldura do quadro a ser pintado pelos Estados e Municípios no âmbito de suas competências*. Com propriedade, registra a professora Alice Gonzalez Borges que as 'normas gerais', leis nacionais, 'são necessariamente de caráter mais genérico e abstrato do que as normas locais. Constituem normas de leis, direito sobre direito, determinam parâmetros, com maior nível de generalidade e abstração, estabelecidos para que sejam desenvolvidos pela ação normativa subseqüente das ordens federadas', pelo que 'não são normas gerais as que se ocupem de detalhamento, pormenores, minúcias, de modo que nada deixam à criação própria do legislador a quem se destinam, exaurindo o assunto de que tratam!'. Depois de considerações outras, no sentido da caracterização de 'norma geral', conclui: 'são normas gerais as que se contenham no mínimo indispensável ao cumprimento dos preceitos fundamentais, abrindo espaço para que o legislador possa abordar aspectos diferentes, diversificados, sem desrespeito a seus comandos genéricos, básicos'" (Alice Gonzalez Borges, "Normas Gerais nas Licitações e Contratos Administrativos", *RDP* 96/81).

Deixamos de citar expressamente a Professora Alice Gonzalez Borges, porque já inserida no contexto da citação do ilustre Ministro e jurista.

Para encerrar o tópico, embora saibamos que nossa abordagem é apenas uma tentativa de enfrentamento do tortuoso tema, gostaríamos de enfatizar que a *norma geral, se corretamente dentro de seu campo de abrangência*, ao contrário do que se pode dizer em matéria de invasão das competências federativas, *é, sobretudo, fator de segurança e certeza jurídicas, portanto, tendem à igualdade e certeza da aplicação uniforme de dados princípios*.

Tércio Sampaio Ferraz, em trabalho publicado na *Revista de Direito Tributário* 17/18, "Segurança Jurídica e Normas Gerais Tributárias", após fazer a avaliação entre correntes opostas ou parcialmente opostas, sublinha:

"(...).

"Ora, o papel das chamadas normas gerais tributárias para a segurança do contribuinte deve ser delineado sobre este pano de fundo. Elas desempenham esta dupla função requerida pela noção de segurança (função-certeza e função-igualdade) que, não sendo idênticas nem automaticamente complementares, envolvem algumas ambigüidades que merecem ser destacadas.

"(...).

"A discussão em torno destas normas gerais, já mais recentemente, não esconde os problemas da segurança, em termos de igualdade e certeza, conforme mencionamos. (...)

"No que diz respeito às normas gerais há, conhecidamente, uma controvérsia na doutrina, no que diz respeito à extensão do dispositivo constitucional constante no art. 18, § 1º da Carta Magna (refere-se o autor à Constituição anterior). Saber se as 'normas gerais' ali mencionadas devem ter por conteúdo regular limitações e conflitos de competência (teoria dicotômica) ou se, ao contrário, este conteúdo é mais específico, no sentido de codificação de princípios gerais (teoria tricotômica), é um problema, que, a nosso ver, pode esclarecer a noção de segurança e sua própria amplitude, tendo em vista a exigência de igualdade e certeza.

"(...).

"O que se percebe, neste sentido, é a importância do argumento segundo o qual as normas gerais *podem, só assim, completar a eficácia de preceitos expressos e de princípios decorrentes da Constituição, mormente quando a realidade brasileira, com sua multiplicidade de Municípios e Estados-Membros exige uma formulação global, garantidora de unidade e racionalidade*" (ob. cit., pp. 53 e 54). Grifamos.

E, depois, conclui:

"No fundo, porém, deste problema técnico está, por último, uma opção ideológica entre uma concepção mais liberal clássica e outra mais liberal centralizadora. Qualquer defesa que se faça do papel das normas gerais tributárias para a segurança jurídica — e nós não deixamos de sublinhar sua importância — não pode esquecer esta opção.

"O assunto tem, pois, uma relevância que ultrapassa a querela formalista, pois segurança jurídica, como se viu, é também um assunto de natureza política. Neste sentido quer-nos parecer que, dentro da realidade brasileira atual, a qual, de um lado, sofre as conseqüências dos personalismos e individualismos próprios de sua cultura, de outro, as tentações de um autoritarismo tutelar que mal se disfarça, a necessidade e a importância das normas gerais tributárias para a segurança jurídica devem, *prima facie*, ser sublinhadas. *Eliminá-las é um risco muito grande, que nos obrigaria a acreditar numa ordem espontânea, capaz de, por si só, responder às exigências da justiça, o que, certamente, não é de se aceitar, sobretudo se olharmos nossa tradição*. Por sua vez, acreditar também que sua presença, no sistema tributário, seja, por si só, garantia de segurança, é também uma ingenuidade que se deve evitar" (ob. cit., p. 56). Grifamos.

E, agora, dizemos nós, se o sistema tributário tão amplamente fechado em termos constitucionais, para o cumprimento da certeza e segurança jurídicas, pode também necessitar de normas gerais, que se dirá de outros tópicos, constitucionalmente mais abertos, como veremos, em seguida.

6. Algumas considerações sobre a aplicação prática do conteúdo das normas gerais na Lei de Licitações (Lei 8.666/93, com as modificações da Lei 8.883 de 1994)

Tem-se dito, bem pouco é verdade, que a Lei 8.666 de 1993, com as alterações efetuadas pela Lei 8.883, de 8 de junho de 1994, seria totalmente inconstitucional. E isso porque em seu artigo 1º dispõe:

"Art. 1º. Esta Lei estabelece normas gerais sobre licitações e contratos administrativos pertinentes a obras, serviços, inclusive de publicidade, compras, alienações e locações no âmbito dos Poderes da União, dos Estados, do Distrito Federal e dos Municípios".

Ora, é claro que a lei *não contém tão-somente normas gerais*. Entretanto, só por só, não se poderia entendê-la inconstitucional sem antes se tentar proceder à interpretação conforme a Constituição (Canotilho).

Portanto, no que a lei contiver disciplina que guarde características de normas gerais será constitucional. *No que não contiver, não se aplicará aos Estados e Municípios por inconstitucionalidade.*

Bastaria que, no § único, se acrescesse, por via de interpretação: "§ único. Subordinam-se ao regime desta Lei, (*no que se refere às normas gerais*) além dos órgãos da administração direta, os fundos especiais, as autarquias, as fundações públicas, as empresas públicas, as sociedades de economia mista e demais entidades controladas direta ou indiretamente. União, Estados, Distrito Federal e Municípios".

Não vemos, pois, *grosso modo*, qualquer inconstitucionalidade na Seção I, desde que se interprete como aplicação obrigatória apenas as normas gerais e não todas as disposições da Lei (e dentro da sistematização proposta).

Vejamos alguns exemplos. As definições da Seção II do Capítulo I visam dar tratamento homogêneo às modalidades de licitação e/ou evitar tratamento dúbio da mesma matéria pelos Estados e Municípios.

Na Seção I, do mesmo capítulo, ou se contém a explicitação de alguns princípios constitucionais ou, então, certas proibições também pertinentes, por se estar no âmbito de abrangência do cumprimento uniforme de regras constitucionais.

A Seção V, ainda do mesmo capítulo, referente às compras encerram *normas gerais*, como também algumas peculiaridades que devem ser dispostas pelos Estados e Municípios.

Todavia, assinale-se que, no *caput* do artigo 15, encontra-se a expressão "sempre que possível", e no § 3º do mesmo artigo 15 há a seguinte disposição:

"Art. 15. (...)

"§ 3º. O sistema de registro de preços será regulamentado por decreto, atendidas as peculiaridades regionais (...)".

Claro está que, no esmiuçamento dos dispositivos, encontramos situações que prescindem de regulação por meio de normas gerais e, além disso, suportam legislação específica a respeito. Portanto, *em que se proscreveriam normas gerais*.

No tocante à Seção VI, do prefalado Capítulo I, às *alienações*, o Supremo Tribunal Federal suspendeu apenas a aplicação dos incisos I, *b* e *c* do artigo 17 e também do II *b*, do mesmo artigo, aos Estados e Municípios, pois neles não se configuram normas gerais. Valem, como é lógico, como norma específica da União. E, ainda, vencido, o relator suspendeu toda eficácia do § 1º, do mesmo artigo.

Vejamos o que expressamente assinalou o Relator, o Ministro Carlos Velloso: "O *caput* do art. 17 veicula, sem dúvida, norma geral, ao subordinar a alienação de bens públicos ao interesse público devidamente justificado e ao exigir a avaliação. O inciso I do mesmo artigo contém, também, norma geral, ao estabelecer que a alienação de imóveis públicos dependerá de autorização legislativa, de avaliação prévia e de licitação na modalidade de concorrência, dispensada esta nos casos que enumera nas alíneas *a* até *d*. Não veiculada norma geral, na alínea *b*, que cuida da doação de imóvel, se estabelece que a doação somente seria permitida para outro órgão ou entidade da Administração Pública. Uma tal interpretação constituiria vedação aos Estados e Municípios de disporem de seus bens, a impedir, por exemplo, a realização de programas de interesse público, tal como ocorre, no caso, conforme noticiado na inicial:

"(...)

"Empresto, pois, *interpretação conforme* à Constituição ao citado dispositivo — art. 17, I, *b*: a expressão — 'permitida exclusivamente para outro órgão ou entidade da Administração Pública, de qualquer esfera de governo' — somente tem aplicação no âmbito do governo central, vale dizer, no âmbito da União Federal.

"No que concerne à doação de bens móveis, não vejo excesso na norma inscrita no art. 17, II, *a*, quando sujeita esse tipo de alienação 'para fins e uso de interesse social, após avaliação de sua oportunidade e conveniência sócio-econômica, relativamente à escolha de outra forma de alienação'.

"Art. 17, I, *c* (permuta de bens imóveis) e art. 17, II, *b* (permuta de bens móveis).

"Está no art. 17, I, *c* II, *b*:

"Art. 17. (...)

"I — (...)

"c— permuta, por outro imóvel que atenda aos requisitos constantes do inciso X do art. 24 desta Lei;

"(...)

"II — (...)

"(...)

"b) permuta, permitida exclusivamente entre órgãos ou entidades da Administração Pública;

"No que toca à permuta de bens imóveis — art. 17, I, *c* — não vejo ocorrer o problema posto na inicial. O que ali está disposto, ao que penso, é que será dispensada a licitação, tratando-se de permuta de imóvel, quando ocorrer ela por outro imóvel que atenda aos requisitos do inciso X do art. 24, vale dizer, quando se tratar de 'imóvel destinado ao serviço público, cujas necessidades de instalação e localização condicionem a sua escolha, desde que o preço seja compatível com o valor de mercado segundo avaliação prévia'. Fora daí, parece-me razoável a exigência da licitação.

"Referentemente à permuta de bem imóvel — art. 17, II, *b* — *que a lei estabelece que será 'permitida exclusivamente entre órgãos ou entidades da Administração Pública', parece-me que o legislador federal se excedeu.* O que se disse relativamente à doação de bens imóveis — art. 17, I, *b* — tem aplicação aqui. *A interpretação conforme, no ponto, é esta: a norma mencionada* — 'permitida exclusivamente entre órgãos ou entidades da Administração Pública, inscrita no art. 17, II, *b*' — *somente tem aplicação no âmbito federal*''. Grifamos.

A título elucidativo, transcrevemos o acórdão:

"Ementa. Constitucional. Licitação. Contratação administrativa. Lei n. 8.666, de 21.6.93.

"I — Interpretação conforme dada ao art. 17, I, *b* (doação de bem imóvel) e art. 17, II, *b* (permuta de bem móvel), para esclarecer que a vedação tem aplicação no âmbito da União Federal, apenas. Idêntico entendimento em relação ao art. 17, I, 'c' e § 1º do art. 17. Vencido o Relator, nesta parte.

"II — Cautelar deferida, em parte.

"Acórdão. Vistos, relatados e discutidos estes autos, acordam os Ministros do Supremo Tribunal Federal, em Sessão Plenária, na conformidade da ata do julgamento e das notas taquigráficas, *deferir, em parte, a medida cautelar, para suspender, até a decisão final da ação, quanto aos Estados, ao Distrito Federal e aos Municípios, a eficácia da expressão 'permitida exclusivamente para outro órgão ou entidade da Administração*

Pública, de qualquer esfera de governo', contida na letra b do inciso I do art. 17, da Lei Federal n. 8.666, de 21.6.93, vencido o Ministro Paulo Brossard, que a indeferia; para suspender os efeitos da letra *c* do mesmo inciso, até a decisão final da ação, por maioria de votos, deferir a medida cautelar, vencidos os Ministros Relator Ilmar Galvão, Sepúlveda Pertence e Néri da Silveira, que a indeferiam; no tocante à letra *a* do inciso II do mesmo artigo, por maioria de votos, indeferir a medida cautelar, vencidos os Ministros Marco Aurélio, Celso de Mello, Sydney Sanches e Moreira Alves, que a deferiam; *com relação à letra* b *do mesmo inciso, por unanimidade, deferir a medida cautelar, para suspender, até a decisão final da ação, a eficácia da expressão 'permitida exclusivamente entre órgãos ou entidade da Administração Pública', quanto aos Estados, o Distrito Federal e os Municípios*; e, finalmente, por maioria de votos, deferir a medida cautelar, para suspender, até a decisão final da ação, a eficácia de todo o § 1º do art. 17, vencido o Ministro Relator, que a deferia. Votou o Presidente" (Ação Direta de Inconstitucionalidade n. 927-3 — Rio Grande do Sul — Medida Liminar, STF, Rel. Carlos Velloso, reqte. Governador do Estado do Rio Grande do Sul, reqdos. Presidente da República e Congresso Nacional, j. 4.11.93). Grifamos.

O capítulo II trata das modalidades, limites e dispensa.

No que é pertinente às modalidades de licitação, Estados e Municípios não podem legislar sobre a matéria por força do inciso XXVII, do art. 22 (legislação privativa da União no concernente a normas gerais de licitação e contratação em *todas as modalidades*).

Todavia, na parte referente à inexigibilidade poderão Estados e Municípios legislar porque inexigível é que *a priori* proíbe-se a exigência. Vale dizer, dispensa-se o que, a princípio, é exigível e cataloga-se como inexigível o que for passível de ser licitado. Se assim é, podem ocorrer hipóteses de inexigibilidade que os Municípios e/ou Estados enfrentem e, neste caso, poderão dispor sobre a matéria.

Entretanto, no que já se encontra disposto, não podem Estados e Municípios legislar de forma diversa.

Todavia, o mesmo não ocorrerá com a dispensa, estabelecida no artigo 24. *As hipóteses são taxativas*, não podem ser acrescidas pelos Estados e Municípios. *Encartam-se inteiramente nas normas gerais. A legislação deve ser homogênea para os Estados e Municípios.*

A regra é a licitação. A exceção é a dispensa. Nesta, pode-se deixar de licitar, quando ocorridos certos pressupostos, verifique-se a inoportunidade da licitação por não se colocarem em testilhas seus princípios básicos especificamente falando, nem os princípios constitucionais da Administração Pública.

Quanto à Seção II, do mesmo capítulo, à habilitação, somente poderá ser entendida como norma geral a obrigatoriedade da "exigência da qualificação técnica e econômica indispensáveis à garantia do cumprimento das obrigações".

A exigência, também, da regularidade da situação com a previdência encontra embasamento constitucional (§ 3º, do art. 195), com a ressalva expressa do correto entendimento do que seja "estar em débito" com o sistema de seguridade social.

A obrigação de *manter registros* cadastrais estendem-se aos Estados e Municípios. Todavia as peculiaridades do registro *devem, ou podem ter, especificações dos Estados e Municípios*.

Na seção VI, do procedimento e julgamento podemos entender, ao dar interpretação conforme à Constituição, que peculiaridades, pormenorizações podem e devem ser dispostas pelas *legislações regionais ou municipais*, desde que respeitados os princípios constitucionais referentes especificamente à Administração Pública, bem como os princípios constitucionais do processo administrativo (art. 5º., LV), do contraditório e da ampla defesa.

Também, a *audiência pública* para obras de vulto (valor que deve ser fixado nas legislações estadual e municipal, em compatibilidade com as licitações realizadas pelas entidades), *é obrigatória*. Como também será obrigatória para licitações simultâneas e/ou sucessivas (reafirmação do princípio constitucional de participação popular).

O mesmo se diga da norma veiculada pelo art. 41, § 1º., tal seja a possibilidade de qualquer cidadão poder impugnar o edital de licitação por irregularidade na aplicação da lei de licitação específica ou das normas gerais, veiculada pela Lei 8.666/93.

Quanto à rigidez procedimental diga-se, de passagem, trata-se, apenas, de observância de procedimento formal, absolutamente necessário para cumprimento dos preceitos constitucionais. Se inovações houver, desde que não sejam limitativas dos preceitos constitucionais, não estarão a afrontar a competência da União.

Não creio também possível o estabelecimento de critérios de julgamento, na lei chamados de *tipos de licitação*, outros que não os da Lei 8.666/93 ou, como afirma Marçal Justen Filho, ao se referir às normas gerais: "Seria possível que a lei local instituísse, por exemplo, uma licitação de preço-base, estando essa figura proscrita na lei federal? A resposta é negativa, porquanto o conceito de 'modalidade', na Constituição, abrange inclusive o tipo de licitação".

E termina por concluir: "Embora a dificuldade de uma abordagem exaustiva, pode-se concluir que a Lei consagra uma estrutura normativa fundamental que comporta complementação por parte das demais entidades políticas. A lei local poderá ir além do disposto na Lei Nacional, mas não poderá, como regra, substituir por outros os princípios e institutos naquela albergados" (*Comentários à lei de licitações e contratos administrativos*, Aide, 2ª. ed., 1994, p. 15).

Apenas não concordamos com expressão *complementar*, pois temos insistido em afirmar que poderão as outras entidades *pormenorizarem, disporem* no que concerne ao interesse próprio.

Concordamos, todavia, *e com ênfase*, na impossibilidade de derrubar a principiologia, que se encontrar em consonância com o disposto no artigo 22, XXVII do texto constitucional.

Quanto à revogação do procedimento licitatório *motivadamente*, por motivo *superveniente* (dentro do confinamento necessário do termo), não temos reparos a fazer. Constitui, sem dúvida, *norma geral*. O mesmo se diga da *anulação* e da necessidade de asseguramento do contraditório e da ampla defesa (postulados constitucionais).

Ainda, a não preterição da ordem de classificação das propostas obriga também a Estados e Municípios.

A responsabilidade solidária da Comissão encarta-se, a nosso ver, no conceito de normas gerais, relativamente à sistematização proposta no item 5.2.

No que se refere às sanções administrativas, como a suspensão do direito de licitar, a inidoneidade para licitar, também se encontram dentro da possibilidade de estabelecimento das normas gerais.

Claro está que o *procedimento recursal*, respeitado o contraditório e a ampla defesa, inclusive com a *designação da autoridade competente e prazos*, são normas de interesse exclusivo dos Estados e Municípios.

Ainda, no tocante aos crimes e às penas, a matéria não se encarta nas normas gerais, mas no Direito Penal, portanto de ampla aplicação aos Estados e Municípios, pois, da competência exclusiva da União. O mesmo se diga do processo e procedimento judicial.

Deixamos de enfrentar, ainda que perfunctoriamente como fizemos com as normas sobre licitações, as referentes aos contratos. E assim fizemos somente porque pretendíamos apenas proceder à aplicação prática do que entendemos como possibilidade para dispor sobre normas gerais e para o tratamento do tema proposto, "Competências Administrativas dos Estados e Municípios".

Concluindo, podemos refrisar: Estados e Municípios, *respeitadas as normas gerais* (*com seus contornos nitidamente demarcados*), têm competência, em face de sua autonomia, para dispor sobre todas as matérias referentes ao procedimento administrativo da licitação.

Bibliografia

Ataliba, Geraldo. "Iniciativa de Lei Complementar de Normas Gerais de Direito Tributário", *RDP* 71, p. 118.

____ "Normas Gerais de Direito Financeiro e Tributário e Autonomia dos Estados e Municípios", *RDP* 10, p. 45.

____ *República e Constituição*, São Paulo, Ed. RT, 1985.

Bandeira de Mello, Celso Antônio. *Curso de Direito Administrativo*, São Paulo, Malheiros Editores, 5ª ed., 1994.

Barroso, Luís Roberto. "Interpretação Constitucional — Direito Constitucional Intertemporal — Antonomia Desportiva — Conteúdo e Limites — Conceito de Normas Gerais", *RDP* 97, jan./março, 1991, pp. 95/99.

____ *Direito Constitucional e a Efetividade de suas Normas*, 2ª ed., Renovar, 1993.

Bastos, Celso. "Lei Complementar: Teoria e Comentários". Tese para livre Docência.

Bastos, Celso e Martins, Ives Gandra. *Comentários à Constituição do Brasil*, Saraiva, 6º vol., t. I, 1990 (art. 146), e 3º vol., t. I, 1992 (art. 23).

Bobbio, N., Mateucci e G. Pasquino. *Dicionário Político*, verbete de Lúcio Levi, "Federalismo".

Borges, Alice Gonzalez. *Normas Gerais no Estatuto das Licitações e Contratos Administrativos*, São Paulo, Ed. RT, 1991.

Brossard, Paulo. "Constituição e Leis a ela anteriores", in *RTDP*, São Paulo, Malheiros Editores, v. 4, 1993, pp. 15/30.

Carrazza, Roque. *Curso de Direito Constitucional Tributário*, 4ª ed., Malheiros Editores, 1993.

Carvalho, Paulo de Barros. *Curso de Direito Tributário (nos termos da Constituição de 1988)*, 4ª ed., Saraiva, 1991, cap. IV, V e VII.

Castro, José Nilo. *Direito Municipal*, Belo Horizonte, Del Rey, 1992.

Coêlho, Sacha Calmon Navarro. *Comentários à Constituição de 1988* (Sistema Tributário), cap. I e II, 3ª ed., Forense.

Dallari, Adílson de Abreu. *Aspectos Jurídicos da Licitação*, 3ª ed., Saraiva, 1992.

Ferraz, Tércio Sampaio. "Segurança Jurídica e Normas Gerais Tributárias", *RDT* 17/18, São Paulo, RT, pp. 50/56.

Ferreira, Pinto. *Comentários à Constituição Brasileira*, Saraiva, 1990 (arts. 23 e 24).

Ferreira, Sérgio de Andréa. *Comentários à Constituição*, 3º vol., arts. 37 a 43, Rio, Biblioteca Jurídica Freitas Bastos, 1991.

Figueiredo, Lúcia Valle. *Direitos dos Licitantes*, 4ª ed., Malheiros Editores, 1994.

Grecco, Marco Aurélio. "A Poluição Diante do Direito Brasileiro", *RDP* 34, pp. 91/104.

Justen Filho, Marçal. *Comentários à Lei de Licitações e Contratos Administrativos*, 2ª ed., revista e ampliada, 1994.

Kelsen, Hans. *Teoria General del Estado*, México, Editora Nacional, tradución directa del alemán por Luis Legaz Lacambra, 1973.

____ *Teoria Geral das Normas*, Porto Alegre, Sérgio Fabris, 1986, tradução e revisão de José Florentino Duarte.

____ *Teoria Pura do Direito*, vols. 1 e 2.

Larenz, Karl. *Metodologia da Ciência Jurídica*, 5ª ed., revista, 1983, Fundação Calouste Gulbenkian, 1989, tradução de José Lamego e revisão de Ana Freitas, em especial cap. V (1ª parte), cap. IV (II parte sistemática).

Machado, Hugo de Brito (inédito). *Aplicação de Lei Inconstitucional pela Administração*.

Maximiliano, Carlos. *Hermenêutica e Aplicação do Direito*, 10ª ed., Rio de Janeiro, Forense, 1988.

Meirelles, Hely Lopes. *Direito Municipal Brasileiro*, 6ª ed., atualizada por Isabel Camargo Lopes Monteiro e Yara Darcy P. Monteiro, São Paulo, Malheiros Editores, 1993.

Miranda, Pontes de. *Comentários à Constituição de 1967, com a Emenda n. 1 de 1969*, t. II, Forense, 1987.

Moreira Neto, Diogo de Figueiredo. "Competências Concorrentes", Separata da *Revista de Informação Legislativa*, a. 25, n. 100, out./dez. 1988.

_____ "Interferência entre poderes do Estado (fricções entre o Executivo e o Legislativo na Constituição de 1988)", Separata da *Revista de Informação Legislativa*, a. 26, n. 103, jul./set. 1989.

Pereira Júnior, Jessé Torres. *Comentários à Nova Lei das Licitações Públicas*, Rio de Janeiro, Ed. Renovar, 1993.

Silva, José Afonso da. *Curso de Direito Constitucional Positivo*, 6ª ed., revista e ampliada, São Paulo, Ed. RT, 1990.

Temer, Michel. *Elementos de Direito Constitucional*, 9ª ed., revista, Malheiros Editores, 1992.

Velloso, Carlos Mário da Silva. *Temas de Direito Público*, Belo Horizonte, Del Rey, 1994, cap. 11, "Estado Federal e Estados Federados na Constituição Brasileira de 1988, o equilíbrio federativo".

_____ Voto proferido na Ação Direta de Inconstitucionalidade n. 927-3 — RS — Medida Liminar, STF, reqte. Governador do Estado do Rio Grande do Sul, reqdos. Presidente da República e Congresso Nacional, j. 4.11.93.

_____ Voto proferido no Recurso Extraordinário n. 140.887-1, RJ.

CONTRARIEDADE À CONSTITUIÇÃO E RECURSO EXTRAORDINÁRIO: ASPECTOS INEXPLORADOS

GILMAR FERREIRA MENDES
Procurador da República
Doutor em Direito pela Universidade de Münster — RFA

I — Introdução

A Constituição de 1988 introduziu mudanças significativas no modelo de controle de constitucionalidade e de proteção do direito federal, instituindo um tribunal especial para conhecer das questões básicas relativas à alegação de afronta ao direito ordinário federal.

Essa opção do constituinte tem provocado não poucas perplexidades. A própria necessidade de separação de recursos e de sua duplicação — recurso especial para o Superior Tribunal de Justiça e recurso extraordinário para o Supremo Tribunal Federal — tem suscitado controvérsias de relevo.

Embora a doutrina ainda não tenha contemplado a questão com a necessária atenção, é certo que se, de um lado, a transferência para o Superior Tribunal de Justiça da atribuição para conhecer das questões relativas à observância do direito federal acabou por reduzir a competência do Supremo Tribunal Federal às controvérsias de índole constitucional, não subsiste dúvida de que, por outro lado, essa alteração deu ensejo à Excelsa Corte para redimensionar o conceito de *questão constitucional*.

O próprio significado do princípio da legalidade, positivado no art. 5º, II, da Constituição, terá que ser efetivamente explicitado, para que dele se extraiam relevantes conseqüências jurídicas já admitidas pela dogmática constitucional.

O princípio da legalidade, entendido aqui tanto como princípio da supremacia ou da preeminência da lei (*Vorrang des Gesetzes*), quanto como princípio da reserva legal (*Vorbehalt des Gesetzes*), contém limites não só para o Legislativo, mas também o Poder Executivo e para o Poder Judiciário.

A idéia de supremacia da Constituição, por outro lado, impõe que os órgãos aplicadores do direito não façam tábula rasa das normas constitucionais, ainda quando estiverem ocupados com a aplicação do direito ordinário. Daí porque se cogita, muitas vezes, sobre a necessidade de utilização da interpretação sistemática sob a modalidade da interpretação conforme à Constituição.

Nesse âmbito, colocam-se algumas indagações.

Uma primeira refere-se ao cabimento de recurso extraordinário contra decisões proferidas pelo Superior Tribunal de Justiça e pelos demais tribunais nas hipóteses em que se discute a legitimidade de aplicação de norma regulamentar (reserva legal).

É de se perguntar se, nesses casos, tem-se simples *questão legal*, insuscetível de ser apreciada na via excepcional do recurso extraordinário, ou se o tema pode ter contornos constitucionais e merece, por isso, ser examinado pelo Supremo Tribunal Federal.

Ainda nessa linha de reflexão poder-se-ia questionar se a decisão judicial que se ressente de falta de fundamento legal poderia ser considerada contrária à Constituição para os efeitos do art. 102, III, *a* da Constituição.

Na mesma linha de raciocínio seria, igualmente, lícito perguntar se a aplicação errônea ou equivocada do direito ordinário poderia dar ensejo a recurso extraordinário.

A questão assume maior relevância prática em face da alteração levada a efeito pela Constituição de 1988, que instituiu o Superior Tribunal de Justiça, outorgando-lhe competência para apreciar a legitimidade da aplicação do direito ordinário federal.

II — Significado dos Direitos Fundamentais

A Constituição brasileira de 1988, tal como já consagrado na Lei Fundamental de Bonn (1949), na Constituição portuguesa (1976) e na Constituição espanhola (1978), outorgou significado especial aos direitos fundamentais, passando inclusive a contemplá-los já no seu capítulo inicial.

Tal como os textos constitucionais referidos, a Constituição de 1988 confere eficácia vinculante imediata aos direitos fundamentais (CF, art. 5º, § 1º). Tal como verificado, igualmente, nos textos constitucionais acima mencionados (Lei Fundamental, art. 79, III; Constituição portuguesa, art. 288), a Constituição de 1988 gravou esses direitos fundamentais com a *cláusula de imutabilidade* ou com a *garantia de eternidade*, permitindo, assim, que eventual emenda constitucional tendente a abolir determinado direito tenha a sua inconstitucionalidade declarada pelo Poder Judiciário.

Os direitos fundamentais são, a um só tempo, direitos subjetivos e elementos essenciais da ordem constitucional objetiva.

Enquanto direitos subjetivos, os direitos fundamentais outorgam aos titulares a possibilidade de impor os seus interesses em face dos órgãos obrigados.[1]

Como elemento fundamental da ordem constitucional objetiva, os direitos fundamentais — tanto aqueles que não asseguram, primariamente, um direito subjetivo quanto aqueloutros, concebidos como garantias individuais — formam a base do ordenamento jurídico de um Estado de Direito democrático.

É verdade consabida, desde que Jellinek desenvolveu a sua *Teoria dos quatro* "Status"[2], que os direitos fundamentais cumprem diferentes funções na ordem jurídica.

Na sua concepção tradicional, os direitos fundamentais são *direitos de defesa* (*Abwehrrechte*), destinados a proteger determinadas posições subjetivas contra a intervenção do Poder Público,

1. Hesse, Konrad. *Grundzüge des Verfassungsrechts der Bundesrepublik Deutschland*, 16ª ed., Heidelberg, 1988, p. 112; Krebs, Walter, "Freiheitsschutz durch Grundrechte", in *JURA*, 1988, p. 617 (619).

2. Jellinek, G., *Sistema dei Diritti Pubblici Subjettivi*, trad. ital., Milão, 1912, p. 244. Sobre a crítica da teoria de Jellinek, cf. Alexy, Robert, *Theorie der Grundrechte*, Frankfurt am Main, 1986, p. 243 e ss.

seja pelo (*a*) não-impedimento da prática de determinado ato, seja pela (*b*) não-intervenção em situações subjetivas ou pela não-eliminação de posições jurídicas.[3]

Nessa dimensão, os direitos fundamentais contêm disposições definidoras de uma *competência negativa do Poder Público* (*negative Kompetenzbestimmung*), que fica obrigado, assim, a respeitar o núcleo de liberdade constitucionalmente assegurado.[4]

Outras normas consagram *direitos a prestações de índole positiva* (*Leistungsrechte*), que tanto podem referir-se a *prestações fáticas de índole positiva* (*faktische positive Handlungen*), quanto a *prestações normativas de índole positiva* (*normative Handlungen*).[5]

Como observado, enquanto *direitos de defesa*, os direitos fundamentais asseguram a esfera de liberdade individual contra interferências ilegítimas do Poder Público, provenham elas do Executivo, do Legislativo ou, mesmo, do Judiciário.

Se o Estado viola esse princípio, então dispõe o indivíduo da correspondente pretensão que pode consistir, fundamentalmente, em uma:

1) pretensão de abstenção (*Unterlassungsanspruch*)

2) pretensão de revogação (*Aufhebungsanspruch*), ou, ainda, em uma

3) pretensão de anulação (*Beseitigungsanspruch*).[6]

Assinale-se, ainda, que tal como outras ordens constitucionais, a Constituição brasileira consagra como princípio básico o postulado da legalidade segundo o qual "ninguém está obrigado a fazer ou deixar de fazer alguma coisa senão em virtude de lei" (CF, art. 5º, II).

Tal como já assinalado, o princípio da legalidade contempla, entre nós, tanto a idéia de *supremacia da lei* (*Vorrang des Gesetzes*), quanto a de *reserva legal* (*Vorbehalt des Gesetzes*).[7]

O princípio da reserva legal explicita as matérias que devem ser disciplinadas diretamente pela lei. Este princípio, na sua dimensão negativa, afirma a inadmissibilidade de utilização de qualquer outra fonte de direito diferente da lei. Na sua dimensão positiva, admite-se que apenas a lei pode estabelecer eventuais limitações ou restrições.[8]

Por seu turno, o princípio da supremacia ou da preeminência da lei submete a administração e os tribunais ao regime da lei, impondo tanto a exigência de aplicação da lei (*dimensão positiva*) quanto a proibição de desrespeito ou de violação da lei (*dimensão negativa*).[9]

A propósito, são elucidativas as lições de Canotilho: "Em termos práticos, a articulação de suas dimensões aponta: (I) para a exigência da aplicação da lei pela administração e pelos tribunais (cfr. CRP artigos 206, 266/2), pois o cumprimento concretizador das normas legais não fica à disposição do juiz (a não ser que as "julgue" inconstitucionais) ou dos órgãos e agentes da administração (mesmo na hipótese de serem inconstitucionais); (II) a proibição de a administração e os tribunais actuarem ou decidirem contra lei, dado que esta constitui um limite ("função limite", "princípio da legalidade negativa") que impede não

3. Cf. Alexy, *Theorie der Grundrechte*, cit., p. 174; ver, também, Canotilho, J. J. Gomes, *Direito Constitucional*, 5ª ed., Coimbra, 1992, p. 548.

4. Cf. Hesse, *Grundzüge*, cit., p. 118.

5. Alexy, *Theorie der Grundrechte*, 1988, p. 179; ver, também, Canotilho, *Direito Constitucional*, p. 549.

6. Cf. Battis/Gusy, *Einführung in das Staatsrecht*, 3ª ed., Heidelberg, 1991, p. 330.

7. Cf., sobre o assunto, Xavier, Alberto, *Os princípios da legalidade e da tipicidade da tributação*, São Paulo, 1978, pp. 13 e ss.

8. Cf. Canotilho, *Direito Constitucional*, p. 799.

9. Canotilho, *Direito Constitucional*, 1991, pp. 796-797.

só as violações ostensivas das normas legais, mas também os "desvios" ou "fraudes" à lei através da via interpretativa; (III) nulidade ou anulabilidade dos actos da administração e das medidas judiciais ilegais; (IV) inadmissibilidade da "rejeição" por parte dos órgãos e agentes da administração (mas já não por parte dos juízes), de leis por motivo de inconstitucionalidade. Neste sentido pôde um autor afirmar recentemente que o princípio da legalidade era um 'verdadeiro polícia na ordem jurídica' (J. Chevallier).[10]

Para a defesa dos direitos individuais, coloca a ordem constitucional à disposição do indivíduo uma série de instrumentos.

Além de garantir o direito à proteção judiciária e instituir alguns instrumentos especiais com o escopo de tornar mais precisa ou expedita essa proteção, como é o caso, entre nós, do mandado de segurança e do *habeas corpus*, consagram muitas ordens constitucionais a possibilidade de utilização de um recurso especial, o *recurso constitucional* contra decisões judiciais ou mesmo contra atos de outros poderes.

Entre nós, a eventual censura das decisões contrárias à Constituição realiza-se mediante a utilização do recurso extraordinário, hoje disciplinado no art. 102, III, da Constituição.

III — O recurso extraordinário no caso da afronta provir de ato regulamentar

A Constituição Federal de 1988 estabelece ser admissível recurso extraordinário quando a decisão recorrida contrariar dispositivo desta Constituição, declarar a inconstitucionalidade de tratado ou lei federal ou julgar válida lei ou ato do governo local contestado em face do texto constitucional.

Assim, ao contrário do que se verifica em outras ordens constitucionais, que limitam, muitas vezes, o *recurso constitucional* aos casos de afronta aos direitos fundamentais, optou o constituinte brasileiro por admitir o cabimento do recurso extraordinário contra qualquer decisão que, em única ou última instância, contrariar a Constituição.

Portanto, a admissibilidade do recurso constitucional não está limitada, em tese, a determinados parâmetros constitucionais, como é o caso da *Verfassungsbeschwerde* na Alemanha (Lei Fundamental, art. 93, n. 4a), destinada, basicamente, à defesa dos direitos fundamentais.

Assinale-se, porém, que, mesmo nos sistemas que admitem o recurso constitucional apenas com base na alegação de ofensa aos direitos fundamentais, surgem mecanismos ou técnicas que acabam por estabelecer uma *ponte* entre os direitos fundamentais e todo o sistema constitucional, reconhecendo-se que a lei ou o ato normativo que afronta determinada disposição do direito constitucional objetivo ofende, *ipso jure*, os direitos individuais, seja no que se refere à liberdade de ação, seja no que diz respeito ao princípio da reserva legal.

A Corte Constitucional alemã apreciou pela primeira vez a questão no chamado *Elfes-Urteil*, de 16.1.1957, deixando assente que uma norma jurídica lesa a liberdade de ação (*Handlungsfreiheit*) se contraria disposições ou princípios constitucionais, tanto no que se refere ao aspecto formal quanto no que diz respeito ao aspecto material.[11]

No referido julgado explicitou a Corte Constitucional alemã orientação que seria repetida e aperfeiçoada em decisões posteriores: "De tudo o que se

10. Canotilho, *Direito Constitucional*, p. 797.

11. BVerfGE 6, 32 (36 s.; 41).

afirmou, resulta que uma norma jurídica somente pode restringir, eficazmente, o âmbito da liberdade individual (*allgemeine Handlungsfreiheit*) se corresponder às exigências estabelecidas pela ordem constitucional. Do prisma processual, significa dizer: todos podem sustentar, na via do recurso constitucional, que uma lei que estabelece restrição à liberdade individual não integra a ordem constitucional, porque afronta, formal ou materialmente, disposições ou princípios constitucionais; (...)" (LF, art. 2, I).[12]

Tal como assinalado, essa decisão permitiu que o *Bundesverfassungsgericht* apreciasse, na via excepcional da *Verfassungsbeschwerde* (recurso constitucional), a alegação de afronta não apenas aos direitos fundamentais, mas a qualquer norma ou princípio constitucional.

É que, como observa Hans-Jürgen Papier, qualquer inconstitucionalidade de lei restritiva de direito configura, também, afronta aos direitos fundamentais: "O significado nos direitos fundamentais nos termos da Lei Fundamental não se limita mais exclusivamente a garantir a legalidade (*Gesetzmässigkeit*) das restrições impostas à liberdade individual pelo Executivo e pelo Judiciário. Mediante a vinculação do Poder Legislativo aos direitos fundamentais não se suprime, mas se reforça e se completa a função de proteção dos direitos fundamentais. Administração e Justiça necessitam para a intervenção nos direitos fundamentais de uma dupla autorização: além da autorização legal (*gesetzliche Ermächtigung*) para a intervenção, deve-se exigir também uma autorização constitucional para a limitação dos direitos fundamentais. Se os direitos fundamentais da Lei Fundamental não se exaurem na legalidade do segundo e do terceiro Poder, surge, ao lado da reserva legal, a idéia de uma reserva da Constituição. Então afigura-se lícito admitir que, de uma perspectiva jurídico-material, os direitos fundamentais protegem contra restrições ilegais ou contra limitações sem fundamento legal levadas a efeito pelo Poder Executivo ou pelo Poder Judiciário. A legalidade da restrição ao direito de liberdade é uma condição de sua constitucionalidade; a violação à lei constitui uma afronta aos próprios direitos fundamentais (*Die Gesetzmässigkeit des Freiheitseingriffs ist eine Bedingungsseiner Verfassunmässigkeit, sein Gesetzesverstoss ist auf ieden Fall Grundrechtsvestoss*).[13]

Orientação semelhante é enfatizada por Klaus Schlaich, ressaltando que também a incompatibilidade entre as normas regulamentares e a lei formal enseja a interposição de recurso constitucional sob alegação de afronta a um direito fundamental, pelo menos ao direito geral de liberdade.[14]

Tal como enunciado por Pestalozza,[15] configuram-se hipóteses de afronta ao direito geral de liberdade (Lei Fundamental, art. 2, I) ou a outra garantia constitucional expressa:

— a não observância pelo regulamento dos limites estabelecidos em lei (Lei Fundamental, art. 80, I);[16]

— a lei promulgada com inobservância das regras constitucionais de competência;[17]

— a lei que estabelece restrições incompatíveis com o princípio da proporcionalidade.[18]

12. BVerfGE 6, 32 (33).

13. Papier, " 'Spezifisches Verfassungsrecht' und 'Einfaches Recht' als Argumentationsformal des Bundesverfassungsgerichts", in *Bundesverfassungsgericht un Gundgesetz*, vol. I, p. 432 (433-434).

14. Schlaich, Klaus, *Das Bundesverfassungsgericht*, Munique, 1985, p. 108.

15. Pestalozza, Christian, *Verfassungsprozessrecht*, 2ª ed., Munique, 1982, pp. 105-106.

16. BVerfGE 41, 88 (116); 42, 374 (385).

17. BVerfGE 38, 288 (298 s.); 40, 56 (60), 42, 20 (27).

18. BVerfGE 38, 288 (298).

Embora essa orientação pudesse suscitar alguma dúvida, especialmente no que se refere à conversão da relação lei/regulamento numa questão constitucional, é certo que tal entendimento parece ser o único adequado a evitar a *flexibilização* do princípio da legalidade, tanto sob a forma de postulado da supremacia da lei, quanto sob a modalidade de princípio da reserva legal.

Do contrário, restaria praticamente esvaziado o significado do princípio da legalidade, enquanto princípio constitucional em relação à atividade regulamentar do Executivo. De fato, a Corte Constitucional estaria impedida de conhecer eventual alegação de afronta, sob o argumento da falta uma ofensa direta à Constituição. Especialmente no que diz respeito aos direitos individuais, não há como deixar de reconhecer que a legalidade da restrição aos direitos de liberdade é uma condição de sua constitucionalidade.

Não há dúvida, igualmente, de que esse entendimento aplica-se integralmente ao nosso modelo constitucional, que consagra não apenas a legalidade como princípio fundamental (art. 5º, II), mas exige também que os regulamentos observem os limites estabelecidos pela lei (CF, art. 84, IV).

IV — Decisão judicial sem base legal (ou fundada em uma falsa base legal) e recurso constitucional

Problema igualmente relevante coloca-se em relação às decisões de única ou de última instância que, por falta de fundamento legal, acabam por lesar relevantes princípios da ordem constitucional.

Uma decisão judicial que, sem fundamento legal, afete situação individual revela-se igualmente contrária à ordem constitucional, pelo menos ao direito subsidiário da liberdade de ação (*Auffanggrundrecht*). [19]

19. Schlaich, *Das Bundesverfassungsgericht*, p. 108;

Se se admite, como expressamente estabelecido na Constituição, que os direitos fundamentais vinculam todos os poderes e que a decisão judicial deve observar a Constituição e a lei, não é difícil compreender que a decisão judicial que se revele desprovida de base legal afronta algum direito individual específico, pelo menos o princípio da legalidade.

A propósito, assinalou a Corte Constitucional alemã: "Na interpretação do direito ordinário, especialmente dos conceitos gerais indeterminados (*Generalklausel*) devem os tribunais levar em conta os parâmetros fixados na Lei Fundamental. Se o tribunal não observa esses parâmetros, então ele acaba por ferir a norma fundamental que deixou de observar; nesse caso, o julgado deve ser cassado no processo de recurso constitucional" (*Verfassungsbeschwerde*) (BVerfGE 7, 198 (207); 12, 113 (124); 13, 318 (325).[20]

Não há dúvida de que essa orientação prepara algumas dificuldades, podendo converter a Corte Constitucional em autêntico Tribunal de revisão. É que, se a lei deve ser aferida em face de toda a Constituição, as decisões hão de ter a sua legitimidade verificada em face da Constituição e de toda a ordem jurídica. Se se admitisse que toda decisão contrária ao direito ordinário é uma decisão inconstitucional, ter-se-ia de acolher, igualmente, todo e qualquer recurso constituciona interposto contra decisão judicial ilegal.[21]

Enquanto essa orientação prevalece em relação às leis inconstitucionais, não se adota o mesmo entendimento no que concerne às decisões judiciais.

Por essa razão, procura o Tribunal formular um critério que limita a impugnação das decisões judiciais mediante recurso constitucional. Sua admissibilidade

20. BVerfGE 18, 85 (92 s.); cf., também, Zuck, Rüdiger, *Das Recht der Verfassungsbeschwerde*, 2ª ed., Munique, 1988, p. 220.

21. Schlaich, *Das Bundesverfassungsgericht*, p. 109.

dependeria, fundamentalmente, da demonstração de que, na interpretação e aplicação do direito, o Juiz desconsiderou por completo ou essencialmente a influência dos direitos fundamentais, que a decisão se revela grosseira e manifestamente arbitrária na interpretação e aplicação do direito ordinário ou, ainda, que se ultrapassaram os limites da construção jurisprudencial.[22] Não raras vezes, observa a Corte Constitucional que determinada decisão judicial afigura-se insustentável, porque assente numa interpretação objetivamente arbitrária da norma legal (*Sie beruth vielmehr auf schlechthin unhaltbarer und damit objektiv willkürlicher Auslegung der angewenderen Norm*).[23]

Assim, uma decisão que, *v.g.*, amplia o sentido de um texto normativo penal para abranger uma dada conduta é considerada inconstitucional, por afrontar o princípio do *nullum crimen nulla poena sine lege* (LF, art. 103, II).

Essa concepção da Corte Constitucional levou à formulação de uma teoria sobre os graus ou sobre a intensidade da restrição imposta aos direitos fundamentais (*Stufentheorie*), que admite uma aferição de constitucionalidade tanto mais intensa quanto maior for o grau de intervenção no âmbito de proteção dos direitos fundamentais.[24]

Embora o modelo de controle de constitucionalidade exercido pelo *Bundsverfassungsgericht* revele especificidades decorrentes sobretudo do sistema concentrado, é certo que a idéia de que a não-observância do direito ordinário pode configurar uma afronta ao próprio direito constitucional tem aplicação também entre nós.

Essa conclusão revela-se tanto mais plausível se se considera que, tal como a Administração, o Poder Judiciário está vinculado à Constituição e às leis (CF, art. 5º, § 1º).

22. Cf., sobre o assunto, Schlaich, *Das Bundesverfassungsgericht*, p. 109.

23. BVerfGE 64, 389 (394).

24. Zuck, Rüdiger, *Das Recht der Verfassungsbeschwerde*, p. 221.

PARECERES

LEI DE ZONEAMENTO URBANO — COMPETÊNCIA EXCLUSIVA DO LEGISLATIVO MUNICIPAL — DELEGAÇÃO DE PODERES AO EXECUTIVO

ARNOLDO WALD
Professor Catedrático da Universidade do Estado do Rio de Janeiro

1. Da consulta. 2. Prólogo. 3. Análise jurídica. Parte I — Do âmbito no qual se insere a consulta: a natureza jurídica do Direito Urbanístico. Parte II — Da inconstitucionalidade intrínseca (material) da Lei n. 10.209/86, que autoriza a derrogação das normas legais urbanísticas por decisões administrativas: a. Princípios constitucionais: competências legislativas: a.1 Análise da Lei 10.209/86 sob o ordenamento jurídico vigente quando de sua promulgação: A Constituição Federal de 1967 e a antiga Lei Orgânica do Município de São Paulo (Decreto Complementar n. 9/1969); a.2 Análise sob o ordenamento jurídico vigente quando da emissão do ato administrativo ora impugnado (aprovação da operação interligada com base na Lei n. 10.209/86): A Constituição Federal de 1988 e a Nova Lei Orgânica do Município de São Paulo (1991); b. Caráter infralegal da atividade administrativa — vinculação e indisponibilidade das normas urbanísticas — impossibilidade de delegação de competência exclusiva. Parte III — Da inconstitucionalidade extrínseca (formal) da Lei n. 10.209/86: do processo legislativo irregular. 4. Conclusões

Não há como se negar a nulidade do ato administrativo impugnado, posto que praticado mediante inaceitável *usurpação de poderes*. De fato, dado o *caráter cogente e indisponível* das normas que informam o direito urbanístico — normas estas constitucionalmente delegadas ao legislativo municipal — não poderia o Poder Executivo ter disposto sobre matéria de competência exclusiva da câmara citadina.

Neste contexto, a *Lei Municipal n. 10.209/86*, da qual defluiu o ato impugnado, mostra-se maculada de insuperável *inconstitucionalidade intrínseca*, sendo ineficaz a delegação de poderes nela contida e nulos os atos dela decorrentes, porquanto emanados de autoridade totalmente incompetente.

Por outro lado, e agravando ainda mais a ilicitude da guerreada iniciativa administrativa, tem-se como irretorquível a *ilegalidade extrínseca* do diploma municipal acima mencionado, e sua conseqüente nulidade, uma vez que o projeto de lei que lhe deu origem veio a ser sancionado e promulgado pelo então prefeito municipal de forma totalmente arbitrária, e em frontal agressão ao regular procedimento legislativo.

Conclui-se, portanto, no sentido da nulidade do ato administrativo impugnado, posto que praticado mediante ilícita usurpação de poderes, e decorrente de norma autorizadora intrínseca e extrinsecamente inconstitucional.

1. Da consulta

1. Foi-nos formulada a presente consulta em decorrência de ato administrativo das autoridades municipais, que alterou as características do zoneamento urbano de terreno localizado à Av. Nações Unidas, n. 2.091, a fim de que nele fosse viabilizada a construção de empreendimento comercial — shopping center — contrariando legislação urbanística vigente, com base na delegação prevista no art. 1º da Lei n. 10.209 de 12 de dezembro de 1986.

2. Efetivamente, para conceder tal licença, arrimou-se a Autoridade na Lei n. 10.209 — promulgada aos 9 de dezembro de 1986 — que veio a instituir as chamadas "operações interligadas", facultando aos proprietários de terrenos urbanos "*... requerer ao Executivo municipal a modifcação dos índices e características de ocupação do solo... desde que se obriguem a construir e a doar ao Poder Público habitações de interesse social para a população favelada...*" (Lei 10.209/86, artigo 1º).

3. Tratou-se, pois, de ato administrativo delegado através do qual o Poder Executivo, fundamentado em suposto interesse social, revogou a legislação urbanística vigente no município de São Paulo.

4. Indaga-nos, o Consulente, sobre a licitude de tal ato, a legalidade de sua fundamentação positiva, bem como sobre a legitimidade dos fins por ele visados.

2. Prólogo

"O Urbanismo apresenta-se como a ciência do estabelecimento humano, preocupando-se substancialmente com a racional sistematização do território, como pressuposto essencial e inderrogável para uma convivência sã e ordenada dos grupos de indivíduos, que nele transcorre sua própria existência."[1]

5. As questões que nos são propostas envolvem uma análise voltada a esferas de Direito de duas ordens: *material* e *formal*.

6. Assim, num primeiro momento, o presente estudo voltar-se-á às questões de Direito Substantivo pertinentes ao caso. Para tanto, propomo-nos identificar o âmbito no qual se insere o Direito Urbanístico, destacando seus elementos essenciais de caráter eminente público e legalista, ensejando a indisponibilidade das normas que o conformam.

7. Num segundo tempo, faremos uma detalhada análise dos aspectos formais nos quais se inserem os atos ensejadores da presente consulta. Neste tópico, restarão demonstradas diversas irregularidades procedimentais, as quais, posto de insanáveis, acabam por viciar todos os atos delas decorrentes.

1. Frederico Spantigatti, *Manual de Derecho Urbanístico*, Ed. Montecorvo, Madri, 1973, p. 28.

3. *Análise Jurídica*

Parte I — Do âmbito no qual se insere a consulta: a natureza jurídica do Direito Urbanístico

"Cabe ao Direito Urbano a disciplina do uso dos solos nas cidades, adequando o uso e a ocupação da propriedade ao cumprimento de uma função social e prestando-se a limitar o abuso de Poder Econômico.

"(...)

"O Direito Urbano visa à promoção de justiça social, ainda que dentro dos limites do sistema capitalista."[2]

8. Apesar de seu maior desenvolvimento ter-se dado neste século, dado o conhecimento do êxodo rural, que deu origem à urbanização da sociedade moderna, as regras de natureza urbanística já se faziam presentes nas cidades antigas e medievais.

9. Sabe-se, por exemplo, que Roma, após o incêndio provocado por Nero, foi alvo de verdadeiro plano urbanístico, estabelecendo que, na reconstrução da *Urbes*, preponderassem vias largas, limitando a altura dos edifícios, determinando a criação de praças amplas e, ainda, fixando a distância entre os médios em cem metros.[3]

10. Através dos tempos, as experiências urbanísticas vão-se desenvolvendo e ganhando importância, à medida que vai-se reconhecendo o seu caráter essencial de sistema de "*organização dos espaços habitáveis visando à realização da qualidade de vida humana*".[4]

11. Uma tal organização, obviamente, somente pode ser levada a termo pelo Poder Público. Para tanto, tornam-se lícitas e necessárias intervenções na vida econômica e social das aglomerações urbanas restringindo a fruição da propriedade privada. Estas medidas, que se legitimam pela defesa dos interesses sociais, têm por finalidade primordial a humanização, ordenação e harmonização dos espaços onde vive o homem.

12. Ora, como salienta José Afonso da Silva, transcrevendo Di Lorenzo, a atividade urbanística "... por ser uma atividade do poder público que interfere com a esfera do interesse particular visando à realização de interesse da coletividade", "deve ela desenvolver-se nos estritos limites jurídicos, e isso decorre do fato de que toda planificação comporta uma disciplina de bens e de atividades que não pode atuar senão no quadro de uma regulamentação jurídica, pela limitação que põe à propriedade pública ou privada, ou mesmo tolhe o gozo desta..."[5]

13. Definindo o direito urbanístico, esclarece mestre Hely Lopes Meirelles que se trata de:

"Ramo do direito público destinado ao estudo e formulação dos princípios e normas que devem reger os espaços habitáveis, no seu conjunto cidade-campo. Na amplitude desse conceito, incluem-se todas as áreas em que o homem exerce coletivamente qualquer de suas quatro funções essenciais na comunidade: habitação, trabalho, circulação e recreação, excluídas somente as terras de exploração agrícola, pecuária ou extrativa, que não afetem a vida urbana.

"Segundo essa conceituação, cabem no âmbito do direito urbanístico não só a disciplina do uso do solo urbano e urbanizável, de seus equipamentos e de suas atividades como a de qualquer área, elemento ou atividade em zona rural, que interfira no agrupamento urbano, como

2. Edésio Fernandes, "Direito Urbano", in *RDP* 80/114.

3. Enciclopédia Universal Ilustrada Européia Americana, t. 65, p. 1.336.

4. José Afonso da Silva, *Direito Urbanístico Brasileiro*, Ed. RT, São Paulo, 1981, p. 15.

5. José Afonso da Silva, ob. cit., p. 18.

ambiente natural do homem em sociedade. Essa concepção de ampla abrangência do direito urbanístico é a dominante entre os seus iniciadores alienígenas e seus primeiros cultores no Brasil''.

14. E acrescenta o ilustre[6] e saudoso administrativista: ''O direito urbanístico não se confunde com o direito de construir, nem com o direito de vizinhança, embora mantenham íntimas conexões e seus preceitos muitas vezes se interpenetrem, sem qualquer colisão, visto que protegem interesses diversos e se embasam em fundamentos diferentes. Realmente, o direito de construir e o direito de vizinhança são de ordem privada e disciplinam a construção e seus efeitos nas relações com terceiros, especialmente com os confinantes, enquanto o direito urbanístico ordena o espaço urbano e as áreas rurais que nele interferem, através de imposições de ordem pública, expressas em normas de uso e ocupação do solo urbano ou urbanizável, ou de proteção ambiental, ou enuncia regras estruturais e funcionais da edificação urbana coletivamente considerada''.[7]

15. Por sua vez, escreve Louis Jacquignon que: ''Le droit de l'urbanisme s'insere, quant à lui, dans le droit public au sens large et plus précisément dans le droit administratif, il régit les rapports entre l'Etat ou ses représentants et les personnes (publiques ou privées), propriétaires fonciers; il rassemble ou codifie les règles de droit destinées à faire passer dans les faits l'art d'aménager les villes ou la science de l'aglomération''.[8]

16. Assim conclui-se que, no Estado de Direito, a composição dos conflitos de interesse urbanístico *é função exclusive da lei* em sentido formal, pois, se assim não o fosse, nenhuma proteção teriam os cidadãos face às arbitrariedades do Poder Público.

17. Finalizando, nenhuma dúvida há de restar sobre o fato de que estas normas que visam regular a atuação do Poder Público na ordenação do território ou dos espaços habitáveis inserem-se no âmbito do Direito Público, qualquer que seja o critério que se considere, pois, *a uma, as relações que se estabelecem têm sempre como titular uma pessoa de direito público, a duas, protegem interesse coletivo, e, a três, são inegavelmente compulsórias*, ou seja, de ordem pública.

Parte II — Da inconstitucionalidade intrínseca (material) da Lei 10.209/86, que autoriza a derrogação das normas legais urbanísticas por decisões administrativas

18. Uma vez já estabelecida e delineada a natureza cogente impositiva das normas de Direito Urbanístico, cumpre-se determinar os órgãos competentes para sua instituição e modificação, bem como a possibilidade de delegação e usurpação desta atribuição.

19. Assim, definidas as competências materiais, será possível demonstrar tanto a ilegalidade (intrínseca) do conteúdo normativo contido na Lei 10.209/86 — cujo artigo 1º delega ao Executivo Municipal a atribuição de modificar os índices e características de uso e ocupação do solo — quanto a conseqüente nulidade dos atos dela decorrentes.

a. Princípios constitucionais: competências legislativas

20. No nosso Direito Constitucional, tanto anterior como presente, encontramos uma série de normas gerais que informam o Direito Urbanístico, dispositivos estes que ora estabelecem compor-

6. Hely Lopes Meirelles, *Direito Municipal Brasileiro*, 4ª ed., Ed. RT, São Paulo, 1981, pp. 428 e 429.

7. Obra citada na nota anterior, p.430.

8. Louis Jacquignon, *Le droit le l'urbanisme*, Paris, 1965, p. 6.

tamentos ("normas primárias"), ora definem competências ("normas secundárias").

21. Assim, para um correto estudo da inserção da Lei 10.209/86 no âmbito do Ordenamento Jurídico pátrio, imperiosa faz-se sua análise não só no momento em que foi promulgada, vale dizer, sob a égide da Carta Constitucional de 1967, como ainda os efeitos que a Constituição Federal de 1988 teria-lhe impingido.

a.1 Análise da Lei 10.209/86 sob o ordenamento jurídico vigente quando de sua promulgação: a Constituição Federal de 1967 e a antiga Lei Orgânica do Município de São Paulo (Decreto Complementar n. 9/1969)

22. Mesmo na vigência da Carta Maior de 1967, ficava já reconhecida aos Municípios a autonomia para dispor de assuntos de seu "peculiar interesse", dentre os quais, logicamente, estavam incluídas as questões relativas ao zoneamento urbano. (CF de 24 de janeiro de 1967, artigo 15, II).

23. O mesmo diploma, acatando integralmente a teoria da tripartição dos Poderes, tornou esta divisão de funções absoluta com relação às questões urbanísticas, ao omitir qualquer exceção neste sentido (CF de 1967, artigo 6º e § único).

24. Conseqüentemente, segundo as normas constitucionais, não só ficaram as questões de Direito Urbanístico afetadas ao Município, como, efetivamente, viram-se atribuídas exclusivamente ao Poder Legislativo Municipal.

25. E caminhando ao nível infraconstitucional, encontramos esta mesma delegação materializada na Lei Maior citadina, vale dizer, a Lei Orgânica Municipal. Aqui, novamente, é relembrada a Carta Municipal vigente à data da promulgadação da fadada Lei 10.209/86, ora atacada. Trata-se, pois, do Decreto-lei Complementar n. 9, de 31 de dezembro de 1969, que consagrou a competência legislativa urbanística da Câmara dos Vereadores de São Paulo.

26. E para que não restassem dúvidas quanto ao sentido do disposto no diploma municipal, e mesmo para coibir as tentativas de distorcida interpretação do mesmo, veio a ser promulgada a Lei Complementar n. 518, de 28 de setembro de 1987, a qual, alterando a redação de dispositivos da Lei Orgânica então vigente, nesta passou a consignar expressamente: "Os dispositivos do Decreto-lei 9 de 31 de dezembro de 1969 (Lei Orgânica dos Municípios), abaixo enumerados, passam a vigorar com a seguinte redação:

"Art. 19 (...)

"§ 2º. *Dependerão de voto favorável da maioria absoluta dos membros da Câmara a aprovação e alterações das seguintes matérias*: (...)

"I.b) *zoneamento urbano*;

"(...)

"Art. 54-A. A lei de zoneamento urbano somente poderá ser alterada uma vez em cada ano".

27. Ora, de outra forma não poderia ser. Somente a lei, e nunca ato discricionário do Poder Executivo poderia vir a alterar matéria urbanística de ordem cogente e indisponível interesse público. Negar tal realidade equivaleria a condenar o Estado de Direito em favor de uma discricionariedade e insegurança social incompatíveis com a vida democrática, com a violação flagrante do art. 5º, II da Constituição Federal vigente, de acordo com a qual ninguém será obrigado a fazer ou deixar de fazer alguma coisa senão em virtude de lei.

28. Neste sentido, preleciona o ilustre Professor Miguel Reale, em manifestação anterior à nossa atual Carta Maior:

"A plena imperatividade da lei de zoneamento urbano é pacificamente reconhecida por todos os tratadistas, não podendo, obviamente, ser alterados por decreto ou qualquer ato do Prefeito os perímetros estabelecidos por textos legais".[9]

29. Posicionamento este que também encontramos na lição do Prof. Celso Antônio Bandeira de Mello: "O quarto e fundamentalíssimo princípio é o de que as limitações administrativas e, portanto, o zoneamento, só podem derivar de lei. E lei formal. Esta assertiva é inquestionável, pelo menos nos ordenamentos em que o princípio da legalidade foi acolhido em toda sua extensão, como sucede no texto Constitucional brasileiro".[10]

30. Ao quando esclarece, com toda autoridade, Hely Lopes Meirelles, estabelecendo a linha divisória entre as matérias atinentes à lei, e, no âmbito destas, aquelas delegadas aos regulamentos:

"A lei estabelecerá as diretrizes, os critérios, os usos admissíveis, tolerados e vedados nas zonas previstas; o decreto individualizará as zonas e especificará os usos concretamente para cada local. O zoneamento, no seu aspecto programático e normativo, é objeto de lei, mas na sua fase executiva — *em cumprimento de lei* — é objeto de *decreto*. O que não se admite é o zoneamento exclusivamente por decreto, sem base em norma legislativa que o imponha para a cidade e indique a destinação urbanística de cada zona".[11]

31. Na espécie legislativa *sub examinen*, a inconstitucionalidade material é patente, consubstanciada no desvirtuamento da função típica da norma legal, para fazer da lei apenas um instrumento de delegação integral da atividade normativa do Poder Executivo, que a exercerá sob a forma de ato administrativo, o que se afigura atentatório ao princípio constitucional da reserva legal.

32. Concluindo, claro está que, mesmo na ordem Constitucional anterior, a Lei Municipal n. 10.209/86 via-se, já, eivada de inafastável ilegalidade intrínseca, ou até inconstitucionalidade, face aos princípios fundamentais e as normas acima delineadas. Conseqüentemente, e mesmo antes das demais considerações que se seguem, vê-se possível declarar a nulidade do atacado Diploma Legal, e a forçosa inexistência dos atos dele oriundos.

a.2 Análise sob o ordenamento jurídico vigente quando da emissão do ato administrativo ora impugnado (aprovação da operação interligada com base na Lei 10.209/86): a Constituição Federal de 1988 e a nova Lei Orgânica do Município de São Paulo (1991)

33. Se a Lei 10.209/86 não encontrava condições de recepção no ordenamento constitucional anterior, menos viabilidade ainda foi-lhe conferida com a nova ordem jurídica que passou a vigir a partir da promulgação da nova Carta Maior, em outubro de 1988.

34. De fato, nesta a Autonomia Municipal, teve seu *status* elevado, sendo que a Lei Orgânica Municipal foi colocada expressamente como a lei fundamental do Município (CF 1988, artigo 29). Acresça-se ainda que, no novo quadro Constitucional, a elaboração da lei máxima municipal foi atribuída aos próprios municípios, enquanto, anteriormente, era da competência do Legislativo Estadual.

35. Assim, teve lugar a confecção da nova Carta Municipal, promulgada aos 4 de abril de 1990, cujo artigo 13, assim vem redigido:

9. Miguel Reale, Parecer, *RDP* 85/55.

10. Celso Antônio Bandeira de Mello, "Natureza jurídica do zoneamento: efeitos", in *RDP* 61/34.

11. Hely Lopes Meirelles, *Direito de Construir*, p. 107.

"Art. 13. *Cabe à Câmara*, com sanção do Prefeito, dispor sobre as matérias de competência do Município, *especialmente*:

"I — Legislar sobre assuntos de interesse local;

"(...)

"XIV — aprovar *as diretrizes gerais de desenvolvimento urbano, o Plano Diretor, a legislação de controle de uso, de parcelamento e de ocupação do solo urbano*".

36. Mais expresso ainda é o artigo 41, *verbis*: "Art. 41. A Câmara Municipal (...) convocará obrigatoriamente pelo menos duas audiências públicas durante a tramitação de projetos de lei que versem sobre:

"I — Plano Diretor;

"VI — zoneamento urbano, geoambiental e uso e ocupação do solo;

"VII — Código de Obras e Edificações;

"(...)".

37. Devem ser destacados, ainda, tornando inquestionável a competência do Legislativo Municipal para tratar assuntos urbanísticos, diversos outros dispositivos desta nova Carta Municipal, como, exemplificativamente, o artigo 70, incisos IV e VIII, e artigos 150, 151 e 152.

38. *Fica, assim, inarredavelmente inquestionável a competência exclusiva do legislativo municipal para legislar sobre questões relativas à urbanização, aí incluídos o Código de Obras, o Zoneamento* e todas as demais questões afetadas pela ordem pública.

39. Conseqüentemente, fica mais uma vez afirmada a ilegalidade intrínseca da Lei 10.209/86, e, conseqüentemente, a nulidade do ato impugnado dela decorrente, posto originado de autoridade incompetente, dada *a impossibilidade absoluta de delegação de poderes de competência exclusiva do Legislativo Municipal ao Poder Executivo ou órgão seu.*

b. Caráter infralegal da atividade administrativa
— vinculação e indisponibilidade das normas urbanísticas
— impossibilidade de delegação de competência exclusiva

40. Retomando o quanto exposto, tem-se que, sendo a matéria do Direito Urbanístico de ordem pública, o conteúdo de suas normas impositivas somente pode ser estabelecido por lei, e lei que tenha sido emanada por Órgão competente, *in casu*, o Poder Legislativo Municipal.

41. Neste âmbito, a atividade do Executivo tem obrigatoriamente de conformar-se às disposições legalmente fincadas. Em outras palavras, *o Executivo nada mais é do que órgão aplicador do Direito Urbanístico previamente positivado*, pois, como ente administrativo, sua atividade é infralegal.

42. Esposando este entendimento, preleciona José Afonso da Silva: "... A jurisprudência admite, com certa tranqüilidade, que, fixadas as normas e critérios do zoneamento por lei, a individualização das áreas zoneadas poderá ser feita por decreto. Este, como não poderá deixar de ser, limitar-se-á a aplicar a lei. Se inovar, será ilegal. Nesta matéria, aliás, não é mal que a lei seja até um pouco minuciosa, para que as restrições de zoneamento encontrem adequado fundamento de legalidade".[12]

43. O entendimento, pois, além de pacífico, mostra-se bastante claro: o Poder Executivo não tem poderes, nem pode vir a tê-los, para modificar os ditames legais orientadores da disposição urbanística da *urbes*. Ao quanto conclui Celso Antônio Bandeira de Mello: "Realmente, quem pode definir direitos de indivíduos é a lei, e não o ato administrativo. Toda a atividade administrativa é infralegal, subordinada e ademais depen-

12. José Afonso da Silva, ob. cit., p. 299.

dente de lei. Uma vez que o zoneamento traz consigo uma delimitação do direito de propriedade, ou, dito com maior rigor, uma vez que o zoneamento delineia o próprio direito, entregar este poder à Administração corresponderia a subverter as razões que inspiram o Estado de Direito e que geraram o princípio da legalidade. A matéria em pauta é eminentemente matéria de lei''.[13]

44. Cumpre enfatizar que a atividade da administração está limitada ao regramento legal, só lhe sendo lícito fazer o que a lei permite.

45. Consoante bem-posiciona a Professora Lúcia Valle Figueiredo, ''as licenças urbanísticas surgem, pois, como decorrência obrigatória das normas disciplinadoras do Direito Urbanístico''. E prossegue: ''Disso decorre, sem dúvida, o direito dos particulares exigirem o cumprimento da legislação urbanística. Assim como o particular tem de respeitar a legislação urbanística, tem direito a ver essa legislação respeitada pela Administração Pública. É dizer, *a Administração não poderá conceder qualquer licença à revelia da lei*. (...) O uso conforme terá necessariamente que ser deferido. *O uso desconforme, por sua vez, terá necessariamente de ser indeferido*''.[14]

46. Igualmente, à luz da Constituição Federal, especialmente o artigo 37, *caput*, percebe-se que a Lei Municipal de São Paulo n. 10.209/86 não se coaduna com o *princípio da moralidade administrativa*, pois, como está previsto no artigo 1º, possibilita a edição de um ato administrativo ilícito, desconforme com as normas vigentes e prejudicial ao ambiente urbano, mediante contrapartida à Municipalidade, consubstanciada na construção de casas populares.

47. E nem se diga que, no caso, o administrador público visava à consecução de uma outra finalidade social, e não a propósitos desonestos ou imorais.

48. Antonio José Brandão delinea bem o alcance do elemento — *moralidade administrativa* — quando afirma que: ''a atividade dos administradores, além de traduzir a vontade de obter o máximo em eficiência administrativa, terá ainda de corresponder à vontade constante de viver honestamente, de não prejudicar outrem e de dar a cada um o que lhe pertence — princípios de direito natural já lapidarmente formulados pelos jurisconsultos romanos. À luz dessas idéias, tanto infringe a moralidade administrativa o administrador que, para atuar, foi determinado por fins imorais ou desonestos, como aquele que desprezou a ordem constitucional e, embora movido por zelo profissional, invade a esfera reservada a outras funções, ou procura obter mera vantagem para o patrimônio confiado à sua guarda''.[15]

49. Sabe-se que o zoneamento é, sem dúvida, um instrumento urbanístico de ordenamento da cidade, que, se corretamente aplicado, possibilita o desenvolvimento planejado da *urbe*.

50. Se, ao contrário, é utilizado sem obediência a um planejamento e a diretrizes pre-definidas na lei pode gerar um verdadeiro caos urbano, originando bairros promíscuos em usos e atividades.

51. Ademais, os interesses urbanísticos, consolidados no regramento próprio, são insuscetíveis de transação pelo Poder Público, já que integram o direito de toda a comunidade citadina, e são indivisíveis, encontrando-se, portanto, na esfera jurídica metaindividual.

52. Dessarte, dado que o uso e os índices urbanísticos somente podem ser alterados por lei, e lei emanada do órgão competente, qualquer delegação do

13. Celso Antônio Bandeira de Mello, ''Natureza jurídica do zoneamento: efeitos'', in *RDP* 61/34.

14. Lúcia Valle Figueiredo, ''Licenças Urbanísticas'', *RPGE* 12 (33): 49-60, Porto Alegre, 1982.

15. Antonio José Brandão, ''Moralidade Administrativa'', in *RDA* 25/454.

Executivo tendo por objeto a modificação de tais caracteres definidores do zoneamento urbano é ilegal inconstitucional.[16]

53. Ora, se a esta assertiva adicionarmos o fato de que "qualquer atividade da Prefeitura realizada com usurpação de funções é nula e inoperante",[17] temos como conclusões inafastáveis, *a uma, a inconstitucionalidade da Lei 10.209/86, que delega ao Executivo atribuição exclusiva do Legislativo e, portanto, "indelegável"; e, a duas, a nulidade e inoperância do ato administrativo impugnado, posto que praticado mediante ilegal usurpação de Poderes!*

54. Com efeito, a promulgação da atacada Lei, além de *ter-se dado de forma totalmente irregular* — conforme adiante se verá —, *configura uma burla* aos princípios e disposições fundamentais do Direito Urbanístico pátrio, constitucionalmente positivados.

55. Conseqüentemente, flagrante é a sua inconstitucionalidade, bem como sua ilegalidade intrínseca face às Cartas Maiores Federal e Municipal, respectivamente.

56. Numa análise mais direta, alías, não haveria sentido na existência de uma tal legislação de planejamento urbano que, em seguida fosse posta à integral disposição do poder discricionário do Executivo e, a este facultasse "*a comercialização*" do patrimônio urbanístico de uma cidade, deturpando o conteúdo do suposto planejamento.

57. Dado o interesse disponível que as questões de planejamento da cidade representam para o *organismo social* urbano, delas dispor, por interesses puramente "financeiros da administração", equivaleria à situação do indivíduo que, desafiando as leis de seu *organismo físico*, vende seus órgãos fisiológicos, para obtenção de vantagens financeiras — tanto numa, como noutra situação, é o organismo (o todo) que sofre, em favor de uma aparente vantagem pecuniária (o particular).

58. Acresce que a delegação de poderes do Legislador ao Poder Executivo é, no particular, vedada pela Constituição a não ser no caso das chamadas Leis delegadas.

59. Neste sentido informa Hely Lopes Meirelles que: "Delegar é conferir a outrem atribuições que originariamente competiam ao delegante. As delegações dentro do mesmo Poder são, em princípio, admissíveis, desde que o delegado esteja em condições de bem exercê-las. *O que não se admite, ao nosso sistema constitucional, é a delegação de atribuições de um Poder a outro, como também não se permite delegação de atos de natureza política*, como a do poder de tributar, a sanção e o veto de lei".[18]

60. Do mesmo modo, Celso Antônio Bandeira de Mello fulmina as delegações, em texto no qual se refere aos regulamentos mas que se aplica a qualquer delegação do Poder Legislativo ao Executivo e aos seus órgãos que condena nos seguintes termos: "De todo modo, ostensiva ou disfarçada, genérica ou mais restrita, assentada no todo da lei ou no incidente particular de algum preceptivo dela, a delegação do poder de legislar conferida ao regulamento é sempre nula, pelo que ao Judiciário assiste — como guardião do Direito — fulminar a norma que delegou e a norma produzida por delegação".[19]

61. Finalmente, cabe lembrar que "*para valer, o ato de ser produzido de*

16. Diógenes Gasparini, in *RDP* 93/207.

17. José Afonso da Silva, *O Prefeito e o Município*, Ed. Fundação Prefeito Faria Lima — CEPAM, 1982, 3ª ed., São Paulo, p. 121.

18. Hely Lopes Meirelles, *Direito Administrativo Brasileiro*, 18ª ed., pp. 106 e 107.

19. Celso Antônio Bandeira de Mello, *Ato Administrativo* e *Direito dos Administrados*, Ed. RT, 1981, p. 100.

acordo com a regra de competência. Falecendo competência, o ato estará viciado e deve ser eliminado do mundo jurídico'',[20] e ''*a prática do ato administrativo por agente incompetente constitui causa de anulação, a ser declarada pela via administrativa ou judicial*''.[21] Sendo, pois, esta hipótese da presente Consulta, poderão os eventuais interessados neste sentido diligenciar.

Parte III — Da inconstitucionalidade extrínseca (formal) da Lei n. 10.209/86: do processo legislativo irregular

62. Colocada a questão da ordem material, denotadora da total incompetência do Executivo relativamente às decisões das questões de planejamento urbanístico — o que, por si só, já tornaria o atacado diploma municipal nulo —, passa-se ao estudo do viciado trâmite legislativo da Lei n. 10.209/86, cuja ilegalidade torna-a inexistente.

63. Novamente, respeitado o direito intertemporal, a questão da irregularidade do processo legislativo deve ser analisada no âmbito da legislação vigente à época da promulgação da Lei ora impugnada (9 de dezembro de 1986), vale dizer: a Constituição Federal de 1967, o Decreto-lei Complementar n. 9, de 31.12.69 (Lei Orgânica do Município *artigos 26 e seguintes*) e o Regimento Interno da Câmara dos Vereadores de São Paulo (Resolução n. 3 de 20 de dezembro de 1968, *artigos 249 e seguintes*).

64. O primeiro destes diplomas, como já referido, determina em seu artigo 6º a estrita separação dos Poderes, tornando a tripartição adotada definitiva, excetuadas apenas as disposições Constitucionais expressas em contrário.

65. Quanto às questões urbanísticas, como visto, não há, nem poderia haver, qualquer delegação legislativa, reafirmando-se, assim, a Competência do Legislativo Municipal, por tratar-se de matéria de ''peculiar interesse'' do Município.

66. Já com respeito aos demais corpos normativos acima referendados, a Lei Orgânica do Município e o Regimento Interno da Câmara dos Vereadores estabelecem não só a competência dos diversos órgãos — como visto antes — mas também o *modus operandi*, vale dizer, o procedimento pelo qual devem desenvolver as suas atividades.

67. E no tocante específico do processo legislativo, tem-se a total integração de todos os três diplomas aqui tratados, mesmo que restritos os dois últimos à questão municipal, pois, nos dizeres do Ministro Moreira Alves, exige-se ''... *sempre, no processo legislativo, a observância rígida do disposto na Constituição Federal*''.[22] Ao quanto aduz o Ministro Xavier de Albuquerque que:

''Os Estados não se podem afastar das linhas mestras do processo legislativo estabelecido na Constituição... Não se pode supor que os Estados, submissos a tais paradigmas quando cuidam de sua própria organização, deles se libertem quando tratarem, como lhes cabe, de organizar seus municípios e de lhes disciplinar o processo legislativo''.[23]

68. Tem-se assim a lei como um ato ''complexo'' que resulta de uma *conjugação* de vontades ''...*tendentes a um mesmo fim, e que se fundem numa só vontade declarada, idôneas a produzir determinados efeitos jurídicos que não poderiam de modo algum produzir-se, se faltasse tal concurso de vontades*''.[24]

20. Régis Fernandes de Oliveira, *Delegação Administrativa*, Ed. RT, São Paulo, 1986, p. 108.

21. Caio Tácito, *Repertório de Direito Brasileiro*, verbete ''delegação de competência'', Ed. Borsói, Rio de Janeiro, p. 155.

22. *RTJ* 93/659.

23. *RTJ* 91/402.

24. Roberto Lucifredi, ''Atti complessi'', in *Nuovissimo digesto italiano*, 3ª ed., Turim, 1956, p. 16.

69. Dessarte, a lei municipal, a exemplo da federal, deve resultar da fusão da vontade do Legislativo, *in casu*, da Câmara dos Vereadores, e a do Chefe do Executivo, ou seja, o Prefeito, sendo que "*aquela define a lei em seu conteúdo, na deliberação, e este a aceita, na sanção*".[25]

70. Em regra, esta conjugação de vontades há de ser expressa, admitindo-se, entretanto, seja tácita, apenas excepcionalmente, no caso de aprovação por decurso de prazo, quando é presumida a manifestação do Legislativo.

71. Justamente a excepcionalidade de tal procedimento é que o cerca de também excepcionais cautelas, devendo, pois, sua análise desenvolver-se de forma muito mais rígida.

72. De fato, a manifestação de uma vontade, mesmo que tácita, há de ser certa e inequívoca, senão estar-se-ia falando de omissão não propositada, ou seja, ausência de manifestação de vontade e falta de um dos elementos essenciais para a formação do texto legislativo.

73. Na aprovação tácita, há indubitavelmente a vontade de aprovar, apenas sua manifestação é que se exterioriza de forma tácita. Aliás, tácita também pode ser a reprovação, sendo certo que, o que se há de buscar são os elementos fáticos que denotam uma ou outra vontade. Se afirmativa, conjugada com a sanção do Executivo, formará a lei. Se negativa, não.

74. Ora, do estudo da tramitação da Lei n. 10.209/86, restará clara a total ausência de manifestação afirmativa da parte do Legislativo Municipal. Pelo contrário, dos elementos abaixo explicitados, fica evidente que a Câmara efetivamente rejeitou o projeto encaminhado pelo então Prefeito Jânio da Silva Quadros. Assim sendo, não é possível considerar o referido diploma legal como tendo sido sancionado "por decurso de prazo", porquanto faltou-lhe a necessária concorrência de vontade da parte do Legislativo. Se a lei veio efetivamente a ser promulgada, o foi de forma ilegal e somente atingiu tal êxito graças a manobras procedimentais deturpadas e ilegais.

75. É, portanto, o que se verá a seguir, a partir da análise de cada um dos incidentes que permearam a ilegal aprovação da Lei n. 10.209/86.

76. O Prefeito Municipal de São Paulo, *em data de 28 de fevereiro de 1986*, encaminhou ao Exmo. Sr. Presidente da Câmara Municipal de São Paulo o *projeto de lei n. 26/86*, que dispunha sobre a construção de habitações de interesse social para moradores de habitação subnormal e concedia incentivos e dava outras providências, mediante alterações à lei de zoneamento, a serem efetivadas pelo próprio Executivo. Restou ali também solicitado que, de acordo com o disposto no artigo 26, § 1º da Lei Orgânica dos Municípios do Estado de São Paulo — Decreto-lei Complementar n. 9/69 — a votação do projeto fosse concluída no prazo de quarenta dias (regime de urgência).

77. Não obstante, em 15 de maio de 1986, através do Ofício 157/86, o *Prefeito Municipal solicitou a retirada do projeto e o seu arquivamento*.

78. Na seqüência, entretanto, aos *30 de maio*, o *mesmo projeto* é renovado, e novamente encaminhado ao Exmo. Sr. Presidente da Câmara Municipal, com também nova solicitação de votação pelo regime de urgência (LOM artigo 26, § 1º). Este "novo" projeto de lei reencaminhado ao Exmo. Sr. Presidente da Câmara Municipal tomou, desta feita, o número *118/86*. Saliente-se, pois, que se tratava de cópia literal do arquivado *projeto n. 26/86*, acima mencionado (cf.

25. Manoel Gonçalves Ferreira Filho, "O Processo Legislativo dos Estados e Municípios", in *RDA* 153/1.

Ofício ATL 177/86 de 30 de maio e Ofício ATL 050/86 de 28 de fevereiro de 1986).

79. Logo em seguida, o Prefeito Municipal, inicialmente, através do Ofício ATL n. 301/86 retirou dos projetos que enviara à Câmara — *entre os quais o de número 118/86* — o prazo de urgência. Nesse ofício, afirmou: "Tendo em vista, entretanto, que, dada a importância das matérias nele versadas, *são merecedores de amplos debates pelos ilustres membros dessa Colenda Edilidade*, resolvo retirar, de todos eles, o referido prazo, deixando-os sem termo final para votação". (g.n.).

80. Contraditoriamente, entretanto, aos 11 de setembro de 1986, aproveitando-se do fato de que a Câmara teria encerrado seus trabalhos por falta de número, o Prefeito Municipal, através do Ofício ATL n. 329/86, reclamou o decurso de prazo do projeto 118/86, *o qual ele próprio havia retirado do regime de urgência*, alegando a inegável necessidade de maiores debates. Não obstante, no dia seguinte, através do Ofício ATL 330/86, ratificando os termos do Ofício ATL 329/86, *solicitou* novamente que os projetos de lei — *entre os quais o de número 118/86* — fossem votados no prazo de quarenta dias.

81. A despeito deste ato totalmente despropositado, a Câmara Municipal, em manifestação *expressa*, decidiu que o referido projeto de lei deveria ser votado *no regime normal* (LOM, art. 26, § 3º), ainda mais porque, consultada a Comissão de Justiça e Redação, esta não considerou o projeto 118/86 passível de sujeição ao regime de urgência.

82. Realmente, como dito, tal regime somente se justifica em situações excepcionais, e cuja urgência seja objetiva. Ora, como o próprio Prefeito havia antes determinado, dada a necessidade de maiores debates, o rito de aprovação haveria de ser o *ordinário*, onde a segurança jurídica vence a arbitrariedade.

83. Conseqüentemente, desde então, o projeto de lei n. 118/86 passou a ter tramitação nos termos do processo legislativo ordinário, não estando mais sujeito, por isso mesmo, ao excepcional decurso de prazo.

84. Ocorre, todavia, que em flagrante demonstração de arbitrariedade, ilegalidade e desrespeito aos princípios constitucionais da repartição dos Poderes, o Prefeito Municipal, desconsiderando por completo o regular procedimento legislativo, promulgou, unilateralmente, o projeto de lei n. 118/86, transformando-o na Lei n. 10.209/86.

85. Para tanto, alegava o Chefe do Executivo Municipal que, "estando o projeto sob o regime de urgência" teria transcorrido o decurso de prazo para considerar aprovado o mencionado projeto.

86. Ora, evidente está que, de um lado, o projeto de lei 118/86 tramitava sob o rito *ordinário*, e não o de urgência e, de outro lado, que o vislumbrado decurso de prazo não denota, de forma alguma, a necessária manifestação de vontade tácita da Câmara em ver aprovado um tal projeto. Muito pelo contrário, houveram, sim, manifestações *expressas* contrárias à sua promulgação. O Prefeito, no entanto, tudo desconsiderou e, agredindo o processo legislativo, e a própria separação dos poderes, baixou despoticamente a Lei ora impugnada.

87. Acresça-se ainda que, instalado conflito entre o Prefeito e Câmara Municipal, não tendo esta acolhido a *solicitação* do primeiro, caberia àquele o *direito* de, entendendo pertinente, recorrer ao Poder Judiciário, reclamando a contemplação de sua pretensão, mas nunca exigir arbitrariamente, ou impor, por meios próprios seus, como no caso, o pronto atendimento de todos seus desígnios. Ao assim agir, feriu a independência e harmonia dos poderes, estabelecendo um inaceitável desnível hierárquico entre estes.

88. Apenas a título de argumentação, mesmo que hipoteticamente se pudesse aceitar o alegado regime de *urgência*, para a promulgação de uma lei neste rito aprovada, imprescindível seria a etapa legislativa consistente na comunicação de aprovação da lei, que deveria ter sido feita pelo Presidente da Câmara dos Vereadores ao Prefeito (LOM art. 26, § 3º, 2).

89. E justamente porque à hipótese não tinha aplicação o fadado regime de *urgência*, é que o Exmo. Sr. Presidente da Câmara Municipal *não comunicou* ao Prefeito Municipal o fato de o projeto não ter sido aprovado, como lhe imporia a lei em caso contrário, *sob pena de vir a ser destituído*. Não houve aprovação comunicada, nem foi destituído o Presidente do Legislativo.

90. Conseqüentemente, não há como se negar a ilegalidade explícita da Lei 10.209/86, dada a frontal agressão ao devido processo legislativo (*CF 1967, artigo 13, III*), tudo isso, a ser somado à ilegalidade implícita antes analisada.

4. Conclusões

"O zoneamento, embora seja um importante instrumento de ordenação da cidade, há de ser utilizado com prudência e respeito aos direitos adquiridos, pois é sabido que a simples mudança de destinação de um bairro ou de uma rua pode produzir profundas alterações econômicas e sociais. Por isso, as normas edilícias devem evitar o quanto possível essas súbitas modificações de uso, que afetam instantaneamente a propriedade e as atividades particulares, gerando instabilidade no mercado imobiliário urbano e intranqüilidade na população citadina."[26]

91. Do quanto até o momento consignado, chega-se às seguintes conclusões:

a) A Lei Municipal n. 10.209/86 vem eivada de *ilegalidade intrínseca*, porquanto iniciada, sancionada e promulgada por Autoridade absolutamente incompetente (Prefeito Municipal), uma vez que, como visto, a matéria relativa aos usos e destinações do solo urbano é de iniciativa e deliberação exclusiva do Legislativo Municipal, sendo, pois, indelegável ao arbítrio do Executivo, dado seu caráter cogente e indisponível (supra, Parte III, a.1 e a.2);

b) Por outro lado, a Lei n. 10.209/86 também vem maculada de insanável *ilegalidade extrínseca*, posto que sancionada e promulgada de forma totalmente arbitrária, e contrariando frontalmente o *devido processo legislativo*, abarcado pela legislação então vigente (supra, Parte III).

92. Assim, face à ilegalidade do guerreado diploma, inafastável avulta a nulidade dos atos dele decorrentes, podendo, pois, eventuais interessados, em defesa do patrimônio público, demandarem sua declaração e a responsabilização dos eventuais envolvidos.

93. Dá-se lugar, pois, de um lado, ao direito de todo cidadão perseguir, através de *ação popular*, a anulação do ato administrativo infringente da legislação urbanística, e, de outro lado, ao direito líquido e certo de todo aquele que se sentir lesado por atos administrativos contrários às disposições ordenatórias da cidade de planejar a tutela judicial correspondente, pela via de *mandado de segurança*. O primeiro remédio, destinado à defesa dos interesses difusos, o segundo, dos interesses privados particulares.

94. Assim, se na defesa do patrimônio urbanístico da cidade, e não apenas também legítimos direitos individuais, o meio mais apropriado é a *Ação Popular*, estando presentes seus essenciais requisitos, vale dizer, a ilegalidade do ato impugnado e a lesividade de suas conseqüências para a comunidade em geral,

26. Hely Lopes Meirelles, *Direito Municipal Brasileiro*, Ed. RT, 4ª ed., São Paulo, p. 458.

em especial para os que se utilizam ou transitam pelas redondezas da área de influência do local onde o Shopping pretende ser construído.

95. Na análise do quesito da legalidade, o juízo demandado haverá de analisar *in concreto*, se o ato foi praticado por agente competente, se obedeceu a procedimento regular, e se não houve desvio de poder. No caso, claro está que a Autoridade que praticou o ato não tinha competência material (intrínseca), nem formal (extrínseca) para a sua prática. Por outro lado, a ilegalidade não se restringe a estes vícios (de objeto e formal), adentrando, mesmo, o campo do desvio de poder.

96. Com efeito, à Autoridade Pública cabe o papel ímpar de identificar quais são aquelas hipóteses que, por se compatibilizarem integralmente com o disposto na Lei, devem merecer o seu apoio e o estímulo, discriminando-as daquelas que, como *in casu*, não obstante aparentarem um certo interesse público, violam a lei de forma sub-reptícia constituindo desvio de poder, punido pela nossa legislação.

97. Ora, o ato praticado não só viola a lei (ilegalidade), como se mostra totalmente contrário ao interesse público. A cidade de São Paulo já sofre fortemente os efeitos de seu resumido planejamento urbanístico. Admitir que este sofra novas violações, em troca de benefícios financeiros questionáveis, é aceitar que os bens imateriais da população, como o bem-estar, a tranqüilidade, a segurança, e mesmo a *dignidade* constitucionalmente protegida, possam ser postos em verdadeiros ''leilões'' e irrecuperavelmente alienados.

98. Daí, aflora o derradeiro requisito da Ação Popular, vale dizer, a lesividade ao patrimônio urbanístico. Tanto mais por tratar-se de obra lindeira a parque ecológico, destinado a repouso dos citadinos.

99. Em se falando de lesividade, aliás, mesmo no âmbito pecuniário, não há demonstração alguma acerca da equivalência entre o benefício aferido pelo particular e a compensação por este prestada.

100. Assim sendo, caberia ainda o legítimo pedido de medida liminar, uma vez configurado o perigo da demora pela irreversibilidade do início de tão vultosas obras, indevidamente autorizadas.

É o nosso parecer.

São Paulo, 1º de dezembro de 1993

REGULAMENTO — LIMITES — PROIBIÇÃO DE FUMAR EM RESTAURANTES

CELSO ANTÔNIO BANDEIRA DE MELLO
Professor Titular da Faculdade de Direito da Universidade Católica de S. Paulo

O Sindicato de Hotéis, Restaurantes, Bares e Similares de São Paulo, por seu ilustre advogado, prof. Nelson Luiz Pinto, formula-nos a seguinte

Consulta

"Pode-se considerar que o Decreto regulamentar 34.836, de 20.2.95, expedido pelo Prefeito de São Paulo, conteve-se nos limites da competência regulamentar e que é obediente à Lei 10.862, de 4.7.90, ou mesmo à precedente Lei 9.120, de 8.10.80?".

À indagação respondo nos termos que seguem.

Parecer

1. Ao respeito da questão proposta, poder-se-ia, parafraseando o eminente ex-Ministro do STF, Orozimbo Nonato, dela dizer o mesmo que disse ele ao respeito de outra na qual a resposta era igualmente evidente: "O mesmo é propor a questão que lhe dar resposta negativa".

Com efeito: qualquer pessoa, ainda que modestamente ilustrada em Direito, sabe que, entre nós, vige — e de maneira cabal — o princípio da legalidade, cuja compostura, no Brasil, está traçada por dispositivos constitucionais claríssimos.

Assim, o art. 5º, II, estatui: "Ninguém será obrigado a fazer ou deixar de fazer alguma coisa senão em virtude de *lei*".

O texto em causa — note-se — não diz *regulamento, portaria, instrução* ou *quaisquer outros atos provenientes do Executivo*.

Segue-se que atos inferiores, como é o caso dos meros regulamentos, jamais poderiam produzir contenções à liberdade das pessoas físicas ou jurídicas. Por isto mesmo, o art. 84, III, da Lei Magna define sua compostura como a de mero ato subalterno às leis, ao estatuir que ao Chefe do Poder Executivo compete: "sancionar, promulgar e fazer publicar as leis, bem como expedir decretos e *regulamentos para sua fiel execução*".

Donde, pois, o que assiste aos regulamentos entre nós é prover ao necessário para *fiel execução* das leis.

Tem-se, então, que o Texto Constitucional do País, prevendo unicamente regulamentos executivos, caracterizou o regulamento, em nosso Direito, como ato não apenas *subalterno* à lei, mas como ato *dela dependente*.

Por isto mesmo, Cirne Lima, ao tempo da Constituição de 1946, cujo tratamento irrogado ao regulamento não era diferente do atual, ensinara: "No presente, porém, a significação do regulamento é apagadíssima ... Inoperante 'contra legem' ou sequer 'praeter legem', o regulamento administrativo endereçado, como vimos, à generalidade dos cidadãos, nenhuma importância como direito material possui. Avulta nele, certamente, o cometimento técnico. Cumpre-lhe resolver o problema da execução da lei — problema técnico-jurídico, por excelência" (*Princípios de Direito Administrativo*, Ed. RT, 5ª ed., 1982, p. 40).

2. Para mais vincar a absoluta sujeição dos atos administrativos, de qualquer natureza, às leis, o art. 37, no qual reside o arrolamento de princípios cardeais a que se submete a Administração, começa por declará-la adstrita ao "princípio da legalidade".

Finalmente, para arredar em definitivo qualquer dúvida ou entredúvida sobre a vedação absoluta de o regulamento impor restrições aos particulares que já não se contenham na lei executanda, a Constituição, *especificamente em matéria econômica*, advertiu que só por lei se pode regular a liberdade de exercício de qualquer atividade econômica (art. 170, parágrafo único).

Tão aturados cuidados da Lei Maior em repisar a estrita sujeição das atribuições regulamentares do Executivo à mera execução do que já constava em lei certamente deveu-se ao fato de — alertada por uma experiência histórica de desmandos deste poder e freqüentes agressões à liberdade e propriedade dos administrados — pretender vincar sua absoluta intolerância em relação a tais atrevimentos e, possivelmente, também ao propósito de encarecer aos intérpretes a inadmissibilidade de complacências perante eventuais demasias.

Pontes de Miranda, em observações feitas ao tempo da Carta de 1969, mas perante textos equivalentes aos ora vigentes, alertava: "Onde se estabelecem, alteram ou extinguem direitos, não há regulamentos — há abuso do poder regulamentar, invasão de competência legislativa. O regulamento não é mais do que auxiliar das leis, *auxiliar que sói pretender, não raro, o lugar delas*, mas sem que possa, com tal desenvoltura, justificar-se e lograr que o elevem à categoria de lei" (*Comentários à Constituição de 1967 com a Emenda n. 1 de 1969*, Ed. RT, t. III, 2ª ed., 1970, p. 314 — o grifo é nosso).

3. De outra feita, em obra teórica, deixamos averbado que os preceptivos da Constituição brasileira, retrotranscritos, respondem com precisão capilar a objetivos fundamentais do Estado de Direito e exprimem com rigor o ideário e as preocupações que nele historicamente se substanciaram, pois seu projeto é o de que vigore o governo das leis e não o dos homens; ou seja: a "rule of law, not of men", conforme a assertiva clássica oriunda do direito inglês.

Nos aludidos versículos constitucionais estampa-se o cuidado que engendrou a tripartição do exercício do Poder, isto é, o de evitar que os poderes públicos se concentrem em um "*mesmo homem ou corpo de principais*", para usar das expressões do próprio Montesquieu, cautela indispensável, porquanto, no dizer deste iluminado teórico: "é uma experiência eterna a de que todo homem que tem poder é levado a abusar dele; ele vai até que encontre limites".

Nisto, aliás, justificou sua postulação de que aquele que faz as leis não as execute nem julgue; que o que julga não faça as leis nem as execute e que aquele que as executa não *faça as leis* nem julgue (*De l'Esprit des Lois*, Paris, Garnier Frères, Libraires Éditeurs, 1869, pp. 142 e 143).

4. A razão mesma do Estado de Direito é a defesa do indivíduo contra o Poder Público. E a fórmula, por excelência, asseguradora deste desiderato descansa na tripartição do exercício do Poder, graças a quê os cidadãos se garantem ante os riscos de demasias do Executivo, negando-lhe qualquer força jurídica para estabelecer as regras que impliquem limitações à liberdade e propriedade das pessoas. Com efeito, foi exatamente para deter o poder do monarca, cujo sucessor é o Poder Executivo, que se concebeu este mecanismo, difundido no mundo civilizado.

Ressalte-se que, dispondo o art. 5º, II, da Constituição que "ninguém será obrigado a fazer ou deixar de fazer alguma coisa senão em virtude de lei", com isto firmou o princípio da *garantia da liberdade como regra*, segundo o qual "o que não está proibido aos particulares está, *ipso facto*, permitido". Ante os termos do preceptivo entende-se: "o que não está por lei proibido, está juridicamente permitido".

De outro lado, conjugando-se o disposto no artigo citado com o estabelecido no art. 84, IV, que só prevê regulamentos para "fiel execução das leis", e com o próprio art. 37, que submete a Administração ao "princípio da legalidade", resulta que vige, na esfera do direito público, um cânone basilar — oposto ao da autonomia da vontade — segundo o qual: o que, *por lei*, não está antecipadamente permitido à Administração está, "ipso facto", proibido, de tal sorte que a Administração, para agir, *depende* integralmente de uma anterior previsão legal que lhe faculte ou imponha o dever de atuar.

Esta é a razão pela qual deixou-se dito que o regulamento, *além de inferior, subordinado*, é ato *dependente de lei*.

5. Na doutrina, quer nacional, quer alienígena, acotações do mesmo jaez podem ser colhidas aos racimos.

Assim, entre nós, Hely Lopes Meirelles anotou: "Enquanto na administração particular é lícito fazer tudo que a lei não proíbe, na Administração Pública só é permitido fazer o que a lei autoriza" (*Direito Administrativo Brasileiro*, Ed. RT, 15ª ed., 1990, p. 78).

Cirne Lima, com sua incontendível autoridade, prelecionou: "Supõe, destarte, a atividade administrativa a preexistência de uma regra jurídica, reconhecendo-lhe uma finalidade própria. Jaz, conseqüentemente, a administração pública debaixo da legislação que deve enunciar e determinar a regra de direito" (*Princípios de Direito Administrativo*, Ed. RT, 5ª ed., 1982, p. 22).

O nunca assaz pranteado Seabra Fagundes, expressão pinacular do direito público brasileiro, resumiu tudo em frase lapidar, por sua exatidão e síntese, ao dizer que administrar é *aplicar a lei de ofício* (*O Controle dos Atos Administrativos pelo Poder Judiciário*, Ed. Forense, 5ª ed., 1979, pp. 4-5). Disse, ainda, o renomado mestre: "É certo que, como a lei, reveste o aspecto de norma geral, abstrata e obrigatória. Mas não acarreta, e aqui dela se distancia, modificação à ordem jurídica vigente. Não lhe cabe alterar situação jurídica anterior, *mas, apenas, pormenorizar as condições de modificação originária de outro ato* (*a lei*). Se o fizer, exorbitará, significando uma invasão pelo Poder Executivo da competência legislativa do Congresso" (*O Controle dos Atos Administrativos pelo Poder Judiciário*, cit., p. 24, nota de rodapé 2 — os grifos são nossos).

Também o precitado Pontes de Miranda advertiu: "Se o regulamento cria direitos ou obrigações novas, estranhas à lei, ou faz reviver direitos, deveres, pretensões, obrigações, ações ou exceções, que a lei apagou, é inconstitucional. Por exemplo: se faz exemplificativo o que é taxativo, ou vice-versa. Tampouco pode ele limitar, ou ampliar direitos, deveres, pretensões, obrigações ou exceções à proibição, salvo se estão implícitas. Nem ordenar o que a lei não ordena ... Nenhum princípio novo, ou diferente, de direito material se lhe pode introduzir. Em conseqüência disso, não fixa nem diminui, nem eleva vencimentos, nem institui penas, emolumentos, taxas ou isenções. Vale dentro da lei; fora da lei a que se reporta, ou das outras leis, não vale. Em se tratando de regra jurídica de direito formal, o regulamento não pode ir além da edição de regras que indiquem a maneira de ser observada a regra jurídica.

"Sempre que no regulamento se insere o que se afasta, para mais ou para menos, da lei, é nulo, por ser contrária à lei a regra jurídica que se tentou embutir no sistema jurídico.

"Se regulamentando a lei *a*, o regulamento fere a Constituição ou outra lei, é contrário à Constituição, ou à lei e — em conseqüência — nulo o que edictou.

"A pretexto de regulamentar a lei *a*, não pode o regulamento, sequer, ofender o que, a propósito de lei *b*, outro regulamento estabelecera" (op. cit., pp. 316-317).

6. Isto posto, se das claríssimas dicções constitucionais já não fora dessumível com esplendorosa evidência a inconfutável certeza de que ao regulamento cabe tão-só minudenciar o que já esteja estabelecido em lei, sê-lo-ia ao menos pelo aval que doutores da máxima suposição emprestam a esta mesma intelecção que delas naturalmente se extrai.

7. Entre os publicistas alienígenas, enunciados da mesma força encontram-se aos bolhões, ainda que, por vezes, em face dos respectivos direitos, pudessem ser havidos como altanto exacerbados, pois nestes, ao contrário do que sucede no direito pátrio, nem sempre existem contenções tão rígidas quanto as nossas.

Disse Fritz Fleiner: "Administração legal significa, pois: Administração posta em movimento pela lei e exercida nos limites de suas disposições" (*Principes Généraux du Droit Administratif Allemand*, 1933, p. 87).

O eminente professor de Coimbra Afonso Rodrigues Queiró proferiu os seguintes preciosos ensinamentos: "A atividade administrativa é uma atividade de subsunção dos fatos da vida real às categorias legais" (*Reflexões sobre a Teoria do Desvio de Poder*, Coimbra Editora, 1940, p. 19), ou: "O Executivo é a 'longa manus' do legislador" (*Estudos de Direito Administrativo*, Coimbra, Atlântida, 1968, p. 9).

Renato Alessi indica que a atividade administrativa subordina-se à legislativa tanto em um sentido negativo (proibições concernentes a atividades, finalidades, meios e formas de ação), quanto em um sentido positivo, significando este último não apenas que a lei pode vincular positivamente a atividade administrativa a determinadas finalidades, meios ou formas, mas que, sobretudo no que concerne a atividades de caráter jurídico, a Administração "pode fazer tão-somente o que a lei consente" (*Sistema Istituzionale del Diritto Amministrativo Italiano*, A. Giuffrè, 3ª ed., 1960, p. 9).

Michel Stassinopoulos cunhou esta admirável frase para descrever a inevitável dependência administrativa da lei no Estado de Direito: "Em um Estado de Direito, a administração encontra-se não apenas na impossibilidade de agir *contra legem* ou *extra legem*, mas é obrigada a agir sempre *secundum legem*" (*Traité des Actes Administratifs*, Librairie Sirey, Athènes, 1954, p. 69).

Ernst Forsthoff encarece as relações entre o princípio da legalidade e a liberdade individual ao esclarecer que isto se dá por uma dupla maneira: por um lado, através do expresso reconhecimento de liberdades determinadas, tanto pela

Constituição como pelas leis ordinárias e, de outro, graças ao princípio da legalidade da Administração "que não admite maiores intervenções na liberdade e propriedade além das que se acham legalmente permitidas. Este princípio se baseia na divisão de poderes e pressupõe que a Administração age embasada na lei e que o legislador não expede, sob forma de leis, atos administrativos" (*Traité de Droit Administratif Allemand*, tradução da 9ª ed. alemã, de 1966, por Michel Fromont, Bruxelles, Établissements Émile Bruylant, 1969, p. 282).

Nota-se, pois, existir entre lei e regulamento uma diferença visceral, a saber: a lei possui força inaugural no sistema normativo, ao passo que tal virtualidade falece ao regulamento. Foi isto que acentuou com propriedade Oswaldo Aranha Bandeira de Mello, ao indicar que a distinção entre ambos, segundo a matéria: "está em que a lei inova originariamente na ordem jurídica, enquanto o regulamento não a altera" ... "É fonte primária do direito, ao passo que o regulamento é fonte secundária, inferior" (*Princípios Gerais de Direito Administrativo*, Ed. Forense, v. I, 2ª ed., 1979, p. 316).

Assim, consoante se averbou em outro passo, a legalidade na Administração não se resume à ausência de oposição à lei, mas pressupõe autorização dela, como condição de sua ação.

8. Relembradas estas noções correntes, cabe tão-só aplicá-las ao caso "sub consulta".

O Prefeito de São Paulo editou o Decreto regulamentar 34.836, de 20.2.95, cuja ementa é a seguinte: "Regulamenta a Lei n. 10.862, de 4 de julho de 1990, que dispõe sobre a restrição ao tabagismo nos locais que especifica".

A título de regulamentar dita lei, o decreto estabelece, no art. 1º, que, nos estabelecimentos ali mencionados (bares, lanchonetes, pastelarias, casas de aperitivos e petiscos, sucos e refrescos, confeitarias, docerias, "bombonières", sorveterias, "rotisseries", casas de café, casas de chá, choperias, casas de "drinks", restaurantes, cantinas, churrascarias e pizzarias e nos estabelecimentos afins, que sirvam refeições), "*fica proibido fumar*".

No art. 2º, dispõe que, naqueles mesmos estabelecimentos, desde que tenham área superior a 100 m^2: "poderá ser criada área reservada exclusivamente para *fumantes* (espécie de fumódromo) *hermética e totalmente isolada da área de consumação de alimentos*".

No art. 3º declara dispensadas do atendimento ao disposto nos artigos anteriores "as casas noturnas de diversão e lazer, tais como casas de dança, boates, casas de música, de "show" e congêneres que também efetuem manipulação, consumo e venda de alimentos".

Desde logo chama a atenção o fato de que *a lei invocada como objeto de regulamentação* (n. 10.862, de 4.7.90) de modo algum autorizaria o que foi disposto no decreto em pauta. Há até mesmo dispositivo que *literalmente* a afronta.

9. A lei em apreço foi ofendida à generala, pois, nela, o que se estabeleceu, em seu art. 1º, foi uma *obrigação* para os bares, restaurantes, churrascarias, lanchonetes e estabelecimentos afins, com área superior a 100 m^2, de disporem de espaço nunca inferior a 50% da área de consumação do público para reservá-lo *aos não-fumantes* (não aos fumantes, como dispôs o regulamento). "Litterim": "Art. 1º. Ficam obrigados os bares, restaurantes, churrascarias, lanchonetes e estabelecimentos afins com área superior a 100 (cem) m^2 a dispor de *espaço reservado aos não-fumantes*, a fim de que tenham sua saúde e conforto preservados.

"Parágrafo único. O espaço a que se refere o "caput" deste artigo não poderá ser inferior a 50% (cinqüenta por cento) da área de consumação ao público".

Salta aos olhos que, se a lei determinou que *se reservasse aos não-fumantes* — e ainda assim apenas nos estabelecimentos com área superior a 100 m^2 — um espaço equivalente no mínimo a 50% daquele destinado à consumação, está aí iniludivelmente implicado que, no espaço remanescente, é *livre o fumo*, tanto mais porque o *objetivo legal foi explicitado* com todas as letras: "a fim de que tenham sua saúde e conforto preservados". É que só se proporia o tema da preservação do conforto e da saúde dos não-fumantes, em tais estabelecimentos, no pressuposto de que dita lei estabelece como neles *liberado o fumo* (com ressalva do espaço preservado para os não-fumantes).

Com efeito: não haveria como ou por que *reservar* um local para *não-fumantes*, com o fim de preservá-los, *se no estabelecimento só fossem admitidos não-fumantes* (em outras palavras: se ali fosse proibido fumar). Pois é claro a todas as luzes — e mesmo pessoas com alguma dificuldade de compreensão podem bem entender — que os não-fumantes só poderiam ser incomodados *com a presença de fumantes*. Logo, somente se tal presença fosse considerada livre é que haveria razão lógica para reservar uma área *para não-fumantes*.

Na lei — ressalte-se — não se tratou de reservar uma área para fumantes; mas para *não-fumantes*.

"Reservar", para um dado propósito, *parte de uma área total* é dela destacar tal segmento para dar-lhe tratamento *diverso do que corresponde ao remanescente*.

Deveras, reserva-se área para *não-fumantes*, no suposto lógico de que fumar naquele local é *permitido*. Reserva-se área para *fumantes*, no suposto lógico de que fumar naquele local é *proibido*.

10. Trata-se de uma questão meramente de lógica, porém acessível a qualquer pessoa de intelecção normal. Entender de outro modo levaria a absurdos, a inconsistências manifestas. Ninguém interpreta o Direito ou poderia arvorar-se a fazê-lo senão assentado em certas bases que presumem um mínimo de racionalidade em quem produziu a norma e um mínimo de racionalidade no intérprete.

Aliás, ao propósito, calha recordar o que disse Carlos Maximiliano, o príncipe de nossos mestres de exegese: "DEVE O DIREITO SER INTERPRETADO INTELIGENTEMENTE, não de modo a que a ordem legal envolva um absurdo, prescreva inconveniências, vá ter a conclusões inconsistentes ou impossíveis" (*Interpretação e Aplicação do Direito*, Ed. da Livraria do Globo, 2ª ed., 1933, p. 183 — o destaque é do próprio autor).

Em suma: o regulamento inverteu o que constava da lei. Estabeleceu, como regra, a proibição de fumar e por isto reservou espaço para fumantes, enquanto, na lei, o que se reservou foi espaço para não-fumantes, no que explicitou norma de que a regra era a permissão de fumar. *Note-se que não é absolutamente irrelevante*, mas de transcendente importância, o fato de estar em causa ora um espaço de 50% para não-fumantes ora de 50% para fumantes.

11. Deveras, como na lei regulamentada está expressa uma *reserva* para "não-fumantes", então nela está implícita a declaração da liberdade de fumar nos estabelecimentos referidos, *apresentando-se, pois, dita lei, como revogadora (no que concerne a tais estabelecimentos) da lei anterior — 9.120, de 8.10.80* — da qual advinha uma genérica proibição de fumar em quaisquer estabelecimentos comerciais e em outros locais nela referidos. Assim, é literalmente despropositado invocar tal lei *revogada* (*no aspecto referido*) para buscar arrimo para o decreto.

Com efeito, se os estabelecimentos de mais de 100 m^2 foram "*obrigados*" *a dispor de "espaço reservado aos não-fumantes*", isto significa que, nos bares e casas de pasto, por força mesmo da superveniente Lei 10.862, de 4.7.90, a proibição de fumo estava absolvida, contemperando-se tal absolvição com a imposição de uma obrigação de reserva de espaço para os não-fumantes naqueles estabelecimentos com a área indicada. Logo, em decorrência da Lei 10.862, de 4.7.90, houve revogação da Lei 9.120, de 8.10.80, no que atina aos estabelecimentos em causa.

Efetivamente, não teria sentido algum *obrigar* determinados estabelecimentos a uma certa conduta, se os efeitos pretendidos já estivessem amparados e de maneira irrestrita. Exegese que irrogasse à lei este "nonsense" confrontar-se-ia com a precitada advertência de Carlos Maximiliano segundo a qual não se interpreta o direito "de modo a que a ordem legal envolva um absurdo", ou "vá ter a conclusões inconsistentes", isto é, a incongruências.

Sabe qualquer estudante de direito que, *naquilo que especificamente tratou*, a lei especial superveniente derroga a lei geral, assim como também se sabe que a lei especial não infirma o *restante da lei geral*. Donde, com a sobrevinda da Lei 10.862, de 4 de julho de 1990, a proibição contemplada na Lei 9.120, de 8 de outubro de 1980, ficou revogada no que atina especificamente a bares, casas de pasto e similares. Diga-se, de passagem, todavia, que o decreto "sub examine", se fosse confrontado com a referida Lei 9.120, de 8 de outubro de 1980, *também se revelaria manifestamente transgressor dela*, como se dirá a breve trecho.

12. Em suma, havendo o decreto, ao arrepio da lei, estabelecido uma proibição geral de fumo em quaisquer dos estabelecimentos nele citados (com exceção dos "fumódromos", *só facultados nos estabelecimentos de área superior a 100 m*^{2}) *ilegalmente proibiu o fumo em todos os estabelecimentos* com área inferior a 100 m2. Não podia fazê-lo, a pretexto de regulamentar a Lei 10.862, de 4 de julho de 1990 — como declarou estar fazendo —, pois a sobredita lei, como irrefragavelmente resulta de seus termos, por uma simples questão de lógica, entendeu permitido o fumo nos estabelecimentos comerciais de que se trata.

13. Sem embargo, o fato é que o Decreto regulamentar 34.836, de 20.2.95, *não se salvaria nem mesmo ao lume da Lei 9.120, de 8.10.80*. Com efeito, o ato do Chefe do Executivo municipal interditou fumar em quaisquer casas de pasto e similares, excepcionando, única e exclusivamente, o que denominou de "fumódromos", estes, só admissíveis em estabelecimentos com área superior a 100 m^2. Nisto afrontou à escala vista o disposto no art. 3º da sobredita Lei 9.120. De acordo com tal dispositivo: "Os órgãos e estabelecimentos abrangidos nesta lei poderão dispor de salas ou recintos destinados exclusivamente aos fumantes, desde que abertos ou ventilados, atendidas as recomendações oficiais quanto às medidas de prevenção contra incêndios".

Basta uma simples inspeção visual no preceptivo transcrito para ver-se que nele não se estabeleceu requisito de área para a instalação de recintos destinados a fumantes. Assim, o decreto em causa, ilegitimamente, estabeleceu restrição a direito expressamente afirmado em lei. Relembre-se a passagem dantes citada, na qual Pontes de Miranda, referindo-se ao regulamento, advertia: "Tampouco pode ele *limitar*, ou ampliar direitos, deveres, pretensões, obrigações ou *exceções à proibição*, salvo se estão implícitas" (grifos nossos).

14. Entretanto, não apenas pelas razões expostas o decreto em apreço revela-se delirante de suas possibilidades normativas. Em outra de suas determinações transparece um arroubo escancaradamente ofensivo quer à Lei 10.862, de 4 de julho de 1990, que declara regulamentar, quer à Lei 9.120, de 8 de outubro de

1980, ulteriormente trazida à balha como pretendida tábua de salvação, para buscar exorcizá-lo da coima de ilegalidade.

Dispõe o indigitado art. 2º do decreto que "poderá ser criada área reservada exclusivamente para fumantes (espécie de "fumódromo") hermética e totalmente isolada da área de consumação de alimentos".

Ora, nem a lei regulamentada nem a lei invocada como sucessivo socorro do decreto autorizaram o ímpeto draconiano do versículo em causa. A que está hoje vigente na matéria refere-se, simplesmente, à previsão de "espaço reservado aos não-fumantes" e a anterior facultava, em prol dos fumantes, "salas ou recintos ... desde que abertos ou ventilados".

Nenhuma das duas impunha que se tratasse de "área ... hermética e totalmente isolada da área de consumação de alimentos". Donde, as exigências do decreto excedem as estatuições legais. É que nem a lei atual nem a precedente se reportavam a um afastamento dos fumantes em relação à área de consumo dos alimentos. Além disto, nenhuma delas previa ou sugeria sequer uma área "hermética" e totalmente isolada. Recorde-se, ainda uma vez, trecho já citado de Pontes de Miranda em que este arrola diferentes pretensões que o regulamento não pode alimentar: "Nem ordenar o que a lei não ordena ... Nenhum princípio novo, ou diferente, de direito material se lhe pode introduzir", pois: "Sempre que no regulamento se insere o que se afasta, para mais ou para menos, da lei, é nulo, por ser contrária à lei a regra jurídica que se tentou embutir no sistema jurídico".

Sem embargo, a parte final do art. 2º menciona uma área "hermética e totalmente isolada da área de consumação de alimentos".

15. Como o sabe qualquer pessoa dotada de patrimônio vocabular medíocre, "hermético" significa "fechado completamente, de modo que não deixe penetrar o ar" (cf., dentre dicionaristas muito divulgados, Caldas Aulete, em Portugal, Aurélio Buarque de Holanda, no Brasil).

Não se pode, evidentemente, imaginar que o decreto pretenderia, para os fumantes, uma área hermética. É que, por maior que fosse seu antagonismo em relação a eles, descaberia supor houvesse tido o propósito de impor um ambiente obrigatoriamente asfixiante no "fumódromo"; ou seja: cerrado ao ponto de impedir a passagem do ar, de maneira a que os interessados em fumar devessem ficar confinados em ambiente privado de renovação de oxigênio e progressivamente denso de fumaça. Se esta fosse a intenção do decreto, estaria buscando fim proibido, qual o de causar dano à saúde dos fumantes (já tão ameaçada, independentemente deste agravo suplementar).

Logo, tem-se de presumir — em despeito da linguagem dúbia do decreto — que seu objetivo haverá sido o de exigir um isolamento total, hermético, *em relação à área de consumação de alimentos*. Ora, a Prefeitura de São Paulo nada tem a ver com a relação de proximidade entre os que querem fumar — atividade até hoje considerada lícita — e os alimentos que eles mesmos vão consumir, maiormente se estes, como normalmente ocorre, justamente se deleitam com tal proximidade, pois é precisamente à mesa de refeições, imediatamente após a sobremesa ou o café, que estimam tirar baforadas de seus cigarros.

Estando em causa uma atividade lícita (mesmo os modismos norte-americanos não chegaram a proibi-la), o Município é incompetente para ditar normas sobre a proximidade ou separação radical que os fumantes devam ter em relação à área onde *eles próprios* querem consumir seus alimentos, pois aí não entra em pauta o tema do convívio social em tese regulável pelo Município (mediante lei, é claro). Donde, por mais este aspecto, verifica-se que o decreto "sub examine" nisto exorbitou, *não apenas da esfera regulamentar, mas também da esfera competencial do Município*.

16. Finalmente, mesmo que se repute cabível fazer do decreto uma leitura muito distinta da que resulta de suas palavras, concedendo-se-lhe o benefício de supor que está apenas pessimamente redigido e que seu intento é o de separar fumantes e não-fumantes de modo radical, ainda assim, como visto, apresenta-se como delirante de suas possibilidades. É que nem a lei vigente nem a anterior dispõem sobre a tal separação "hermética". Há aí, pois, seguramente, um "plus", um acréscimo, ofertado à lei pelo decreto. Dita oferenda não pode ser aceita; esta colaboração do Chefe do Executivo à lei não é compatível com os limites da competência regulamentar. É que, como disse Geraldo Ataliba, em consideração ao fato de que, entre nós, os regulamentos só existem para fiel execução das leis: "Donde a impossibilidade material de o regulamento suprir a eventual omissão do legislador, ou pretender *completar* sua obra, onde ela tenha sido insuficiente" (*República e Constituição*, Ed. RT, 1985, p. 121 — o destaque é do autor).

17. Tão visíveis, tão evidentes, são estas distintas ofensas ao princípio da legalidade e ao caráter estritamente subalterno dos regulamentos em face da lei que resulta difícil entender como foi possível ao Executivo imaginar — suposto que efetivamente o imaginou — válido o decreto emitido. Para explicar esta manifesta afronta às normas pertinentes e ao mesmo tempo presumir que não ocorreu de má-fé, ter-se-á de supor que, "in casu", a autoridade expedidora, estando tomada por aquela cegueira a que alude e contra a qual adverte Carlos Maximiliano, não se precatou contra riscos em face dos quais deveria estar acautelada, pois, nas palavras daquele mestre: "Cumpre evitar, não só o demasiado apego à letra dos dispositivos, como também o excesso contrário, o de *forçar a exegese* e deste modo encaixar na regra escrita, graças à fantasia do hermeneuta, as teses pelas quais se apaixonou, de sorte que vislumbra no texto idéias apenas existentes no próprio cérebro, ou no sentir individual, desvairado por ogerizas e pendores, entusiasmos e preconceitos" (op. cit., p. 118).

18. Isto tudo posto e considerado, à indagação da Consulta respondo:

O Decreto regulamentar 34.836, de 20.2.95, expedido pelo Prefeito de São Paulo, não se conteve nos limites da competência regulamentar que assiste aos Chefes de Poder Executivo. Pelo contrário. É manifestamente delirante quer da lei ora vigente na matéria — Lei 10.862, de 4 de julho de 1990 — da qual, conforme sua ementa, seria regulamentador, quer da precedente Lei 9.120, de 8 de outubro de 1980, ao depois improcedentemente invocada como apta para supedanear-lhe as disposições. Assim, tanto por haver afrontado à escala vista, quanto por haver excedido disposições legais a que teria de prestar dócil obséquio, é nulo em tudo o que as contrariou ou excedeu.

É o meu parecer.

São Paulo, 3 de março de 1995.

INCONSTITUCIONALIDADE DE PRECEITO DE CONSTITUIÇÃO ESTADUAL (parágrafo único do art. 293 da Constituição do Estado de São Paulo)

GERALDO ATALIBA

Professor das Faculdades de Direito da Universidade de S. Paulo
e Universidade Católica de S. Paulo

Diferenças substanciais e formais entre Constituição Estadual e lei ordinária. — Direito do governador a participar de elaboração das leis ordinárias. — Inconstitucionalidade dos preceitos da Constituição Estadual que cuidam de matéria de lei ordinária. — Medidas de conseqüências financeiras não podem constar de Constituição Estadual, pela não participação do Executivo na sua elaboração.

Diferença entre Constituição Estadual e lei ordinária

O art. 25 da Constituição Federal prevê a auto-estruturação dos Estados, mediante a expedição, pela Assembléia Legislativa, da sua Constituição (art. 11 do ADCT). A Constituição Estadual deve conter as normas que *organizam* e *regem* o Estado. A diferença entre a Constituição Estadual e as leis ordinárias (1º), está na matéria de cada qual e no processo de sua elaboração: para assegurar a supremacia constitucional, requer-se *quorum* especial e qualificado (superior e mais exigente) para matérias constitucionais.

Primeiramente, diferença de forma (modo de elaboração e promulgação): (*a*) as leis ordinárias serão aprovadas pelo *quorum* de maioria simples e (*b*) são submetidas à sanção (ou veto) do Governador. Já, para aprovação da Constituição, requer-se *quorum* especial e qualificado. Só por maioria significativa — expressiva de robusta vontade, resultante de consenso excepcional da comunidade — será tida por aprovada a Lei Básica do Estado, a qual dispensa qualquer participação do Executivo, dado que a Assembléia Legislativa recebe poder constituinte derivado, com exclusividade.

A diferença substancial está na matéria de cada qual. Quanto ao conteúdo, a lei ordinária versará as matérias próprias, enquanto a Constituição Estadual — como o próprio Texto Federal o diz — "organizará" e "regerá" o Estado, cuidando dos órgãos verticais de governo, sua estrutura e seu relacionamento recíproco. Daí a analogia com a Constituição Federal: a Constituição Estadual terá necessariamente o significado que o Texto Federal adotou para "organizar" e "reger" o Estado Federal Brasileiro.

Para saber-se qual a matéria própria da legislação ordinária, basta, no Texto Federal, isolar-se as normas que cuidam da organização, estrutura, princípios básicos e funcionamento do governo do Estado. O restante — em campo totalmente distinto e mediante regime jurídico diverso — será matéria de legislação ordinária: tudo que a vida normal e corrente do Estado requer, para seu desenvolvimento ordinário.

Isso será provido por lei chamada ordinária porque (*a*) formalmente, aprovada por processo legislativo comum e (*b*) materialmente, cuidando de matéria doutrinariamente classificada — por força de longa tradição — como ordinária.

Dessarte, a primeira diferença a ser estabelecida entre o regime jurídico da Constituição Estadual e da legislação ordinária estadual está em que a primeira é aprovada pela Assembléia Legislativa e posta em vigor por ato próprio, enquanto as leis ordinárias requerem a colaboração do Governador, mediante eventual iniciativa e/ou sanção ou veto. Aí, também, na Constituição Federal de 1988, perfeita distinção entre lei constitucional e lei ordinária.

Esta primeira verificação permite concluir que, à luz da Constituição de 1988, são nitidamente distintas, de um lado, a função de "organizar" o Estado e, doutro lado, a função de legislar, em matérias não organizatórias básicas. Esses o fundamento e a razão das diferenças de fundo (substância) e forma (processo de elaboração e produção) entre Constituição e lei ordinária, na esfera estadual.

Esta colocação está em rigorosa e perfeita harmonia com os princípios informadores de todo o Sistema Constitucional. Daí sua aplicabilidade, como princípio, aos Estados (art. 25 da Constituição Federal).

Separação de poderes

O princípio da separação de poderes — posto como básico de todo o sistema constitucional — é aplicado à esfera estadual, de modo bastante incisivo. Há rigorosa coerência e sistemática integração entre as exigências do princípio da separação de poderes e as regras que a Constituição põe, explicitamente, para a União e implicitamente (já como diretrizes ou princípios obrigatórios) para Estados.

Conteúdo e alcance do princípio da separação de poderes

O princípio da separação de poderes — consagrado no art. 2º da Constituição Federal — não se esgota na afirmação, simplesmente, da existência de um Poder Legislativo, um Poder Executivo e de um Poder Judiciário.

Mas postula, isto sim, instantemente, que a esses órgãos verticais correspondam funções diferentes, independentes e características, de acordo, inclusive, não só com as teorias e princípios que as consagram, como, ainda, em conformidade com o próprio esquema adotado como padrão básico pela Constituição Federal (as razões informadoras da separação de poderes estão na base de todo o constitucionalismo moderno e têm origem na teoria de Montesquieu: "para evitar o absolutismo, quem faz a lei não a pode aplicar; quem a aplica não a pode fazer").

Tais funções, já se vê, devem ser próprias de cada órgão, conforme a sua natureza, revelada por seu nome. Devem ser privativas e específicas.

Não há a menor dúvida de que uma ou outra função não conatural ao órgão pode ser estabelecida em caráter excepcional, tendo em vista a armação institucional sugerida pela experiência, ou por necessidades institucionais ligadas aos mecanismos de *cheks and balances*. Isto, aliás, por inspiração do próprio Texto da Constituição Federal, que atribui algumas funções administrativas e legislativas ao Judiciário, bem como funções jurisdicionais ao Legislativo (como dito, sempre excepcionalmente), ou administrativas ao Judiciário. Torquato Jardim demonstra-o com segurança científica e clareza didática (*RDP* 96/122).

O princípio, porém, como tradicionalmente adotado no Brasil, é o de que o Legislativo legisla — emanando normas gerais e abstratas —, o Executivo "administra", aplicando a situações concretas as leis de direito público ("administrar é aplicar a lei *de ofício*", Seabra Fagundes) e o Judiciário decide litígios, deduzidas processualmente, em caráter definitivo.

A *RTJ* (94/1.000) dá notícia de decisão do STF (Rp. 1.024-600 — Rel. Min. Mayer) em que se sublinhou o cunho inafastável da separação de Poderes — reforçado pela intervenção federal, suprema sanção constitucional, porque suspensiva da própria autonomia dos Estados — como fundamento para declaração de inconstitucionalidade de preceito de Constituição Estadual.

Na representação 1.210-RJ (115/597) reiterou-se a orientação, invocando-se precedente conspícuo (*RTJ* 94/995), pondo a separação de poderes como critério decisivo, fundamental e inafastável, pelo constituinte estadual, dado seu caráter de princípio, nos termos da lição de Celso Antônio (invocada expressamente pelo STF) publicada na *RDP* 15/283.

Ora, estas funções — que são próprias, privativas, específicas, diferentes e independentes — inerentes a cada Poder, não podem ser ignoradas pela Assembléia, ao elaborar a Constituição do Estado. Obrigada que é a Assembléia a obedecer aos princípios da Constituição Federal — ao elaborar a Lei Magna do Estado — não pode:

a) prever processo legislativo que ignore a separação e harmonia dos poderes;

b) nem violar seus postulados, na própria elaboração da Constituição Estadual.

Não pode, assim, (*a*) deixar de separar e harmonizar as funções políticas básicas (legislar, administrar e julgar), nem — a pretexto de dar organização ao Estado — (*b*) anular a participação do Executivo na elaboração da lei ordinária.

Poder constituinte derivado e lei formal

O STF tem examinado centenas (já chegou à casa do milhar) de ações em que se questiona a extensão da competência dos constituintes derivados: o Congresso Nacional (emendando a Constituição Federal) e as Assembléias Legislativas (elaborando as Cartas Estaduais). E tem invariavelmente sustentado as teses aqui expostas.

O Ministro Carlos Velloso, exímio constitucionalista, sublinhou, de modo enfático: "Ora, sabemos que emenda constitucional não é lei em sentido formal, porque oriunda de órgão distinto".

Com isso, quis dizer: são necessariamente diversos — e o jurista percebe imediatamente a diferença — os órgãos que elaboram a Constituinte e a lei. No caso da Assembléia Legislativa, constituinte derivado, os poderes que recebe são subordinados (à Constituição Federal) e derivados (da mesma), do que decorre, inexoravelmente: não podem esvaziar, nem contrariar o princípio básico da "separação de Poderes".

E, para que isso não seja enunciado vazio, implica reverências às suas exigências: não pode suprimir a colaboração do Executivo na tarefa legislativa.

Harmonia e recíproca colaboração entre os poderes

Deveras, o princípio da independência dos poderes postula — nos termos expressos da formulação do art. 2º da Constituição e de acordo com o desdobramentos que veio a ter no seu Texto — não só a separação como a harmonia recíproca dos poderes. J. Afonso da Silva, expondo o tema, arremata: "São esses alguns exemplos apenas do mecanismo dos freios e contrapesos, caracterizador da harmonia entre os poderes. Tudo isso demonstra que os trabalhos do Legislativo e do Executivo, especialmente, mas também do Judiciário, só se desenvolverão a bom termo se esses órgãos se subordinarem ao princípio da harmonia que não significa nem o domínio de um pelo outro nem a usurpação de atribuições, mas a verificação de que, entre eles, há de haver consciente colaboração e controle recíproco (que aliás, integra o mecanismo), para evitar distorções e desmandos" (*Curso de direito constitucional positivo*, 6ª ed., p. 98).

Deveras, esta separação não é rígida, terminante, drástica e radical. Pelo contrário, sempre há de permitir que o sistema de *cheks and balances* seja efetivo. Daí a Constituição Federal ter associado explicitamente as duas marcas básicas inerentes ao princípio: independência *e* harmonia (onde os "freios e contrapesos" assegurem o equilíbrio republicano dos poderes).

Nem harmonia que sobrepasse a independência, nem independência infensa à harmonia. Equilíbrio, portanto, que induz colaboração, cooperação e conjugação de esforços, tendo em vista a obtenção dos padrões republicanos de governo, preconizados pela Constituição.

Atividade legislativa

De qualquer modo, a mais importante função política — no sistema jurídico constitucional brasileiro — está na criação do direito positivo. Fazer a lei é a mais decisiva de todas as funções públicas, sobrepairando toda e qualquer das demais funções estatais. Estas — em razão do caráter básico do princípio da legalidade — são impulsionadas, baseadas, balizadas e limitadas pela lei.

Isso explica — nos padrões do Estado constitucional de Direito, que o Brasil adotou — o extremo cuidado que a Constituição põe no processo legislativo e nos instrumentos de eficácia da lei, povoando o Texto Constitucional de institutos tendentes a garantir sua intrínseca isonomia, sua origem popular, sua adequação aos valores básicos da sociedade e sua fiel observância por todos, mormente o próprio Estado (União, Estados e Municípios, por seus órgãos de governo).

A lei — e, pois, o princípio da legalidade — está no cerne de todo o nosso sistema constitucional. Ela é a base e o fundamento de toda atividade pública. Por isso, deve a lei resultar da conjugação de esforços, da colaboração entre Legislativo e Executivo. Aí a expressão máxima da harmonia entre os Poderes, especialmente os de cunho político.

Efetivamente, a forma por excelência de manifestação dessa harmonia — no processo da criação do direito infraconstitucional — está na reconhecida, consagrada e tradicional colaboração do Executivo com o Poder Legislativo na elaboração legislativa. J. Afonso da Silva observa: "Se ao legislativo cabe a edição de normas gerais e impessoais, estabelece-se um processo para sua formação em que o Executivo tem participação importante, quer pela iniciativa das leis, quer pela sanção e pelo veto" (ob. cit., p. 98).

Assim sendo, suprimir a colaboração recíproca na produção das leis é ferir a harmonia e, portanto, afrontar o princípio da separação de poderes, tal como posto no Texto Constitucional Federal. Fazer lei ordinária — que se define pela matéria — a pretexto de elaborar Constituição Estadual, é, assim, violar o art. 2º da Constituição Federal. Por isso não pode a Constituição Estadual dispor sobre matéria de lei ordinária.

O Professor Torquato Jardim, de Direito Constitucional da Universidade de Brasília e Ministro do Tribunal Superior Eleitoral, a propósito, escreve: "... em face do princípio da independência e harmonia dos poderes, a regra geral é a concorrência de vontades nos atos de poder, sendo a exceção a decisão unilateral.

"A Constituição Federal espelha o ideal teórico. *Só não são concorrentes aqueles atos de poder cuja decisão é expressão necessária da própria independência...*" ("Harmonia entre os poderes — lei de anistia", *RDP* 96, p. 123).

E mostra que esse mecanismo é não só operacional e prático, mas é exigência da garantia dos direitos individuais: "Com o até aqui exposto, afirma-se que a regra geral da concorrência de vontades independentes não conduz apenas à especialização equilibrada das funções, à desconcentração da autoridade e à colaboração interorgânica, mas também e principalmente, *à primeira e mais efetiva garantia de respeito aos direitos imprescritíveis, inalienáveis* e *impostergáveis da pessoa humana* (Carlos Ayres Britto)" (p. 124).

E expõe, concepção clássica, abrigada pela Constituição Federal: "Conclui-se, então, desta parte, que *veto e rejeição de veto, embora mecanismos de colaboração harmônica entre poderes independentes, são competências constitucionais incontrastáveis do Executivo e do Legislativo, respectivamente, porque expressões do substrato daqueles Poderes*" (p. 125).

Disso decorre que suprimir a possibilidade do veto é suprimir a separação de poderes e, pois, desacatar o art. 2º da Constituição Federal.

Organização do Estado

Somente essas considerações já demonstram quão delicada foi a tarefa conferida às Assembléias Legislativas pelos arts. 25 e 11, respectivamente, do Texto e do ADCT da Constituição Federal. Esse processo Legislativo, por ser excepcional, deve ser interpretado estritamente. Esse processo deve somente aplicar-se à elaboração da Constituição Estadual (e suas modificações ulteriores). Ensina Carlos Maximiliano "... os dispositivos que se afastam da regra geral interpretam-se restritivamente" (*Hermenêutica e Interpretação do Direito*, p. 262).

Sua excepcionalidade está na previsão da tarefa legislativa não ordinária de "organizar" o Estado, obececidos os princípios do Texto Federal; formalmente, pelo afastamento — por isso mesmo — do processo legislativo comum, dispensada a participação do Chefe do Executivo, excepcionalmente.

Só a Assembléia Legislativa recebeu o poder constituinte derivado. E exercê-lo-á com exclusividade, mas, sem usar desse Poder extraordinário com desvio, isto é, com abuso consistente em tratar de matéria de lei ordinária.

A Constituição Federal (art. 25) confiou exclusivamente à Assembléia Legislativa a tarefa de dar organização (vale dizer: organizar) ao Estado. Essa função — "constituinte"— foi confiada só ao Poder Legislativo estadual. Dos termos em que vasado o preceito do art. 25 da Constituição de 1988 decorre que, em caráter excepcional, a lei que dá órgãos (organiza), estrutura e rege o Estado prescinde de iniciativa do Executivo e dispensa sua sanção (ou veto). Ou seja: é elaborada sem colaboração do Executivo. Aí a sua excepcionalidade, sob a perspectiva formal. Materialmente, é excepcional, porque cuida de matéria não própria de lei ordinária.

Para elaboração da Constituição Estadual — e só para isso — o art. 25 da CF afastou a harmonia entre os Poderes. O Legislativo, excepcionalmente, foi erigido em único órgão organizador do Estado. A colaboração do Executivo foi substituída pela garantia de que só matéria organizacional básica integra a Constituição Estadual, tarefa mais técnica que política, porque implica quase somente adaptar, para o plano estadual, os princípios amplos e abundantes da Constituição Federal.

Ora, *tudo que não seja aplicar e desdobrar os princípios constitucionais e tratar de matéria própria de Constituição Estadual* (art. 25, da CF) é necessariamente matéria de lei ordinária. O regime excepcional — que se aplicou à organização normativa do Estado — não é cabível para o trato de matéria ordinária. Aqui, o raciocínio *a contrario* erige-se em peremptória regra hermenêutica. Não há como dele escapar.

Quer dizer: a lei que dá órgãos ao Estado, a lei que fixa sua estrutura básica fundamental — na forma dos padrões postulados pelos princípios constitucionais nacionais — é a Constituição Estadual. E esta é diferente — na matéria (na substância) e na forma de elaboração — da lei ordinária. Confundir estas coisas é violar a Constituição; é aplicar — além dos estritos termos constitucionalmente previstos — a excepcionalidade. As exceções devem ser entendidas nos exatos limites em que são postas. Ir o intérprete da Constituição além deles é fazer-se legislador constitucional pleno. A sabedoria jurídica multissecular, por isso, cunhou o aforisma: *exceptiones sunt strictissimae interpretationis*.

Assim como não pode a lei ordinária tratar de matéria constitucional, o Poder Constituinte derivado não pode dispor sobre matéria de lei ordinária. Tais campos são reciprocamente excludentes. Haverá inconstitucionalidade em ambas as hipóteses. É inaplicável, aqui, o princípio "quem pode o mais, pode o menos". É que as matérias são claramente discernidas na Constituição.

É lição autorizada: "Há, no direito vigente, um domínio vedado à lei ordinária... Por outro lado, há um domínio reservado constitucionalmente à lei" (Manoel G. Ferreira Filho, *Do processo legislativo*, pp. 170/171).

O único poder ilimitado e incondicionado é o constituinte federal. O estadual é "derivado" e, pois, subordinado e condicionado (Michel Temer) exatamente pela distinção — já estabelecida no plano da Constituição Federal — entre matéria constitucional ("organizam-se e regem-se", art. 25) e legal.

Deveras, o que efetivamente está dizendo o art. 25 é que os órgãos designados Poder Legislativo e Poder Executivo estadual reger-se-ão pela Constituição Estadual, elaborada mediante tal processo excepcional (que dispensa iniciativa e sanção).

Portanto, o governo estadual (legislatura, administração superior e Judiciário) reger-se-á por esta. Funcionarão (os Poderes estaduais) de acordo com seus preceitos; organizam-se na forma do estabelecido por ela. Em suma: o Estado "constitui-se" por sua Constituição, regendo-se por seus preceitos, que serão obrigatórios na medida em que limitados à matéria própria.

Já o funcionamento diuturno e normal do Estado, inclusive a função legislativa ordinária, resulta de atividades de Poderes constituídos, isto é: de órgãos obedientes à sua Constituição. Esta diferença é estabelecida pela própria Constituição Federal e não decorre de nenhum esforço de interpretação tendente a menoscabar ou diminuir qualquer dos Poderes: basta confrontar os conteúdos dos arts. 25 da CF e 11 do ADCT, com as exigências dos princípios constitucionais gerais, especialmente o do art. 2º.

Síntese conclusiva

De todo o exposto, vê-se que a regra geral, a *normalidade* está em que a Constituição Estadual, quanto à forma, obedeça ao critério de elaboração exclusiva — pela Assembléia Legislativa — sendo promulgada pela própria, dispensando, portanto, a sanção do Executivo.

Quanto ao conteúdo, tratará de organizar o Estado, criando órgãos de governo ordinário — Executivo, Legislativo e Judiciário — obedecendo aos princípios da Constituição Federal.

Dentre estes, a separação e harmonia dos poderes, com a necessária colaboração entre Legislativo e Executivo, na elaboração de lei ordinária. Mediante sua Lei Magna, aplicar-se-ão ao Estado os princípios básicos da Constituição Federal (entre os quais o mais importante está na independência e harmonia dos Poderes).

A Constituinte Estadual

Isto faz ver que o preceito do art. 11, das disposições transitórias da Constituição Federal, erige-se em exceção. Exceção à regra de que toda lei resulta de harmoniosa cooperação entre Legislativo e Executivo. A Lei Magna Estadual é posta fora das exigências desse princípio. E só ela.

Este preceito (art. 11, ADCT, da CF) vem estabelecer, excepcionalmente, quanto à forma de aprovação da Constituição Estadual — desde que sua expedição se dê no prazo: até 5 de outubro de 1989 — que sua aprovação operar-se-á sem sanção do Governador. Quanto ao conteúdo, será sempre e necessariamente o mesmo, isto é: aquele previsto no art. 25 da Constituição: organizar e reger o Estado.

Se a regra geral é que a lei ordinária resulta da colaboração do Executivo com o Poder Legislativo, não pode exceder-se, quanto à matéria, a Constituição Estadual, sob pena de violação do princípio da separação e harmonia dos Poderes.

Em resumo: a Constituição do Estado aprovada antes de 5 de outubro de 1989, dispensando sanção (ou veto), só é válida (só é verdadeira Constituição Estadual) enquanto cuide de *matéria própria* da espécie.

No que excedê-la é lei ordinária inexistente, por falta de perfeição do processo legislativo típico, constitucionalmente requerido: a colaboração do Executivo, pela sanção (ou veto).

Analogia com a Constituição Federal

Não se argumente que a Constituição Federal, além de tratar de "constituir" o Brasil, dispôs largamente sobre outros assuntos; que a Constituição Federal tratou abundantemente de muitas matérias não "materialmente" constitucionais, que foi muito além de tratar da "organização" do Estado brasileiro.

Manoel Gonçalves Ferreira Filho, após expor a distinção entre normas material e formalmente constitucionais (*Direito Constitucional comparado*, vol. I, "O Poder Constituinte", Ed. USP, pp. 113 e 125), sublinha que aquelas "constituam o cerne da estrutura política, que sem elas ruiria", porque "são elas *essenciais* à estrutura do Estado" (p. 125).

Ora, o constituinte brasileiro de 1988 excedeu de muito tal campo material, integrando no Texto Máximo (e, pois, fazendo constituição formal) inúmeros assuntos não estruturais, não essenciais. A Constituição Federal regrou os mais amplos, variados e abundantes assuntos, ilimitadamente. Daí não se segue que possam fazê-lo e também as Constituições Estaduais. Para estes diplomas, a diferença entre matéria materialmente constitucional e a só formalmente constitucional é decisiva: é que só podem dispor sobre a primeira.

Todas as analogias até aqui aplicáveis, aplicadas e invocadas cessam diante da radical distinção entre o Poder Constituinte originário e os demais poderes, todos poderes constituídos e, por isso, submetidos às regras postas por aquele.

Poderes constituintes originários e derivados

A analogia entre poder constituinte nacional e estadual não pode ser levada ao extremo. Ela encontra claros limites na diferença entre o verdadeiro "Poder Constituinte originário" e todos e quaisquer outros Poderes que, por isso mesmo, são constituídos.

Há, sem dúvida, claro paralelismo entre a função de fazer a Constituição Federal e as Constituições Estaduais. Há, porém, diferenças que não podem ser negligenciadas. Estas decorrem da substancial e radical distinção entre Poder Constituinte e poderes constituídos; entre Poder Constituinte originário a poderes constituintes derivados. Estes são todos poderes constituídos, criados pelo único supremo, singular, incontrastável e absolutamente soberano: o Poder Constituinte originário. Deste decorrem todos os demais poderes que no originário encontram, ao mesmo tempo, base e limites. Não pode o constituinte estadual dar-se a mesma liberdade que teve o federal. Isto decorre exatamente da circunstância de serem radicalmente diferentes os regimes jurídicos a que submetidos o constituinte originário e os constituintes derivados (estaduais e o Congresso Nacional, exercendo o poder de emenda).

Deveras, enquanto o Constituinte originário (e nacional) é soberano e ilimitado, todos os demais são meramente autônomos, dentro dos limites traçados pelo primeiro. Este dispõe livremente (soberanamente) sobre o que quiser. Os demais obedecem a seus padrões, regras e princípios e têm limites materiais e formais, fixados pela Constituição Federal (obra do único constituinte originário). Esta é expressão do Constituinte originário. As demais, são expressão de poderes constituídos, previstos, criados e limitados por aquela (v. *Autonomia do Estado-membro no direito constitucional brasileiro*, BH, 1965, Raul Machado Horta, p. 225).

Sobre o constituinte originário, escrevemos: "Só se compreende, qualifica e dimensiona a Constituinte pelo resultado de sua função: elaborar a Constituição. A Constituição é uma norma nova, absolutamente inovadora, que não repousa em nenhuma norma anterior ou superior. A Constituição nasce da Constituinte. E esta nasce do fato político: reunião de delegados do povo, escolhidos para esse fim (portanto, com poderes para estruturar um Estado).

"A Constituinte não surge do direito, não repousa no direito, não depende do direito; não é condicionada por nenhuma norma. Fato político que é, nasce de um fato político: a escolha, a investidura de seus membros, com explícita delegação" ("Fonte de legitimidade da Constituição", in *Revista de Informação Legislativa do Senado Federal* 98, jun. 1988, p. 101).

Por isso, a Constituinte nacional é ilimitada e estabelece incontrastavelmente o que quiser. Já as demais são limitadas, na forma e na matéria, pelos preceitos e princípios da Constituição Federal. Tratando dos limites ao constituinte estadual, J. Afonso da Silva, escreve: "Há grave controvérsia doutrinária a respeito da natureza do poder constituinte estadual. Uns lhe negam verdadeiro caráter constituinte, porque é *demasiadamente limitado*, o que não se compadece com o conceito de poder constituinte, que, em princípio, se tem por juridicamente ilimitado. Outros entendem tratar-se de constituinte de segundo grau, subordinado, secundário e condicionado. Manoel Gonçalves Ferreira Filho chama-o de Poder Constituinte Decorrente, 'aquele que, decorrendo do originário, não se destina a rever sua obra, mas a institucionalizar coletividade, com o caráter de estados que a Constituição preveja'. Quer isso dizer que o Poder Constituinte das unidades federadas é criação do Poder Constituinte Originário. Lembre-se da distinção entre soberania e autonomia. O Poder Constituinte Originário, aquele que é fonte da Constituição Federal, é poder supremo, é soberano, enquanto o Poder Constituinte Estadual é apenas autônomo" (op. cit., p. 512).

E agrega: "As formas de expressão do Poder Constituinte Decorrente não correspondem exatamente às do Poder Constituinte Originário. Isso se explica no fato de que, sendo subordinado ao último, sua expressão depende de como lhe seja por ele determinado no ato constitucional originário" (ob. cit., p. 513).

Da "derivação" do Poder Constituinte estadual, Manoel Gonçalves extrai duas características: a subordinação e o condicionamento.

Da subordinação decorre sua limitação às regras fixadas pelo originário (o nacional), inclusive quando fixam limitações específicas (p. 139). "Do condicionamento decorre a sujeição do constituinte derivado às regras de formas... concernentes ao modo... pelo qual se há de fazer a modificação constitucional" (p. 140). E dá como expressivo exemplo de "princípio constitucional sensível" de obediência inexorável à *independência e harmonia dos poderes* (p. 143).

Inúmeros são os princípios que não podem ser violados pelo constituinte estadual. E, em alguns casos, não é difícil identificá-los. Observa J. Afonso da Silva: "Na organização dos Poderes Estaduais, o Poder Constituinte Decorrente *terá que respeitar o princípio da divisão de poderes*, que é um princípio fundamental da ordem constitucional brasileira (art. 2º), até porque, implicitamente, isso está previsto; quando a Constituição menciona a Assembléia Legislativa, o Governador do Estado e o Tribunal de Justiça e outros Tribunais e Juízes dos Estados (arts. 27, 28, 92, VII e 125) está lhes indicando os Poderes Legislativo, Executivo e Judiciário" (ob. cit., p. 517).

Disso se deduz que a participação do Executivo estadual na elaboração legislativa só é excluída quando se trate de produzir a Constituição estadual (que cuida de matéria de organização básica). Daí que esta não possa tratar de matéria de lei ordinária (porque, para esta, a sanção ou o veto são essenciais, como exigência da inviolável separação de poderes).

As analogias invocadas puderam sê-lo, porque a Constituição Federal induziu, consentiu ou, até mesmo, prescreveu. A ilimitação, porém, típica do documento normativo básico — a Constituinte Nacional — é própria só do órgão que a elaborou: a Assembléia Nacional Constituinte. E esta não estendeu tal atributo aos poderes constituídos. Pelo contrário: ao constituí-los, fixou-lhes limites e balizas de forma e de fundo.

Daí o não cabimento, no caso, do raciocínio *a fortiori*, pelo qual "quem pode o mais, pode o menos". Não é exato que, se a Assembléia Legislativa pode fazer a Constituição Estadual, com maior razão pode — pelo mesmo processo — fazer a lei ordinária. É inaplicável tal concepção ao caso, porque o princípio da colaboração do Executivo só foi excepcionado para a Constituição Estadual e não para tudo. E tal exceção deve ser aplicada exclusivamente na medida estabelecida (ou seja: para tratar de matéria própria de organização básica do Estado).

Se se admite que possa a Constituição Estadual dispor sobre matéria de lei ordinária — quer dizer, sem limites materiais — nada impedirá, no futuro, a aprovação de "emendas" ou "reformas" à Constituição Estadual (procedidas conforme o art. 11 do ADCT, da CF, isto é, sem participação do Governador), toda vez que maioria eventual se sinta contrariada pelo Chefe do Executivo. Com isso, a separação de poderes — sua "independência e harmonia" — (da tradição do nosso direito constitucional), deixaria de ser princípio constitucional, para ser concessão arbitrária e eventual, do Legislativo.

Consentir à Assembléia Legislativa — a pretexto de elaborar a Constituição — dispor sobre *matéria* de lei ordinária sem sanção é admitir que o Estado fique eventualmente sem Executivo, ou com o Executivo inerme, sem atribuições, sem funções, sem prerrogativas, sempre que o Legislativo decida incursionar nessa vasta área. É anular a separação de poderes e sua harmonia recíproca. É interpretar a relação entre os Poderes como de "vassalagem do Executivo ao Legislativo".

Poderá alguém sustentar honestamente que tal foi o desígnio do constituinte nacional, ao lavrar o preceito do art. 25, combinado com o artigo 11 do ADCT?

Este último mandamento é nitidamente excepcional: regula a transição do regime anterior para o novo. Consente que a Assembléia dê ao Estado sua nova Constituição. Nada mais. Aí fica toda a analogia com a Constituição Nacional. Nesses limites deve ser interpretada tal exceção.

Se a Constituição Federal foi ilimitada, porque soberana, podia extravasar livremente do cuidado da "organização" do Estado brasileiro. Ao dispor, porém, a Constituição de 1988, sobre os Estados, não conferiu a nenhum órgão poderes ilimitados. Pelo contrário, fixou processo (forma) e matéria (substância) a serem observados: "elaborar a Constituição Estadual, obedecidos os princípios desta". E o eventual excesso (violação) de uma ou outra gera inconstitucionalidade.

Distintos que são os regimes jurídicos (poderes) do Poder Constituinte e dos poderes constituídos, clara fica a total impossibilidade de estender-se as analogias além dos precisos termos fixados pelo único constituinte soberano, o nacional (art. 11 do ADCT, e art. 25 da Constituição de 1988).

Jurisprudência no regime anterior a 1988

Nessa mesma linha é a incisiva orientação do STF.

O Supremo Tribunal Federal — guardião que é da Constituição da República — consagrou essas opiniões doutrinárias, como se verifica das seguintes decisões, algumas extraídas da (*a*) coletânea *Representações por Inconstitucionalidade — Dispositivos de Constituições Estaduais* (editada pela Subsecretaria de Edições Técnicas do Senado Federal, t. II, Brasília, 1976) e de recentes acórdãos do STF, em ADINs propostas já na vigência da Constituição de 1988:

— *Representação de Inconstitucionalidade* n. 755-RJ (pp. 53/85): "inconstitucionalidade de vários dispositivos da Constituição Estadual do RJ dentre os quais o art. 16..."

O Supremo Tribunal Federal declarou a inconstitucionalidade do art. 16 de Constituição de Estado, por considerar que, se o art. 60 da CF então vigente (CF de 1967), prevê a colaboração do Executivo no processo legislativo, pela iniciativa das leis sobre matéria financeira, mantido o artigo questionado ficaria o "Poder" Executivo privado de participar da programação financeira do Estado (cf. fls. 74 — voto do Relator Min. Adaucto Cardoso, e 85);

— *Representação de Inconstitucionalidade* n. 749 - RS (pp. 207/334): "inconstitucionalidade de vários dispositivos da Constituição Estadual do RS, dentre os quais o art. 226, das suas Disposições Transitórias, que dispunha: "Art. 226. É concedida anistia fiscal...".

Fundamento da argüição de inconstitucionalidade: "Não vemos como o artigo possa subsistir. É *matéria típica de lei ordinária*, editada com a *indispensável sanção* do Executivo, atenta às conveniências da execução orçamentária" (p. 222).

Decisão: aceito o fundamento apresentado, o STF julgou inconstitucional o art. 226 das Disposições Transitórias da Constituição Estadual do RS, adotando o voto do Sr. Relator Min. Adalício Nogueira, *in verbis*: "É inconstitucional a disposição transitória em tela. Como pondera a douta Procuradoria Geral da República, '*é matéria típica de lei ordinária*, editada com a *indispensável sanção* do Executivo, atenta às conveniências da execução orçamentária'. É assunto estranho às finalidades da tarefa legislativa em apreciação, que se propôs, apenas, ao plano da adaptação da Carta local ao Estatuto básico federal. É, além do mais, empresa de que deve ter iniciativa o Poder Executivo, por cuidar-se de matéria financeira (art. 60, inc. I, da Constituição do Brasil, e art. 28, inc. I, da Carta Riograndense-do-sul). Indubitavelmente, inconstitucional" (pp. 325/326).

— *Representação de Inconstitucionalidade* n. 753-SP (pp. 383/436): inconstitucionalidade de vários dispositivos da Constituição Estadual de SP, dentre os quais o art. 17 do Ato das suas Disposições Transitórias que dispunha: "Art. 17 — São cancelados os débitos fiscais, ajuizados ou não...".

O STF, *por unanimidade*, declarou a inconstitucionalidade desse dispositivo, acolhendo o voto do Sr. Relator, Min. Djaci Falcão, que concluiu, *verbis*: "Escapando a matéria ao alcance da convocação legislativa, *somente* poderia caber em lei *ordinária*, mediante iniciativa do Poder Executivo, por se tratar de lei sobre matéria financeira (art. 60, inciso I, da Carta Federal, a que corresponde ao art. 23, inciso I, da Constituição Paulista). Daí, a sua inconformidade com a Lei Maior" (cf. fl. 433).

Jurisprudência do STF com base na Constituição de 1988 — Iniciativa do Executivo em matéria de organização

O STF é firme e constante na sustentação da tese de que o constituinte estadual só pode organizar os órgãos políticos superiores do Estado. Não pode, a esse pretexto, imiscuir-se na administração. Isso há de ser objeto de lei ordinária, que supõe a colaboração harmoniosa dos outros Poderes.

No julgamento da ADIN 348-MG, disse-o o STF, incluindo na ementa: "...Inconstitucionalidade formal e material".

O relator expressa em seu voto: "... norma dessa espécie é formalmente inconstitucional por disciplinar matéria de iniciativa legislativa privativa do Chefe do Poder Executivo, a quem incumbe elaborar projeto de lei tendente à organização da Administração Pública".

O assunto em debate era preceito (§ 3º, art. 13 do ACDT/CES/MG) sobre funcionários. Mas a tese básica é a mesma: limites do constituinte estadual, diante do princípio da separação e harmonia dos poderes, com exigência de colaboração do Executivo na tarefa legislativa.

STF e participação do Executivo na elaboração legislativa

Julgando a ADIN 955-PB (medida liminar) o STF — por votação unânime — sufragou o voto do Min. Celso de Mello que, sobre o art. 36, VI da Constituição do Estado da Paraíba (que equiparava vencimentos de servidor) disse: "... a norma constitucional em causa... parece ofender o postulado da *separação de Poderes*, na medida em que cerceia a atuação discricionária do Governador do Estado na *instauração do processo legislativo* pertinente à definição dos níveis remuneratórios devidos aos integrantes da carreira...".

Ficou, destarte, claro, que o STF não tolera norma constitucional estadual que elida a participação do Executivo na elaboração legislativa ordinária (instrumento natural da fixação de vencimentos de servidores).

O STF tem mantido invariável postura na manutenção da tese da submissão do constituinte estadual ao princípio da separação de poderes, o que implica distinguir matéria de lei ordinária e matéria constitucional-estadual.

Na ADIN 274-PE o Min. Brossard pôs na ementa do acórdão a restrição ao constituinte estadual para aumentar o número dos membros do Tribunal de Justiça: "... *Inconstitucionalidade do aumento do número de desembargadores sem proposta do Tribunal de Justiça...*".

Com isso levou às devidas conseqüências a colaboração do Judiciário, na elaboração legislativa, em reverência à "harmonia dos poderes" (art. 2º, CF), que invocou explicitamente, assim, fechando a ementa do acórdão: "Princípio da independência e harmonia dos poderes. *Aplicação* à legislatura ordinária e *à Constituinte estadual*. CF, art. 96, II, *b* e *d*".

Deixou claro e explicitamente afirmado que o princípio constitucional impõe-se ao constituinte estadual.

E aprofundou o exame do tema, de modo a não dar margem a dúvidas ou tergiversações; disse no seu voto vencedor: "Restaria o argumento segundo o qual a Constituição diz que cabe ao Tribunal de Justiça propor ao Legislativo — e não ao Constituinte — projetos que importem em aumentar ou reduzir o número de seus membros. Mas isto importaria em levar a exegese gramatical aos seus extremos".

E explicou aos resistentes à tese: "É de notar-se, desde logo, que o poder constituinte não deixa de ser legislativo e que *a Constituição dispõe sobre o permanente e o regular e não sobre o transitório e o excepcional*: no caso, porém, quando se refere à constituinte estadual diz o que, aliás, não precisava dizer, que ela faria a adaptação do direito local obedecidos os princípios dela, Constituição Federal".

E arrematou: "Insistir-se-á na afirmativa de que o preceito vale em relação à legislativa ordinária e *não valeria quanto à constituinte*. Não me parece que a distinção encontre fundamento racional prestante, uma vez que preexistia ela na Constituição Federal, sob cujo império e em obediência à qual se reunia a própria constituinte estadual, a cujos preceitos estava vinculada e a *cujas limitações estava obrigada*. Vale a pena repetir, à constituinte estadual não cabia dotar o Estado de uma nova Constituição, sem peias com o passado e sem tributo ao presente; cabia-lhe mister mais modesto, o de completar o modelo federal no âmbito local, e o modelo federal dispunha expressamente a respeito".

E deixou magnífica lição de direito constitucional, de cunho teórico e alcance eminentemente prático, ao agregar:

"Não fosse assim e o *constituinte local*, por ser constituinte, *poderia infringir livremente a Constituição Federal* e não caberia nem mesmo a ação direta de inconstitucionalidade ... e o Supremo Tribunal Federal estaria inibido de fulminar a inconstitucionalidade, ainda que fosse a mais conspícua.

"Aliás, não deixaria de ser paradoxal que o *constituinte estadual pudesse ignorar o mandamento federal* e que aos seus mandamentos estivesse cativo apenas o legislador ordinário, em outras palavras, que a Constituição Federal ficasse a vagar no espaço sideral, inoperante e ineficiente, até que o Constituinte Estadual desse por finda sua obra, quando a Constituição Federal foi expressa ao dispor que os poderes constituintes estaduais seriam exercidos segundo os princípios dela (...). *Os poderes constituintes estaduais haveriam de ser praticados sem desconhecer os expressos mandamentos constitucionais que, no caso, estavam formulados clara e imperativamente, pelo constituinte federal*".

Melhor e mais qualificado abono ao que neste parecer se sustenta não poderia haver.

O constituinte estadual não pode dispor sobre matéria que exija a colaboração de outros poderes. No caso do Judiciário, iniciativa. No do Executivo, eventualmente iniciativa, mas sempre sanção (ou veto).

Arremate

Há diferença substancial e formal entre Constituição Estadual e lei ordinária estadual. O Governador, como Chefe do Executivo, tem direito de sancionar (ou vetar) lei ordinária, ou de ter iniciativa, colaborando necessariamente no processo de elaboração legislativa.

Por força de preceitos constitucionais excepcionais (art. 25 do Texto e art. 11 das Disposições Transitórias) só aí não há colaboração do Executivo: na feitura da Constituição Estadual.

Conseqüentemente — em respeito ao princípio da separação e harmonia dos Poderes — a interpretação do preceito do art. 25 da Constituição de 1988 deve ser estrita.

Assim, as matérias sobre que pode versar a Constituição Estadual são só as "constitucionais" do Estado. O que extravasar esse campo, será violatório da Constituição Federal (art. 2º) e, pois, inválido.

Constituição Estadual não pode cuidar de matéria de lei ordinária. O Governador não pode ter seu direito-dever de participar da elaboração legislativa ordinária violado.

A Assembléia Legislativa — exercendo as atribuições do art. 25 da Constituição Federal — não ficou autorizada a invadir a seara da lei ordinária. Deve limitar-se a dar estrutura e organização ao Estado.

Tudo que a Assembléia deseje deliberar fora desse estreito campo, deverá fazê-lo mediante lei ordinária, com a sanção do Governador. Isto é imperativo do princípio da harmonia dos Poderes — que requer a colaboração, na elaboração legislativa, do Governador — que só é dispensada pelo art. 25, para o cuidado de matéria de organização, estruturação e regência superior do Estado.

Daí a inevitável inconstitucionalidade de todos os dispositivos da Constituição Estadual que tratam de matéria de lei ordinária.

O parágrafo único do art. 293 da Constituição Paulista

A Constituição do Estado de São Paulo, promulgada dia 5 de outubro de

1989, abriga, entre suas "disposições gerais" (título VIII), o

"Art. 292. Os Municípios atendidos pela Companhia de Saneamento Básico do Estado de São Paulo poderão criar e organizar seus serviços autônomos de água e esgoto.

"Parágrafo único. A indenização devida à Companhia de Saneamento Básico do Estado de São Paulo será ressarcida após levantamento de auditoria conjunta entre a Secretaria da Fazenda do Estado e o Município, no prazo de até vinte e cinco anos".

O *caput* do artigo é inócuo. Chove no molhado. Diz explicitamente o que já se contém nos arts. 29 e 30 da Constituição Federal.

Seu parágrafo único, porém, é flagrantemente inconstitucional. Em primeiro lugar, porque a norma que ele pretende introduzir é de natureza legal. Não trata de matéria constitucional-estadual. Não organiza o Estado. Excede — como demonstrado na primeira parte deste estudo — os poderes do constituinte derivado, que é o estadual.

Dispõe sobre matéria que requer a "colaboração" do Executivo com o Legislativo. Deveras, cuida de serviço público ordinário e de relações administrativas e financeiras (até de cunho contratual) entre o Estado e Municípios. Tem repercussões orçamentárias, financeiras e administrativas, sem nenhuma relação com a dotação de órgãos constitucionais básicos ao Estado. Não cuida de organizá-lo, nem de prescrever-lhe frações fundamentais, ou regras de seu relacionamento recíproco.

Essa matéria — puramente administrativa (porque concernente a serviço público) — somente poderia ser deliberada com a colaboração do Executivo. Não tendo havido esta (sob a forma de iniciativa ou sanção) o preceito é nulo. Lei ordinária em cujo processo de elaboração foi tolhida, impedida e negada a colaboração do Executivo é nula.

Examinemos, porém, seu conteúdo: pretendendo tornar mais fácil aos Municípios a descontratação da SABESP, deu-lhes prazo de 25 anos, para indenizá-la, se o fizeram. É quase um estímulo (incentivo financeiro) à rotura dos contratos entre estes e a SABESP.

Ora, como esta é empresa estadual, criada por lei executora por delegação de serviços públicos e detentora de bens e direitos estaduais, as conseqüências financeiras dessa liberalidade serão, a final, arcadas pelo Tesouro do Estado, que responde subsidiariamente pelas obrigações patrimoniais da SABESP, após exaurido seu patrimônio. Só lei ordinária poderia dispor sobre a matéria.

Esse preceito constitucional, além de potencialmente desequilibrar totalmente as finanças da SABESP, compromete irremediavelmente sua estrutura, programas, planos de ação e feição patrimonial, já que ela executa grande parte de suas atividades mediante contratos com os Municípios. Norma com reflexo desse jaez só podia conter-se em lei ordinária.

Contratos "necessários"

Tais contratos, na maioria dos casos, são "necessários", no sentido de que sem eles muitos Municípios não podem realizar essa sua função básica. Deveras, muitos Municípios — por condicionamentos geográficos, geoeconômicos e naturais — não têm fontes próprias de água, ou não têm onde despejar seus esgotos. Muitos não têm ambas as condições. Nesse sentido, devem, inexoravelmente, contratar a única entidade capaz de preencher essas condições e superar esses obstáculos, por sua abrangência supramunicipal e capacidade jurídica, técnica e financeira de obter água ou meios de disposição de esgotos, sem limitações.

Por outro lado, a SABESP — por sua envergadura, tradição, condições financeiras e, sobretudo, apoio do Estado — tem condições seja para obter financiamentos nacionais e internacionais expressivos, como também o aval do Estado, da União e de importantes estabelecimentos financeiros oficiais e privados. Ora, muito dificilmente um Município isolado reúne essas condições econômicas, geográficas, técnicas e operacionais.

É nesse sentido que se pode dizer que a contratação com a SABESP é inexorável, é necessária. Qualquer outra solução será — para os Municípios conurbados e os que não têm as "pontas" do sistema — contrária ao interesse público.

Qualquer Município que, tendo contratado a SABESP, queira dela desvincular-se, deve observar o estatuto da concessão, que prevê como regra geral (*a*) a indenização pelos investimentos feitos; (*b*) a compensação pelo prazo contratual faltante; e (*c*) o pleno ressarcimento dos encargos financeiros que ela (SABESP) assumiu em benefício de seu (do Município) abastecimento e atendimento.

Esses deveres devem ser inexoravelmente observados pelo Município, porque a eles correspondem os direitos da SABESP e do Estado que, por sua vez, assumiram encargos perante a União, entidades financeiras públicas e privadas e até organismos internacionais de crédito.

A rotura dessa complexa trama contratual envolvendo inúmeras partes, com enormes prejuízos para o Estado e para a SABESP, só poderia ser objeto de lei ordinária.

Destino do serviço de saneamento e de seu executor, a SABESP

A concessão, a todos os Municípios, indiscriminadamente, do prazo de 25 anos para liquidação de seus débitos, com a SABESP, implica inviabilização financeira da SABESP e sua incapacitação, seja para prosseguir seus planos e projetos (abrangendo todo o Estado), seja para continuar honrando compromissos financeiros — de vencimentos parcelados periódicos — vultosos, correspondentes a investimentos e obras em curso ou em vias de realização. Tais projetos e obras beneficiam não Municípios isolados, autonomamente considerados, mas alcançam regiões, conjuntos demográficos por módulos geográficos (áreas, regiões, zonas), mais que, especificamente, Municípios.

Pois bem. A rotura dos laços jurídicos com alguns Municípios e o agravamento da situação financeira da SABESP — por cujas finanças responde o Estado — pode ser decidido pelo Estado. Este, em última instância, é o fiador, tutor e avalista de sua entidade (a SABESP).

O Estado, entretanto, manifesta sua vontade pela lei, fruto da harmônica colaboração entre Executivo e Legislativo. Essa decisão — matéria típica de lei ordinária — por suas implicações financeiras (onerosas do Tesouro estadual) e administrativas — só pode ser adotada por decisão legislativa em que — por exigência do princípio da separação de Poderes — tenha o Executivo a possibilidade de colaborar, mediante iniciativa (inclusive oferecendo emendas), sanção ou veto.

No caso, criaram-se condições de desequilíbrio de um serviço público estadual, comprometimento das finanças do Estado e rotura de relações contratuais voltadas para a produção da utilidade pública (para usar conceituação tão cara a Ruy Cirne Lima), sem a necessária colaboração do Executivo e, mesmo, sem oportunidade de que ele manifestasse sua opinião ou exercesse suas atribui?ões constitucionais, a que correspondem suas responsabilidades.

Exclusão do Judiciário e do "due process of law"

Mas não fica só aí o preceito. Não se limita a dispor sobre matéria legal ("meramente administrativa", diria Ruy Cirne Lima). Vai além: prevê mecanismo de apuração de perdas e danos ("indenização") excludente do Judiciário, já que pretende dar a uma "auditoria conjunta" as virtudes de: (*a*) excluir os órgãos Judiciários, protetores dos direitos das partes e do interesse público (no caso, traduzido no serviço público); e (*b*) fastar o *devido processo legal*, transformando o processo de "levantamento" de dados assim realizado em meio suficiente para realização do Direito.

Faca de dois gumes, pode prejudicar o Estado, ou a SABESP ou o Município, dado que só o "devido processo" assegura a plena realização do Direito, com pleno resguardo substancial e formal dos direitos das partes e, sobretudo, do supremo e indisponível direito do povo à melhor execução do serviço público de saneamento e obtenção de condições financeiras ótimas de seu desempenho.

Conclusão

Deve ser declarado inconstitucional o § único do art. 293 da Constituição do Estado de S. Paulo, porque: (*a*) não trata de matéria constitucional-estadual, mas simplesmente legal, dispondo sobre contratos administrativos e suas conseqüências financeiras; (*b*) assim, é norma nula, porque elidiu a participação do Executivo na sua elaboração; (*c*) implicando violação das exigências básicas do princípio de separação de poderes (art. 2º da Constituição Federal).

Deveras, norma que cuida de contratos — e suas conseqüências financeiras — entre empresa estadual e Municípios: (*a*) não "constitui" (não organiza) o Estado; (*b*) não se integra no poder constituinte derivado investido na Assembléia Legislativa; (*c*) ao dispor sobre finanças e administração, tem natureza de lei ordinária e, por isso; (*d*) só pode ser elaborada com a participação do Poder Executivo.

É o parecer, s.m.j.

São Paulo, 26 de julho de 1994

PARECERES

INCENTIVOS FISCAIS E FINANCEIROS

José Souto Maior Borges
Advogado

Parecer

I — O Fundo para o Desenvolvimento das Atividades Portuárias (FUNDAP): sua instituição e posterior desenvolvimento

1.1 O FUNDAP foi criado pela Lei 2.508, de 22.5.70, do Estado do Espírito Santo, art. 1º., em execução de norma autorizativa assim expressa: "Fica o Poder Executivo autorizado a criar junto ao Conselho de Desenvolvimento Econômico do Estado (CODEC), um fundo especial denominado Fundo para o Desenvolvimento das Atividades Portuárias (FUNDAP), cujos recursos serão destinados a promover o incremento das importações e exportações através do Porto de Vitória".

Essa lei dispõe exclusivamente sobre matéria financeira. Nela não se contempla nenhum dispositivo relacionado direta ou indiretamente com matéria tributária.

1.2 Após discriminar, no seu art. 2º., os recursos financeiros constitutivos do FUNDAP, ela, no seu art. 3º., indica o órgão encarregado da sua gestão: "A gestão dos recursos financeiros do FUNDAP caberá ao Banco de Desenvolvimento do Espírito Santo S/A — BANDES e seu orçamento será aprovado em ato do Governador do Estado, ouvido o Conselho do Desenvolvimento Econômico (CODEC)".

1.3 A massa de recursos obtidos pelo FUNDAP seria destinada a financiar empresas importadoras/exportadoras e os respectivos contratos de financiamento obedeceriam os requisitos do art. 5º., a saber: "Os contratos de financiamento feitos com o Estado do Espírito Santo, por intermédio do Banco de Desenvolvimento do Espírito Santo — BANDES, obedecerão, entre outras, às seguintes condições: (*a*) prazos máximos de carência e de amortização de 5 (cinco) e 10 (dez) anos, respectivamente; (*b*) juros máximos de 6% (seis por cento) ao ano" (redação dada pelo art. 1º. da Lei 4.202, de 20.12.88).

1.4 A Lei 2.592, de 22.6.71, explicitou, mais pormenorizadamente, os requisitos para financiamento, tal como prescreve o seu art. 2º., *in verbis*:

"Art. 2º. Os financiamentos pelo FUNDAP serão destinados às empresas que tenham sede no Estado do Espírito Santo.

"Parágrafo único. O disposto neste artigo não se aplica às empresas que operem através do Porto de Vitória, as quais poderão importar, gozando dos benefícios do FUNDAP, até 100% (cem por cento) do valor das exportações efetivamente realizadas através deste Porto, conforme dispuser o Regulamento" (acrescentado pela Lei 2.735, de 24.11.72).

1.5 No plano regulamentar, o Decreto 163-N, de 15.7.71, assim disciplinou a aplicação dos recursos do FUNDAP: "Art. 7º. O FUNDAP alcançará seus objetivos mediante a aplicação dos recursos que o constituem, através do contrato de financiamento celebrado pelo BANDES na qualidade de gestor financeiro, com empresas que exerçam atividades de comércio exterior, em financiamento às operações de intercâmbio comercial que: (*a*) estejam sujeitas ao pagamento do Imposto sobre Circulação de Mercadorias (ICM) ao Estado do Espírito Santo; (*b*) não se refiram aos produtos tradicionais do intercâmbio comercial com o exterior (café, cacau, madeira, trigo) e outros que venham a ser fixados pelo Estado; (*c*) sejam efetuados por empresas que tenham sede no Estado do Espírito Santo".

1.6 O seu art. 8º estabelece, como condições para o financiamento, o valor de até 10% (dez por cento) das operações (*a*); o prazo máximo de carência de 5 (cinco) anos e de 20 (vinte) anos, para a amortização (*b*); encargos financeiros máximos de 3% (três por cento) ao ano, na carência, e 6% (seis por cento) ao ano, durante a amortização (*c*).

1.7 E o art. 9º institui requisitos da preferência para financiamento, em termos que manifestam a opção pelo privilegiamento às operações relativas à circulação de mercadorias que, na exportação, tenham como origem e na importação como destino, o território estadual ou a área de influência do Porto de Vitória (*c*) ou que possuam contrato de câmbio negociável na Praça de Vitória (*d*).

1.8 Os estímulos ao comércio exterior, no Espírito Santo, não estancam porém aí. Esse é apenas um primeiro grupo de medidas para privilegiar empresas locais e operações de importação e exportação, realizadas por importadores estabelecidos no território desse Estado.

1.9 Estranhamente o governador do Estado baixou o Decreto 2.449-N, de 4.6.86, em cujos termos o ICM, nas importações realizadas por estabelecimentos importadores, ao abrigo da Lei n. 2.508/70, ficaria diferido para o momento em que ocorresse a saída da mercadoria (art. 1º) e o seu recolhimento seria efetuado até o 20º (vigésimo) dia após o mês em que ocorressem as saídas (parágrafo único).

1.10 Esse decreto, uma vez revogado, teve sua disciplina substituída pela do Decreto 3.093-N, de 27.11.90, em cujos termos o ICM ficaria igualmente diferido para o momento em que ocorressem as saídas das mercadorias (art. 1º) e o seu recolhimento seria efetivado até o 30º (trigésimo) dia do segundo mês subseqüente ao encerramento do mês em que ocoressem as saídas que ele regula (parágrafo único).

O Decreto 3.093-N, como se vê, ampliou o prazo de recolhimento do ICM, na escala ascendente de disciplinamento desses incentivos fiscais e financeiros pelo Espírito Santo.

1.11 E como ele antecede a vigência da CF de 1988, não contemplando o ICMS, mas o ICM, sobreveio o Decreto 3.400-N, de 28.8.92, cujo art. 1º está vazado como se transcreve:

"O Imposto sobre Operações Relativas à Circulação de Mercadorias e Sobre Prestações de Serviços de Transporte Interestadual e Intermunicipal e de Comunicações — ICMS realizadas (*sic*) ao abrigo da Lei n. 2.508, de 23 de maio de 1970 e alterações posteriores fica diferido para o momento em que ocorrer (*sic*) as saídas das mercadorias.

"Parágrafo único. O recolhimento do imposto será efetuado até o último dia útil do segundo mês subseqüente ao de ocorrência das saídas a que se refere o *caput* deste artigo".

1.12 A estranheza acima manifestada se justifica por vários motivos, todos relevantes, que impediriam a edição desses decretos pseudo-regulamentares: *1*) a Lei 2.508/70 e leis supervenientes nada dispunham sobre diferimento do ICM ou do seu sucedâneo constitucional, o ICMS; *2*) conseqüentemente esses decretos, no particular, regularam matéria *praeter legem*, sobre indelegável, não regulamentar, a única função dos decretos tolerada pelo direito constitucional brasileiro (decretos para a fiel execução das leis — só); *3*) o diferimento do ICM/ICMS afetava o âmbito temporal de validade, no tocante à exigibilidade do tributo, matéria sob estrita reserva de lei (CTN, art. 97, I e III), vedada portanto aos regulamentos "autônomos"; *4*) os decretos afrontam as normas gerais de direito tributário em vigor (DL 406/68, art. 1º, II), que erigem a entrada em único pressuposto de incidência do ICMS nas importações, não podendo então o tributo ser diferido para até o último dia útil do 2º mês subseqüente ao mês em que ocorressem as *saídas* das mercadorias. Assim o fazendo, esses decretos indiretamente converteram a saída de mercadorias importadas em fato gerador do ICM/ICMS, por substituição à *entrada* das mercadorias no estabelecimento do importador. Porque só a saída é tomada como parâmetro para a contagem do prazo. A entrada é pura e simplesmente irrelevante para esse efeito. Não serão então necessárias sofisticadas peripécias exegéticas para concluir-se que, no tocante a esse aspecto, tais decretos eram escancaradamente inconstitucionais.

1.13 Até porque a competência para legislar sobre direito financeiro não inclui a competência para legislar sobre direito tributário. São normas formalmente autônomas e assim apartadas pela Emenda n. 1/69, arts. 8º, XVII, *c* (direito financeiro) e 18, § 1º (direito tributário) e CF de 1988, art. 24, I e 146. Conseqüentemente: contemplando, a Lei 2.508/70 e subseqüentes, normas financeiras, não poderia o Executivo do Espírito Santo, sob pretexto de regulamentá-la, editar normas tributárias (normas sobre diferimento do ICMS).

1.14 Não apenas essas regras constitucionais tais decretos afetam. Eles se mostram contrários à boa-fé e à lealdade, pelo respeito aos deveres e compromissos contraídos, que devem nortear a harmoniosa convivência entre os Estados, na observância aos ditames do pacto federativo. Deveras: o convênio ICM 12/79, subscrito pelo Espírito Santo, prescrevia expressamente, na sua cláusula 1ª: "Acordam os Estados signatários em uniformizar nas suas legislações os critérios para a cobrança do ICM incidente nas entradas de mercadorias no estabelecimento do importador, fixando-se, como *momento do recolhimento*, o desembaraço aduaneiro da mercadoria".

Resumindo: o Espírito Santo concorda em cobrar, em igualdade com os demais, o ICM quando do desembaraço aduaneiro da mercadoria; o Espírito Santo difere, via "regulamentar" e contra o convênio que celebrou, o pagamento do ICM/ICMS para momento muito posterior... à saída da mercadoria do estabelecimento importador...

1.15 Percebe-se ainda que toda a argumentação produzida, no sentido de que o "sistema" FUNDAP instituiu apenas benefícios financeiros, estranhos à relação tributária (e há vasta argumentação nesse sentido) está prejudicada com a superveniência do diferimento do ICM/ICMS, que não é uma categoria financeira, mas tributária *stricto sensu*. É dizer: opera deslocando a própria época do pagamento do tributo. Não após o seu pagamento e extinção da relação tributária propriamente dita. É de justiça reconhecer que os parceres de Ruy Barbosa Nogueira (1972) e Rubens Gomes de Sousa (1973) antecederam a essas alterações da legislação capixaba.

1.16 E adverte-se que habilidosamente a petição inicial do mandado de segurança n. 21.863.1/160, impetrado no STF pelo Estado do Espírito Santo, omite qualquer referência ao diferimento do ICMS. Limita-se a impugnar a posição de São Paulo relativamente aos estímulos financeiros. Como se o diferimento do ICMS não existisse... Esse diferimento instaura contudo um contexto problemático autônomo, inconfundível com o primeiro grupo de problemas decorrentes da institucionalização dos respectivos benefícios financeiros. Porque é, no sentido mais rigoroso, um incentivo tributário.

Sobre as distorções que o sistema FUNDAP acarreta para o federalismo brasileiro, a instância do Estado de São Paulo, passo a opinar.

II — Inexistência de questão política

2.1 Pretende-se artificiosamente caracterizar, na hipótese, uma questão *política*, envolvendo os Estados de São Paulo e Espírito Santo. Essa questão política corresponderia a um conflito de competências entre esses Estados da federação. É intento destinado a malogro. Bem examinadas as coisas não há no particular questão política alguma. O Espírito Santo continua, ao longo do tempo e contra a CF, a expandir desenvoltamente o sistema FUNDAP. E *não tem São Paulo instrumentos eficazes para unilateralmente coibir essa prática inconstitucional*. Logo, não se vê como, sob esse ângulo, um confronto político possa instaurar-se entre os dois.

2.2 Muito menos São Paulo pode *in casu* invalidar ou mesmo usurpar a competência legislativa do Espírito Santo, pressuposto para a instauração do conflito político. Nem atribuiu eficácia extraterritorial à sua própria legislação. A competência administrativa para fiscalizar o montante de crédito de ICMS apropriado por quaisquer empresas — participantes ou não do sistema FUNDAP — não se confunde com o exercício atípico de uma jurisdição política inconstitucional, que não ocorre na hipótese.

2.3 Os limites de atuação do consulente são portanto bem mais modestos, i.é, muito mais estreitos. *Resumem-se na verificação da legitimidade dos créditos do ICMS "exportados" pelo FUNDAP e na circulação física das mercadorias no território de S. Paulo, quando da remessa interestadual, efetuada por estabelecimento localizado no Espírito Santo*. É ostensivo que o contribuinte beneficiado direta ou indiretamente pelo sistema FUNDAP não pode — em privilégio inconstitucional (contrário à isonomia com os demais contribuintes) — ficar à margem do dever-poder de fiscalizar. Assim sendo, essa fiscalização fazendária pode e deve exercer-se na circulação interestadual de mercadorias.

2.4 Conseqüência n. 1: não se está em presença de questão política alguma. Não estão afetadas relações constitucionais entre São Paulo e Espírito Santo, mas relações tributárias e financeiras na área do ICMS entre São Paulo e os contribuintes beneficiados pelo FUNDAP. A referência a mero controle ou jurisdição *indiretos* (*sic*) já de si denunciam a inocorrência dessa questão.

2.5 Conseqüência n. 2: não pode haver *homogeneidade* interestadual onde um Estado-membro unilateralmente decide sobre incentivos que outros não poderiam conceder. Mas essa observação não importa no reconhecimento de questão política alguma. A questão que se controverte desdobra-se entre São Paulo e os contribuintes beneficiados pelo sistema FUNDAP. O MS n. 21.863 confirma a razoabilidade dessas ponderações, porque *ad cautelam* (antecipando-se) o Sindicato do Comércio de Exportação e Importação do Estado do Espírito Santo, entidade que congrega interesses particulares, tornou-se co-impetrante desse mandado. É manifesto que uma entidade sindical não pode curar de interesses políticos do Estado do Espírito Santo. Se existisse a apenas alegada questão federal, a conseqüência seria ilegitimidade de parte desse sindicato para associar-se ao pedido de segurança. Não há como fugir ao dilema: ou estaria presente uma inexistente questão política e, nesse caso, o sindicato não poderia impetrar o MS, ou não o estaria e, em tal caso, o Espírito Santo não poderia recorrer ao Judiciário para impugnar a fiscalização, pelo Estado de São Paulo, do abatimento do ICMS. Em si, o pretendido litisconsórcio ativo é de qualquer sorte impossível.

III — Caracterização peculiar da federação brasileira

3.1 O princípio federal é enunciado vestibularmente na CF de 1988, art. 1º., *ab initio*. Essa "topografia" privilegiada sinaliza para a sua importância, dentre outros princípios e normas constitucionais. E condiciona os desdobramentos subseqüentes da interpretação constitucional.

3.2 A Constituição contempla princípios e normas. Os princípios, melhor dito: normas-princípio (normas caracterizadas pela sua eminência semântica e sintática) se contrapõem às simples normas constitucionais, que podem ser caracterizadas por um processo de exclusão: são simples normas constitucionais todos os preceitos que se não caracterizam como princípios. Há como que uma hierarquia axiológica entre princípio e norma. *O princípio permeia, como uma linfa, a CF toda, condicionando a exegese constitucional. É conseqüentemente cabível identificar no princípio uma função iluminadora, para a hermenêutica e aplicação do direito constitucional positivo.*

3.3 A doutrina caracteriza essa eminência dos princípios por via metafórica, útil para sua descrição/explicação: princípio é norte, é vetor — violar um princípio: algo muito mais grave que violar uma simples norma constitucional (cf., por todos, Celso Antônio).

3.4 Mas a doutrina estanca aí. Não intenta avançar na discussão da matéria, em direção a uma hierarquização axiológica na própria região dos princípios constitucionais. Deveras: a CF contempla princípios e princípios. Os princípios ligados à ordem econômica, p.ex., não nomeados como fundamentais, são princípios *tout court* (CF, art. 170 e ss.). Quais são no entanto os princípios fundamentais, princípios-dos-princípios?

3.5 Não podem estes ser identificados a partir da opinião do intérprete. São, dentre outros, os que a CF qualifica, ela própria, como *fundamentais*, no seu título I. E entre esses, o princípio federal. Não simples princípios: são os mais importantes dos princípios. Condicionam a estrutura toda do Estado Federal Brasileiro. A hierarquização, já aqui, não se dá entre princípios e normas, mas entre os princípios fundamentais e os outros princípios — não nomeados como tais pela CF. O princípio federal é um dos princípios fundamentais na federação brasileira.

3.6 Pois bem: os Estados são *autônomos* (CF, art. 18, *caput*). Autonomia (do grego: *auto* + *nomos*, governo próprio) é o governo de quem se rege por suas próprias leis, não pela legalidade alheia. Essa autonomia implica vínculo de solidariedade entre os Estados, em conseqüência do pacto federal, que não deve ser rompido unilateralmente por nenhum Estado-membro.

3.7 Não portanto o desgoverno de quem governa sem limites, mas o governo de quem direciona a própria autonomia segundo os objetivos fundamentais da federação brasileira (CF, art. 3º). Ora, esses objetivos não podem ser perseguidos e muito menos alcançados, quando se desconsidere a isonomia dos Estados-membros, nas suas relações. Estes são iguais entre si, assim como a União, Estados e Municípios são isônomos diante da CF, no sentido de que dela extraem as suas competências, sem intermediação alheia.

3.8 Bem examinadas as coisas, o Estado Federal Brasileiro se caracteriza como um feixe político-jurídico de atribuição de direitos (p.ex., os direitos e garantias individuais fundamentais do art. 5º) e deveres (p.ex., a proibição de criarem os Estados-membros preferências entre si, art. 19, III). Dentro desse contexto normativo amplo, deve ser estudado o federalismo brasileiro.

3.9 São as normas sobre a competência da União, Estados, Distrito Federal e Municípios que estruturam a federação brasileira (CF, art. 1º). Aqui não se sindica se a Federação é só a União e os Estados-membros, contra o art. 1º e sua formulação expressa. *Em todo caso, competência é algo que resulta de autorização e limitação*. Autorização + limitação = competência. Sem esse consórcio, nenhuma competência. Só a autorização não pode explicá-la, porque não há norma positiva com âmbito de validade ilimitado. Só a proibição deixa igualmente incompleta a norma, porque não saberá o seu destinatário como conduzir-se diante dela. Só estar proibido é ser a rigor incompetente.

3.10 Ora a legalidade assume, na CF de 1988, um papel eminentíssimo. Até porque somos governados por uma *legalidade isônoma* (CF, art. 5º, *caput*, I e II): "Todos são iguais perante a lei" — é a dição constitucional. Transparece então a universalidade do princípio da legalidade. Particularmente em matéria tributária (CF, art. 5º, II e 150, I). Pois bem: apesar dessa universalidade, ele não é ilimitado. Se o fora, não seria a rigor princípio de direito positivo. Quais são no entanto os seus limites?

Os mais importantes residem na competência do Poder Executivo e do Poder Judiciário (CF, art. 2º) — seara que não pode ser invadida pelo Legislativo.

3.11 O convênio pode dispor sobre isenções, benefícios e incentivos fiscais, embora sujeito à ratificação posterior (pelas Assembléias Legislativas?, pelo Executivo Estadual? Não importa aqui sindicar). Se a homologação se der pelo Executivo Estadual, ter-se-á uma exceção à legalidade. Se a homologação se der pela Assembléia Legislativa Estadual, não! A exceção será aparente.

3.12 A isonomia implica deveres político-jurídicos dos Estados-membros, no seu inter-relacionamento. Não podem eles se outorgarem privilégios legais ou infralegais como ocorre no sistema FUNDAP. Não é à-toa que Estados do Sul (como São Paulo) e do Nordeste (como a Bahia) já manifestaram a sua inconformidade com a concessão unilateral dos benefícios financeiros do FUNDAP.

3.13 Mas, alcançado este ponto, a questão fulcral é a da caracterização do regime jurídico constitucional da lei complementar sobre isenções, incentivos e benefícios fiscais, do artigo constitucional 155, § 2º, XII, *g*. Com base nele, será solucionado o problema de saber se o FUNDAP se compatibiliza ou não com os dispositivos constitucionais condicionantes das exonerações fiscais pelo Estado-membro. Esse dispositivo visa tão-só a harmonização das políticas dos Estados-membros, no tocante ao ICMS. Evitar a "guerra fiscal".

3.14 Antes porém um lembrete: *o direito ao abatimento do ICMS tem como contrapartida o dever de fiscalizar as operações tributáveis*. Mediante artifícios formais, manipulados pelo Espírito Santo, estima-se que os incentivos FUNDAP aos importadores capixabas fazem reverter a esses contribuintes 61,67% do ICMS, calculado à alíquota de 12% sobre o valor de saídas das mercadorias tributadas, excetuando-se o trigo, cujo benefício é de 50%. É o FUNDAP um instrumento desleal de concorrência interestadual. Induz, por esse caminho, à inscrição cadastral de estabelecimentos fantasmas, destinados-tão só a carrear benefícios fiscais que não podem ser concedidos por outras unidades da federação.

3.15 Faz-se cavalo de batalha da portaria CAT-85/93 (as portarias são em geral anátemas). Nada mais irrelevante. Porque essa portaria nada inova; não tem efeito substancial algum. Dirige-se, ao contrário do que uma visão superficial poderia pretender, aos funcionários da administração fiscal em S. Paulo. E a esses, com ou sem portaria, incumbe avaliar a legalidade ou ilegalidade da apropriação de créditos do ICMS em operações internas ou interestaduais. É esse um *munus* da função fiscalizadora: verificar se a apropriação de tais créditos (abatimentos) do ICMS se deu na conformidade ou desconformidade com a CF. E se de dever-poder se trata, para exercitá-lo não é necessária nenhuma portaria. Suponha-se que essa portaria viesse a ser revogada pela própria administração fazendária ou desfeita pelo Judiciário. Desapareceria com o seu desfazimento, a competência para fiscalizar quaisquer — nenhum excetuado — abatimentos do ICMS? De modo nenhum!

3.16 E é em função da aplicação respectiva que deverá ser apreciada a pretensão fiscal pelo Judiciário. Mas os critérios de aplicação da portaria CAT 85/93, em tese estabelecidos no seu texto, de si e por si não violam direito individual líquido e certo. Para que isso ocorresse, seria necessário tivesse essa portaria efeito constitutivo, o que, como vimos, não ocorre. É ato em que predomina — em largo espectro — a porção vinculada. Logo apenas, declara a ilegitimidade de excedentes de créditos do ICMS. Se isso ocorre ou não é uma questão de fato e de direito que pode ser resolvida, abstraindo-se inteiramente a existência dessa portaria.

Em conclusão: se essa ação fiscalizadora de S. Paulo instaurasse uma questão política, todas as glosas de crédito, nas operações interestaduais sujeitas ao ICMS, configurariam igualmente litígio entre Estados...

IV — A Lei Complementar n. 24/75: o problema de sua vigência após a CF de 1988

4.1 A Lei Complementar n. 24, de 7.1.75 é bem conhecida: ela dispõe sobre os convênios para a concessão de isenções do ICM, hoje substituído pelo ICMS.

Essa lei preceitua, no art. 1º, *caput*: "As isenções do imposto sobre operações relativas à circulação de mercadorias serão concedidas ou revogadas nos termos de convênios celebrados e ratificados pelos Estados e pelo Distrito Federal, segundo esta lei".

Ela buscou o seu fundamento de validade na CF de 1967, redação da Emenda n. 1/69, art. 23, § 6º: "As isenções do imposto sobre operações relativas à circulação de mercadorias serão concedidas ou revogadas nos termos fixados em convênios, segundo o disposto em lei complementar".

O texto constitucional refere-se apenas às isenções do ICM, não contemplando outras figuras afins e eventualmente produtoras de efeitos análogos, posto igualmente danosos para a federação, se unilateralmente concedidos por determinado Estado-membro. Precisamente o que o dispositivo visa evitar.

4.2 Quais essas figuras afins? Dentre outras, a redução do imposto (isenção parcial), sua devolução, concessão de créditos presumidos e outros incentivos fiscais. Onde está a mesma razão, deve estar o mesmo dispositivo, como ensina a sabedoria jurídica imemorial dos anexins, que não mais são senão tópicos da argumentação expositiva: *ubi eadem ratio, idem est dispositio*. Bem por isso é insensurável a Lei Complementar n. 24/75, ao prescrever, no art. 1º., § único: "O imposto neste artigo também se aplica:

"I — À redução da base de cálculo;

"II — À devolução total ou parcial, direta ou indireta, condicionada ou não, do tributo ao contribuinte, ao responsável ou a terceiros;

"III — À concessão de créditos presumidos;

"IV — A quaisquer outros incentivos ou favores fiscais ou financeiros-fiscais, concedidos com base no imposto de circulação de mercadorias, dos quais resulte redução ou eliminação, direta ou indireta, do respectivo ônus."

4.3 Esse § único inclui, no seu âmbito de validade, outras exonerações tributárias, formalmente distintas da isenção, mas cuja afinidade impõe o mesmo regime jurídico-fiscal. Quase paradoxalmente, essa previsão ampla é uma condição *sine qua non* para a eficácia do art. 23, § 6º. da Emenda n. 1/69. Quer dizer: é uma condição para a própria eficácia desse dispositivo constitucional. E isso foi possível à Lei Complementar n. 24/75 porque ela aplicou extensivamente o texto constitucional, sem nenhum agravo porém aos termos com que ele vinculou a função integrativa. Afastou-se da formulação literal do preceito constitucional para curvar-se ao seu espírito: *littera occidit*, *spiritus autem vivificat*.

4.4 Não há exagero nessas ponderações. A CF não pode prever exaustivamente todos os casos sob sua regência: é esse o campo da indeterminação constitucional, campo próprio da função integrativa. E se o art. 23, § 6º., não fora extensivamente aplicado pelo art. 1º., § único da Lei Complementar n. 24/75, a "guerra tributária" entre os Estados recrudesceria, pela manipulação ostensiva ou dissimulada dessas figuras afins da isenção. Não há portanto inconstitucionalidade alguma na Lei Complementar n. 24/75, art. 1º., § único.

4.5 Mas a Lei Complementar trata de imposto diverso (o ICM) do que atualmente recai sobre as operações de circulação (o ICMS). Qual é contudo essa diversidade? Diversa é a categoria que tem algumas — não todas — as características da categoria com que é comparada. Contrária é a que não contempla nenhuma dessas características: O ICMS, *ex vi* da CF de 1988, art. 155, I, *b* não se contrapõe ao ICM. Porque tem uma das características basilares do primeiro: a incidência sobre operações relativas à circulação de mercadorias. Logo, é diverso do ICM — não porém contrário. Qual é o atributo do ICMS que o ICM não contemplava? Responde-se: a incidência sobre serviços. Conseqüência dessas considerações: quando o ICMS recai sobre as operações de circulação de mercadorias — com exclusão dos serviços — não se diversifica em nada do ICM — é vinho velho em pipa nova, como diria bem humorado o Min. Aliomar Baleeiro.

E essas considerações iluminarão o problema da ultra-atividade, da sobrevivência da Lei Complementar n. 24/75, após o advento da CF de 1988.

4.6 A vigente Constituição atribui, no seu art. 155, § 2º., XII, *g*, competência à lei complementar para, no tocante ao ICMS, regular a forma como, mediante deliberação dos Estados e do Distrito Federal, isenções, incentivos e benefícios fiscais serão concedidos e revogados.

Impõe-se e interpõe-se então o seguinte questionamento: sobrevive, a Lei Complementar n. 24/75, ao advento da CF de 1988? Ao contrário do que é possível supor-se, essa não é uma questão adiáfora para o desvelamento do regime jurídico-fiscal aplicável à hipótese. Ao contrário é um questionamento decisivo para a adequada abordagem dessa matéria: se a Lei Complementar n. 24/75, art. 1º, § único, não se contrapuser à CF de 1988, é nela que deverão ser encontrados os critérios para a solução da *quaestio iuris*. Essa lei não é pois um entulho que deva ser *a priori* descartado.

V — O novo e o velho no sistema constitucional tributário: o Ato das Disposições Constitucionais Transitórias

5.1 Preexistente ao sistema tributário em vigor, a Lei Complementar n. 24/75 postula resposta à indagação sobre a sua persistência ou não no novo sistema constitucional. À luz das normas que, do ADCT, dispõem não só sobre o intertempo entre a promulgação da CF (5.10.88) e a entrada em vigor do sistema tributário nela instituído (5.3.89), mas também das que disciplinam a vigência das normas tributárias antecedentes.

5.2 E dentre as primeiras, a regra contemplada no art. 34, § 8º do ADCT: nos "vazios" de legalidade, seria possível aos Estados e ao DF celebrar convênios para regular provisoriamente o ICMS, até que se editasse a lei complementar necessária à sua instituição, dispositivo de penosíssima exegese. Em todo caso, a problemática dele emergente será enormemente simplificada quando se considere que, fora desses "vácuos" legislativos, esse convênio específico não tem hora nem vez. Não pode, *e.g.*, alterar as condições em que, pelas normas gerais preexistentes, a saída e a entrada constituam "fato gerador" do ICM/ICMS (DL 406/68, art. 1º, I e II).

Se procedem as antecedentes considerações, o convênio sobre ICMS somente poderia regular matéria omissa na legalidade preexistente à vigência da CF. Por exemplo, as condições de exigibilidade do ICMS sobre serviços, até então intributáveis pelo Estado.

5.3 Admita-se que assim não o seja. Nenhum dispositivo há, no convênio 66/88, que, com fulcro no art. 34, § 8º do ADCT, viesse a "convalidar" o procedimento de instituição unilateral de incentivos fiscais relativos ao ICMS pelo Estado do Espírito Santo. Nem poderia fazê-lo, sem ofensa à CF.

5.4 E de qualquer sorte, a Lei Complementar n. 24/75 já dispunha sobre a matéria, como visto. Logo, não haveria no particular "claros" de legislação a serem preenchidos via convênios. Restam então duas questões cruciais: *a*) sobreviveu, a Lei Complementar n. 24/75, à vigência da CF de 1988?; *b*) em caso de resposta afirmativa, é ela auto-aplicável? Vamos por partes. Primeiro a questão da vigência dessa lei.

5.5 Essa vigência está preservada no ADCT, art. 34, § 5º, a saber: "Vigente o novo sistema tributário nacional, fica assegurada a aplicação da legislação anterior, no que não seja incompatível com ele e com a legislação referida nos §§ 3º e 4º."

Ora, a Lei Complementar n. 24/75 é plenamente compatível com a CF de 1988, ao disciplinar o procedimento de instituição das isenções do ICMS. E o é pelos motivos e razões que a seguir serão desdobrados.

5.6 Primeiro porque o ICMS nada mais é, como visto (*supra*, 4.5), senão o ICM acrescido da tributação dos serviços de transporte interestadual e intermunicipal e de comunicação. No mais, a incidência é só — dantes, como agora — sobre operações relativas à circulação de mercadorias. Sob esse aspecto substancial, nenhuma inovação portanto.

5.7 Segundo porque o procedimento de concessão de isenções do ICMS em nada é incompatível com o seu regime jurídico formal ou procedimental, na CF de 1988. Antes, só o convênio. Agora, o convênio ou outras formas de deliberação. A CF de 1988 é clara: incumbe à lei complementar regular a forma como, a respeito, poderão deliberar os Estados. O convênio é só uma dessas formas. Mas seguramente está incluso nelas. Até porque é a forma mais própria para essa deliberação. Logo, nenhuma inconstitucionalidade superveniente na Lei Complementar n. 24/75, art. 1º, *caput* e seu § único.

5.8 Terceiro porque, se a Lei Complementar já era compatível com o art. 23, § 6º da Emenda n. 1/69, hoje o é — e com maiores razões — com o art. 155, II, § 2º, XII, *g*, da CF de 1988. Este é bem mais amplo na literalidade da outorga: *a*) isenções; *b*) incentivos; e *c*) benefícios fiscais — só os precedidos de lei complementar, que lhes discipline o procedimento de instituição.

Qual é no entanto a natureza jurídica dessa lei complementar? Questão inescapável a quem pretenda uma resposta congruente à indagação sobre a auto-aplicabilidade ou não da Lei Complementar n. 24/75.

VI — Regime jurídico-constitucional da Lei Complementar n. 24/75

6.1 A isenção, como o tributo, não passam do verso e reverso de uma só medalha. O poder de tributar inclui o poder de isentar. Dito noutro giro: a competência para instituir o tributo envolve a competência para as respectivas isenções. Ora, tanto um quanto outro, estão submetidos ao princípio constitucional da legalidade (art. 5º, II e art. 150, I). Se ninguém deve ser obrigado a fazer ou deixar de fazer alguma coisa senão em virtude de lei, ninguém deve ser obrigado a prestar o tributo ou a deixar de fazê-lo (isenção total ou parcial) senão em virtude de lei.

6.2 Já no plano infraconstitucional, o CTN, art. 97, IV, corrobora essa asserção, ao dispor que somente à lei cabe disciplinar as hipóteses de exclusão do crédito tributário e, pois, as hipóteses de isenção (CTN, art. 175, I).

É a explicitação infraconstitucional do âmbito material de validade, i.é, o seu conteúdo, do princípio constitucional da legalidade tributária. A regulação de uma limitação constitucional — e a mais eminente delas — do poder de tributar.

6.3 Incentivos e benefícios fiscais não escapam a esse regime constitucional. Porque não têm hodiernamente caráter de "favor", são "benefícios" e porque não instituem "privilégios", são "incentivos" legitimados constitucionalmente (art. 151, I, *in fine*).

Ora, à lei complementar constitucionalmente incumbe dispor sobre a forma de deliberação interestadual para a concessão de isenções, incentivos e benefícios fiscais (art. 155, § 2º, XII, *g*). Não é, essa lei, a rigor, federal. É lei *nacional*, embora editada pela União: seus efeitos se projetam até os Estados-membros.

6.4 Quando a Constituição dá uma competência material, não necessariamente permite seja ela exercitada por qualquer forma. Os Estados-membros podem instituir incentivos fiscais do ICMS (CF, art. 151, I, *in fine*). Não lhes incumbe porém concedê-los unilateralmente. E esses incentivos fiscais podem consistir em isenções, reduções, concessão de crédito presumido do ICMS etc. Um mundo de formas atípicas, cujo limite é a imaginação, e que acarretam a exoneração do ICMS.

6.5 Que lei complementar é essa, regulatória do modo de concessão de isenções, reduções e outros incentivos na área do ICMS? Qual o seu inter-relacionamento sintático com as normas que disponham sobre essa matéria?

Essa lei é precisamente a prevista na CF, art. 155, § 2º, XII, *g*. A sua natureza jurídica é a de uma regra de sobredireito: lei-sobre-lei-de-tributo (exoneração tributária, entenda-se). Não incide ela diretamente sobre uma situação jurídico-tributária concreta, senão sobre a atividade procedimental de deliberação interestadual sobre os respectivos incentivos (*lato sensu*).

6.6 Dizê-la norma de sobredireito é enunciar uma qualidade sintática dessa lei complementar. Qual é no entanto o seu regime semântico? É questão ainda em aberto, a demandar resposta consistente. É partir, ainda aqui, da regra de ouro: "do conhecido para o desconhecido". O conhecido: essa matéria está sobre reserva de lei. Mas a lei complementar tributária, sobre ser norma geral, decorre de uma limitação constitucional ao poder de tributar — a mais eminente de todas as limitações constitucionais: a *legalidade isônoma* (CF, art. 5º, *caput*, e itens I e II combinados).

6.7 Se se trata de uma limitação constitucional do poder de tributar, ficará demarcado seu campo de eleição: é uma especificação da competência instituída na CF, art. 146, II; competência genérica da lei complementar para regular as limitações constitucionais do poder de tributar. Ela, a lei complementar do art. 155, § 2º, XII, *g*, consiste num ato de integração da CF, art. 146, II.

O princípio constitucional da legalidade não institui reserva só de leis ordinárias, senão também de leis complementares. É, a lei complementar, insista-se, a regulação de um limite constitucional da competência tributária. Pode dispor sobre todas as matérias que lhe são reservadas (porção autorizativa da competência), mas lhe é vedado regular quaisquer outras (porção negativa da competência, o seu limite). E a lei complementar é a resultante de um regime material e formal (CF, art. 69).

6.8 Qual é no entanto a forma para deliberação dos Estados e DF sobre as isenções, incentivos e benefícios fiscais, a que se refere o art. 155, § 2º, XII, *g*, da CF? Deliberarão, esses entes políticos, sobre o quê, afinal? Somente podem eles deliberar sobre exonerações fiscais, o outro lado da exigibilidade do ICMS. Se podem deliberar sobre a forma, segue-se que esta é *livre*: qualquer forma pode ser adotada para a deliberação multilateral. Quando a CF não estabelece um determinado procedimento para a criação de normas, é lícito ao destinatário da competência adotar qualquer forma. Na hipótese há porém limitação constitucional que lhe é aplicável: essa deliberação não prescinde de *lei* de ratificação do que for plurilateralmente pactuado. Mas a forma mais própria para essa deliberação é o convênio. Daí a conclusão: a lei complementar instituiu uma forma de deliberação possível — o convênio — não porém a única forma de deliberação plural dos Estados-membros hoje possível. Nada tem de inconstitucional por isso.

São distintas portanto (*a*) a competência para deliberar a forma de concessão de exonerações fiscais e (*b*) a competência para subseqüentemente ratificarem os Estados-membros ditas exonerações. Estão fora da autorização constitucional os incentivos concedidos via decretos pseudo-regulamentares ou mesmo leis estaduais que, independentemente da deliberação prévia, pretenda regular a matéria das exonerações. É o que ocorre no sistema FUNDAP.

VII — A eficácia da Lei Complementar n. 24/75

7.1 Visualizar a Lei Complementar n. 24/75, como ponente de normas sobredireito, é abrir a porta para o problema da caracterização de sua eficácia jurídica. Como no entanto colocar adequadamente essa questão, ou seja, como enfrentá-la sem violação da regra da *pertinência* que preside o encaminhamento da questão mesma?

7.2 A Lei Complementar não ficará decerto apenas em suspenso, como a espada de Dâmocles, a ser aplicada ou não e a depender de uma decisão política do Congresso Nacional e sem o que ela não produziria efeito algum. Algum efeito ela há de — inobstante o seu caráter sintático de sobredireito — produzir. Dois pelo menos são logo identificáveis.

7.3 Primeiro, ela inibe a produção de normas futuras, com inobservância do seu âmbito de aplicabilidade material (isenções, incentivos e benefícios fiscais) e procedimental (a forma de deliberação pela qual essas exonerações hão de ser concedidas). Essa eficácia inibitória responde e corresponde a um efeito *prospectivo* da Lei Complementar n. 24/75.

7.4 Em segundo lugar ela regova (ou se prefira, suspende a eficácia, não é aqui o lugar de resolver esse problema teórico) da legislação (*lato sensu*) antecedente, incompatível com a matéria e procedimento nela estabelecidos. Isenções unilaterais do ICM e/ou ICMS, incentivos fiscais, exonerações tributárias, se dissonantes com essa lei complementar, não são toleradas pelo ordenamento constitucional, onde ela retira seu fundamento bastante de validação. Esse segundo é um efeito *retrospectivo* (ADCT, art. 34, § 5º).

7.5 Nada a estranhar contudo porque até as normas constitucionais "programáticas" têm esses dois efeitos: revogar a legislação anterior incompatível com o "programa" e inibir a produção de normas futuras em desacordo com ele. Com razão Pontes de Miranda averbava que as noções de norma e programa envolvem uma contradição em termos (*contradictio in terminis*). Ainda assim esse duplo efeito inibitório se verifica até em normas programáticas. Quando a CF prescreve, p. ex., que os impostos, se possível, terão caráter pessoal e serão graduados pela capacidade contributiva (art. 145, § 1º) institui um "programa", com a licença dessa terminologia imprópria, a ser acatado pela legislação integrativa. Mas esse "programa" não se afasta da isonomia, da qual é simples manifestação. Logo, produz tais efeitos prospectivos e retrospectivos (art. 5º, *caput*, item I e § 1º, art. 150, II).

7.6 Nesses termos, fica definitivamente resolvida a questão da auto-aplicabilidade da Lei Complementar n. 24/75. A competência do art. 155, § 2º, XII, *g*, é uma fórmula constitucional imaginosa para a preservação da igualdade dos Estados-membros. É incompatível com o sistema federal brasileiro a unilateralidade do direito estadual em matéria de exonerações do ICMS. A regra implícita (aliás subprincípio da isonomia interestadual) é um consectário da isonomia geral, que permeia o texto constitucional todo (preâmbulo, arts. 1º e 18, autonomia dos entes políticos e, pois, isonomia diante da CF, art. 5º, *caput* e item I, isonomia geral; arts. 145, § 1º e 150, II, isonomia no campo tributário etc.).

A Lei Complementar n. 24/75 afastou portanto a antecedente legislação com ela incompatível e inibiu a produção de normas em desacordo com a sua regência. É, pois, auto-aplicável, em si mesma bastante, auto-executável, *self enforcing*.

VIII — As sanções previstas na LC n. 24/75: como dogmaticamente se caracterizam

8.1 Institui, a Lei Complementar n. 24/75, art. 8º, o que ela denomina "sanções" pela inobservância das suas regras para a concessão de benefícios fiscais *lato sensu*:

"Art. 8º A inobservância dos dispositivos desta Lei acarretará, cumulativamente:

"I — a nulidade do ato e a ineficácia do crédito fiscal atribuído ao estabelecimento recebedor da mercadoria;

"II — a exigibilidade do imposto não pago ou devolvido, e a ineficácia da lei ou ato que conceda remissão do crédito correspondente".

De sanções cogitam ainda o § único desse dispositivo e o art. 9º.

8.2 Mais uma ponderação: o convênio ICMS 66/88 prescreve que acarretará a anulação do crédito desse imposto a operação subseqüente com redução da base de cálculo, hipótese em que o estorno será proporcional à redução. Esse convênio, subscrito pelo Espírito Santo, deixa claro que o estorno ICMS, nas hipóteses de redução da base de cálculo do ICMS, opera independentemente de qualquer ato normativo ulterior, p.ex., instruções e portarias, expedidas pela administração fazendária estadual. É então surpreendente que aquele Estado venha agora a impugnar o critério que ele subscrevera como próprio ao ICMS.

8.3 Nenhuma dúvida quanto à ambigüidade do termo sanção, excelentemente demonstrada no parecer do Prof. Tércio Ferraz Jr. Essa plurivocidade de significações não impede, contudo, antes a impõe, a sindicância do uso que estipulativamente o art. 8º deu a esse termo. No particular, pode-se até criticar-lhe a terminologia. Não será porém duvidável que o termo sanção significa aí não uma sanção premial (isso é óbvio!), mas a conseqüência "desfavorável" ligada à violação do art. 8º. Noutras palavras e se tecnicamente encarado, trata esse dispositivo de medida "desencorajadora", sanção repressiva portanto.

8.4 O ato nulo é, na doutrina, ora encarado como ato existente (Pontes de Miranda: o ato é existente, mas ingressou no sistema com defeito que caracteriza o último grau da anulabilidade), ora como inexistente. Quando se identifique a invalidade e inexistência, ao modo de Kelsen, o nulo não existe. Mas essa questão teórica está *in casu* afastada: embora o ato nulo exista, nulamente exista e produza efeitos jurídicos, que só não os produz o inexistente (Pontes de Miranda, *Comentários à CF de 1946*, t. 5º, 293), a Lei Complementar não só comina com a nulidade a inobservância do convênio para a deliberação interestadual sobre exonerações do ICM, mas adiciona a essa imputação a ineficácia do ato. Nulidade + ineficácia dizem algo análogo à inexistência: pois que o inexistente é insusceptível de produzir efeitos jurídicos. E o art. 8º, é claro: a inobservância da forma do convênio (instrumento do federalismo *solidário*, da *homogeneidade* interestadual) acarretará não só nulidade do ato, mas também a ineficácia do crédito fiscal atribuído a quem? Ao estabelecimento recebedor da mercadoria. Se a eficácia é aptidão para produzir efeitos jurídicos, a ineficácia acarreta a impossibilidade de produção de quaisquer efeitos jurídicos. A ineficácia *ex tunc* ou retrospectiva é, em tal caso, equiparável à inexistência.

8.5 Aí o paradoxo da impetração do MS: se São Paulo não pudesse sindicar essa nulidade e ineficácia relativamente a operações de entrada/saída desdobradas no seu território, aquilo que, para a Lei Complementar, é ineficaz, converter-se-á em eficaz pela aplicação distorcida de norma em sentido contrário. Norma que haveria de ser necessariamente pressuposta: "A inobservância de convênios de que o Estado-membro participe não acarretará nulidade ou ineficácia do respectivo ato".

É hipótese de sanção-pena, cuja forma qualificada de manifestação consiste em sanção-ineficácia.

Como a relação aqui instaurada é entre S.Paulo e os contribuintes importadores-exportadores do ICMS, não existe a pretendida submissão de um Estado à jurisdição direta ou indireta de outro. Em decorrência da aplicação, no seu âmbito interno, do art. 8º da Lei Complementar n. 24/75 não exerce S. Paulo... jurisdição alguma sobre o Espírito Santo.

Conclui-se então: a fiscalização em S.Paulo é condição de efetivação da ineficácia dos atos contrários à Lei Complementar n. 24/75, art. 8º. Não sem uma derradeira advertência: há hipóteses, alcançadas pelo sistema FUNDAP, em que a mercadoria importada é desembarcada em porto ou aeroporto situado em São Paulo, i.é, sem transitar fisicamente por estabelecimento localizado no Espírito Santo. É a ficção a serviço de burla à CF.

8.6 Mas essas considerações põem a descoberto que tampouco há na hipótese denegação do crédito tributário oriundo de isenção do ICMS, em locupletação indevida do Estado de destino. Aqui não se discute o crédito de isenção do ICMS regularmente concedida, é dizê-lo: apropriado pelo contribuinte em conformidade com a CF e as leis estaduais integrativas. Discute-se coisa diversa: se o crédito fiscal fora legalmente escriturado pelo destinatário paulista, empresa que opera no setor do comércio exterior e só por isso fiscalizável em S.Paulo. De conseguinte não tem aplicação à hipótese o acórdão do STF no RE n. 77.093-RS. Nem há aqui o menor desrespeito à regra de incumulatividade. E muito menos "sanção indireta" (qual?) aplicada ao Estado do Espírito Santo. Nem "sanção", nem "jurisdição" indiretas — é a conclusão.

IX — Sobre as isenções, incentivos e benefícios fiscais e suas implicações com o FUNDAP

9.1 Indaga o consulente se as condições de financiamento, pelo sistema FUNDAP, das empresas importadoras e contribuintes do ICMS, incidem na reserva dos convênios (Lei Complementar n. 24/75, art. 1º, § único).

Para a resposta conclusiva a essa indagação, é mister explicitar em que consistem não só tais condições, mas também as relacionadas com a época do pagamento desse tributo (*supra*, item I, 1.1 a 1.11), a saber:

a) juros reduzidos;

b) dispensa de correção monetária;

c) prazo de pagamento dilatado (diferimento).

9.2 A Lei Complementar n. 24/75, art. 1º e seu § único, com fundamento na Emenda n. 1/69, art. 23, § 6º, instituiu a reserva do convênio interestadual tanto para as isenções do ICMS quanto para a redução da base de cálculo, devolução desse tributo e concessão de créditos presumidos. De sorte que o problema da aplicação dessa lei à hipótese de consulta supõe hoje a sua subsunção à CF de 1988, art. 155, § 2º, XII, *g*.

9.3 Nesse dispositivo, a CF de 1988, no afã de nada deixar fora da lei complementar, foi até pleonástica. Porque todo "benefício fiscal" acaba por confundir-se com um "incentivo". O próprio incentivo pode estipulativamente qualificar-se como *fiscal* — se concedido em função de incapacidade contributiva, p. ex., isenção do imposto territorial rural incidente sobre pequenas glebas rurais (CF, art. 153, § 4º, *in fine*), ou *extrafiscal*, se outorgado em razão de política econômica, *e.g.*, desenvolvimento industrial (CF, art. 155, § 2º, XII, *a*).

9.4 No jargão tributário somente costuma falar-se em "incentivo fiscal" quando relacionado com os incentivos de caráter industrial e semelhantes, que a rigor são decorrentes de função "extrafiscal". Melhor dir-se-ia portanto, mas com risco de preciosismo pedante: incentivos extrafiscais. É uma verdadeira babel terminológica. A qual influenciou o art. 155, § 2º, XII, *g*: a referência aí a incentivos e benefícios é uma cláusula de "abertura": submete à sua regência qualquer vantagem (*exoneração*), qualquer retirada do ônus fiscal. Por isso, não só os incentivos fiscais: qualquer "benefício", i.é, tudo que reduza o "ônus" do ICMS sujeita-se ao seu império.

9.5 Aqui dá-se a questão de saber em que consistem juridicamente as exonerações do sistema FUNDAP. Antes porém uma rápida análise das categorias tributárias mais usuais nessa matéria.

A isenção é a mais utilizada. Primeiro o que ela não é. Ela não é, ao contrário do que pretende equivocada — mas persistente doutrina —, dispensa legal do pagamento de tributo devido. Se o fora, haveria antes incidência de norma tributária sobre o isento e depois a incidência da norma isentante. Surgiria a obrigação tributária, mas a lei dispensaria o seu pagamento. Estranhíssimo fenômeno! Nada obstante essa concepção conta até hoje com adeptos impedernidos.

9.6 A isenção configura simultaneamente: *1*) hipótese de não incidência, legalmente qualificada, da norma que prescreve a obrigação tributária. Não se pretende com isso defini-la pela negativa. Não se trata de não-incidência pura e simples! Algo estranho e externo ao campo do direito. Essa não incidência qualificada pode ser legitimamente estudada pelo jurista; *2*) hipótese de incidência da norma que a institui. A norma isentante incide precisamente porque, na regra tributária, falta um pressuposto de incidência (objetivo ou subjetivo) preenchido no preceito isentante. Essa explicação tem quando menos o mérito de ser extremamente simples. E a simplicidade é uma categoria metodológica. Por que sofisticar demasiado, como o faz certa doutrina, a análise de isenções? Mas o sistema FUNDAP não institui isenção tributária (total) alguma. Só outras categorias de efeitos econômicos análogos. Resta então saber se estão vedadas constitucionalmente e na Lei Complementar n. 24/75.

9.7 Ao lado das isenções ditas totais, a doutrina equivocadamente coloca as "isenções" parciais, como espécies de um só e mesmo gênero. A isenção (total) é, como visto, uma hipótese de não-incidência da norma que prescreve a obrigação tributária. Já a impropriamente denominada "isenção parcial" não é hipótese de não incidência da norma tributária. Nela a norma jurídica tributária incide: surge para o "parcialmente isento" a obrigação tributária. Só que aí a lei determina uma diminuição do montante do tributo decorrente de redução (*a*) da base de cálculo e/ou (*b*) da alíquota do tributo. Não por outro motivo as isenções parciais melhor seriam nomeadas: reduções do tributo.

A Lei Complementar n. 24/75, art. 1º, parágrafo único, trata da redução da base de cálculo, no seu item I. E é fácil constatar que essa está sob reserva de convênio. Do contrário o Estado-membro poderia instituir unilateralmente uma redução de base de cálculo que chegasse a até 99% do ICMS devido. Concluo que, para os fins da Emenda n. 1/69, art. 23, § 6º, e CF de 1988, art. 155, § 2º, XII, *g*, tanto a isenção quanto a redução da base de cálculo do ICMS estão sujeitas à vedação de instituição unilateral pelo Estado-membro. A EC n. 1/69 não fala em redução de alíquota, mas também esta, pelos mesmos motivos, está vedada. Vedação implícita, não menos vinculante porém (*infra*, 9.12).

9.8 E a devolução do tributo, total ou parcial, direta ou indireta, prevista no seu item II? Como ela se autonomiza diante das antecedentes categorias jurídico-dogmáticas?

Como o próprio nome está a indicar, devolução do tributo supõe o ingresso da receita tributária nos cofres do Estado e a extinção da relação jurídico-tributária. Após o pagamento, instaura-se uma relação financeira, inconfundível com a relação tributária, em que o contribuinte aparece como credor da devolução e o Estado como sujeito passivo dessa relação, obrigado a prestar a quantia a ser devolvida ao contribuinte. A devolução total ou parcial, direta ou indireta, condicionada ou não — di-lo o item II do § único do art. 2º — estará sob reserva de convênio. Trata-se de um incentivo financeiro e não estritamente fiscal. Mas que, inobstante essa diversidade do regime jurídico-formal, produz substancialmente os mesmíssimos efeitos de uma isenção ou redução do ICMS. Daí porque não há aí agravo aos textos constitucionais pertinentes.

9.9 Segue-se, no dispositivo em análise, a concessão de créditos presumidos (item III). O ICMS é incumulativo (CF, art. 155, § 2º, I). Como atua constitucionalmente a regra de não-cumulatividade? Compensando-se o ICMS devido em cada operação relativa à circulação de mercadorias com o montante desse tributo cobrado (*sic*) nas operações anteriores. A regra é portanto a compensação de imposto pago. Não apenas o ICMS pago, porém: o devido em cada operação é igualmente compensável. Na prática, ICMS compensável, em cada operação, é ICMS devido. Porque não incumbe a cada interveniente no processo econômico circulatório, contribuinte do ICMS, sindicar se o tributo devido na etapa antecedente fora efetivamente pago. Essa função fiscalizadora ainda não chegou a lhe ser delegada pelo Estado-membro. Seria a quintessência da insensatez.

9.10 Mas a concessão de créditos presumidos é um instrumento indireto de exoneração — total ou parcial — do ICMS. Presume-se um pagamento que na prática não houve. Porém a concessão de créditos presumidos não atua apenas como presunção. Ela pode converter-se numa ficção de direito tributário, p.ex., a concessão de créditos do ICMS em operação isenta (onde não há débito, nem pagamento do ICMS) para compensação nas operações posteriores (CF, art. 155, § 2º,II, *a*). É como se ocorrera incidência; como se a obrigação tributária fora instaurada; como se pago fosse o ICMS. Não é possível então presumir nem a incidência nem o pagamento do ICMS em hipóteses que tais. Esse crédito decorrerá de ficção de direito tributário.

9.11 Porque na presunção há indícios de que o fato presumido efetivamente ocorreu, seja ela absoluta (*iure et de iure*) ou relativa (*iuris tantum*), segundo admita ou não contraprova. Quando se manifesta a impossibilidade de ocorrência de um fato que se tem como ocorrido, há ficção jurídica e não a rigor presunção — *fictio est falsitas proveritate accepta*. Exemplo de presunção, *stricto sensu*, contempla-o o Código Civil, art. 913: presunção de partes iguais, no débito, de todos os co-devedores.

9.12 Até então, o § único do art. 1º refere-se especificamente a categorias autônomas de exoneração fiscal. Mas, o item IV desse dispositivo adota uma técnica diversa: ele submete à sua regência "quaisquer outros incentivos ou favores fiscais ou financeiro-fiscais, concedidos com base no imposto de circulação de mercadorias, dos quais resulta redução ou eliminação, direta ou indireta, do respectivo ônus" (textual). Ao contrário dos primeiros, discriminados nominalmente, os do item IV não o foram. Donde a conclusão: aplicam-se não só a quaisquer incentivos fiscais no sentido estrito, ou seja, os que envolvam supressão ou redução do ICMS (redução da alíquota, p.ex.), mas também a quaisquer incentivos financeiros, ou seja, os que, após o pagamento do tributo, numa relação financeira entre o contribuinte e o fisco, impliquem supressão ou redução do ICMS.

9.13 No "favor" (incentivo) financeiro-fiscal (terminologia da Lei Complementar n. 24/75) haverá o pagamento do ICMS e posterior retorno da quantia paga ao particular, no todo ou em parte.

Qualquer forma jurídica que venha a revestir esse retorno, se unilateral, estará proibida. E percebe-se porque assim o é: evita-se que, usando-se de formas e fórmulas atípicas se burle a proibição radical de exonerações do ICMS unilateralmente instituídas por qualquer Estado-membro. Basta para incidir na vedação que da medida unilateral resulte redução ou eliminação do "ônus" de pagar o ICMS.

9.14 São incompatíveis portanto com a Lei Complementar n. 24/75 todos os expedientes — nenhum excetuado — de que resulte (*a*) redução de juros de mora no cumprimento de pagar o ICMS, ou (*b*) em dispensa total ou parcial da correção monetária, ou ainda (*c*) em prazo de pagamento dilatado (diferimento). Numa economia altamente inflacionária, como a nossa, a dilatação do prazo normal de pagamento — em desigualdade com os demais contribuintes desse tributo — envolve um verdadeiro "presente", um mais que incentivo, constitutivo de uma situação de autêntico, aí sim, "favor" ou "privilégio" fiscal para os importadores e exportadores. Nesse particular, manifesta-se a sua inconstitucionalidade (contra a CF, art. 155, § 2º., XII, *g*) e ilegalidade (contra a Lei Complementar n. 24/75, art. 1º., § único) do sistema FUNDAP.

9.15 Não só o diferimento implica redução substancialíssima do ICMS devido (incentivo fiscal no sentido estrito). Também produz o mesmo efeito a devolução do ICMS, via contratos de financiamento, contratos de direito privado — o que, aliás, em nada importa para a descaracterização dos efeitos fiscais dessas exonerações (v. CTN, arts. 109 e 110, combinados).

Conclui-se este tópico no sentido de que o sistema FUNDAP contempla (*a*) um incentivo fiscal no sentido estrito: o diferimento do ICMS, e ainda (*b*) a sua devolução "mascarada" pelos contratos de financiamento e finalmente (*c*) a redução indireta desse tributo. Recaem sobre esses não só a vedação constitucional da concessão de exonerações unilaterais do ICMS, mas também as da Lei Complementar n. 24/75, art. 1º., § único, II e IV.

9.16 Antes porém do tópico seguinte, peço licença para a derradeira ponderação: mesmo que o sistema FUNDAP fosse compatível com a Emenda n. 1/69, art. 23, § 6º., essa compatibilidade não persistiria jamais com relação à CF de 1988, art. 155, § 2º., XII, *g*, muito mais explícita do que a antecedente na rejeição da unilateralidade das exonerações fiscais. E o fenômeno identificado seria então a inconstitucionalidade *superveniente* do sistema FUNDAP (diferimento do ICMS, dispensa de correção monetária e juros privilegiados para as empresas importadoras/exportadoras que operam através do Porto de Vitória).

X — A forma de deliberação dos Estados e DF para a concessão de isenções e outras exonerações fiscais: a função do convênio

10.1 Como visto, a Lei Complementar n. 24/75, art. 1º., nada tem de incompatível, quer com a Emenda n. 1/69, art. 23, § 6º., quer com a CF de 1988, art.155, § 2º., XII, *g*. Antes a sua função consistia em regular a concessão de isenções e incentivos fiscais do ICM, hoje ela visa regular essas "exonerações fiscais" (chamemo-las assim genericamente, à falta de melhor nomenclatura) não só no tocante à imposição de circulação de mercadorias (Emenda n. 1/69, art. 23, II), mas também de serviços de transporte interestadual e intermunicipal (CF, art. 155, § 2º., XII, *g*). Ora, com relação à matéria da consulta, nada há de pertinente à tributação desses serviços específicos. Específicos porque os demais só ao Município cabe tributá-los (art. 156, IV).

10.2 Regras de sobredireito, as da Lei Complementar n. 24/75, art. 1º., não incidem diretamente sobre uma situação concreta, existencial, aqui e agora, senão sobre as normas estaduais — melhor dito: interestaduais, mediante as quais haverá deliberação sobre a concessão de exonerações tributárias. Incidem para torná-las precisamente uma atividade, função procedimental, *regrada*. É dizê-la vinculada, porque no particular a Lei Complementar n. 24/75 funciona como fundamento de validade da legislação (*lato sensu*) estadual. Quais são no entanto os termos — o conteúdo e o limite — dessa vinculação?

10.3 A técnica de incumulatividade do ICMS é incompatível com a concessão unilateral de exonerações fiscais desse tributo. Porque se não houvera o art. 155, § 2º., XII, *g*, a guerra fiscal estaria instaurada entre os Estados, pelas exonerações unilaterais do ICMS.

Tudo isso decorre da circunstância de que a circulação de mercadorias não se circunscreve (*a*) aos limites territoriais de um Município, nem aos (*b*) dos Estados, nem (*c*) de uma região determinada, mas se expande ali onde exista qualquer fração do território nacional (*d*). Circulação de mercadorias é um fenômeno nacional. Incumulativo o tributo, surge o problema da repartição da carga tributária, nas operações interestaduais, entre os Estados ditos produtores e os Estados ditos consumidores. Para evidenciar as inconveniências dessa implantação estadual da competência tributária (politicamente inevitável, contudo), basta atentarmos ao fato de que a atribuição de um imposto não-cumulativo à União, o IPI (art. 153, IV, § 3º., II) não causa no particular nenhum problema.

10.4 A regra do art. 155, § 2º., XII, *g*, é inexplicável fora desse contexto problemático. Assim, isenções e exonerações do IPI só mediante lei. Isenções e exonerações do ICMS diversamente só antecedidos pelo procedimento disciplinado em lei complementar. E *legem habemus* — a Lei Complementar n. 24/75. Esta lei, art. 1º., § único, nada tem — mas absolutamente nada — de incompatível com a CF de 1988. Porque a submissão das exonerações fiscais ao convênio é praticamente a única alternativa, para afastar as dificuldades de harmonização das políticas tributárias estaduais, no tocante ao ICMS. E ela em nada se choca com a reserva de lei tributária material para a concessão dessas exonerações fiscais. Precisamente porque a ratificação do convênio pode dar-se mediante lei estadual. Ora, se todas essas exonerações fiscais não fossem incompatíveis com a lei complementar vigente o seriam com relação à própria regra constitucional da incumulatividade do ICMS.

10.5 É bem verdade que a Lei Complementar n. 1/69, art. 4º., determinou a ratificação dos convênios pelo Executivo Estadual e até mesmo prevê a ratificação tácita. Esse dispositivo, porque infraconstitucional, não tem caráter decisivo sobre o afastamento da lei em hipóteses que tais. Na doutrina porém há quem se contraponha vigorosamente a essa opção da Lei Complementar n. 24/75, porque somente as Assembléias Legislativas Estaduais poderiam retificar os convênios — em homenagem à legalidade (veja-se, por todos, Geraldo Ataliba). Contudo essa questão é alheia ao campo problemático deste parecer.

10.6 Deveras: aqui não se discute a quem compete ratificar os convênios senão outra questão lógica e cronologicamente antecedente: podem os convênios regular essa matéria, a das exonerações fiscais? A resposta, seguramente afirmativa, é obtida até por um procedimento de exclusão. Como a lei é ato unilateral do Estado-membro, este não pode diretamente fazê-lo, dado que se trata do ato plurilateral. E porque à lei não é possível fazê-lo, resta o convênio como subrogado excepcional da legalidade. Nada mais próprio para a regulação dessa matéria do que o convênio.

10.7 Antes (Emenda n. 1/69, art. 23, § 6º) essa matéria era expressamente atribuída aos convênios. Hoje, ela o é apenas implicitamente. O que em nada lhe retira a eficácia normativa: a susceptibilidade à produção dos mesmos efeitos jurídicos. As regras implícitas têm a mesma eficácia das regras expressas no tocante à vinculação da função integrativa.

XI — Nenhuma violação de princípio ligado à unidade econômica do território nacional

11.1 A realização de importações, reais ou simbólicas, por intermédio de estabelecimento sediado no Espírito Santo, de mercadorias destinadas a estabelecimentos de empresas em São Paulo e o seu recebimento em decorrência de operações beneficiadas unilateralmente pelo sistema FUNDAP, ensejam, consoante exposto, a sanção do art. 8º da Lei Complementar n. 24/75 pelo Estado de São Paulo. Haverá quem sinta arrepios com uma afirmação dessa, quando se pretenda — num requinte de precisão no erro — que ocorre aí ... uma questão política. É degradar a questão política ao nível de mera disputa entre Estado-credor do ICMS e contribuinte-devedor desse tributo ... Nada a estranhar portanto: a sanção se volta aí para o estabelecimento recebedor dessas mercadorias. É tão legítimo esse controle da legalidade da apropriação do crédito do ICMS que o Estado-membro pode fazê-lo — insista-se — independentemente de qualquer ato normativo expresso. Só no exercício do seu dever de fiscalizar (*supra*, 2.3).

Logo, não há na hipótese violação alguma do art. 152 da CF, em cujos termos é vedado aos Estados estabelecer diferença tributária entre bens de qualquer natureza, em razão de sua procedência ou do seu destino.

11.2 As mercadorias provenientes do Espírito Santo estão em igualdade de condições com quaisquer outras em idênticas operações, seja no comércio interno, seja no comércio exterior. Nenhuma discriminação contra esse Estado. Nenhuma discriminação de bens em razão da procedência ou destino existe onde apenas se controla a legalidade da apropriação de um crédito do ICMS.

11.3 É surpreendente constatar-se que essa vedação constitucional na hipótese se dirige é contra o Espírito Santo. Porque desse Estado partiu a discriminação pelo favorecimento empresarial e em detrimento de outros Estados-membros no tocante ao regime jurídico infraconstitucional de exonerações do ICMS. O sistema FUNDAP discrimina pelo favorecimento. Discriminação proibida pelo art. 152 não é só a gravosa para o contribuinte. A "diferença tributária", vedada constitucionalmente, se manifesta quer pela agravação do "ônus" fiscal, quer pelo favorecimento do contribuinte. E o fornecimento das empresas beneficiadas pelo sistema FUNDAP implica desfavorecimento das demais.

11.4 Que isenções ou reduções fiscais, ou seja, medidas de favorecimento, podem incorrer em violação da regra de unidade econômica do território nacional, já reconhecia, com sua lucidez político-jurídica, o velho Baleeiro: "Em princípio nenhuma redução ou isenção fiscal, geograficamente restrita, pode ser votada pelo Congresso, a título de estímulo da produção em zonas atrasadas, ou sob qualquer outro pretexto" (*Limitações constitucionais do poder de tributar*, 4ª ed., 1974, p. 215).

A similitude de situações é inegável. Manifesta portanto a atitude radicalmente antifederativa do Espírito Santo. E legitimada a posição de São Paulo, que apenas pretende a aplicação da ordem jurídica em vigor, restaurando a harmonia, homogeneidade e boa-fé na federação brasileira. Mas rigorosamente limitandose a fiscalizar a constitucionalidade e legalidade de créditos do ICMS.

XII — As respostas aos quesistos da consulta

Em face de toda a antecedente exposição, passo a responder à consulta.

12.1 Dadas as distorções do sistema FUNDAP, os benefícios nele contemplados aplicam-se a importações, realizadas pelo Porto de Santos (SP), desde que destinadas, simbolicamente, a um estabelecimento no Espírito Santo, embora realmente se destinem a empresa em São Paulo (*supra*, 8.5, *in fine*). O artifício consiste em operar com importações em que de regra o importador é diverso do consignatário da mercadoria. As empresas paulistas seriam meras "consignatárias" das mercadorias importadas. Mas essas são as efetivas importadoras, e as mercadorias importadas desde sempre lhes pertencem. Logo não podem comprar de empresas do Espírito Santo essas mercadorais. Dai a glosa do crédito fiscal. E essa glosa é legítima porque de fato as mercadorias não circularam no Espírito Santo. Mas essa aplicação não está sobranceira ao controle da legalidade e da constitucionalidade, manifestações legítimas da função fiscalizadora.

Nenhuma resolução do Banco Central, permitindo que empresa diferente do importador possa contratar câmbio, terá o condão de alterar as implicações fiscais do problema. Seria contrapor um mero ato infraleal aos critérios constitucionais que presidem as exonerações do ICMS.

12.2 As exonerações fiscais do FUNDAP, particularmente o diferimento do pagamento do ICMS para até sessenta dias após o mês que tenha sido realizada a importação da mercadoria, saída real ou simbolica de um estabelecimento no Espírito Santo, estão previstas na Lei Complementar n. 24/75, como dependentes de convênio interestadual.

12.3 Esses benefícios — particularmente a ampliação do prazo de recolhimento do ICMS — são incompatíveis formal e materialmente com a reserva dos convênios pela Lei Complementar n. 24/75.

12.4 As condições de financiamento pelo sistema FUNDAP aos contribuintes do ICMS, em abuso de forma jurídica (juros reduzidos, dispensa de correção monetária, prazo de pagamento dilargado), mascaram substancialmente uma verdadeira devolução parcial, indireta e condicionada do ICMS, contra a Lei Complementar n. 24/75, art. 1º, § único.

12.5 O financiamento do comércio exterior pelo sistema FUNDAP pode ser considerado uma exoneração, redução indireta do ônus do ICMS, vedada pela Lei Complementar n. 24/75, art. 1º, § único, IV.

12.6 A Lei Complementar n. 24/75 foi recepcionada pela CF de 1988. Aliás o ADCT é expresso, com o preceituar, no seu art. 34, *in verbis*: "§ 8º — Se, no prazo de sessenta dias contados da promulgação da Constituição, não for editada a lei complementar necessária à instituição do imposto de que trata o art. 155, I, *b*, os Estados e o Distrito Federal, mediante convênio celebrado nos termos da Lei Complementar n. 24, de 7 de janeiro de 1975, fixarão normas para regular provisoriamente a matéria".

É o reconhecimento expresso da compatibilidade dessa lei com a Constituição em vigor. Pois o próprio ADCT lhe preservou a vigência.

12.7 A Lei Complementar n. 24/75 é auto-aplicável.

12.8 Quando o Estado-membro aplica, no âmbito do seu território, as sanções do art. 8º da Lei Complementar n. 24/75, não instaura conflito jurídico-político algum. Só uma relação entre o fisco, de um lado, e contribuintes do ICMS, do outro. Nenhuma violência portanto contra o pacto federativo. É manifesto que a Lei Complementar n. 24/75 não veio para dispor sobre questões políticas. Teleologicamente ela, ao contrário, visa evitá-las.

12.9 O Estado do Espírito Santo não tem competência constitucional para unilateralmente instituir exonerações do ICMS.

12.10 Se não fora parcialmente vedado o creditamento decorrente das operações de circulação de mercadorias importadas pelo sistema FUNDAP, haveria enriquecimento indevido das empresas participantes dessas operações.

12.11 As sanções do art. 8º da Lei Complementar n. 24/75 operam de pleno direito, isto é, independentemente de qualquer forma da integração normativa.

O dever de fiscalizar decorre da submissão da administração fiscal à lei tributária e assim sendo independe de qualquer outro ato normativo, como as portarias, ordens de serviço etc., atos *interna corporis* da administração e destinados a regular as relações hierárquicas no interior das repartições fiscais.

12.12 Não há na hipótese conseqüentemente violação da livre circulação de mercadorais no território nacional.

Recife, 17 de março de 1994

PARECERES

EFICÁCIA SOCIAL DA PRESTAÇÃO JURISDICIONAL

TEORI ALBINO ZAVASCKI
Juiz do Tribunal Regional Federal (4ª Região), Professor de Processo Civil na Faculdade de Direito da Universidade Federal do Rio Grande do Sul

"Il est contradictoire que le peuple soit à la fois misérable et souverain"
Tocqueville.[1]

Introdução: eficácia jurídica e eficácia social do Direito

1. Em direito, o termo "eficácia" não é unívoco, podendo ser compreendido basicamente em dois sentidos. Vista como fenômeno puramente normativo, eficácia é a aptidão da norma jurídica para gerar efeitos no mundo jurídico. "A eficácia da regra jurídica é a sua incidência" e esta "se passa no mundo dos pensamentos", ensina com o sentido indicado, Pontes de Miranda.[2] Assim, "eficácia jurídica é a que se produz no mundo do direito como decorrência dos fatos jurídicos e não ... a mudança que atua nas relações jurídicas", ensina o grande jurista.[3]

2. Mas há um segundo sentido de eficácia, em direito: o que designa a aptidão da norma jurídica para produzir efeitos na realidade social, ou seja, para produzir, concretamente, condutas sociais compatíveis com as determinações ou os valores consagrados no preceito normativo. Aqui a eficácia da norma de direito é fenômeno que se passa, não no plano puramente formal, mas no mundo dos fatos e por isso mesmo é denominada eficácia social ou efetividade. Uma norma pode, destarte, ser juridicamente eficaz, sem, no entanto, ser socialmente eficaz, como observou José Afonso da Silva.[4] Enquanto a eficácia jurídica da norma representa, pela sua incidência, a jurisdicização de certo fato ou estado de fato, a eficácia social representa a concretização da vocação prospectiva e transformadora da norma do direito.

3. A eficácia social do direito foi e continua sendo tema de preocupação dos juristas. León Duguit salientou que o efetivo respeito da regra é condição para que ela deixe de ser uma regra moral ou

1. Alexis de Tocqueville, cit. por Henrique P. Haba, in *Tratado Basico de Derechos Humanos*, Editorial Juricentro, San José-CR, 1ª ed., 1986, vol. II, p. 881.

2. Pontes de Miranda, *Tratado de Direito Privado*, Ed. RT, 4ª ed., 1974, t. I, pp. 16/17.

3. Pontes de Miranda, ob. cit., p. 4.

4. José Afonso da Silva, *Aplicabilidade das Normas Constitucionais*, 2ª ed., Ed. RT, São Paulo, 1982, pp. 55/56.

econômica e se transforme em regra jurídica.[5] Hans Kelsen, ele próprio, considerou que, em determinadas circunstâncias, a eficácia da norma — que "consiste em que esta em geral é cumprida e se não cumprida é aplicada" — é condição da sua própria validade.[6] Entre nós, Miguel Reale, após definir eficácia como sendo a "aplicação ou execução da norma jurídica, ou, por outras palavras, é a regra jurídica enquanto conduta humana", afirmou que "o Direito autêntico não é apenas declarado mas reconhecido, é vivido pela sociedade, como algo que se incorpora e se integra na sua maneira de conduzir-se. A regra de direito deve, por conseguinte, ser formalmente válida e socialmente eficaz".[7] Essa perspectiva é que dá sentido ao direito como tendo "caráter de força social propulsora" que "visa proporcionar, por via principal aos indivíduos e por via de conseqüência à sociedade, o meio favorável ao aperfeiçoamento e ao progresso da humanidade", segundo anotou Vicente Ráo.[8]

4. Do exposto colhe-se, portanto, que a eficácia social da norma jurídica está vinculada a dois referenciais: o conteúdo normativo (o dever-ser) de um lado e, de outro, as condutas sociais (o ser). A norma será tanto mais eficaz quanto maior for a aproximação e a atração que o plano da normatividade puder exercer sobre o plano da realidade.

Brasil — 1993: ser e dever-ser

5. No campo do direito constitucional, a eficácia social das normas tem merecido atenção especialíssima dos juristas. "Constituição e realidade não podem restar isoladas uma da outra", observou Konrad Hesse.[9] Mais agudamente, Celso Antônio Bandeira de Mello observa que "A Constituição não é um simples ideário. Não é apenas uma expressão de anseios, de aspirações, de propósitos. É a transformação de um ideário, é a conversão de anseios e aspirações em regras impositivas. Em comandos. Em preceitos obrigatórios para todos: órgãos do Poder e cidadãos ... A seriedade do ato constituinte impediria a suposição de que os investidos em tão alta missão dela se servissem como simples válvula de escape para emoções antecipadamente condenadas, por seus próprios emissores, a permanecerem, no reino da fantasia".[10]

6. Com efeito, é no plano constitucional, igualmente, que se pode verificar, com nitidez absoluta, os contrastes entre a realidade e a normatividade, entre o ser e o dever-ser, entre a práxis e o valor, a comprovar a importância das preocupações em torno da eficácia social das normas. No caso brasileiro, alguns exercícios de comparação são favorecidos com a recente publicação do *Anuário Estatístico do Brasil — 1992*, da Fundação Instituto Brasileiro de Geografia e Estatística.[11] Assim, por exemplo, no plano da normatividade, a Constituição de 1988 erigiu entre os objetivos fundamentais da Nação erradicar a pobreza e a marginalização, reduzir desigualdades sociais e regionais, garantir o desenvolvimento nacional, promover o bem a todos, sem qualquer espécie de preconceito, enfim, construir uma sociedade livre, justa e solidária (art. 3º). Os dados estatísticos, a sua vez, demonstram, com crueza, o grande fosso que separa o ideá-

5. Léon Duguit, *Traité de Droit Constitucionnel*, 3ª ed., Ancienne Librairie Fontemoing, Paris, 1928, p. 124.

6. Hans Kelsen, *Teoria Geral das Normas*, trad. de José Florentino Duarte, Sergio Antonio Fabris Editor, Porto Alegre, 1986, pp. 177/178.

7. Miguel Reale, *Lições Preliminares de Direito*, Saraiva, São Paulo, 7ª ed., 1980, pp. 112/113.

8. Vicente Ráo, *O Direito e a Vida dos Direitos*, Ed. RT, São Paulo, 3ª ed., 1991, p. 30.

9. Konrad Hesse, *Escritos de Derecho Constitucional*, Centro de Estudios Constitucionales, Madri, 1983, p. 28.

10. Celso Antônio Bandeira de Mello, *Revista de Direito Público* 57/58, 1981, pp. 236 e 238.

11. *Anuário Estatístico do Brasil*, Rio de Janeiro, vol. 52, 1992.

rio constitucional e a realidade nacional. Apenas como ilustração, atente-se para os seguintes dados colhidos do Anuário do IBGE: a renda per capita, na última década, apresentou um decréscimo de 5,6%, e, pior ainda, acentuaram-se as desigualdades na sua distribuição, pois enquanto 10% das pessoas mais pobres detinham em 1990 apenas 0,8% da riqueza nacional, os 10% mais ricos acumulavam quase a sua metade (48,7%). Dos cerca de sessenta e dois milhões de brasileiros que compõem a população economicamente ativa, 24% recebem, no máximo, um salário mínimo como remuneração e 52% têm como remuneração máxima dois salários mínimos. Mais: 8% deste universo (cerca de 5 milhões de pessoas), nada ou quase nada recebem, a não ser, quem sabe, alguns favores *in natura* para sua sobrevivência; apenas 3% ganham mais de 20 salários mínimos mensais; 53,7% da população mais jovem (entre 0 e 17 anos) integram famílias com renda de até meio salário mínimo per capita. As desigualdades regionais são alarmantes e podem ser resumidas nos dados sobre esperanças de vida: a média brasileira de esperança de vida ao nascer é de 60,08 anos, mas na região sul é de 66,98 e no nordeste é de 51,57. Quem nasce no Rio Grande do Sul tem expectativa de viver 70,62 anos, mas se nascer na Paraíba este número cai para apenas 44,35 anos. A taxa de mortalidade infantil é, na média, 87,88 por mil, mas na região sul é de 61,80 por mil e no nordeste 121,36 por mil. A taxa de analfabetismo, que na média brasileira é de 19,6%, é de 11% na região sul e de 39,1% na região nordeste. E assim por diante. Veja-se o que a realidade mostra no campo dos preconceitos de cor: a taxa de analfabetismo, como disse, é de 19,6%. Entre os brancos, porém, a taxa é de 12% e entre os pretos de 30%. Em termos de remuneração, os trabalhadores de cor preta ou parda recebem, em média, 41% e 48% menos que os de cor branca. No campo da educação (que, no plano normativo constitucional é "*direito de todos e dever do Estado e da família*", art. 205), os dados, como se viu, são preocupantes, com média de 19,6% de analfabetos entre pessoas com mais de sete anos de idade, o que significa uma legião de cerca de vinte milhões de pessoas. De cada mil alunos que entram na escola, apenas 22% concluem o primeiro grau; 31,7% dos adolescentes (que no plano normativo gozam de proteção especialíssima — art. 227 da CF) são obrigados a deixar a escola para ajudar no sustento familiar. Enfim, estes são alguns poucos exemplos colhidos das estatísticas oficiais a demonstrar o distanciamento existente entre o ideal normativo e a realidade social. Outros tantos poderiam ser anotados para demonstrar como os direitos constitucionais, especialmente os chamados direitos de segunda geração (direitos sociais) estão assegurados apenas no plano da normatividade, sem correspondência no plano real: direito a salário mínimo suficiente para sustentar a família; direito à moradia, à saúde, proteção à infância, à adolescência.

7. O quadro de dessintonia entre o dever-ser e o ser traz à baila, portanto, com inteira atualidade, o tema da eficácia social do direito. "Cumprida toda uma trajetória de avanços sociais", diz Paulo Bonavides, "das Constituições já não se reclama direitos, mas garantias. Os direitos existem de sobra, com tamanha abundância na esfera programática que formalmente o texto constitucional resolveu com o voto do constituinte todos os problemas básicos de educação, saúde, trabalho, previdência, lazer e, de último, até mesmo a qualidade de vida, consagrando um capítulo à ecologia, ou, com mais propriedade, ao meio ambiente".[12]

12. Paulo Bonavides, *Curso de Direito Constitucional*, Malheiros Editores, São Paulo, 1993, 4ª ed., p. 307.

"Mas o verdadeiro problema do Direito Constitucional da nossa época", diz ele, "está, ao nosso ver, em como juridicizar o Estado Social, como estabelecer e inaugurar novas técnicas e institutos processuais para garantir os direitos sociais básicos, a fim de fazê-los efetivos".[13] Está lançado, assim, o desafio aos juristas e, especialmente, aos juízes, e as observações abaixo terão por meta apontar alguns possíveis caminhos.

Poder Judiciário: eficácia social da prestação jurisdicional

8. Transformar o ideário constitucional em condutas e realidades concretas, não é, certamente, tarefa de alçada exclusiva do Poder Judiciário. Ao contrário, trata-se de empreendimento necessariamente compartilhado entre os Poderes do Estado e a própria sociedade. Urge, porém, que esta grande causa seja de uma vez encetada, com coragem e vontade política, e o papel do Judiciário será, induvidosamente, da maior importância. É certo que a efetivação dos programas constitucionais dependerá fundamentalmente da iniciativa dos demais Poderes, aos quais compete a formulação de políticas públicas adequadas e a aprovação dos mecanismos institucionais e legais para a respectiva implementação. Mas o Judiciário não poderá se eximir da sua fatia de responsabilidade, que consiste, essencialmente, em prestar jurisdição mediante pronunciamentos que extraiam do sistema normativo soluções as mais adequadas possíveis à produção dos resultados previstos pelo Constituinte.

9. A questão que se coloca, portanto, é a de saber que caminhos poderá trilhar o Judiciário para que o exercício de sua missão constitucional resulte em aprimoramento do grau de eficácia social das normas. Esta preocupação implica, por si só, uma tomada de posição: a do abandono das orientações segundo as quais a interpretação e a aplicação do direito é simples operação mecânica, meramente silogística, calcada unicamente em fórmulas e formas positivamente estabelecidas. Na verdade, os tempos atuais já não comportam juízes de costas para a realidade, pena de dar razão aos que acham que os juristas "pelas suas tresnoitadas teorias, conceitos e formulações, sejam olhados, pela generalidade dos demais seres humanos, como espécimes de uma fauna em vias de extinção e, por isso mesmo, cada dia menos decisiva no curso da vida social, enquanto juristas".[14] O caminho do positivismo, próprio do estado liberal — individualista, é obsoleto frente à atual configuração do Estado Social de Direito e quanto a isso, parece, ninguém mais põe dúvida.

10. Por outro lado, ao Judiciário não se permite o caminho radicalmente oposto, de substituição de juízos de legalidade por juízos de conveniência, ou da substituição da ideologia constitucional por ideologias pessoais e, muito menos, da substituição das normas criadas pelo Estado Democrático de Direito por normas de sistemas ditos alternativos. Tal caminho, além de importar usurpação pelo Judiciário, das funções dos outros Poderes (estes ungidos pelo voto popular), representaria a negação da sua única base de legitimidade, que é a Constituição, e transformaria seus atos em atos de puro arbítrio. Já se disse, com propriedade, que "o Estado de direito não pode renunciar, nem às leis bem pensadas, nem a uma magistratua que tome a sério a sua vinculação à lei e ao direito".[15]

13. Ob. cit., p. 299.

14. Eduardo Novoa Monreal, *O Direito como obstáculo à transformação social*, trad. de Gerson Pereira dos Santos, Sergio Antonio Fabris Editor, Porto Alegre, 1988, p. 36.

15. Karl Larenz, *Metodologia da Ciência do Direito*, trad. de José Lamego, Fundação Calouste Gulbenkian, Lisboa, 2ª ed., p. 421.

11. Assim, a busca de decisões judiciais que levem à eficácia social do direito deve ser empreendida, exaurindo-se os mecanismos oferecidos pelo próprio sistema jurídico do Estado de Direito Constitucional. Muitas trilhas aguardam ser exploradas, algumas abertas há mais tempo, outras desbravadas por doutrinas interpretativas mais modernas. German J. Bidart Campos, por exemplo, indica uma excelente relação com nada menos que quinze itens, "para interpretar constitucionalmente os direitos humanos", de modo a dar-lhes a efetiva proteção.[16] De nossa parte, permitimo-nos indicar, entre os muitos caminhos apontados pela doutrina, algumas sugestões de pautas de trabalho que, se exploradas com determinação, poderão certamente oferecer resultados satisfatórios.

12. No que se refere à interpretação da Constituição, além dos instrumentos tradicionais e clássicos, merecem indicação os seguintes veios, ainda não exaustivamente aproveitados pela jurisprudência:

a) reconhecimento do grau de eficácia jurídica e da normatividade dos princípios constitucionais, que devem funcinar "como critério de interpretação e de integração, pois são eles que dão a coerência geral ao sistema", e como "elementos de construção e qualificação" dos conceitos constitucionais básicos, exercendo ainda "uma função prospectiva, dinamizadora e transformadora, em virtude da força expansiva que possuem (e de que se acham desprovidos os conceitos, desde logo por causa de suas amarras verbais)"[17];

b) exploração máxima da normatividade e da eficácia vinculante das normas programáticas, normas que, segundo vozes influentes do moderno constitucionalismo, teriam o condão de determinar até mesmo "a cessação de vigência, por inconstitucionalidade superveniente, das normas legais anteriores que disponham em sentido contrário", além de proibir "a emissão de normas legais contrárias" bem como "a prática de comportamentos que tenham a impedir a produção de actos por ela impostos — donde inconstitucionalidade material em caso de omissão";[18]

c) reconhecimento da juridicidade e normatividade dos "direitos fundamentais de terceira geração", baseados no princípio da solidariedade social e da fraternidade e decorrentes da evolução expansiva dos direitos fundamentais. "Dotados de altíssimo teor de humanismo e universalidade", ensina Paulo Bonavides, "os direitos da terceira geração tendem a cristalizar-se neste fim de século enquanto direitos que não se destinam especificamente à proteção dos interesses de um indivíduo, de um grupo ou de um Estado. Têm primeiro por destinatário o gênero humano mesmo, num momento expressivo de sua afirmação como valor supremo em termos de existencialidade concreta".[19] Dentre eles destacam-se o direito ao desenvolvimento, ao trabalho, à saúde, à alimentação, ao meio ambiente sadio e os direitos difusos de um modo geral.[20] É certo que a implementação de tais direitos favorecerá — porque delas será necessariamente dependente — a implementação dos direitos sociais básicos, denominados direitos de segunda geração;

d) outro importante instrumento de eficácia social do direito é a devida valorização dos deveres sociais, aliás previstos no art. 29 da Declaração Univer-

16. German J. Bidart Campos, *Teoria General de los Derechos Humanos*, Ed. Astrea, Buenos Aires, 1991, pp. 394/399.

17. Jorge Miranda, *Manual de Direito Constitucional*, Coimbra Editora, 1968, t. II, 2.ª ed., pp. 199/200.

18. Jorge Miranda, ob. cit., pp. 219/220.

19. Ob. cit., p. 481.

20. German J. Bidart Campos, ob. cit., pp. 189/191 e 340.

sal dos Direitos do Homem. "Fala-se muito mais dos direitos do que dos deveres humanos", diz, com acerto, Adolfo Gelsi Bidart. Entretanto, "... uns e outros têm a mesma fonte e ponto de partida e ambos, entre si, se relacionam e se assistem para alcançar sua efetiva realização".[21] Referimo-nos a deveres, não do Estado mas dos indivíduos, em prol dos demais integrantes da comunidade, e "sem que o sujeito obrigado ativa e universalmente personalize e concretize com cada um destes indivíduos um vínculo obrigacional particularizado".[22] A valorização, pelo intérprete, dos deveres do indivíduo para com a comunidade pode oferecer resultados importantes no campo da hermenêutica. Além de conter ímpetos demagógicos, o aplicador do direito, ao examinar interesses particulares e individuais, será levado a estabelecer critérios de ponderação que melhor conciliem demandas individuais com os interesses do bem comum. É o caso, por exemplo, dos avanços que se operam nas Cortes Constitucionais da Europa relativamente à interpretação do princípio da isonomia, que, segundo refere Paulo Bonavides, é considerado como princípio que encerra em si uma igualdade concreta, niveladora, "operada na esfera fática propriamente dita e não em regiões abstratas ou formais do Direito", sendo que "a igualdade material faz livres aqueles que a liberdade do Estado de Direito da burguesia fizera paradoxalmente súditos".[23]

13. No que se refere às normas infraconstitucionais, o que de mais prioritário se evidencia para que a interpretação leve a resultados eficazes, é, inquestionavelmente, o resguardo da unidade do ordenamento jurídico, unidade que, como se disse, deve se estabelecer a partir da Constituição. Imantado pela força ordenadora dos princípios e normas programáticas da Carta Magna, o intérprete será levado a vestir o direito ordinário com as cores constitucionais, e a interpretá-lo e aplicá-lo à luz dos valores constitucionais, da ideologia constitucional, do ideário constitucional. A partir daí, como se pode perceber, haverá uma gama expressiva de instrumentos hermenêuticos a serem explorados.

14. Para finalizar, é indispensável que se alerte para um ponto mais. Por maiores e melhores que sejam os recursos hermenêuticos disponíveis, eles, por si só, podem ser absolutamente insuficientes, e até mesmo inúteis em certas circunstâncias. É que, como sempre enfatizava Calamandrei,[24] há um componente na atividade jurisdicional que não é alcançado por soluções de racionalização ou de técnica interpretativa. É o componente ditado pelas condições pessoais do juiz, seus sentimentos, sua formação, seu grau de independência, seu caráter e, de certo modo, sua própria vontade. Dirigir a força deste componente na direção de sentenças socialmente eficazes é atividade que dependerá, única e exclusivamente, dos padrões de compromisso pessoal do juiz para com o direito e a sociedade.

Conclusão

15. Em suma: as normas do direito têm, por sua própria natureza, uma vocação prospectiva e transformadora da sociedade. Visto sob este enfoque, o direito somente alcançará efetiva realização quando operar transformações no

21. Adolfo Gelsi Bidart, *De Derechos, Deberes y Garantias, del Hombre Comum*, Fundação de Cultura Universitária, Montevidéu, 1987, p. 119.

22. German J. Bidart Campos, ob. cit., p. 148.

23. Ob. cit., pp. 304/305.

24. Piero Calamandrei, *Estudios Sobre el Proceso Civil*, Ediciones Jurídica Europa-América, Buenos Aires, 1986, vol. III, pp. 235/236.

plano da realidade, aproximando-a do ideal normativo. Caberá, portanto, aos operadores do direito e, de modo especial, ao Poder Judiciário — que é seu operador por excelência —, interpretá-lo e aplicá-lo pelo modo que proporcione, em grau o mais elevado possível, os resultados sociais previstos idealmente pelo legislador. Com isso e só assim o direito estará consagrado como instrumento legítimo de regulação do Estado e da sociedade.

ESTUDOS & COMENTÁRIOS

MEDIDA PROVISÓRIA: CONTROLE JURISDICIONAL DE SEUS PRESSUPOSTOS

CARLOS DAVID S. AARÃO REIS
Juiz Federal

"Se a vontade do povo deseja o governo por decreto — como, naturalmente, pode querê-lo — o caminho mais seguro de obtê-lo é o de enfraquecer, o que significa finalmente destruir, a proteção judicial contra o abuso de poderes pelo Executivo...".
Carleton Kemp Allen[1]

I

O regime constitucional do decreto-lei mereceu vários estudos, sendo objeto de algumas decisões judiciais. Quase sempre, no entanto, discutiu-se a respeito de sua matéria, de suas hipóteses de incidência. Debatia-se, mais freqüentemente, o sentido e alcance das expressões "segurança nacional" e "finanças públicas".

Com a medida provisória, difere a situação, dada a sua amplitude. Desta maneira, outros aspectos precisam ser analisados. Um deles, o sentido dos pressupostos "relevância" e "urgência", foi por mim anteriormente examinado.[2] Refere-se o outro ao controle da constitucionalidade daquelas medidas pelo Judiciário.

Diante do controle jurisdicional da constitucionalidade das leis, genericamente, o dos decretos-leis apresentava,

1. Allen, Carleton Kemp, *Law in the making*, 7ª ed., Oxford, Clarendon Press, 1964, p. 568: "If the will of the people desires government by decree — as it is, of course, entitled to do — the sure way to obtain it is by weakening, wich means ultimately destroying, judicial safegaurds against executive misuse of powers [...]".

2. Reis, Carlos D. S. A., "Relevância e Urgência como pressupostos da Medida Provisória", in *Livro de Estudos Jurídicos*, Rio de Janeiro, Instituto de Estudos Jurídicos, 1991, vol. 1, pp. 221 e ss.

como oferece agora o das medidas provisórias, dois aspectos particulares. O primeiro deles relaciona-se com seus pressupostos, ou seja, é preciso verificar se o Judiciário tem o poder de examinar se, embora alegados, eles foram preenchidos na sua adoção. O segundo refere-se à conversão em lei da medida provisória, ou seja, se aquela sanaria eventual inconstitucionalidade desta.

II

Afirmou-se, por vezes, não caber ao Judiciário investigar se os pressupostos constitucionais para a expedição do decreto-lei teriam ou não sido preenchidos. Segundo Poletti, os juízes da urgência e do interesse público relevante seriam o Presidente da República, num primeiro momento, e os membros do Congresso, ao aprovarem ou rejeitarem o decreto-lei.

"Dessa forma, ainda que não haja urgência ou interesse público relevante, a aprovação do Congresso ou o decurso do prazo de sessenta dias, sem deliberação, convalidarão o diploma, nesta parte, sanando definitivamente a ausência dos requisitos em tela, uma vez que eles não estão sujeitos ao controle de constitucionalidade, nem ao exame jurisdicional."[3]

Em parecer, como Consultor-Geral da República, Saulo Ramos pronunciou-se pela vedação do controle judicial quanto aos pressupostos da medida provisória. "Os pressupostos constitucionais legitimadores dessa verdadeira ação cautelar legislativa — *relevância* da matéria e *urgência* na sua positivação — submetem-se ao juízo político e à avaliação discricionária do Presidente da República, sendo, por isso mesmo, completamente infensos à apreciação judicial. O Chefe do Executivo da União concretiza, na emanação das medidas provisórias, um *direito potestativo*, cujo exercício — presentes razões de urgência e relevância — só a ele compete avaliar. Sem prejuízo, obviamente, de igual competência *a posteriori* do Poder Legislativo, vedada interferência valorativa dos Tribunais."[4]

Aliás, foram neste sentido algumas decisões judiciais, especialmente do Supremo Tribunal Federal, cuidando da apreciação dos pressupostos do decreto-lei, como, por exemplo, no RE 62.739 — São Paulo, acórdão ementado da seguinte maneira: "A apreciação dos casos de 'urgência' ou de 'interesse público relevante', a que se refere o art. 58, da Constituição de 1967, assume caráter político e está entregue ao discricionarismo dos juízos de oportunidade ou de valor do Presidente da República, ressalvada a apreciação contrária e também discricionária do Congresso".[5] Na fundamentação, afirmava o relator não lhe parecer "duvidoso que a apreciação da 'urgência' ou 'interesse público relevante' assume caráter político: é *urgente* ou *relevante* o que o Presidente entender como tal, ressalvado que o Congresso pode chegar a julgamento de valor contrário, para rejeitar o decreto-lei. Destarte, não pode haver revisão desses dois aspectos entregues ao discricionarismo do Executivo, que sofrerá apenas correção pelo discricionarismo do Congresso".[6]

3. Poletti, Ronaldo Rebello de Britto, "O Decreto-Lei na Constituição", in *Arquivos do Ministério da Justiça*, Brasília, a. 38, n. 157, jan./mar. 1981, p. 215.

4. Ramos, J. Saulo, "Medida Provisória — Artigo 62 da Constituição Federal de 1988" (Parecer n. SR-92), in *Boletim de Direito Administrativo*, out. 1989, p. 440.

5. *Diário da Justiça da União*, 20.12.1967, p. 4.408, Relator Min. Aliomar Baleeiro.

6. *Revista Trimestral de Jurisprudência do Supremo Tribunal Federal*, vol. 44, p. 56. Posteriormente, o mesmo tribunal assinalou que "os pressupostos de urgência e relevante interesse público escapam ao controle do Judiciário" (*RTJ* do STF, vol. 62, p. 819).

Com a mesma orientação, o falecido Tribunal Federal de Recursos considerou que, aprovado o decreto-lei pelo Congresso, não caberia ao Judiciário verificar a ocorrência dos requisitos da "urgência" e "interesse público relevante".[7]

III

A circunstância de o Congresso exercer controle sobre a ocorrência dos pressupostos para adoção de medidas provisórias não é decisiva no concernente ao exame de sua constitucionalidade. E isto porque tal revisão se reveste, antes de tudo, de caráter político. Não há dúvida tratar-se, também, de controle jurídico, mas como o órgão é político, aquela verificação assume, necessariamente, aspectos igualmente políticos.

Nesta matéria, aplica-se a lição de Antonino Pensovecchio Li Bassi sobre interpretação constitucional.[8] Embora advertindo não possa ser arbitrária, nem desrespeitar os valores da Constituição, lembra o jurista italiano como tem ela singularidades, sendo seu sujeito o Legislativo. "Como a interpretação das forças políticas e sobretudo dos partidos políticos (...) é guiada por motivos políticos e politicamente caracterizada, assim também a interpretação dos órgãos políticos, do Parlamento e do governo, enquanto influenciada ou dirigida por um ou mais partidos, revela uma evidente caracterização política. Com isto não se quer certamente afirmar que os critérios relativos ao método de interpretação das normas constitucionais sofram modificações ou adaptações por estes órgãos, dado que tais critérios são os mesmos para qualquer órgão do ordenamento, mas se quer apenas frisar que estes órgãos são inevitavelmente levados, na sua atividade interpretativa, a buscar o sentido e o alcance das diversas normas constitucionais à luz das exigências políticas por esses considerados e valoradas e em conformidade com as orientações dos grupos políticos, aos quais são unidos (...)".[9]

Se o Legislativo também controla a constitucionalidade dos pressupostos — e certamente tem que fazê-lo —, tal verificação está desprovida daquele *final enforcing power*, próprio das decisões judiciais e, principalmente, está destituída da imparcialidade característica da apreciação judicial.

Não faria qualquer sentido jurídico que o exercício de um poder excepcional,

7. A. Crim. 2943-SP, *Diário da Justiça da União*, 16.2.1978, p. 554, Relator Min. Jorge Lafayette Guimarães.

8. O conceito de interpretação constitucional pode ser compreendido em sentido estrito (a interpretação jurídica, realizada pelos tribunais), mas também em sentido amplo (Haberle, Peter. "Verfassungsinterpretation und Verfassunggebung", in *Zeitschrift für Schweizerisches Recht*. Basel, Helbing und Lichtehahn, Neue Folge, B. 97, I Halbband, Heft I (B. 119 der gesanmten Folge), 1978, p. 10; "Der Begriff 'Verfassungsinterpretation' wird weit verstanden. Er umschliesst neben der üblichen im engeren Sinne, der juristischen, insbesondere durch die Gerichte, die weitere, an der viele aktiv und passiv Betroffene, letztlich alle im politischen Gemeinwesen beteilig sind"). Por isso, a atividade parlamentar, perqüirindo a relevância e a urgência, pode ser classificada como interpretação constitucional.

9. Bassi, Antonino Pensovecchio Li, *Interpretazione delle norme costituzionali. Natura — metodo — difficoltà e limiti*, Milão, Giuffrè, 1972, pp. 125/126: "Come l'interpretazione delle forze politiche e sopratutto dei partiti politici (...) risulta guidata da motivi politici e politicamente caratterizzata, cossì anche l'interpretazione degli organi politici, del Parlamento e del Governo, in quanto influenziata o guidata da uno o più partiti, rivela una evidente caratterizzazione politica. Con ciò non si intende certamente affermare che i criteri relativi al metodo di interpretazione delle norme costituzionali subiscano per questi organi modificazione o addattamenti, dato que tale criteri sono i medesimi per qualsiasi organo dell'ordinamento, ma si vuole soltanto rilevare che questi organi sono inevitabilmente portati, nella loro attività interpretativa, a ricercare il senso e la portata delle diverse norme costituzionali alla luce dell esigenze politiche da essi avvertitte e valutate e in conformità con gli indirizzi dei gruppi politici cui sono collegati (...)".

extraordinário, como é o do Presidente da República ao adotar medidas provisórias, fosse incontrolável pelo Poder ao qual a Constituição atribui a sua interpretação em caráter definitivo.

"Se não há urgência, nem interesse público relevante (agora, apenas relevância), o decreto-lei foi ato exorbitante", escreve Pontes de Miranda.[10] Seria um absurdo jurídico que o Chefe do Executivo agisse *ultra vires*, além dos limites fixados constitucionalmente, violando a Lei Fundamental, e seu ato não pudesse passar pelo crivo jurisdicional, sendo apenas controlado pelo Congresso, no qual o exame é sobretudo político, eventualmente realizado por uma maioria parlamentar favorável aos interesses da situação (que não se confunde com os interesses permanentes da nação), dócil aos desejos oficiais ou amedrontada por ameaças mais ou menos veladas.

Vingando a opinião dos que defendem a vedação do controle jurisdicional quanto aos pressupostos da medida provisória, se o Presidente da República exercesse abusivamente seu poder (não se trata de hipótese destituída de fundamento ou meramente acadêmica), adotando medidas daquela espécie sem qualquer necessidade urgente ou relevante, com aprovação do Congresso, permaneceria sem repressão um grave descumprimento da Constituição — que, no particular, só seria observada se o Chefe do Executivo quisesse. Tal interpretação consagraria uma positividade inadmissível, situada além dos limites do razoável.

Se cabe ao Judiciário controlar a constitucionalidade das leis, emanadas do Legislativo, com mais razão, dada a excepcionalidade do poder conferido ao Presidente da República, pode constatar se aqueles pressupostos foram ou não verdadeiramente preenchidos, se aquela autoridade observou ou ultrapassou o balizamento determinado constitucionalmente.[11]

Aliás, se nenhuma lei pode subtrair dos juízes a apreciação de infringência a direito (art. 5º, XXXV, Constituição), impossível dela excluir o *judicial control* dos pressupostos para adoção de medidas provisórias, quando a inobservância destes acarretar lesão ou ameaça àquele direito.

Na literatura jurídica italiana, tão invocada nesta matéria, pois o art. 77, alínea 2 da Constituição italiana teria sido a fonte do art. 62 da Constituição de 1988, admite-se o controle jurisdicional da ocorrência dos pressupostos dos *provvedimenti provvisori*. Além do controle político das Câmaras, subsiste também um "controle jurídico por parte da Corte Constitucional (pelo art. 134, I, Constituição): "que poderá incidir não só sobre os elementos formais do decreto e sobre a observância dos termos para apresentação e conversão, mas igualmente sobre o requisito da urgente necessidade..."[12]

Mencionando o constitucionalista italiano, Manoel Gonçalves Ferreira Filho entende possível tal controle: "por outro lado, a doutrina italiana é unânime

10. Pontes de Miranda, *Comentários à Constituição de 1967 com a Emenda n. 1 de 1969*, 3ª ed., Rio de Janeiro, Forense, 1987, vol. 3, p. 160.

11. Em sentença no mandado de segurança impetrado por João Afonso Miranda e Maria da Costa Miranda contra o Superintendente da Polícia Federal neste Estado (processo 18.942/76 da 3ª Vara Federal), apreciei *obiter* se o pressuposto da urgência tinha ocorrido, concluindo pela negativa (sentença de 7.11.1977).

12. Ruffia, Paolo Biscaretti di, *Diritto Costituzionale*, Istituzioni di Diritto Pubblico, 10ª ed., Napoli, Jovene, 1974, p. 486, n. 173: "è da rilevarsi che, oltre all'acennato *controllo politico* delle Camere all' atto della conversione, sussisterà ormai, sin dal primo momento della loro obbligatorietà, anche un *controllo giuridico* da parte della Corte Costituzionale (per l'art. 134, I, Cost.): che potrà vertere non solo sugli elementi formali del decreto e sull'osservanza dei termini per la presentazione e conversione, ma pure sul requisito dell'*urgente necessità* (sia pure limitadamente al *vizio di legittimità* del decreto in esame, definito dagli amministrativisti '*eccesso di potere*' ".

em insistir que o controle sobre os *decretti leggi* não se esgota com a fiscalização política exercida pelo Parlamento, mas compreende o *controllo giuridico* por parte da Corte Constitucional (...) Mais ainda, essa doutrina sublinha que tal controle jurídico não se limita às formas. *Abrange também a necessidade e a urgência, podendo o Judiciário fulminar os decretti leggi por excesso ou desvio de poder* (...)".[13]

Mais adiante, também sustenta: "Desde que importe lesão a direito individual, cabe ao Judiciário, por força do art. 153, § 4º (...) apreciar em relação a qualquer decreto-lei as condições de urgência e de interesse público relevante (...) Ademais, sempre lhe cabe assegurar o respeito da Constituição onde essas condições estão rigorosamente fixadas".[14]

Embora considerando difícil a apreciação da inconstitucionalidade, diante da aprovação legislativa, nem por isso Pontes de Miranda a reputa impossível: "um dos fundamentos para a rejeição é não se tratar de urgência, nem do interesse público relevante. Mas se sobrevem a aprovação, dificilmente se poderia conceber caso de apreciação da inconstitucionalidade da expedição do decreto-lei, ou do ato aprobativo, por se tratar de *quaestio facti*. Todavia, não há impossibilidade da alegação, com fundamento contra a aprovação, a despeito da falta por parte do decreto-lei".[15]

Do mesmo modo pronuncia-se Pinto Ferreira, lembrando "que o decreto-lei está sujeito duplamente à apreciação do Poder Legislativo, através do Congresso e ainda do Poder Judiciário. Ambos poderão, cada um por sua vez, aferir seus pressupostos, o Congresso para rejeitar no caso o decreto-lei, os tribunais para declarar a sua inconstitucionalidade. O Congresso poderá rejeitar o decreto-lei inclusive por motivos políticos, ao passo que o Poder Judiciário deverá apreciar os requisitos constitucionais de validade do decreto-lei, invalidando-os mesmo quando aprovados pelo Congresso, se ajuizar a sua inconstitucionalidade".[16]

Deste entendimento não diverge Geraldo Ataliba, ao escrever estar o decreto-lei "sujeito ao duplo crivo do Congresso e do Judiciário. Ambos podem impugná-lo, por inobservância dos pressupostos constitucionais. Se entenderem que estes não se verificaram, o decreto-lei será *reprovado* (pelo Congresso) ou *declarado nulo* (pelo Judiciário) (...) A ausência destes pressupostos, alternativamente colocados pela Constituição, vicia o ato produzido, que é sujeito a ser declarado nulo pelos órgãos do Poder Judiciário. Este, em tal caso — por se tratar de exigência constitucional — pode e deve penetrar o mérito do ato e, sobretudo, estender sua indagação aos seus pressupostos de validade. Antes de examinar materialmente o conteúdo do decreto-lei, *deve* o Judiciário — para determinar se estava na excepcional competência do Presidente da República produzi-lo — decidir sobre a existência de *interesse público relevante* que exigisse a medida extraordinária, ou a procedência (avaliando os fatos invocados) da alegação de *urgência*. Em qualquer das duas hipóteses — verificando improcederem as razões alegadas na invocação de competência — declarará nulo o ato".[17]

Interessa notar, ainda, que o Supremo Tribunal Federal, embora insistindo

13. Ferreira Filho, Manoel Gonçalves, *Comentários à Constituição Brasileira*, 6ª ed., São Paulo, Saraiva, 1986, p. 266, grifos finais meus.

14. Ferreira Filho, Manoel Gonçalves, ob. cit., p. 292.

15. Pontes de Miranda, ob. cit., vol. 3, p. 161.

16. Pinto Ferreira, "Decreto-lei", in *Enciclopédia Saraiva do Direito*, São Paulo, Saraiva, 1977, vol. 23, p. 5.

17. Ataliba, Geraldo, *O Decreto-lei na Constituição de 1967*, São Paulo, Ed. RT, pp. 27/29.

na impossibilidade de revisão judicial do preenchimento dos pressupostos constitucionais, mencionu — embora timidamente — uma exceção. No RE 75.935, de São Paulo, ao fundamentar o acórdão, o relator, o mesmo Min. Aliomar Baleeiro, escreveu: "a urgência e o interesse público relevante são aspectos políticos entregues ao discricionarismo (não ao arbítrio) do Congresso e do Presidente da República, como o Supremo Tribunal Federal decidiu por unanimidade no RE 62.739". Mas acrescentou logo após: "*o controle do Judiciáro nesse caso só poderá ocorrer excepcionalmente se o discricionarismo, praticado já no campo do absurdo, tocar ao arbítrio*".[18] Lamentavelmente, não se procurou caracterizar melhor esta modesta "válvula de segurança", esta apertada "janela" imaginada pelo grande tributarista.

IV

A aprovação parlamentar do decreto-lei era insuscetível de convalidar a inconstitucionalidade de suas disposições. Do mesmo modo, atualmente, a "conversão em lei" da medida provisória não implica em sanar eventual inconstitucionalidade, como sustentei em várias sentenças.[19]

E isto porque a relação lógica entre regra inconstitucional e norma jurídica da Constituição é a mesma que entre ato jurídico inválido e norma jurídica. Assim como o preceito da autonomia privada torna-se inválido porque inadequado à previsão legal, da mesma maneira uma norma é inconstitucional porque discrepante de outra inserida na Constituição.

Ora, no Direito Civil somente os atos jurídicos anuláveis são passíveis de ratificação, mas não os nulos, são estes insanáveis, ao contrário dos primeiros.[20] O ato nulo o é para sempre, mesmo cessando a causa da nulidade.[21] Simetricamente, a conversão em lei de medida provisória não tem o condão de convalidar a inconstitucionalidade de uma, algumas ou de todas as suas disposições. Se, por exemplo, não havia relevância ou urgência, mas mesmo assim a medida provisória foi indevidamente convertida em lei, nem por isso ela deixa de ser inconstitucional.

Em última análise, a opinião segundo a qual, convertida em lei a medida provisória, estaria sanada a sua inconstitucionalidade, insinua a impossibilidade do Judiciário examiná-la. Mas isto não teria sentido jurídico, pois, desta maneira, o Parlamento, indiretamente, vedaria ao Judiciário a apreciação de uma parte da legislação, frustrando uma das precípuas funções deste poder. Deste modo, far-se-ia *tabula rasa* até do art. 5º, XXXV da Constituição: lesões ou ameaças a direitos, eventualmente provocadas por medidas provisórias convertidas em lei pelo Congresso, não poderiam ser apreciadas judicialmente. Se pode o Judiciário declarar a inconstitucionalidade das leis, também pode fazê-lo quanto a medidas provisórias chanceladas pelo Legislativo.

À época da Constituição de 1967, neste sentido pronunciava-se Otto de An-

18. *Revista de Direito Administrativo*, vol. 125, p. 90, grifos meus.

19. Por exemplo, sentenças em mandados de segurança na 3ª Vara Federal, impetrante David Kenneth Poland, impetrado Inspetor Chefe da Divisão de Fiscalização da 3ª Inspetoria da Receita Federal, processo 21.208/76, impetrantes João Afonso Miranda e Maria da Costa Miranda, impetrado Superintendente da Polícia Federal do Estado do Rio de Janeiro, processo 18.942/76.

20. Código Civil, art. 148; Beviláqua, Clóvis, *Código Civil dos Estados Unidos do Brasil Comentado*, 12ª ed., Rio de Janeiro, Francisco Alves, 1959, vol. 1, p. 335.

21. Tuhr, Andreas von, *Derecho Civil. Teoria General del Derecho Civil Aleman*, trad. Tito Ravà, Buenos Aires, Depalma, 1947, vol. 3, pp. 322/323, § 56, mencionando um fragmento do *Digesto*: "quod ab initio vitiosum est, non potest tractu temporis convalescere".

drade Gil, referindo-se ao decreto-lei. "Essa circunstância — a da aprovação tácita ou expressa — não dá ao decreto-lei validade de modo a torná-lo imune da apreciação pelo Poder Judiciário, eis que, segundo o disposto no art. 150 § 4º da Constituição, nenhuma lei poderá excluir da apreciação do Poder Judiciário qualquer lesão de direito individual. E, se o Poder Judiciário pode apreciar a lei, e pô-la em confronto com a Constituição Federal (art. 111, III, *a*), desse confronto poderá resultar a decretação de inconstitucionalidade do decreto-lei, expedido pelo Poder Executivo, ratificado pelo Poder Legislativo, mas reprovado pelo Poder Judiciário".[22] Sob a égide da Constituição atual, a argumentação permanece correta. Basta substituir a expressão "decreto-lei" por "medida provisória" e, os arts. 150 § 4º e 111, III, *a*, pelos arts. 5º, XXXV e 102, III, *b*.

Como escreve Pontes de Miranda, "se o Congresso Nacional aprova o decreto-lei, de que resultou, ou resulta, ou vai resultar aumento de despesa, nula é a aprovação, como o foi a emissão do decreto-lei".[23]

Também Pinto Ferreira adota este entendimento, ao afirmar que "em aprovando o decreto-lei, a aprovação congressual não sana os vícios porventura existentes no decreto-lei, que deve ser editado segundo determinados requisitos formais e materiais. A falta de tais requisitos torna o ato *inconstitucional* insanável, i. é, nulo ou anulável *ex tunc*, por inconstitucionalidade".[24]

22. Gil, Otto de Andrade, "Os Decretos-leis na Constituição de 1967", in *Revista de Direito da Procuradoria Geral* (do antigo Estado da Guanabara) vol. 20, 1969, pp. 44/45.

23. Pontes de Miranda, ob. cit., vol. 3, p. 160.

24. Pinto Ferreira, ob. cit., p. 5. Da mesma maneira pensa Manoel Gonçalves Ferreira Filho: "a aprovação pelo Congresso não sana vício do ato" (*Do Processo Legislativo*, São Paulo, Saraiva, 1968, p. 207, n. 152).

E, na observação de Geraldo Ataliba, "note-se que o Judiciário — a quem incumbe examinar só sob a perspectiva jurídica, munido exclusivamente de critérios dogmáticos, tais atos normativos — não é, no caso, obrigado a aceitar o veredito positivo do Congresso, quando o decreto infrinja os *requisitos* constitucionais. Assim, se for provada a inexistência dos pressupostos geradores da competência presidencial, a aprovação do Parlamento não tem a virtude de suprir esta insanável deficiência. Alegada em juízo, deve ser reconhecida, comprometendo-se irremediavelmente o próprio ato".[25]

Igualmente, o Supremo Tribunal Federal, pelo voto do relator do RE 62739, já citado, admitiu que "a inconstitucionalidade não pode ser convalidada pelo Congresso (art. 58, § único), porque a matéria de segurança nacional não envolve conceito que o legislador possa discricionária e politicamente definir".[26]

V

Tanto os juízes singulares como os tribunais coletivos podem declarar a inconstitucionalidade da lei, a sua nulidade, por ser contrária à Constituição, portanto também das medidas provisórias (como, anteriormente, dos decretos-leis). Portanto, uns e outros podem verificar se os pressupostos foram preenchidos e declarar eventual contrariedade à Constituição, apesar da aprovação pelo Congresso.

Nada há de estranho nisso, nem constitui qualquer novidade, na medida em que todos os magistrados são órgãos da soberania nacional (como o são, no Executivo, apenas o Presidente da Repú-

25. Ataliba, Geraldo, ob. cit., p. 29 e também p. 71.

26. *Revista Trimestral de Jurisprudência do Supremo Tribunal Federal*, vol. 44, p. 57.

blica e, no Legislativo, os deputados e senadores). Mas convém acentuar o ponto, dado por vezes utilizar-se *ad terrorem* o argumento segundo o qual só o Supremo Tribunal Federal poderia declarar a inconstitucionalidade do decreto-lei (ou da medida provisória), por ser ato emanado do Chefe do Executivo. O *judicial control* da compatibilidade constitucional das normas jurídicas, no Brasil, é difuso, não concentrado.[27]

VI

O legislador não está vinculado a oferecer as razões pelas quais regulou de um determinado modo relações sociais, não tem o dever jurídico de fundamentar a lei votada. Se eventualmente o faz, por exemplo, através de exposições de motivos, isto se destina a facilitar a compreensão do texto pelos destinatários ou a contribuir para a tarefa do intérprete.

O mesmo, no entanto, não ocorre com os pressupostos da medida provisória (como, outrora, com os do decreto-lei). Se não precisa apresentar os fundamentos, a partir dos quais disciplinou a matéria social, não basta ao Presidente da República simplesmente alegar a relevância ou a urgência: é necessário *demonstrar* como estão preenchidos os pressupostos. E isto deve fazê-lo, de maneira cabal, na exposição de motivos pela qual encaminha a medida provisória à apreciação do Congresso. Nela devem constar os motivos pelos quais reputa a matéria urgente ou relevante. Somente desta maneira o Legislativo — e eventualmente o Judiciário — poderão verificar se realmente ocorrem os pressupostos constitucionais. Nas palavras de Geraldo Ataliba, "a urgência deve ser bem caracterizada e bem *documentada* — tendo em vista a ulterior (e, mesmo eventualmente, remota) apreciação judicial".[28]

VII

À época da Constituição de 1967, criticava-se severamente a exorbitância no emprego dos decretos-leis: não se poderia imaginar que os excessos na sua utilização cresceriam depois de março de 1985. Menos ainda seria possível supor que a adoção de medidas provisórias se convertesse em instrumento "normal" de legislação. Principalmente depois de março de 1990, os abusos foram de tal monta que o Presidente da República transformou-se em "grande legislador", eclipsando o Congresso na função própria deste. O controle jurisdicional dos pressupostos para adoção daquelas medidas constitui um dos meios mais eficazes de conter tais excessos, desde que o Judiciário realize um exame, nas palavras do juiz inglês Lord Shaw, despido de espírito de complacência, caracterizado como um escrutínio independente.[29]

27. "Os juízes singulares podem decretar a nulidade da lei, por ser contrária à Constituição, pois do que decidirem há sempre recurso. Nem se poderia excluir a cognição da questão de inconstitucionalidade pelos juízes singulares; nem seria de admitir-se que se exigisse o *per saltum* — tais os enormes inconvenientes práticos que teria, se os juízes singulares houvessem de sustar os julgamentos. Para se chegar a esta conclusão, não se precisa de criptoconstrução de que se serviu o Tribunal Federal de Recursos (...) De modo nenhum. A decisão do Tribunal, por maioria absoluta, não é diferente da decisão do juiz singular: ambas são constitutivas negativas *in casu*, e só *in casu*...", Pontes de Miranda, ob. cit., vol. 3, p. 625.

28. Ataliba, Geraldo, ob. cit., p. 31, grifos meus.

29. (...) Se o governo excedeu seu mandato legal, é uma questão de *ultra* ou *intra vires* (...) Se o mandato foi excedido, ocultam-se ali os elementos de uma transição para o governo arbitrário com grave perigo constitucional e público. A crescente pressão dos esforços legislativos e a conveniência para o Executivo de usar o expediente das *Orders in Council* aumentaria muito este perigo, se o Judiciário considerar tal ação do governo mais com espírito de complacência do que com escrutínio independente". Lord Shaw, apud Allen, Carleton Kemp, ob. cit., p. 563 "(...) Whether the Govern-

Bibliografia

Allen, Carleton Kemp, *Law in the making*, 7ª ed., Oxford, Clarendon Press, 1964.

Ataliba, Geraldo, *O Decreto-lei na Constituição de 1967*, São Paulo, Ed. RT.

Bassi, Antonino Pensovecchio Li, *Interpretazione delle norme costituzionali. Natura — metodo — difficoltà e limiti*, Milão, Giuffrè, 1972.

Beviláqua, Clóvis, *Código Civil dos Estados Unidos do Brasil comentado*, 12ª ed., Rio de Janeiro, Francisco Alves, 1959, vol. 1.

Ferreira Filho, Manoel Gonçalves. *Comentários à Constituição Brasileira*, 6ª ed. revista e atualizada, São Paulo, Saraiva, 1986.

____ *Do Processo Legislativo*, São Paulo, Saraiva, 1968.

Ferreira, Pinto, "Decreto-lei", in *Enciclopédia Saraiva do Direito*, São Paulo, Saraiva, 1977, vol. 23.

Gil, Otto de Andrade, "Os Decretos-leis na Constituição de 1967", in *Revista de Direito da Procuradoria Geral* (do antigo Estado da Guanabara), Rio de Janeiro, vol. 20, 1969.

Haberle, Peter, "Verfassungsinterpretation und Verfassunggebung", in *Zeitschrift für Schweizerisches Recht*, Basel, Helbing und Lichtehahn, Neue Folge, B. 97, I. Halbband, Heft I (B. 119 der gesammten Folge), 1978.

Miranda, Pontes de, *Comentários à Constituição de 1967 com a Emenda n. 1 de 1969*, 3ª ed., Rio de Janeiro, Forense, 1987, vol. 3.

Poletti, Ronaldo Rebello de Britto, "O Decreto-lei na Constituição", in *Arquivos do Ministério da Justiça*, Brasília, a. 38, n. 157, jan./mar. 1981.

Ramos, J. Saulo, "Medida Provisória — Artigo 62 da Constituição Federal de 1988" (Parecer n. SR-92 da Consultoria Geral da República), in *Boletim de Direito Administrativo*, out. 1989.

Ruffia, Paolo Biscaretti di, *Diritto Costituzionale*, Istituzioni di Diritto Pubblico, 10ª ed., Napoli, Jovene, 1974.

Tuhr, Andreas von, *Derecho Civil. Teoria General del Derecho Civil Aleman*, trad. Tito Ravà, Buenos Aires, Depalma, 1947, vol. 3.

ment has exceeded its statutory mandate is a question of ultra or intra vires (...) In so far as the mandate has been exceeded, there lurk the elements of a transition to arbitrary government and therein of grave constitutional and public danger. The increasing crush of legislative efforts and the convenience to the Executive of a refuge to the device of Orders in Council would increase that danger tenfold were the judiciary to approach any such action of the Government in a spirit of compliance rather than of independent scrutiny". *Orders in Council* são atos legislativos do Conselho Privado (*Privy Council*), na Grã-Bretanha, elaborados conforme poderes a ele expressamente conferidos pelo Parlamento.

CONTROLE JURISDICIONAL DOS ATOS POLÍTICOS DO PODER EXECUTIVO[1]

DERLY BARRETO E SILVA FILHO
Procurador do Estado de São Paulo

I — Supremacia da Constituição. A rigidez e a supralegalidade constitucional. II — A tripartição funcional do poder. Atual concepção. III — A integração dos Poderes constituídos no cumprimento dos fins do Estado. IV — Classificação dos Atos Constitucionais segundo as funções do poder. V — A relevância dos princípios e preceitos constitucionais. VI — Os atos administrativos e os atos políticos. VII — Sindicabilidade dos atos políticos. VIII — A motivação dos atos políticos. Uma proposta. IX — Conclusão. Bibliografia.

I — Supremacia da Constituição. A rigidez e a supralegalidade constitucional

Estatuto fundamental que é, a Constituição, obra do Poder Constituinte Originário, goza de um *status* hierárquico superior às demais espécies normativas do ordenamento jurídico, emanadas dos Poderes Constituídos.

Sem adentrar em perquirições metajurídicas, isto se explica por ser a Constituição o estuário das decisões políticas conformadoras da sociedade, repositório das regras estruturantes e organizatórias do Estado e definidoras dos direitos fundamentais dos cidadãos. Neste prisma, a Constituição é a lei das leis, o fundamento de validade de todo o sistema normativo.

Conseqüência lógica disso é a relação de subordinação entre as normas constitucionais e infraconstitucionais, de modo que estas devem adequar-se às prescrições daquelas. Da inadequação das normas infraconstitucionais às normas constitucionais surge o conflito normativo denominado de inconstitucionalidade, o qual se resolve em favor das últimas, pela sua proeminência dentro do ordenamento jurídico.

A supralegalidade das normas constitucionais — é providente salientar — verifica-se nos países que adotam Constituições rígidas, como o Brasil. O processo extraordinário nelas estabelecido para sua alteração confere-lhes estabilidade maior do que aquela de que desfrutam as leis ordinárias, implicando a su-

1. Artigo baseado na tese intitulada "Sindicabilidade dos Atos Políticos", que foi apresentada e aprovada no XIX Congresso Nacional dos Procuradores de Estado, realizado em Manaus — AM nos dias 11 a 15 de outubro de 1993.

perioridade das normas constitucionais em relação às infraconstitucionais.

Em suma, decorre da supremacia da Constituição que *todo e qualquer ato editado pelos órgãos do Estado deve obediência às normas constitucionais*. E o mecanismo assecuratório dessa supremacia é o controle de constitucionalidade, através do qual as leis ou os atos normativos contrários, formal e/ou materialmente, às prescrições da Constituição são expungidos do sistema jurídico.[2]

II — A tripartição funcional do poder. Atual concepção

Organizando as funções do Estado brasileiro, o art. 2º da Constituição Federal preceitua que são Poderes da União, independentes e harmônicos entre si, o Legislativo, o Executivo e o Judiciário. Quer isto dizer que as funções legislativa, executiva e judiciária são confiadas a diferentes órgãos do Estado.

É o princípio da tripartição funcional do Poder, concebido classicamente por Aristóteles — em sua obra *A Política* — e aperfeiçoado por Montesquieu — na obra *O Espírito das Leis* — com o fito de evitar a abusiva concentração do poder político nas mãos de um só órgão — o rei.

Assim, Montesquieu "instrumentó una concepición sobre la organización del Estado que básicamente propiciaba un sistema de frenos y contrapesos a fin de que el equilibrio resultante de ese juego de fuerzas antitéticas asegurase la libertad del individuo".[3]

O cerne da divisão de poderes, segundo precisa lição de Agustin A. Gordillo, é a divisão em funções e não a divisão em órgãos. E mais, não basta conferir a cada Poder a atribuição de legislar, de administrar e de julgar no que tange à sua atividade; é necessário que o Poder que faz as leis não seja encarregado de aplicá-las nem de executá-las; que aquele que as executa não possa fazê-las nem julgar de sua aplicação; e que aquele que julga não as faça nem as execute.[4]

Modernamente, o princípio da tripartição funcional do Poder não mais apresenta aquela rigidez de outrora.

A formulação de Montesquieu é demasiadamente simplista, incapaz de hoje adaptar-se à realidade extremamente complexa e cambiante da vida social.

Deste modo, como o Estado, diante das injunções sociais, ampliou as suas atividades — principalmente no campo da economia —, foi necessária a reestruturação da teoria da separação dos poderes. Foram criadas, por conseguinte, novas formas de relacionamento entre os Poderes Legislativo e Executivo, e destes com o Judiciário.

2. Na célebre decisão de John Marshall, juiz presidente da Suprema Corte dos Estados Unidos da América do Norte, proferida no caso William Marbury *vs.* James Madison, em 1803, restou consolidado o sistema judicial de controle de constitucionalidade, *in verbis*:

"A Constituição ou é uma lei superior e predominante, e lei imutável pelas formas ordinárias; ou está ao mesmo nível conjuntamente com as resoluções ordinárias da legislatura e, como as outras resoluções, é mutável quando a legislatura houver por bem modificá-la.

Se é verdadeira a primeira parte do dilema, então não é lei a resolução legislativa incompatível com a Constituição; se a segunda parte é verdadeira, então as constituições são absurdas tentativas da parte do povo para delimitar um poder por sua natureza ilimitável.

Certamente, todos quantos fabricaram constituições escritas consideraram tais instrumentos como a lei fundamental e predominante da nação e, conseguintemente, a teoria de todo o governo, organizado por uma constituição escrita, deve ser que é nula a resolução legislativa com ela incompatível" (*Decisões Constitucionais de Marshall, Presidente do Supremo Tribunal dos Estados Unidos da América do Norte*, traduzidas por Américo Lobo, Rio de Janeiro, Imprensa Nacional, 1903, p. 25).

3. Cassagne, Juan Carlos, *El Acto Administrativo*, Buenos Aires, Abeledo-Perrot, 1974, p. 74.

4. *Tratado de Derecho Administrativo*, Parte General, t. II, Buenos Aires, Ediciones Macchi-Lopez, pp. XIV-30.

Ensina Araujo Castro que "A divisão de poderes não importa, pois, em completa separação: quer dizer apenas que cada um deve girar dentro de sua esfera de ação. Não significa senão autonomia, sem excluir as relações entre si; pressupõe, ao contrário, essas relações e as exige para o perfeito funcionamento do regime".[5]

Em outras palavras: "Cada órgão do Poder exerce, preponderantemente, uma função, e, secundariamente, as duas outras. Da preponderância advém a tipicidade da função; da secundariedade, a atipicidade".[6]

É por isso que o Legislativo administra (arts. 51, IV, e 52, XIII, da Constituição Federal) e julga (art. 52, I e II); o Executivo julga (através de seus "tribunais administrativos"[7]) e legisla (arts. 62 e 68); e o Judiciário legisla (art. 96, I, *a*) e administra (art. 96, I, *f*).

Pode-se dizer, assim, que o valor atual da tese de Montesquieu está, essencialmente, nos princípios de integração e de equilíbrio. Desta forma, sem olvidar o objetivo da teoria clássica da tripartição funcional do Poder — que foi conter o abuso do Poder, visando à proteção da liberdade do indivíduo em face do Estado —, ela teve de se ajustar aos imperativos da vida social moderna, conferindo a cada órgão estatal competência em função das exigências de colaboração e de controle, que caracterizam o equilíbrio que persegue o chamado sistema de freios e contrapesos.[8]

III — A integração dos Poderes constituídos no cumprimento dos fins do Estado

Existe o Estado Democrático de Direito, em suma, para realizar certos fins. O preâmbulo[9] da Constituição sinaliza-os com transparência. Confira-se: "Nós, representantes do povo brasileiro, reunidos em Assembléia Nacional Constituinte para instituir um Estado Democrático, destinado a assegurar o exercício dos direitos sociais e individuais, a liberdade, a segurança, o bem-estar, o desenvolvimento, a igualdade e a justiça como valores supremos de uma sociedade fraterna, pluralista e sem preconceitos, fundada na harmonia social e comprometida, na ordem interna e internacional, com a solução pacífica das controvérsias, promulgamos, sob a proteção de Deus, a seguinte Constituição da República Federativa do Brasil".

Para a prossecução desses fins, a Constituição estabelece tarefas (art. 3º),

5. *Manual da Constituição Brasileira*, Rio de Janeiro, Ed. Leite Ribeiro & Maurillo, 1918, p. 64.

Assim, segundo Celso Ribeiro Bastos, "O esquema inicial rígido, pelo qual uma dada função corresponderia a um único respectivo órgão, foi substituído por outro onde cada *poder*, de certa forma, exercita as três funções jurídicas do Estado: uma em caráter prevalente e as outras duas a título excepcional ou em caráter meramente subsidiário daquela. Assim, constata-se que os órgãos estatais não exercem simplesmente as funções próprias, mas desempenham também funções denominadas atípicas, quer dizer, próprias de outros órgãos. É que todo poder (entendido como órgão) tende a uma relativa independência no âmbito estatal e é compreensível que pretenda exercer na própria esfera as três mencionadas funções em sentido material" (*Curso de Direito Constitucional*, 15ª ed., São Paulo, Saraiva, 1994, p. 301).

6. Temer, Michel, *Elementos de Direito Constitucional*, 9ª ed., revista de acordo com a Constituição de 1988, São Paulo, Malheiros Editores, 1992, p. 110.

7. Veja-se o art. 5º, LV, da Constituição Federal, que faz referência a *litigantes em processo administrativo*, pressupondo uma atividade do Poder Executivo concernente à solução de litígios.

8. Apud Juan Carlos Cassagne, in ob. cit., na nota 3, p. 76.

9. Embora seja discutível o caráter jurídico do preâmbulo constitucional, pode-se entendê-lo, segundo preleciona Jorge Miranda, como um "conjunto de princípios que se projectam sobre os preceitos e sobre os restantes sectores do ordenamento" (*Manual de Direito Constitucional*, t. II, 3ª ed., Coimbra Editora, 1991, p. 237), de modo que dele se podem extrair os grandes objetivos constitucionais.

verdadeiras imposições constitucionais, ou melhor, deveres de atividade finalisticamente dirigidos.[10]

O dever jurídico de cumprir as tarefas constitucionalmente estabelecidas incumbe a todos os Poderes Constituídos,[11] que devem estar integrados em objetivo (fim), mas atuar independentes em sua consecução (meio), cada qual praticando, dentro de sua esfera de competência, atos constitucionais.

Esses atos devem estrita observância aos princípios e preceitos ditados pela Carta Política, sob pena de serem acoimados de inconstitucionais.

Por conseguinte, toda e qualquer deliberação estatal, tenha ou não cunho político, está subordinada a um fim constitucional, que, desatendido, rende ensejo à invalidação, por eiva de inconstitucionalidade.

IV — Classificação dos Atos Constitucionais segundo as funções do poder

Preleciona Marcello Caetano que "O Estado tem a sua razão de ser na necessidade de realização permanente de certos fins essenciais da coletividade política. Esses fins não são alcançados pela mera existência do Estado: exigem ação contínua e, por isso, o Estado tem de desenvolver certas atividades úteis, de modo sucessivo e por tempo indefinido, para corresponder aos seus fins, atividades a que se chama *funções*".[12]

Antes de proceder à classificação dos atos constitucionais, convém advertir que *distinção de funções do Poder* não se confunde com *divisão* ou *separação de poderes*. A primeira significa "especialização de tarefas governativas à vista de sua natureza, sem considerar os órgãos que as exercem";[13] a segunda "consiste em confiar cada uma das funções governamentais (legislativa, executiva e jurisdicional), a órgãos diferentes".[14]

Destarte, tratando-se de distinção de funções do Poder, podem-se diferençar três atividades estatais: a função política (que se subdivide em função legislativa e função governativa, em sentido estrito, consoante se expresse em atos normativos ou em atos não normativos), a função administrativa e a função jurisdicional.[15]

À função política (legislativa e governativa) cabe a definição primária e global do interesse público, a interpretação dos fins do Estado e a escolha dos meios adequados para os atingir em cada conjuntura. À função administrativa compete a satisfação constante das necessidades coletivas e a prestação de bens e serviços. Por último, à função jurisdicional é dado declarar o direito e decidir as questões jurídicas, seja na solução de litígios e na aplicação de sanções, seja em abstrato na apreciação da constitucionalidade e da legalidade.[16]

10. Gomes Canotilho, José Joaquim, *Constituição Dirigente e Vinculação do Legislador*, Coimbra Editora, 1982, p. 286.

11. Pois todo o Poder Político Estatal é uno.

12. *Direito Constitucional*, vol. I, 1ª ed., Rio de Janeiro, Forense, 1977, p. 187.

A propósito, Jorge Miranda assim define função estatal:

"A função no sentido de atividade pode definir-se como um conjunto de atos (interdependentes ou aparentemente independentes uns em relação aos outros), destinados à prossecução de um fim comum, por forma própria.

"As funções do Estado são as funções ou atividades que o Estado, mediante os seus órgãos e agentes, desenvolve em vista dos seus fins" ("Funções do Estado", in *Revista de Direito Administrativo* vol. 189, jul./set. 1992, p. 87).

13. Silva, José Afonso da, *Curso de Direito Constitucional Positivo*, 9ª ed., São Paulo, Malheiros Editores, 1992, p. 99.

14. Idem, ibidem.

15. Apud Jorge Miranda, in ob. cit., na nota 12, p. 92.

16. Idem, p. 94.

V — A relevância dos princípios e preceitos constitucionais

Impossível lograr-se certo fim constitucional, como se disse, sem que os Poderes do Estado estejam integrados em objetivo (fim) e atuem independentes em sua consecução (meio). Todos observando e cumprindo, de igual forma, dentro de sua esfera de competência, as tarefas constitucionais arroladas no art. 3º. Isto com esteio, principalmente, nos arts. 1º e 4º da Carta Política — que tratam, respectivamente, dos fundamentos da República Federativa do Brasil e dos princípios que regem o País nas suas relações internacionais.

Não é apenas a lei — um dos atos constitucionais — que orienta as demais funções do Poder. São, antes dela, os princípios e preceitos da Constituição, pelos quais se norteia a intelecção de todo o sistema constitucional. Destarte, deve-se entender constitucional não o ato conforme a lei, mas, sim, conforme os princípios e preceitos da Carta Política.

Conforme os princípios, porque eles são, na lição de Celso Antônio Bandeira de Mello, "mandamento nuclear de um sistema, verdadeiro alicerce dele, disposição fundamental que se irradia sobre diferentes normas compondo-lhes o espírito e servindo de critério para sua exata compreensão e inteligência, exatamente por definir a lógica e a racionalidade do sistema normativo, no que lhe confere a tônica e lhe dá sentido harmônico. É o conhecimento dos princípios que preside a intelecção das diferentes partes componentes do todo unitário que há por nome sistema jurídico positivo".[17]

Enfim, como bem sintetiza Celso Ribeiro Bastos, "são os princípios constitucionais aqueles valores albergados pelo Texto Maior a fim de dar sistematização ao documento constitucional, de servir como critério de interpretação e finalmente, o que é mais importante, espraiar os seus valores, pulverizá-los sobre todo o mundo jurídico".[18]

Por conseguinte, ato que desrespeita um princípio ofende não só uma norma específica, fere todo o sistema de normas, constituindo a mais grave infringência à Constituição, porque configura "subversão de seus valores fundamentais, contumélia irremissível a seu arcabouço lógico e corrosão de sua estrutura mestra".[19]

Outrossim, ato que confronta um preceito da Constituição viola imposições concretas, que basicamente tutelam direitos individuais e coletivos.

Em síntese, o norte, na aferição do cumprimento ou não dos fins do Estado, deve ser tomado primeiramente através da observância dos princípios e preceitos da Constituição. Isto, aliás, é conseqüência do caráter supremo e originário das Constituições rígidas, pelo qual todo e qualquer ato emanado dos órgãos do Estado deve respeitar a Constituição, não só em sua letra, mas também em seu espírito, é dizer, em seus princípios.[20]

Isto tem implicação aguda no controle dos atos constitucionais (e infraconstitucionais), porque a concepção tradicional do controle (político-legislativo, administrativo e jurisdicional) de tais atos não confere proeminência aos princípios fundamentais. Uma vez considerados como parâmetros de verificação de adequação das ações estatais aos mandamentos da Constituição, o grau de conformidade dos atos estatais com os fins estabelecidos pela Carta Política inexoravelmente será melhor aferido.

17. *Curso de Direito Administrativo*, 4ª ed., São Paulo, Malheiros Editores, 1993, pp. 408 e 409.

18. Ob. cit., na nota 5, p. 144.

19. Bandeira de Mello, Celso Antônio, in ob. cit., na nota 17, p. 409.

20. Apud André Hauriou, in *Derecho Constitucional y Instituciones Políticas*, Barcelona, Ediciones Ariel, Esplugues de Llobregat, 1971, p. 326.

VI — Os atos administrativos e os atos políticos

Não se adentrará, aqui, na tormentosa e intrincada teoria dos atos políticos. Apenas serão abordadas as questões relativas à caracterização de tais atos no direito brasileiro.

No cumprimento das tarefas constitucionais pertinentes à implementação dos fins do Estado, o Poder Executivo pratica atos que a doutrina costuma distinguir em políticos e administrativos propriamente ditos. Os primeiros promanam diretamente da Constituição; os segundos encontram supedâneo na lei.

Isso se explica porque a função executiva "se distingue em função de governo, com atribuições políticas, co-legislativas e de decisão, e função administrativa, com suas três missões básicas: intervenção, fomento e serviço público".[21] Para o desempenho da função de governo confere-se ao órgão executivo uma ampla margem de discrição, haurida diretamente da Constituição. Afinal, com apoio em J. Guimarães Menegale, pode-se dizer que governar é assegurar por decisões de princípio o sentido e a orientação da execução da Constituição e das leis, prover aos interesses superiores do Estado, à sua segurança e à defesa nacional;[22] e, para tanto, necessário propiciar certa liberdade ao governante, a fim de que este possa proceder da forma mais acertada, no momento que entender mais oportuno e conveniente aos interesses do País. Se ficasse manietado unicamente à lei, decerto que isto o impediria de adotar as providências certas no momento considerado mais oportuno e conveniente.

Ademais, o legislador jamais conseguiria prever todas as hipóteses de decisões político-administrativas necessárias à condução do País, à direção dos negócios públicos. De outro lado, a morosidade inerente aos processos legislativos implicaria acefalia administrativa diante de situações imprevistas, que exigem, *incontinenti*, a tomada de medidas.

Violar-se-ia, outrossim, o princípio da tripartição funcional do Poder, pois o verdadeiro gestor do interesse público seria o legislador, que, amarrando o administrador (governante) às suas deliberações, acumularia as funções legislativa e governativa.

Diferentemente, para o desempenho da função administrativa, bastam, como pressuposto, as leis, pois admnistrar "é proceder à aplicação cotidiana da lei, atender às exigências secundárias, subordinadas à função governamental".[23]

A doutrina, tanto a brasileira quanto a estrangeira, muito hesita em precisar o conceito de atos políticos.

A propósito, a definição de J. Cretella Júnior: "Ato de governo ou ato político é toda a manifestação de vontade do poder público que, por sua condição toda especial, escapa à revisão do Poder Judiciário, constituindo esse tipo de ação não uma exceção ao princípio da legalidade, mas à competência do juiz, o qual não tem possibilidades de fiscalizá-lo, se a isso for provocado".[24]

Paulo Bonavides, por seu turno, refere-se às questões políticas dizendo que: "As questões políticas, consideradas de um ponto de vista técnico, para efeito de excluí-las do controle de constitucionalidade, são entre outras as que se alojam na faculdade discricionária, reservada aos poderes políticos, para ditar, por exemplo, as medidas da política econômica, declarar a guerra, negociar a paz, es-

21. Silva, José Afonso da, in ob. cit., na nota 13, p. 99.

22. *Direito Administrativo e Sciencia da Administração*, t. I, Rio de Janeiro, Metrópole Editora, 1938, p. 76.

23. Idem, ibidem.

24. "Teoria do Ato Político", in *Revista de Informação Legislativa*, a. 24, n. 95, jul./set. 1987, p. 73.

tabelecer o regime tributário, decretar a intervenção nos preços e na moeda, regular as relações internacionais, promover o desenvolvimento, em suma, aquelas prerrogativas que, pela sua natureza mesma, podem compor o substrato de uma política ou de uma legislação, cujo teor controverso não será nunca objeto legítimo de apreciação judicial.

"A esfera de controle material que fica porém com os juízes e os tribunais é tão-somente a dos direitos individuais, não obstante a dimensão política e a relatividade que tais direitos tomaram nas vigentes concepções de Estado social.

Em suma: as questões políticas, expressas em atos legislativos e de governo, fogem à alçada judicial, não sendo objeto de exame de constitucionalidade, salvo se interferirem com a existência constitucional de direitos individuais".[25]

Hely Lopes Meirelles assim conceitua atos políticos: "Atos políticos são os que, praticados por agentes do Governo, no uso de competência constitucional, se fundam na ampla liberdade de apreciação da conveniência ou oportunidade de sua realização, sem se aterem a critérios jurídicos preestabelecidos. São atos governamentais por excelência, e não apenas de administração. São atos de condução dos negócios públicos e não simplesmente de execução de serviços públicos".[26]

Já Régis Fernandes de Oliveira formula a seguinte definição: "... atos expedidos pelo Presidente da República, por competência expressa fixada em texto constitucional e em execução deste, independente de deliberação legislativa".[27]

Para Oswaldo Aranha Bandeira de Mello, nada justifica, no Estado de Direito, a figura dos atos políticos em oposição aos atos administrativos. Confira-se: "Se dizem respeito à manifestação da vontade individual, concreta, pessoal do Estado, enquanto poder público, na consecução do seu fim, de criação da utilidade pública, de modo direto e imediato, para produzir efeitos de direito, constituem atos administrativos. Se violarem a lei e ofenderem direitos de terceiros ou lhe causarem danos, cumprem estar sujeitos à apreciação do Judiciário. No Estado de Direito, torna-se inadmissível atividade insuscetível de controle do Judiciário, quando viola direitos e causa danos.

"Sem dúvida, verificam-se na atividade estatal atos jurídicos que imprimem a direção superior da sua vida política, que formam e manifestam originariamente a sua vontade e cogitam dos órgãos a quem competem essas atribuições, ao lado de outros, mais subalternos, que completam e desenvolvem aqueles, na afirmação da utilidade pública, condicionando as relações internas com os próprios órgãos ou com terceiros. Mas, todos são atos administrativos ante o objetivo que têm em mira".[28]

Por fim, Celso Antônio Bandeira de Mello ressalta que não se devem confundir atos da Administração com atos administrativos, porque a Administração pratica inúmeros atos que não interessa considerar como atos administrativos, tais os atos políticos, "praticados com *margem de discrição* e *diretamente em obediência à Constituição*, no exercício de função puramente política, tais o indulto, a iniciativa de lei pelo Executivo, sua sanção ou veto, *sub color* de que é contrária ao interesse público etc.

"Por corresponderem ao exercício de função política e não administrativa — prossegue —, não há interesse em quali-

25. *Curso de Direito Constitucional*, 4ª ed., São Paulo, Malheiros Editores, 1993, pp. 253 e 254.

26. *Direito Administrativo Brasileiro*, 17ª ed., São Paulo, Malheiros Editores, 1992, p. 607.

27. *Ato Administrativo*, 2ª ed., São Paulo, Ed. RT, 1980, p. 155.

28. *Princípios Gerais de Direito Administrativo*, vol. I, Rio de Janeiro, Forense, 1969, pp. 417 e 418.

ficá-los como atos administrativos, já que sua disciplina é peculiar. Inobstante *também sejam controláveis pelo Poder Judiciário* são amplamente discricionários, além de serem expedidos em nível imediatamente infraconstitucional e com *discricionariedade* — ao invés de infralegal — o que lhes confere fisionomia própria''.[29]

Vê-se, das definições acima, que o traço característico dos atos políticos é a circunstância de eles se encontrarem livres da necessidade de uma habitação legislativa para ser praticados, ou melhor, de serem editados em execução direta da Constituição sem a interposição do legislador; e de apresentarem uma ampla margem de discricionariedade conferida diretamente pela Constituição.

Melhor explica Manuel Maria Diez, *in verbis*: ''Estos actos políticos se cumplen por el órgano administrativo en virtud de un poder de libre iniciativa fundado en una potestad que le es propia, y que procede de un origen distinto de las leyes. De allí entonces que puede decirse que los actos políticos pueden considerarse, por lo menos en este sentido, como acitividad independiente de las leyes''.[30]

E sendo assim, pode-se dizer que o órgão executivo se coloca em situação semelhante à do órgão legislativo, devendo obediência direta à Constituição.

Ante o exposto, podem ser citados alguns exemplos de atos políticos praticados pelo Presidente da República:

a) apresentação ou retirada de projeto de lei (art. 84, III);

b) recusa em apresentar projeto de lei (ou seja, omissão de ato político);

c) sanção, promulgação e publicação de leis (art. 84, IV);

d) convocação de sessão extraordinária do Congresso Nacional (art. 57, § 6º., II);

e) veto total ou parcial a projetos de lei (art. 84, V);

f) edição de medidas provisórias com força de lei (art. 84, XXVI);

g) decretação e execução de intervenção federal (art. 84, X);

h) decretação de estado de defesa e de estado de sítio (art. 84, IX);

i) manutenção de relações com Estados estrangeiros (art. 84, VII);

j) celebração de tratados, convenções e atos internacionais (art. 84, VIII);

l) declaração de guerra no caso de agressão estrangeira (art. 84, XIX);

m) decretação, total ou parcial, de mobilização nacional (art. 84, XIX);

n) celebração da paz (art. 84, XX).

VII — Sindicabilidade dos atos políticos

É admissível, no direito brasileiro, uma categoria de atos emanados do Poder Executivo que não seja suscetível de controle jurisdicional?

Sustenta parte expressiva da doutrina (M. Seabra Fagundes, J. Cretella Júnior, Paulo Bonavides, entre outros) serem os atos políticos insuscetíveis de controle jurisdicional, exatamente por envolverem matéria política, mérito político. Sua apreciação judicial é admitida tãosomente quando argüidos de lesivos a direito individual.

Esse entendimento contraria frontalmente o espírito e a letra da Constituição, que, em nenhuma parte, enuncia a vedação entrevista. Muito pelo contrário. Consagra no art. 5º., XXXV, o princípio da inafastabilidade do controle judicial, e nos arts. 102, I, *a*, II, *a* e *b*, III, *a, b*, e *c*, e 103, § 2º., o princípio da cons-

29. Ob. cit., na nota 17, p. 173.

30. *El Acto Administrativo*, 2ª ed., Buenos Aires, Tipografica Editora Argentina, 1961, p. 528.

titucionalidade dos atos estatais, ao dispor sobre os mecanismos assecuratórios da supremacia constitucional (pela ordem, a ação direta de inconstitucionalidade, o recurso ordinário, o recurso extraordinário e a ação direta de inconstitucionalidade por omissão).[31]

Portanto, todo e qualquer ato praticado pelo Governo — seja político ou não (tanto faz a denominação que se lhe dê ou a configuração que tenha) — sujeita-se à Constituição; subordina-se aos requisitos formais e materiais nela postos. Em conseqüência, como cabe ao Poder Judiciário velar pela constitucionalidade das ações estatais, nenhuma questão, mesmo política, pode ser subtraída de sua apreciação.

De outra forma, no Estado Democrático de Direito torna-se inadmissível atividade isenta de controle jurisdicional, não só quando viola direitos, mas também — ante a garantia da constitucionalidade — quando contraria princípios fundamentais e preceitos constitucionais. Portanto, impõe-se afirmar que não há ato estatal insindicável pelo Poder Judiciário.

É como afirma Diógenes Gasparini: "Assim, os chamados atos políticos, praticados pelo Chefe da Nação, não são mais privilegiados que os atos administrativos em geral. Trazem, como estes, em seu bojo, o princípio da contrastação judicial se afetarem a esfera jurídica das pessoas, ou agravarem os direitos individuais ou, ainda, se atentarem contra a ordem constituída";[32] opinião que é seguida por Régis Fernandes de Oliveira, quando diz: "Não estão, pois, os denominados atos políticos ou de governo fora do alcance da apreciação do Poder Judiciário. Embora digam respeito à vida da nação e dirijam-na, não se pode chegar ao absurdo de tirá-los da apreciação jurisdicional, salvo se se negar a existência do Estado de direito e houver rompimento com toda a ordem jurídica estabelecida".[33]

Por conseguinte, os atos de direção superior da administração federal (art. 84, II), de iniciativa do processo legislativo (art. 84, III), de decretação de intervenção federal (art. 84, X), de edição de medidas provisórias (art. 84, XXVI), entre outros atos políticos,[34] são cognoscíveis pelo Poder Judiciário, que deve contrastá-los com os princípios e preceitos constitucionais, verificando se eles foram praticados em atenção à forma, à competência e, principalmente, à finalidade constitucionalmente definidas.

Vetar a apreciação jurisdicional dos atos políticos é romper com o equilíbrio no qual se nutre o princípio da tripartição funcional do Poder, porque a Constituição não atribuiu ao órgão executivo o condão de autojulgar-se; é estabelecer

31. Aliás, em tema de restrição ao exercício da jurisdição, é de se ter em conta a lição de Castro Nunes: "Em princípio, o exercício da jurisdição se entende não limitado" (*Teoria e Prática do Poder Judiciário*, Rio de Janeiro, ed. revista, Forense, 1943, p. 604). Conseqüentemente, qualquer limitação ao exercício da função jurisdicional deve ocorrer, explícita ou implicitamente, da Constituição, *em termos que com ela forem compatíveis*.

Assinala-se que, na vigência das Constituições de 1934 (art. 68) e de 1937 (art. 94), era vedado ao Poder Judiciário conhecer de questões exclusivamente políticas, assim como, sob o império da Constituição de 1967 (art. 173 da redação original e art. 181 do texto constitucional consolidado), eram excluídos da apreciação judicial, entre outros, os atos praticados pelo Comando Supremo da Revolução de 31 de março de 1964. Esses textos não foram repetidos pela Constituição Federal de 1988.

32. *Poder Regulamentar*, 2ª ed., São Paulo, Ed. RT, 1982, p. 147.

33. *Ato Administrativo*, 2ª ed., Ed. RT, 1980, p. 20.

34. O constitucionalista luso Jorge Miranda admite, com muita percuciência, a possibilidade de haver inconstitucionalidade por omissão de atos políticos, aventando várias hipóteses, como a da "não designação de titulares de cargos constitucionais" (in ob. cit., na nota 9, p. 508), que se aplica à realidade brasileira nos casos dos arts. 84, I, XIV, XV, XVI e XVII; 51, V; e 52, XIV, da Constituição Federal.

o predomínio do Poder Executivo sobre os demais Poderes, pois a discricionariedade imanente ao ato político, uma vez isenta de controle judicial, descambaria no arbítrio; é possibilitar violações de direitos individuais e coletivos através da onipotência descomedida do órgão executivo; é restringir o acesso à Justiça, excluindo da apreciação jurisdicional eventual lesão ou ameaça a direito.

VIII — A motivação[35] dos atos políticos. Uma proposta

Como os atos políticos encontram-se livres da necessidade de uma autorização legislativa para ser praticados, apresentando uma ampla margem de discricionariedade advinda diretamente da Constituição, convém que eles sejam motivados.

O requisito da motivação, comum aos atos administrativos, em razão da observância do princípio da legalidade estrita, deve ser exigido dos atos políticos, porque a menção dos fundamentos de fato e de direito do ato é uma medida de sua conformidade com as normas de direito.

Portanto, ao praticar atos políticos, o órgão executivo deve expor as razões que o levaram emiti-los, mencionando os antecedentes de fato e de direito que justificam tais ações, referindo-se, também, às considerações relativas à oportunidade e à conveniência, embora estas não sejam contrastáveis pelo Poder Judiciário, por referirem-se ao mérito do ato.

A autoridade deve, pois, expor não só o fundamento constitucional que habilita a sua ação, mas também as circunstâncias sobre as quais se estriba, além da "relação de pertinência lógica entre seu supedâneo fático e a medida tomada",[36] o que possibilita compreender a sua ido-

35. Motivação, vocábulo aqui utilizado, não se confunde com motivo — um dos cinco elementos do ato administrativo. Motivação significa fundamentação, justificação, requisito de ordem formal do ato; princípio que obriga o agente público a enunciar os fundamentos de fato e de direito, bem como "*a relação de pertinência lógica* entre os fatos ocorridos e o ato praticado" (Celso Antônio Bandeira de Mello, in ob. cit., na nota 17, pp. 181 e 182).

Sustenta Maria Sylvia Zanella Di Pietro que "a motivação é, em regra, necessária, seja para os atos vinculados, seja para os atos discricionários, pois constitui garantia de legalidade, que tanto diz respeito ao interessado como à própria Administração; a motivação é que permite a verificação, a qualquer momento, da legalidade do ato, até mesmo pelos demais Poderes do Estado. Note-se que o artigo 111 da Constituição Paulista de 1989 inclui a motivação entre os princípios da Administração Pública" (*Direito Administrativo*, 3ª ed., São Paulo, Atlas, 1992, p. 160).

Celso Antônio Bandeira de Mello também entende ser indispensável a motivação dos atos estatais. "Isto porque, sobretudo quando (a Administração Pública) dispõe de certa liberdade (discricionariedade administrativa) para praticar o ato tal ou qual, não haveria como saber-se se o comportamento atendeu ou não ao princípio da legalidade (...), a menos que enuncie as razões em que se embasou para agir como agiu" (ob. cit., na nota 17, p. 28).

"Faltando a enunciação da regra jurídica proposta como aplicanda — salienta o autor —, não se terá como saber se o ato é adequado, ou seja, se corresponde à competência utilizada; omitindo-se a enunciação dos fatos e situações à vista dos quais se está procedendo de dado modo, não se terá como controlar a própria existência material de um motivo para ele e, menos ainda, seu ajustamento à hipótese normativa: carecendo de fundamentação esclarecedora do porquê se agiu da maneira tal ou qual não haverá como reconhecer-se, nos casos de discrição, se houve ou não razão prestante para justificar a medida e, pois, se ela era, deveras, confortada pelo sistema normativo" (*Discricionariedade e Controle Jurisdicional*, 2ª ed., São Paulo, Malheiros Editores, 1993, p. 99).

Com muita propriedade, afirma Manuel Maria Diez o seguinte: "Como el juez no puede examinar si el ejercicio del poder discrecional ha sido justo en cuanto al fondo, exige que haya un elemento externo que pruebe que ese poder ha sido ejercido dentro de los limites de la ley" (ob. cit., na nota 30, p. 240). E esse elemento externo é, exatamente, a motivação.

36. Bandeira de Mello, Celso Antônio, *Discricionariedade e Controle Jurisdicional*, 2ª ed., São Paulo, Malheiros Editores, 1993, p. 99.

neidade, e, por conseguinte, a sua finalidade constitucional.

A motivação resume-se, assim, na justificação do ato.

A exigência de se fundamentar o ato político decorre do próprio Estado Democrático de Direito, em que todo o poder emana do povo. Cada cidadão tem o direito de conhecer as razões por que atos dessa natureza são praticados; tem também o direito de só se sujeitar a ações estatais condizentes com a Constituição.

É como explica Celso Antônio Bandeira de Mello, referindo-se ao princípio da motivação do ato administrativo: "O fundamento constitucional da obrigação de motivar está — como se esclarece de seguida — implícito tanto no art. 1º, inciso II, que indica a cidadania como um dos fundamentos da República, quanto no § único deste preceptivo, segundo o qual todo o poder emana do povo, como ainda no art. 5º, XXXV, que assegura o direito à apreciação judicial nos casos de ameaça ou lesão de direito. É que o princípio da motivação é reclamado, quer como afirmação do direito político dos cidadãos ao esclarecimento do "porquê" das ações de quem gere negócios que lhe dizem respeito por serem titulares últimos do poder, quer como direito individual a não se sujeitarem a decisões arbitrárias, pois só têm de se conformar às que forem ajustadas às leis".[37]

Outrossim, a motivação assegura o efetivo contraste, pelo Poder Judiciário, dos atos políticos com os princípios e preceitos constitucionais, porque, explicitados e conhecidos os fundamentos de fato e de direito que levaram à sua edição, permite-se verificar, com transparência, a sua conformidade ou não com aqueles mesmos princípios e preceitos.

37. Ob. cit., na nota 17, p. 57.

IX — Conclusão

Em conclusão, podem ser feitas as seguintes afirmações:

a) os atos políticos, como todos os atos estatais, devem estrita observância à Constituição, notadamente aos seus princípios fundamentais, os quais devem ser tomados, com primazia, como norte na verificação de adequação de constitucionalidade. Assim sendo, o grau de conformidade dos atos políticos com os fins estabelecidos pela Carta Política inexoravelmente será melhor aferido. Além disso, o Poder Judiciário — a quem cabe a guarda da Constituição — deve verificar se os atos políticos foram praticados não só em atenção à finalidade, mas também à forma e à competência constitucionalmente estabelecidas.

b) os atos políticos situam-se em um nível hierárquico imediatamente inferior à Constituição. São, portanto, infraconstitucionais, sem serem supralegais.

O órgão executivo, ao editar atos políticos, exerce atividade governativa, conduzindo os negócios públicos com ampla margem de discrição conferida diretamente pela Constituição. Resulta disso que o administrador extravasa as suas funções típicas, colocando-se em situação similar à do legislador.

Em síntese, o que caracteriza os atos políticos é a circunstância de eles não dependerem da *interpositio legislatoris* para ser praticados e de serem editados em execução direta do Texto Constitucional.

c) o requisito da motivação, comum aos atos administrativos, deve ser exigido dos atos políticos, em função do direito de cidadania, dos princípios da inafastabilidade do controle judicial e da constitucionalidade dos atos estatais, e, conseqüentemente, para possibilitar a sua eficaz sindicabilidade pelo Poder Judiciário, que poderá captar, com transparência, a atividade desempenhada pelo órgão executivo.

Por fim, o Poder Judiciário não deve recusar a apreciação dos atos políticos. Primeiramente, porque a Constituição não veda a sindicabilidade dessas questões. Depois, tal recusa configuraria denegação de prestação jurisdicional. E mais: ao inibirem-se de intervir nessas questões, os juízes estão tomando uma decisão política constitucionalmente não autorizada. Dizer que um ato político é insuscetível de controle jurisdicional é considerar como politicamente desejável a liberdade do órgão executivo; enfim, é imiscuir-se na política.

Nem se diga, por outro lado, que a sindicabilidade dos atos políticos significaria uma intervenção na seara da política, pois o Poder Judiciário limitar-se-á a decidir *juridicamente* a questão política posta.

Bibliografia

Bandeira de Mello, Celso Antônio, *Curso de Direito Administrativo*, 4ª ed., São Paulo, Malheiros Editores, 1993.

_____ *Discricionariedade e Controle Jurisdicional*, 2ª ed., São Paulo, Malheiros Editores, 1993.

Bandeira de Mello, Oswaldo Aranha, *Princípios Gerais de Direito Administrativo*, vol. I, Rio de Janeiro, Forense, 1969.

_____ *A Teoria das Constituições Rígidas*, 2ª ed., São Paulo, José Bushatsky Editor, 1980.

Barbosa, Ruy, "O Direito do Amazonas ao Acre Setentrional", in *Obras completas de Rui Barbosa*, vol. XXXVII, t. V, Rio de Janeiro, Fundação Casa de Rui Barbosa, 1983.

Barroso, Luís Roberto, *O Direito Constitucional e a Efetividade de suas Normas: Limites e Possibilidades da Constituição Brasileira*, 2ª ed., Rio de Janeiro, Renovar, 1993.

Bastos, Celso Ribeiro, *Curso de Direito Constitucional*, 15ª ed., São Paulo, Saraiva, 1994.

Boletim do Ministério da Justiça (Portugal), n. 387, jun. 1989.

Bonavides, Paulo, *Curso de Direito Constitucional*, 4ª ed., São Paulo, Malheiros Editores, 1993.

Caetano, Marcello, *Direito Constitucional*, vol. I, 1ª ed., Rio de Janeiro, Forense, 1977.

Cassagne, Juan Carlos, *El Acto Administrativo*, Buenos Aires, Editorial Abeledo-Perrot, 1974.

Castro, Araujo, *Manual da Constituição Brasileiro*, Rio de Janeiro, Ed. Leite Ribeiro & Maurillo, 1918.

Cintra, Antônio Carlos de Araújo, *Motivo e Motivação do Ato Administrativo*, São Paulo, ed. RT, 1979.

Constituição da República Federativa do Brasil. Texto Constitucional de 5 de outubro de 1988 com as alterações adotadas pelas Emendas Constitucionais ns. 1/92 a 4/93, Brasília, Senado Federal, 1993.

ESTUDOS & COMENTÁRIOS

SERVIDORES PÚBLICOS MUNICIPAIS, REGIME JURÍDICO E O FGTS

SANDRA KRIEGER GONÇALVES SILVA
Professora da Universidade Regional de Blumenau
Advogada em Blumenau

Prolegômenos

I

Transcorridos já maia de cinco anos de vigência da Carta Constitucional de 1988, inúmeros questionamentos jurídicos continuam sendo objeto de estudo e manifestações controversas dos juristas no que tange aos servidores públicos, mormente quanto ao regime jurídico único prelecionado pela Magna Carta.

Aos Municípios, como entes federados, foi atribuída a incumbência de eleger um regime único regulador de seus servidores, e pelo país afora, diversas foram as soluções adotadas, em busca do atendimento aos preceitos constitucionais, estabelecidos, em especial pelo capítulo VII, e especificamente pelos artigos 39 e seguintes, bem como as disposições transitórias constitucionais.

De tal sorte, exemplos de legislações municipais das mais diversas trataram do tema, ora elegendo o regime estatutário, ora elegendo o regime celetista a viger de então.

Assim, em larga escala, país afora, leis municipais traduziram em seu bojo a intenção de adotar como regime o celetista — como efetivamente instituído — e por tal razão, seus conteúdos limitaram-se via de regra, nestes municípios, a leis contendo poucos artigos e apenas dispondo a adoção da legislação trabalhista como regime único, com a razão principal de ser esta predominante em todo o serviço público pátrio, nas três esferas de poder.

De outro lado, também em larga escala, os Municípios, na linha da legislação federal instituidora do "Regime Único dos Servidores Públicos Civis da União", optaram pelo regime jurídico estatutário para seus servidores.

O artigo 243 da Lei Federal 8.112, de 11.12.90, assim determinou: "Art. 243. Ficam submetidos ao regime jurídico instituído por esta Lei, na qualidade de servidores públicos, os servidores dos Poderes da União, dos ex-Territórios, das autarquias, inclusive as em regime especial, e das fundações públicas, regidos pela Lei n. 1.711, de 28 de outubro de 1952 — Estatuto dos Funcionários Públicos Civis da União, ou pela Consolidação das Leis do Trabalho, aprovada pelo Decreto-lei n. 5.452, de 1º de maio de 1943, exceto os contratados por prazo determinado, cujos contratos não poderão ser prorrogados após o vencimento do prazo de prorrogação.

"§ 1º. Os empregos ocupados pelos servidores incluídos no regime instituído por esta Lei ficam transformados em cargos, na data de sua publicação".

Neste particular, com a inovação constitucional que se apresentava, duas conseqüências advieram dessa opção. Muitas foram as leis municipais que se preocuparam em determinar a realização de concurso interno de efetivação, ou algo do gênero, para efetuar a modificação do regime.

Assim, os servidores, até então empregados públicos, passaram, através de tais concursos, a ter-lhes atribuída efetividade em cargos públicos. Aqueles que por alguma razão não se submeteram a concurso passaram a compreender um quadro em extinção, com o intuito de, paulatinamente, extirpar o regime celetista, e se ver instituído um único regime a partir de então.

Ao revés, seguindo o modelo da nominada Lei Federal, elevada gama de Municípios adotou um regime estatutário próprio, mas com o recurso da transposição automática, de forma que os servidores daqueles Municípios, da noite para o dia seguinte transformaram-se em estatutários, atribuindo-se-lhes efetividade sem concurso.

Críticas veementes dos administrativistas pátrios, seguiram-se à sanção da nominada lei federal.

A esse propósito, preleciona o insigne administrativista Professor Celso Antônio Bandeira de Mello: "18. Aliás, a sobredita lei não apenas instituiu tal regime como o geral, aplicável a quaisquer servidores públicos civis da União, mas também, como dantes se disse, *inconstitucionalmente*, colocou sob sua égide servidores não concursados que haviam sido admitidos pela legislação trabalhista, e transformou seus empregados em cargos públicos independentemente do tempo de serviço que tivessem (art. 243, e § 1º). Nisto afrontou à generala tanto o art. 37, II, da Constituição, que exige concurso público de provas ou de provas e títulos para acesso a cargos públicos, quanto ofendeu ostensivamente o art. 19 e § 1º do Ato das Disposições Constitucionais Transitórias. Este último conferiu estabilidade aos servidores nào concursados que contassem cinco anos de exercício contínuos à data da promulgação da Constituição, mas não autorizou mudanças em seu regime jurídico e muito menos permitiu sua preposição em cargos públicos, pois — pelo contrário — estabeleceu que sua efetivação dependeria de concurso. (...) Acredita-se, entretanto, que, a qualquer momento, o sr. Procurador-Geral da República ingressará com ação direta de inconstitucionalidade, visto que, em vários outros casos, mesmo quando de relevo menor, tem-se oposto judicialmente contra leis inconstitucionais" (*Curso de Direito Administrativo*, Malheiros Editores, 5ª ed., pp. 145-146).

Mesmo entendimento foi esposado pelo preclaro jurista Ivan Barbosa Rigolin, em sua obra *Comentários ao Regime dos Servidores Públicos Civis*: "Chega-se enfim ao artigo mais monstruoso, inacreditável, inadmissível e estapafúrdio de que se tem notícia, nos últimos tempos, no panorama do direito público brasileiro. (...) A lei 8.112 é a lei do regime jurídico único do servidor federal. Regime jurídico é uma exigência da Constituição Federal, constante de seu art. 39. Essa exigência, evidentemente não se sobrepõe aos princípios constitucionais, previstos no art. 5º, do respeito ao direito adquirido e ao negócio jurídico perfeito. A União Federal desrespeitou o prazo constitucional previsto no art. 24 do ADCT, para, em no máximo dezoito meses, estabelecer o regime jurídico único de seus servidores. Fê-lo com atraso de oito meses. Entretanto, na avidez de resolver o problema, que deveria ter solucionado ao longo de um ano e meio após o advento da Constituição, fê-lo do modo mais simplista que alguém pode conceber: simplesmente transformou contratos de trabalho, que são atos bilaterais, sinalagmáticos, acordos de vontade, em atos unilaterais, de admissão estatutária de servidores públicos. Estes últimos são atos administrativos isolados, praticados por uma só parte com a suspensão da vontade da outra'' (ob. cit., Saraiva, 1994, pp. 365-366).

Pelo que se tem notícia, a interposição da esperada ação indireta de inconstitucionalidade ainda não se efetuou. Do mesmo modo, os municípios seguidores da transposição automática, em sua maioria também não foram obstaculizados.

Mas, embora minoria, legislações municipais vêm sendo questionadas em juízo.

Traz-se à colação inicialmente, o exemplo do Município de Piracicaba, que teve contra si interposta Ação Direta de Inconstitucionalidade proposta pela seccional estadual da Ordem dos Advogados do Brasil de São Paulo.

Nessa Ação, julgada em 11 de maio p.p., o Tribunal de Justiça do Estado de São Paulo julgou inconstitucional a Lei Municipal 3.477/92, culminando por decidir o retorno de mil e quatrocentos servidores públicos beneficiados pela transposição automática ao regime jurídico celetista, tendo em vista a inexistência do necessário concurso.

Igualmente contra o Município de Blumenau, o Ministério Público de Santa Catarina, através do Centro das Promotorias da Coletividade, interpôs em maio p.p. perante o Tribunal de Justiça daquele Estado, idêntica Ação Direta, cujo objetivo é, de modo similar a Piracicaba, ver declarada a inconstitucionalidade das Leis Municipais ns. 1 e 2/90, no que tange à efetivação automática, com a estabilidade de tais servidores, já operada.

As conseqüências de tais demandas são de todas as ordens, extremamente temerárias aos Municípios que têm contra si decisões desta estirpe.

Senão vejamos: declarada a desobediência aos preceitos constitucionais e resultando no retorno ao regime empregatício dantes existente, passivos trabalhistas passam a se fazer presente em grande monta.

Assim, esses Municípios e todos aqueles que podem, a qualquer momento, sofrer tais demandas e julgamentos, estão a assombrar-se com o fantasma do Fundo de Garantia do Tempo de Serviço não recolhido por todo o período que, inconstitucionalmente, os seus servidores estavam agasalhados pelos respectivos estatutos, ocupando cargos públicos e de maneira incontroversa, não beneficiários do sistema do FGTS.

II

A Lei Federal n. 8.036, reguladora do FGTS, sancionada em 11.5.90, e que encontra-se em vigor, determina em seu art. 27, alíneas *b* e *c*, a obrigatoriedade de apresentação, pelos Municípios, do Certificado de Regularidade do FGTS, para obtenção de empréstimos ou financiamentos junto a quaisquer entidades financeiras oficiais, bem como para obtenção de benefícios, isenções, auxílios ou quaisquer outras verbas concedidas por órgãos da administração federal, estadual ou municipal.

Significa dizer que para qualquer tipo de repasse de recursos, desde o Fundo de Participação dos Municípios, celebração de convênios federais ou estaduais ou obtenção de financiamentos de obras públicas, somente para exemplificar, estão os Municípios, cujo regime de seus servidores é o celetista, compelidos a apresentar tal certificado.

É neste momento crucial que reside o objeto deste estudo.

Primus, quanto ao retorno de servidores estatutários ao regime celetista, resultado de decisões judiciais.

Secundus, pela situação daqueles Municípios que adotaram o regime celetista a todos os seus servidores, e desse modo, em acato a esta lei, vêm efetuando os depósitos do FGTS nas contas vinculadas.

Servidor público e regime jurídico

I

Inicialmente, há que se delimitar a conceituação de quem seja servidor público à luz do texto constitucional.

Traduz estreita semelhança com o definido pela CLT, embora dada a natureza da contraprestação, com esta não se confunde.

O tratamento específico revelado pela Constituição nos arts. 39 a 41, compreende no gênero "servidores públicos" três espécies: aqueles da administração pública direta, das autarquias e das fundações públicas.

Consoante o eminente professor Celso Antônio Bandeira de Mello, em sua obra *Regime Constitucional dos Servidores da Administração Direta e Indireta*, Ed. RT, 2ª ed., p. 12, são servidores públicos "todos aqueles que mantêm com o Poder Público relação de trabalho, de natureza profissional e caráter não eventual, sob vínculo de dependência", cujos serviços são prestados às entidades da administração pública direta ou indireta.

As abordagens doutrinárias, com pequenas divergências quanto à natureza da prestação, em matéria de regime jurídico melhor aplicável, mais salutar à administração, são, de modo geral, no sentido de aconselhar a adoção do Regime Estatutário próprio, divorciando-se, definitivamente, da legislação trabalhista.

De maneira peremptória, concluindo pela total impossibilidade de adoção do regime celetista ao funcionalismo público, podemos citar os eminentes Professores Adílson Abreu Dallari, Celso Antônio Bandeira de Mello e Lúcia Valle Figueiredo, cujas respeitáveis assertivas merecem transcrição: "Assim sendo, sem embargo do respeito a numerosas opiniões em contrário, entendemos que o regime jurídico único, previsto no art. 39 da CF, é (e somente pode ser) o regime estatutário, para o pessoal permanente. A utilização da CLT pela administração direta e autárquica é uma aberração. Isso só ocorreu no passado em face da errônea crença de que, adotando o regime celetista, o governante (como qualquer dono de empresa privada) poderia contratar pessoal à vontade, sem limitação quanto ao número e sem a necessidade de concurso público, podendo também despedir qualquer empregado, a qualquer tempo, mesmo imotivadamente, e, além disso, podendo ainda estabelecer a remuneração que lhe aprouvesse. O grande prestígio alcançado pelo regime celetista na administração pública somente se explica pelas aberrações e inconstitucionalidades que foram cometidas em seu nome. Na verdade ele é totalmente inadequado à administração pública, até mesmo porque foi talhado para disciplinar o relacionamento entre empregados e empregadores, no setor privado da economia, visando à defesa do trabalhador. Já o regime estatutário é o que se ajusta perfeitamente ao regime jurídico administrativo, que tem como norte, sempre, a defesa do interesse público" (Adílson Abreu Dallari, *Regime Constitucional dos Servidores Públicos*, Ed. RT, 1990, 2ª ed., p. 49).

Neste mesmo diapasão: "Assim, aparece como inequívoco que o regime constitucionalmente previsto como o idôneo para a genérica regência da normal, ordinária, dos servidores públicos é o regime dito estatutário: regime do cargo público. Resulta, pois, que o regime de emprego, disciplinado pelas normas trabalhistas, é excepcional (ainda que, como se demonstrará, não haja sido radicalmente banido). Só cabe utilizá-lo marginalmente e para as atividades que não demandem os já aludidos atributos garantidores da independência ante eventuais pressões ou injunções capazes de comprometer a impessoalidade da administração" (Celso Antônio Bandeira de Mello, *Regime Constitucional dos Servidores da Administração Direta e Indireta*, 2ª ed., Ed. RT, 1990, p. 109).

E ainda, "Não temos dúvida em concluir que o Regime Jurídico, apontado no texto constitucional, é, para as situações examinadas, o estatutário. O Regime da CLT sobreviverá para os contratados temporariamente, bem como para aqueles que deveriam se encontrar em quadro em extinção, até que fizessem concurso para efetivação (art. 19 das "Disposições Constitucionais Transitórias" da Constituição de 1988)" (Lúcia Valle Figueiredo, *Curso de Direito Administrativo*, Malheiros Editores, 1994, p. 388).

II

A par das doutas manifestações retrotranscritas, subsistem, como estes mesmos doutrinadores admitem, em oposição aos seus ensinamentos, a adoção do regime celetista como único, em larga escala utilizado, estribado em doutrina contrária, que permite a sua utilização a gerir os servidores municipais, preocupação deste tema.

Isto porque, se o regime adotado tivesse de ser, única e exclusivamente, o estatutário, não haveria preocupação em delimitar-se o alcance do dispositivo inserto no § 2º do art. 39, da Constituição: todos os estatutos deverão conter, no mínimo, aqueles direitos ali enumerados.

Todavia, parece-se-nos absolutamente claro que os dispositivos constitucionais mencionados se aplicam tanto aos funcionários estatutários quanto aos empregados celetistas, compreendidos que estão no gênero servidor público.

Assim, a esse propósito, os princípios constitucionais só podem e devem ser entendidos como de resguardo dos interesses da administração em paridade com os interesses dos servidores, e não só desses, em detrimento daquela.

Inteligência do texto constitucional e o FGTS

I

Partindo-se da premissa de ausência de privilegiar interesses, e aplicando-se a todos os funcionários, indistintamente, o preceituado pela Carta Constitucional, analisemos o alcance da norma contida no § 2º do art. 39 que elenca quais os direitos garantidos enumerando os incisos do art. 7º daquele diploma.

Ora, se a Constituição, no supracitado parágrafo, deixou de enumerar o inciso III do art. 7º — FGTS — Fundo de Garantia do Tempo de Serviço, é porque este, positivamente, não alcança o gênero servidor público, independentemente do regime jurídico adotado.

II

Em acórdão exarado pelo Supremo Tribunal Federal, em Ação Direta de Inconstitucionalidade, publicado na íntegra na *Revista de Direito do Trabalho* 80, pp. 169/177, cujo relator foi o insigne

Ministro Carlos Velloso, merece transcrição o seguinte excerto: "É certo, assim, que as relações do servidor público com o Estado são diferentes daquelas que se estabelecem entre empregado e patrão. Por isso, não é viável dar-lhes tratamento igual e nem a Constituição o fez. Tanto isso é verdade que, quando quis conferir ao servidor público alguns dos direitos atribuídos aos trabalhadores em geral, a Carta mandou aplicar-lhe os preceitos correspondentes. Se ambas as categorias tivessem o mesmo *status*, os servidores públicos só por isso gozariam dos mesmos direitos daqueles trabalhadores, não havendo razão para a Carta mandar aplicar-lhe as normas que os prevêem. E mais: os próprios preceitos constitucionais sobre servidores públicos, de acatamento obrigatório por todas as pessoas políticas, demonstram a diversidade de tratamento, com a concessão, em favor do interesse público, de garantias inexistentes para os empregados privados" (ob. cit., p. 170).

O empregado público, que goze de estabilidade advinda de concurso público, tem atribuídas a si garantias que o empregado privado não possui.

Assim, a despedida imotivada tem como fator de equilíbrio e, porque não dizer, reveste-se de caráter compensatório em favor do empregado comum, a liberação obrigatória dos depósitos do FGTS efetuados na conta vinculada do empregado, com inclusive multa decorrente de tal rescisão contratual.

Mas no serviço público, independentemente do regime jurídico, inocorre, por óbice legal, a despedida imotivada. E, portanto, não há sentido em depósito em conta vinculada que tem como fator precípuo a possibilidade de perda do vínculo contratual a qualquer momento, se isso inexiste na relação administração pública — empregado público.

III

Em publicação efetuada no *Boletim de Direito Municipal* n. 7, Ed. NDJ, de julho de 1993, parecer da lavra de Ivan Barbosa Rigolin, assim se manifesta: "Inaplicabilidade do sistema do FGTS aos servidores públicos municipais. 1. A teor da exclusão praticada pela Constituição Federal, não se aplica o sistema do Fundo de Garantia do Tempo de Serviço, FGTS, aos servidores públicos de qualquer esfera de governo, salvo se por expressa autorização legislativa local, em atenção ao princípio, igualmente constitucional, da legalidade da despesa pública" (p. 395).

Colhe-se do corpo do referido parecer, os seguintes excertos: "Do elenco de 33 (trinta e três) incisos do art. 7º cada qual conferindo um direito social ao trabalhador, apenas 16 (dezesseis) foram estendidos aos servidores públicos, a metade, portanto, do total. Isso se deu, seguramente, em virtude da já exposta discrepância fundamental entre o feixe próprio de prerrogativas dos obreiros das empresas privadas e aquele dos trabalhadores do serviço público da administração indireta, autárquica e fundamental, de qualquer esfera de governo, no Brasil. (...) Se o servidor público, independentemente do seu regime jurídico — entendeu por certo o constituinte —, se torna estável, quando concursado, após dois anos de exercício do cargo ou do emprego, por que lhe assegurar FGTS, que só poderia liberar em caso de demissão injusta, quando esta está proibida? Se, por outro lado, não podem existir servidores 'instáveis' no serviço público — salvo aqueles em estágio probatório, que inobstante essa condição também estão protegidos contra demissão imotivada, conforme legislação estatutária e até mesmo duas Súmulas do Supremo Tribunal Federal, ns. 20 e 21 —, então não haveria por que a Constituição estender o direito ao FGTS aos servidores públicos, salvo se por alguma dessas desabusadas e demagógicas prodigalidades contra o erário, a qual, além disso, aqui restaria tecnicamente injustificável. O só fato de ser servidor público da Administração direta, autárquica ou fundacional pública exclui a esse servidor a aplicabilidade do FGTS — eis o que ainda se custa a perceber. O raciocínio, em verdade, é dos mais simples, e não enseja nem admite o cipoal de malabarismos e mandracarias interpretativas que freqüentemente se observa até mesmo por juristas renomados, seguramente surpreendidos ou até hoje estonteados com a novidade constitucional — ainda que decorridos quase cinco anos de novidade: — Se celetista é servidor público (cf. CF/88, art. 37, I); — Se o art. 39, § 2º, excluiu a extensividade do direito social previsto no inc. III do art. 7º, FGTS, aos servidores da Administração direta, autárquica e fundacional, então esses servidores, pura e simplesmente, a teor apenas da Constituição, perderam o direito desde a edição da Carta a terem FGTS recolhido em seu nome'' (parecer cit., p. 399).

E mais adiante conclui: ''É assegurado constitucionalmente ao município, que não tenha editado lei autorizando-se a recolher FGTS em nome de seus servidores celetistas, o direito de não recolhê-lo. Mais que assegura, sem referida lei é proibido tal recolhimento, já que a Constituição excluiu o FGTS dos direitos sociais aplicáveis aos servidores públicos brasileiros'' (parecer cit., p. 405).

Idêntico raciocínio é esposado pelo citado doutrinador, em sua obra *Comentários ao Regime Único dos Servidores Públicos Civis*: ''Parece-nos que o FGTS não é devido a qualquer servidor público brasileiro desde a edição da Constituição, que retirou a autorização para recolhimento, em nome de qualquer servidor, por força de exclusão do inc. III, do art. 7º, do rol de incisos constantes do § 2º, do art. 39. Com efeito, apenas alguns direitos sociais criados pela Constituição para o trabalhador, ou por ela mantidos, são aplicáveis aos servidores públicos, por força do § 2º do art. 39; e entre esse não está o Fundo de Garantia do Tempo de Serviço'' (Ivan Barbosa Rigolin, ob. cit., 3ª ed., Saraiva, 1994, p. 370).

À guisa de fundamentação, cumpre-nos trazer ainda à colação elevados entendimentos doutrinários, que dissipam a controvérsia.

Examinando a questão, o Professor Arion Sayão Romita assim se manifesta: ''Criou-se uma situação paradoxal: os antigos empregados, atualmente servidores públicos, são titulares de depósitos bancários no FGTS. Mas o sistema de FGTS é incompatível com o regime jurídico dos funcionários públicos: estes gozam de estabilidade no serviço público, enquanto o FGTS tem por finalidade garantir o tempo de serviço, já que exclui o direito à estabilidade... Não há, nunca ouve e nem pode haver extensão do FGTS aos funcionários públicos: a Constituição, no art. 37, § 2º, estende aos funcionários inúmeros incisos do art. 7º, mas não o inciso III, que alude exatamente ao Fundo de Garantia do Tempo de Serviço'' (*Regime Jurídico dos Servidores Públicos Civis*, LTR, 1993, p. 21).

Reside na apontada incompatibilidade a preocupação da temática versada neste estudo.

A inteligência da norma constitucional não permite qualquer dúvida.

O Sistema do FGTS é incompatível com o regime do servidor público, seja ele estatutário, por óbvio, ou seja ele celetista.

Não se pode permitir, por outro lado, sequer imaginar-se, do ponto de vista jurídico, que os direitos que se consolidaram na esfera dos servidores que permaneceram no regime celetista a partir da vigência da atual Magna Carta, adquiriram, por força do recolhimento até então efetuado, a continuidade do benefício do FGTS.

A viger dispositivo constitucional inovador, a expectativa de continuidade do versado recolhimento não se lhes pode ser assegurada, ao abrigo de pretensa aquisição de direito.

Em matéria de fundamentação doutrinária não se pode deixar também de citar o ilustrado administrativista Diógenes Gasparini, que em sua obra intitulada *Direito Administrativo*, reforça o entendimento: "Por força do § 2º do art. 39 da Constituição Federal, alguns direitos conferidos aos trabalhadores em geral foram outorgados aos servidores públicos civis. Isto não significa que outros servidores da Administração Pública, a exemplo dos governamentais, não tenham iguais direitos. Por evidente que têm. São trabalhadores que se enquadram nos termos do art. 7º da Constituição Federal. Significa, isto sim, que os servidores públicos civis, que em razão do regime jurídico institucional que lhes prescreve a Constituição Federal, não fariam jus a esses direitos, passam a desfrutá-los por força desse preceptivo. Atente-se que, além dos direitos próprios do regime institucional e desse que lhes outorgou esse parágrafo, nada mais pode ser concedido a essa espécie de servidores. Não se pode, conforme já decidiram nossos tribunais, ampliar o rol dos direitos que marcam o regime institucional (*RTJ* 58:306).

"De conformidade com o § 2º do art. 39 da Lei Maior, dos direitos outorgados pelo art. 7º aos trabalhadores urbanos e rurais, *apenas os indicados nesse parágrafo são aplicáveis aos servidores públicos civis*" (grifos nossos, aut. e ob. cit., Saraiva, 1992, pp. 152-153).

Conclusão

Como noticiado no preâmbulo deste, cinge-se a preocupação desta temática em respaldar os Municípios de argumentação jurídica capaz de inverter a incômoda posição na qual se encontram.

Inicialmente, quanto àqueles que elegeram como regime jurídico único a disciplinar as relações com seus servidores, a adoção da Consolidação Trabalhista, e, portanto, tendo em seus quadros, empregados públicos permanentes.

A Lei federal n. 8.036/90, por absoluta impossibilidade jurídica, não pode ser invocada contra a norma constitucional.

Desta feita, não cabe ao órgão gestor do Fundo de Garantia — Caixa Econômica Federal — a exigência da apresentação do Certificado de negativa de débito para com o FGTS, a partir de 5.10.88, repita-se, incompatível com o serviço público, de modo geral.

Como a exigência, sabe-se, persiste perante aquele órgão, para obtenção de todo e qualquer repasse de recursos, mormente os advindos da esfera federal, é necessária a coragem de provocar a prestação jurisdicional em seu favor.

Coragem, em primeiro lugar, para propor ações dessa natureza, baseados na fundamentação jurídica aqui esposada, e em segundo lugar, para fazer uso da via jurisdicional adequada — foro privilegiado da Justiça Federal.

Consoante sobejamente demonstrado, razão assistente ao Município de insurgir-se contrário ao pagamento de tal ordem, e é isto o que poderá fazê-lo, através da competente Ação Declaratória de Inexistência de Débito.

No entanto, corre o risco de ver frustrada tal demanda, posto que, na iminente necessidade de obter a pretendida negativa de débito, não pode aguardar o deslinde final da ação, cujo lapso de tempo entre a sua propositura e o trânsito em julgado da sentença, quiçá favorável, ou efetua os pagamentos, ou na carência do Certificado, fica impedido de ver transferidos os recursos, que por direito, lhe pertencem.

Poderá então o Município requerente invocar a tutela jurisdicional cautelar, estribado nos requisitos fundamentais para alcançar tal providência, quais sejam, *periculum in mora* e o *fumus boni juris*.

O *periculum in mora*, assim definido como um dano potencial, emergente, objetivamente apurável, um risco de que o processo principal possa se demonstrar imprestável caso se concretizem os pagamentos exigidos, ou de outra sorte, venha impedir o recebimento dos recursos, por falta de certidão necessária, estará plenamente demonstrado.

O dano é, portanto, fundado, grave e de difícil reparação, justificando-se, por si, a atuação do poder geral de cautela.

Na lição do eminente processualista Humberto Theodoro Júnior, a definição de tais requisitos estatuídos pelo art. 798, do Digesto Processual Civil, assim se explica: "Receio fundado é o que não ocorre de simples estado de espírito do requerente, que não se limita à situação subjetiva de temor ou dúvida pessoal, mas se liga a uma situação objetiva, demonstrável através de algum fato concreto. Perigo de dano próximo ou iminente é, por sua vez, o que se relaciona com uma lesão que provavelmente deva ocorrer ainda durante o curso do processo principal, isto é, antes da solução definitiva ou de mérito. Por fim, o dano temido, para justificar a proteção cautelar, há de ser a um só tempo, grave e de difícil reparação, mesmo porque as duas idéias se interpenetram e se completam (...)" (*Curso de Direito Processual Civil*, 9ª ed., vol. II, Forense, pp. 367/368).

O *fumus boni juris*, ou seja, a plausibilidade do direito invocado, também encontra-se fartamente demonstrado. No dizer do citado processualista, "para merecer a tutela cautelar, o direito em risco há de revelar-se apenas como o interesse que justifica o "direito de ação", ou seja, o direito ao processo de mérito... O que se perquire, na espécie, é apenas a ocorrência das condições do direito de ação, portanto" (ob. cit., pp. 366/367).

O direito do Município estará, de tal sorte fundamentado, possuindo liquidez e certeza, o que justificará a concessão de liminar que vise compelir o órgão gestor do FGTS a conferir, liminarmente, o Certificado de Regularidade, enquanto se discute, na ação principal, de cunho declaratório, a inexistência de tal débito.

De outro modo, poderá optar pela via do Mandado de Segurança, a nosso ver, igualmente cabível para discussão do problema, com o pedido de liminar respaldado nas mesmas razões de cunho processual.

No que se cinge às ações diretas de inconstitucionalidade que culminem por devolver aos servidores estatutários beneficiados pela transposição automática a condição de celetistas, igualmente não podem os Municípios resignar-se à sua própria sorte.

O passivo trabalhista então criado abrangeria o momento inicial da transposição, e este interregno, assombrado pela inexistência do Fundo de Garantia não recolhido.

Nesse particular, se nos afigura duas situações distintas: os Municípios cujas ações diretas já obtiveram julgamento desfavorável e aqueles cujas ações encontram-se em trâmite, conforme exemplos práticos já enumerados.

Na primeira situação, caberá, de pronto, a impetração das ações enumeradas, para evitar que, em momento próximo, estejam as autoridades fiscalizadoras a exigir o pagamento da dívida ou parcelamento da mesma, o que por certo ocorrerá, com o endividamento assoberbado daquelas pessoas jurídicas.

Na segunda situação, nos parece também cabível a propositura de tais demandas, mas com a possibilidade de o órgão jurisdicional julgador, pela via da conexão, aguardar o julgamento da ação direta, à qual o Município impetrante necessariamente se reportará.

Resta ainda, a final, perquirir-se: e todos aqueles Municípios que vêm, religiosamente, depositando na contas vinculadas de seus servidores tão significativa importância para os cofres públicos, que, quiçá, pudesse ser aplicada, até, na melhoria salarial de seus próprios empregados?

Também, pelos próprios e jurídicos fundamentos desta tese, a interrupção dos pagamentos se faz premente, com a discussão dos futuros pela via judicial adequada e já apontada.

De modo similar, se pagamentos indevidos foram realizados, forma legal também os assiste de buscar tão vultosas importâncias, em devolução, através de ação de repetição de indébito.

A esse propósito o já citado parecerista Ivan Barbosa Rigolin, adverte: "Ainda que recolhido, segundo entendemos, de modo inconstitucional, o que não geraria direito adquirido à incorporação definitiva ao patrimônio dos beneficiários, deixamos de recomendar com a mesma ênfase o pedido de devolução do FGTS já recolhido, inobstante o rigor do mesmo princípio, incidente sobre a matéria, da indisponibilidade dos interesses públicos, citado anteriormente. O caso é diferente. Ainda que nos pareça evidente que o município não devia FGTS a seus servidores, e que qualquer recolhimento aconteceu ao desabrigo de amparo constitucional, é preciso reconhecer que, em razão da controvérsia que — a nosso ver sem razão alguma — até hoje nos meios jurídicos circunda a matéria, e também em razão de que o erro de recolher FGTS por municípios foi bastante generalizado no Brasil, não se pode culpar o prefeito que simplesmente, por falta de mais firme orientação nessa questão que tem embaraçado até os doutos, manteve a regra dos recolhimentos conforme a lei mandava antes de editar a Constituição. Por esse motivo, que antes representa uma tentativa de conciliação dois ordenamentos que hoje são conflitantes do que por razões puramente jurídicas, e inobstante a cogência, referida, do princípio da indisponibilidade dos interesses públicos, desaconselhamos a repetição de indébito — a qual, entretanto, reconheça-se, é perfeitamente jurídica" (parecer cit., p. 405).

Cumpre ainda salientar-se que a versada inaplicabilidade do sistema do Fundo de Garantia não se pode estender aos servidores celetistas que remanescem na administração em situação irregular de não concursados e não estabilizados, bem como aqueles contratados temporariamente, pelo regime da CLT, para atender situações excepcionais e urgentes.

Isso porque, em ambas as situações, não há garantia no emprego e, portanto, devido o FGTS. Reafirme-se, somente em tais e específicos casos.

Antes de finalizar, não é despiciendo acrescer-se que todas as demandas judiciais apontadas como solução da problemática aventada são por evidente, morosas e nada facilitadas a quem se propõe abraçá-las.

Em primeiro lugar, dada a natureza da discussão, que desde já admite-se passível de entendimento diverso em nosso Poder Judiciário, o que como advogados e juristas não se pode olvidar.

Em segundo, posto tratar-se de foro privilegiado da Justiça Federal a propositura de quaisquer das demandas enumeradas, órgão jurisdicional este, como de resto todos da Justiça brasileira, atropelados pelo elevado número de processos, com autoridades judicantes que laboram sem o necessário aparelhamento a lhes dar cobertura.

Mas todos estes infortúnios não podem e não devem servir de escusa para que as autoridades municipais deixem de discutir seus direitos e abandonem-se a sua própria sorte.

Julho de 1994

Bibliografia

Bandeira de Mello, Celso Antônio, *Curso de Direito Administrativo*, 5ª ed., São Paulo, Malheiros, 1994.

_____ *Regime Constitucional de Servidores da Administração Direta e Indireta*, São Paulo, Ed. RT, 1991.

Dallari, Adílson Abreu, *Regime Constitucional dos Servidores Públicos*, 2ª ed., São Paulo, Ed. RT, 1990.

Figueiredo, Lúcia Valle, *Curso de Direito Administrativo*, São Paulo, Malheiros, 1994.

Gasparini, Diógenes, *Direito Administrativo*, São Paulo, Saraiva, 1992.

Rigolin, Ivan Barbosa, *Boletim de Direito Municipal* 7, Ed. NDJ, 1993.

_____ *Comentários ao Regime Único dos Servidores Públicos Civis*, São Paulo, Saraiva, 1994.

Romita, Arion Sayão, *Regime Jurídico dos Servidores Públicos Civis*, São Paulo, LTR, 1993.

Theodoro Jr., Humberto, *Curso de Direito Processual Civil*, vol. III, Rio de Janeiro, Forense, 1991.

FUNÇÃO ADMINISTRATIVA NO ESTADO BRASILEIRO

YARA MARTÍNEZ CARVALHO E SILVA STROPPA
Mestranda da Faculdade de Direito da Universidade Católica de S. Paulo

I — Introdução. II — As funções do Estado segundo a doutrina: *1. Otto Mayer; 2. Renato Alessi; 3. Agustin A. Gordillo; 4. Oswaldo Aranha Bandeira de Mello; 5. Francis-Paul Bénôit; 6. Elementos preliminares à identificação da função administrativa.* III — A função de governo: *7. Função de governo distinta das demais funções estatais; 8. Ausência da utilidade na distinção de uma função de governo.* IV — A função administrativa no Estado de Direito brasileiro: *9. Adoção da tripartição das funções estatais; 10. Critério objetivo-formal para identificar as funções estatais; 11. Função legislativa; 12. Função jurisdicional; 13. Função administrativa: 13.1 Considerações preliminares; 13.2 Exame das características; 13.3 Princípios basilares e a Constituição Federal; 13.4 Conceito.*

I — Introdução

Muito embora seja pacífico o entendimento de que o Direito Administrativo, plasmado como disciplina autônoma a partir do surgimento do Estado de Direito, tem por objeto a atividade administrativa, a identificação dos traços tipificadores dessa atividade não encontra a mesma unicidade.

É certo que, originariamente, a divisão dos poderes proposta por Montesquieu, em seu *De l'Esprit des Lois*, divulgado em 1748 e dedicado à Constituição da Inglaterra, significa que cada órgão do Estado (identificado sob o vocábulo "poder") deva ter, a seu cargo, uma só função estatal, com a finalidade de coordenar o exercício do poder público e evitar pudesse ser fonte de despotismo ou arbitrariedade.

Eis porque, na companhia de Agustin Gordillo, é possível ver naquela teoria o gérmem dos conceitos de legislação, administração e justiça.

Todavia, a prática da teoria do barão de la Brede e Montesquieu veio a demonstrar que cada órgão do Estado não se limita, unicamente, à função que lhe corresponda. Vale dizer: as atividades legislativa, administrativa e judicial não estão, respectiva e exclusivamente, a cargo de órgãos legislativos (Poder Legislativo), administrativos (Poder Executivo) e judiciários (Poder Judiciário), cuja identificação é cuidada na Constituição de cada Estado a qual, por sua vez, atribui a cada estrutura orgânica ("poder") o exercício preponderante de uma daquelas ações e, secundariamente, as outras duas.

Por outro lado, a ampliação e alteração das atividades do Estado contemporâneo, em decorrência das exigências oriundas da própria sociedade, aliada à preocupação com o desenvolvimento dessa mesma sociedade e com a valorização de cada um de seus integrantes, vai mudando a figura do Estado de Direito.

Deixa de ser o Estado de mera legalidade para a ampla constitucionalidade e se afirma, em nossos dias, no Estado Social, "que toma e mantém do primeiro o respeito aos direitos individuais e é sobre esta base que constrói seus próprios princípios".[1]

A conjugação desses fatores provoca a evolução contínua dos conceitos das funções do Estado e reforça a busca dos publicistas na identificação de critérios distintos e informadores que lhes permitam caracterizar cada uma delas, particularmente a denominada "função administrativa", pois é esta o objeto do Direito Administrativo.

O conhecimento desse labor doutrinário afigura-se-nos de capital relevância para atingirmos nosso objetivo: destacar os elementos necessários à caracterização da função administrativa no Estado brasileiro, segundo o sentido, o conteúdo das normas que integram o ordenamento jurídico constitucional em vigor, pois o objeto da ciência jurídica, na afirmação de Hans Kelsen, são as normas jurídicas. "Apreender algo juridicamente não pode, porém, significar senão apreender algo como Direito, o que quer dizer: como norma jurídica ou conteúdo de uma norma jurídica, como determinado através de uma norma jurídica".[2]

Para delimitarmos a função administrativa, pretendemos verificar da existência ou não, em nosso Estado, de uma função de governo distinta daquela, uma vez que, sobre este aspecto, a doutrina, nacional e estrangeira, tem exposto defensores e opositores.

II — As funções do Estado segundo a doutrina

Impende assinalar, de imediato, que o registro a ser feito em relação à doutrina está circunscrito ao universo dos seguintes autores: Otto Mayer, Renato Alessi, Agustin A. Gordillo, Oswaldo Aranha Bandeira de Mello e Francis-Paul Dénôit.

1. Otto Mayer

Após caracterizar a Administração como atividade do Estado para cumprimento de seus fins, opondo-se, desta forma, à Constituição, que prepara essa atividade, Otto Mayer[3] afirma que a noção de atividade administrativa só poderá ser fixada desde que considerada a conhecida triplicidade de funções: legislação, administração e justiça, atividades mediante as quais o Estado tende a realizar os seus fins. O que vai distingui-las são os modos de efetivar essa realização.

1.1 Alertando para o fato de que a distinção não deve ser buscada na simples etmologia das palavras, pois, originariamente, todas as atividades do Estado estavam compreendidas sob o termo *governo*, dele se separando paulatina-

1. Agustin A. Gordillo, *Princípios Gerais do Direito Público*, trad. brasileira de Marco Antonio Greco, São Paulo, Ed. RT, 1977, p. 74.

Ressalta-se que o Estado brasileiro, nos termos da Constituição de 1988, constitui-se em "Estado Democrático de Direito" (art. 1º, *caput*), "destinado a assegurar o exercício dos direitos sociais e individuais, a liberdade, a segurança, o bem-estar, o desenvolvimento, a igualdade e a justiça como valores supremos de uma sociedade fraterna, pluralista e sem preconceitos, fundada na harmonia social e comprometida, na ordem internacional, com a solução pacífica das controvérsias..." (Preâmbulo).

2. *Teoria Pura do Direito*, trad. portuguesa de João Batista Machado, Armênio Amado Ed., 2ª ed., Coimbra, vol. I, 1962, pp. 135/136.

3. *Derecho Administrativo Alemán*, trad. de Horácio H. Heredia e Ernesto Krostoschin, Buenos Aires, Editorial Depalma, 1949, pp. 3 a 16.

mente, em razão do desenvolvimento histórico, Otto Mayer passa a formular sua teoria.

1.2 Justiça, a primeira a se separar, é, em princípio, a atividade do Estado destinada à manutenção da ordem jurídica sob a égide do poder público.

Como na época em que se separou do Governo não havia tribunais a não ser para observância do Direito Civil e Penal, a justiça conservou esse cunho. Assim, atualmente, justiça é a atividade do Poder Público destinada à manutenção da ordem jurídica e pertencente aos tribunais encarregados da aplicação do Direito Civil e Penal.

Todavia, ficam excluídos dessa função os atos necessários ao bom andamento da justiça (atos de gestão), tais como nomeação de funcionários, conservação de material e as atividades que, apesar de servirem à manutenção da ordem jurídica, por intermédio do Poder Público, não pertençam aos tribunais encarregados da aplicação do Direito Civil e Penal.

Assim, tanto aqueles atos de gestão como as decisões e atos dos tribunais administrativos pertencem à Administração.

A função judiciária, dessa forma, opor-se-ia à Administração pela ocorrência de dois elementos: um orgânico, ao levar em conta o órgão que exerce a atividade, e outro material, ligado à própria atividade.

1.3 Legislação, em princípio, significava o estabelecimento, pelo soberano, de regras gerais e obrigatórias para os súditos. Com a formação do Direito Constitucional, submetendo o Estado à Constituição, o exercício dessa atividade só poderá ser concebido se houver o concurso de um corpo representativo nacional.

A legislação pressupõe, sempre, a criação de uma regra de direito, qualquer que seja a fonte.

Eis, pois, os dois elementos próprios da função legislativa que a colocam em oposição à atividade administrativa: um orgânico, corpo representativo manifestando o poder soberano, e outro material, criação de regra de direito.

1.4 Fixadas essas distinções e demonstrando que tanto a função judiciária como a legislativa exigem aqueles dois elementos, Otto Mayer afirma que, estando ausente um deles, tanto a atividade justiça quanto legislação perderão suas características e ter-se-á, assim, a *Administração*, entendida como toda atividade estatal destinada à satisfação dos fins do Estado que, não sendo legislação nem justiça, encontra-se submetida à ordem jurídica (sob a lei) do próprio Estado. A ordem jurídica é, pois, para a Administração, o limite.

A idéia de Administração é, para Otto Mayer, idéia de submissão à ordem legal estabelecida pelo Estado (poder soberano). Não tem corpo representativo. Para defini-la, o autor utiliza um único elemento: a atividade.

Todavia, muito embora justiça, legislação e administração sejam as funções mediante as quais o Estado tende a realizar os seus fins, outras atividades são destacadas pelo autor. Assim, identifica nas decisões e atos de gestão para prover o funcionamento da Constituição (por exemplo, a convocação e a dissolução da Assembléia) uma atividade auxiliar do Direito Constitucional. Outras atividades, ainda, são aquelas realizadas pelo Estado, também para dar cumprimento a seus fins, mas submetidas às normas do Direito Internacional ("Direito das Gentes") e não à sua ordem jurídica interna. Todas essas outras atividades, diz ele, não são nem justiça nem legislação. Contudo, também não são Administração, o que permite ao autor afirmar não ser esta uma atividade definida negativamente (Administração é tudo que não for nem justiça nem legislação), como se poderia a princípio supor.

Finalmente, pode-se concluir ter Otto Mayer identificado, ainda, uma outra função: a de governo, entendida como a alta direção do Estado ("o poder do príncipe") que se manifesta à margem da lei.

2. *Renato Alessi*

Para o publicista italiano,[4] o Estado deve ser concebido como um ordenamento organizado, que encerra um sistema de normas e um sistema de poderes. O poder estatal distingue-se da função estatal pois, enquanto esta tem um sentido dinâmico (realização dos interesses do grupo social), o poder estatal, segmento do Estado encarregado de efetuar os interesses da sociedade, tem um sentido estático.

Embora distintas, as funções, da mesma forma que os poderes, são comumente distinguidas em legislativa, jurisdicional e administrativa.

2.1 Segundo ponto-de-vista não jurídico, *legislação* é, apenas, a promulgação de normas genéricas e abstratas. Todavia, em sentido jurídico, legislação consiste na emanação de atos de produção jurídica primária, entendendo-se o vocábulo "produção" no sentido de modificação de uma dada situação jurídica, com base no exercício direto e imediato da soberania do Estado.

Assim, muito embora o ato administrativo, a sentença e mesmo o negócio jurídico privado inovem no mundo jurídico, a lei com eles não se confunde, pois tem ela uma particularidade: é uma inovação primária no exercício direto e imediato do poder soberano do Estado.

Por outro lado, sempre que o ato de produção jurídica for, também, geral e abstrato, implicando, assim, uma função normativa, seu caráter será mediato e a sua atuação em concreto dependerá de um ato posterior, de produção jurídica complementar.

2.2 Por seu turno, a *jurisdição* é a atividade do Estado voltada a assegurar o cumprimento das normas. Eis o seu sentido comum. Todavia, em sentido estritamente jurídico, jurisdição é a emanação de atos de produção jurídica subsidiários dos primários, com a finalidade de obter, de alcançar a concretização coativa dos atos primários. O órgão estatal permanece acima e à margem das relações a que os atos se referem.

2.3 A atividade administrativa igualmente tem um sentido comum e um sentido jurídico.

Segundo a noção comum, a *administração* é a atividade concreta do Estado, dirigida, através de uma ação positiva, à realização dos fins concretos de segurança, progresso e bem-estar da coletividade.

Em sentido jurídico, porém, a administração é a emanação de atos de produção jurídica complementar, na aplicação concreta do ato de produção jurídica primário e abstrato contido na norma legislativa.

Sua característica está na circunstância de o órgão estatal ser parte das relações a que se referem os atos, numa posição sempre de superioridade.

A função administrativa encontra-se subordinada à função legislativa, em decorrência do princípio da legalidade que fundamenta essa atividade.

Alessi assinala, ainda, uma função política ou de governo ao lado da função administrativa. Para ele, muito embora a doutrina não tenha definido seus caracteres e limites, tal função seria a atividade política e prejurídica tendente a determinar os fins de ação do Estado.

3. *Agustin A. Gordillo*

Vendo surgir na divisão orgânica dos poderes, alicerçada por Montesquieu, o

4. *Instituciones de Derecho Administrativo*, trad. espanhola de Buenaventura Pellisé Prats, Barcelona, Bosech Editora, vol. I, 1970, pp. 5 a 25.

gérmem das noções de legislação, jurisdição e administração, Gordillo[5] inicia por comprovar que tanto os órgãos legislativos como os jurisdicionais exercem funções administrativas. E mais: os próprios órgãos do Poder Executivo praticam atos materialmente semelhantes àqueles praticados pelo Poder Legislativo e pelo Poder Judiciário, atos esses, porém, submetidos ao regime jurídico do Direito Administrativo.

Face a essa constatação, passa a analisar os critérios orgânico, material e negativo utilizados pelos doutrinadores, concluindo serem insuficientes para explicar, em particular, a função administrativa. Propugna, então, a adoção de um critério misto, conjugando os aspectos orgânico e material, para definir cada uma das funções do Estado.

3.1 A *função legislativa*, segundo Gordillo, é a "edição de normas jurídicas gerais feitas pelo Congresso". Nesta definição encontra-se o elemento material (objetivo), divulgado pelo conteúdo da função — expedição de normas jurídicas gerais — e o orgânico (subjetivo), ao atrelar a função ao órgão Poder Legislativo, em que pese ter o autor empregado a expressão "Congresso".

Portanto, os regulamentos editados pelo Executivo ou pelo Judiciário, embora materialmente iguais à lei, não têm o mesmo regime jurídico desta, e não podem opor-se a elas. São, em verdade, atos administrativos.

3.2 Para a *função jurisdicional*, por ser, do ponto-de-vista material, a "decisão com força de verdade legal de uma controvérsia entre partes", Gordillo demonstra que o seu regime jurídico característico, específico, torna imprescindível tenha a decisão caráter definitivo e seja produzida por um órgão imparcial e independente.

Assim, a função jurisdicional é definida como a decisão com força de verdade legal de controvérsia entre partes, feita por um órgão imparcial e independente.

O elemento material está consubstanciado no poder de decidir definitivamente, caracterizando o elemento orgânico o órgão realizador dessa atividade, que são órgãos jurisdicionais, imparciais e independentes.

Como a decisão de controvérsia emanada do Executivo não tem definitividade, por ser passível de revisão pelo Poder Judiciário, ela não se submete ao regime jurídico da função jurisdicional específica do Poder Judiciário.

O mesmo raciocínio e conclusão cabem ao Poder Legislativo, mesmo quando promana "juízos políticos", pois nada mais serão do que atos eminentemente administrativos, ressalta Gordillo.

3.3 Ao examinar a *função administrativa*, o mestre argentino registra duas constatações para demonstrar não ter ela um conteúdo único: expede regulamentos que, quanto ao seu conteúdo material, são normas jurídicas gerais, e decide controvérsias entre partes — decisão administrativa. De outro lado, a atividade administrativa é exercida por todos os Poderes do Estado, sob o mesmo regime jurídico próprio da função administrativa.

Por essas razões, define a função administrativa como toda atividade que realizam os órgãos administrativos e a atividade que realizam os órgãos legislativos e os jurisdicionais, excluídos, respectivamente, os atos e fatos materiais e organicamente legislativos e jurisdicionais.

4. *Oswaldo Aranha Bandeira de Mello*

O publicista brasileiro,[6] preliminarmente, admite o Estado como organiza-

5. *Tratado de Derecho Administrativo*, Ediciones Marchi-Lopes, t. 1, 1974, Cap. VII, "Las funciones del Estado".

6. *Princípios Gerais de Direito Administrativo*, 2ª ed., Rio de Janeiro, Forense, vol. I, 1979, pp. 1 a 41.

ção jurídica de um povo em dado território, sob um poder soberano, para a realização do bem comum de seus membros. Esse Estado pressupõe, de um lado, a ordenação jurídica do Estado — poder, como instrumento para a consecução do fim almejado pelo Estado-sociedade, e, de outro lado, a ordenação jurídica do Estado-sociedade, que diz respeito à organização jurídica da vida social dos indivíduos que compõem o seu povo nas diversas relações presididas pelo Direito Público e pelo Direito Privado.

Assim, afirmando não ser possível confundir os órgãos do Estado-poder (Legislativo, Executivo e Judiciário) com suas funções e nem mesmo com as ações que os especificam, faz a seguinte análise a partir das ações do Estado-poder.

4.1 A *ação legislativa* e a *executiva* nada mais são do que duas manifestações, dois momentos distintos de uma mesma função, de uma mesma faculdade do Estado-poder: a realização e a integração da ordem social.

Englobam, ambos, preocupação similar: criar novas utilidades sociais e melhorar as já existentes, através de normas jurídicas que dispõem sobre elas ou através de atos jurídicos ou atos materiais que as concretizem.

Essas ações consideram os fins utilitários do Estado-poder, mediante o estabelecimento do programa de ação (através da ação legislativa) e sua efetivação (através da ação executiva). Por essa razão, Oswaldo Aranha Bandeira de Mello, preconizando ser a ação legislativa e a ação executiva dois momentos sucessivos de uma mesma função, chama a esta de "função administrativa", mediante a qual o Estado-poder pratica os atos jurídicos como parte.

4.2 Já a *ação judicial* distingue-se das duas ações anteriores pela natureza do seu objeto, pela sua essência, pois sua preocupação é manter a ordem jurídica em vigor, assegurar o direito vigente (quando ameaçado ou desrespeitado) e a realização efetiva da decisão.

A ação judicial envolve o exercício da função jurisdicional, de dizer o direito dos litigantes. Nela, o Estado-poder atua como terceiro, substituindo, através dessa função pública, a atividade das próprias partes que, por si mesmas, não conseguiram harmonizar os respectivos interesses.

4.3 Dessa forma, o Estado-poder atua por meio de duas faculdades fundamentais, correspondentes a duas funções típicas: a função administrativa e a função jurisdicional.

A "*função administrativa*" tem por objeto, tanto da ação legislativa como da executiva, a utilidade pública a ser alcançada mediante a sistematização de uma ordem jurídica (promulgação de normas jurídicas) e a execução de atos jurídicos concretos e atividades materiais complementares fundamentados naquelas normas. O Direito, assim, é mero instrumento de efetivação da utilidade pública. Na função administrativa, a ação do Estado-poder é de integração da ordem jurídica, mediante o seu estabelecimento e a sua atuação.

Já a "*atividade jurisdicional*" tem por objeto o próprio Direito (sua razão de ser), com o fim de manter a ordem jurídica normativa vigente através da declaração ou da decretação, em definitivo, do direito das partes e da determinação de seu acatamento. A ação do Estado-poder é, assim, de reintegração da ordem jurídica, mediante seu asseguramento e fixação do seu sentido normativo.

5. Francis-Paul Bénôit

Distanciando-se do modelo de Montesquieu, Bénôit[7] divide o Estado em Estado-Nação e Estado-Coletividade.

7. *El Derecho Administrativo Frances*. Instituto de Estudios Administrativos, Madri, 1977.

"Estado-Nação é a coletividade pública a quem compete desincumbir-se das missões de criar o direito e definir a política geral do país, segundo um regime jurídico onde o conjunto se compõe do Direito Constitucional. É a nação politicamente organizada. De outra parte, o Estado-Coletividade é a coletividade pública cometida de realizar os serviços públicos, em regime de subordinação às normas emanadas pelas autoridades do Estado-Nação".

5.1 Para definir as funções estatais, Bénôit alerta para a necessidade de respeitar três condições:

a) distinguir arte de ciência, pois a idéia de função só assume validade científica enquanto exprimir realidades do direito positivo. Por essa razão, vê a teoria de Montesquieu tão-somente como arte, por representar uma descrição ideativa da Constituição inglesa. Assim, afirma: na ciência, "a existência precede a essência". Vale dizer: ao intérprete só cabe analisar o direito posto, afastando-se dos pré-conceitos;

b) definir cientificamente o conceito de função do Estado. Na medida em que a função reproduz um conjunto de missões exercidas segundo um mesmo regime jurídico, a análise científica deve expressar, globalmente, o conjunto indissociável que constitui o órgão e as missões que ele assume;

c) conceber como transitória a noção científica de função, pois as realidades do direito positivo encontram-se em permanente modificação.

5.2 Dentro dessa moldura, Bénôit conclui que as missões[8] do Estado-Nação se referem à criação do direito interno e à direção geral da política do país. No Estado francês, conclui ele, essas missões são da competência do Parlamento (função parlamentar) e do Governo (função governamental).

Já com referência às missões do Estado-Coletividade, representam elas o conjunto dos serviços prestados ao povo e exercitados pelos corpos administrativos. Tais missões se caracterizam pela subordinação.

Dentre as missões subordinadas, aponta:

a) função administrativa, agrupando missões da administração geral, de polícia e de gestão do domínio;

b) função judiciária, incumbida de decidir controvérsias entre as partes e de assegurar a repressão penal;

c) função educativa;

d) função de segurança;

e) função de pesquisa;

f) outras funções igualmente subordinadas e regidas pelo Direito Administrativo.

6. *Elementos preliminares à identificação da função administrativa*

Inobstante a exposição precedente tenha demonstrado existir, entre os autores examinados, divergência não só quanto à identificação das funções estatais, como em relação ao próprio conceito de cada uma delas, face aos diferentes critérios que lhes serviram de diretriz, é possível assinalar alguns elementos importantes à identificação do regime jurídico da função administrativa, dentro da perspectiva nuclear deste ensaio.

6.1 De imediato, entende-se que, na ordem jurídica do Estado de Direito, a Constituição representa o escalão mais elevado de Direito Positivo.

8. "Missão" significa um encargo definido por seu conteúdo, tal como fazer leis, relacionar-se com os Estados no plano internacional, manter a ordem interna etc. A missão, enfim, é explicitada e definida pelo seu próprio objeto, independentemente do órgão ao qual é pertinente. Não se confunde com função, pois esta exprime um conjunto de missões exercidas segundo um regime jurídico.

Como bem salienta Kelsen, o Direito possui a particularidade de regular a sua própria criação. Em razão do seu caráter dinâmico, "uma norma somente é válida porque e na medida em que foi produzida por uma determinada maneira, isto é, pela maneira determinada por uma outra norma, esta outra norma representa e fundamenta imediato de validade daquela". "A norma que regula a produção é a norma superior, a norma produzida segundo as determinações daquela é a norma inferior. A ordem jurídica não é um sistema de normas jurídicas ordenadas no mesmo plano, situadas umas ao lado das outras, mas é uma construção escalonada de diferentes camadas ou níveis de normas jurídicas".[9] Sendo assim, a aplicação do Direito é, simultaneamente, a produção do Direito. "Com efeito, se deixarmos de lado os casos limite — a pressuposição da norma fundamental e a execução do ato coercitivo — entre os quais se desenvolve o processo jurídico, todo o ato jurídico é simultaneamente aplicação de uma norma superior e produção, regulada por esta norma, de uma norma inferior". Como a criação da Constituição é determinada pela norma fundamental (que, por sua vez, tem de ser pressuposta, como exigência da razão, e não posta por determinação de outra norma), da sua (Constituição) aplicação ter-se-á a criação de normas jurídicas gerais, através da legislação, e, da aplicação destas últimas, realizar-se-á a criação de normas individuais, através das decisões judiciais e das resoluções administrativas. Prossegue ainda Kelsen: "uma norma, cuja produção não é, de forma alguma, determinada por uma norma superior não pode valer como uma norma posta dentro da ordem jurídica e, por isso, pertencer a essa ordem jurídica".[10]

9. Ob. cit., vol. II. pp. 64/65.

10. Ob. cit., vol. II, pp. 86/88.

6.2 A partir dessas diretrizes, a afirmação de Otto Mayer, no sentido de que a função administrativa é a atividade do Estado para a realização de seus fins e sob uma ordem jurídica, só poderá ser aceita desde que clareado o sentido dos termos por ele empregados.

Isto porque, ao sintetizar a distinção das três funções estatais fundamentais e reconhecendo que os fins do Estado são realizados por qualquer uma daquelas funções, Otto Mayer afirma: enquanto a função administrativa se realiza "sob" uma ordem jurídica, a legislação se desenvolve "sobre" essa ordem e a justiça tudo faz "para" essa ordem jurídica.

Ora, se todas as funções devem, segundo entendemos, estar submetidas a uma ordem jurídica, a distinção específica a caracterizá-las não pode ser encontrada na relação que tenham com a ordem jurídica. No Estado de Direito contemporâneo, a ordem jurídica é a Constituição.

Nesse sentido é a lição de Gordillo, ao afirmar que "Se o Estado há de estar integralmente submetido à Constituição, vale dizer, a um ordenamento jurídico imperativo (elemento que o assinala como Estado de Direito, em sentido positivo), não há de poder realizar ato algum que não seja previamente qualificado positiva ou negativamente pela ordenação jurídica mencionada" (in *Princípios Gerais de Direito Público*, trad. de Marco Aurélio Greco, São Paulo, Ed. RT, 1977, p. 93).

Todavia, mesmo não sendo um elemento específico, é inegável que a função administrativa guarda uma relação de submissão, uma relação de subsunção à ordem jurídica, submissão esta muito mais rígida, mais estrita, pois o Estado, no exercício dessa função, só pode fazer o que previamente lhe foi permitido, autorizado pela Constituição ou pela lei.

Como decorrência, no exercício da função administrativa, o Estado produz atos jurídicos complementares, na aplicação correta do comando contido não só na norma legislativa ("ato de produção jurídica primário e abstrato"), na afirmação de Alessi, como também da norma constitucional, no sentido que pretendemos fixar.

6.3 Contudo, não nos parece válido aceitar a afirmação, em Alessi, de ser característica da função administrativa a circunstância de o órgão estatal ser parte das relações a que os atos se referem. Inegavelmente, no exercício da função legislativa ou da função jurisdicional, o órgão Legislativo ou o Judiciário não são partes, não são interessados nas relações a que os atos (lei e sentença) por eles produzidos se referem. Porém, quando o Estado, no exercício da sua função administrativa, edita regulamentos (produzidos para propiciar a fiel execução das leis) ou mesmo quando instaura um procedimento administrativo para apurar, por exemplo, uma infração disciplinar cometida por um servidor, igualmente não é ele parte da relação. Como a noção de parte não vale para todas as hipóteses, não vemos como aceitar a possibilidade de definir a função administrativa como sendo aquela em que a Administração é parte.

6.4 Um outro dado importante, ressaltado por Alessi, refere-se à posição de supremacia, de superioridade da Administração nas suas relações com os particulares, em razão dos interesses que lhe cumpre proteger, realizar e assegurar: os interesses públicos. Essa posição de superioridade é assinalada por Celso Antônio Bandeira de Mello, quando afirma ser ela metaforicamente representada "como geradora de relações que se processam em nível de verticalidade, em contraste com a horizontalidade própria das relações privadas", pois o agente público que a constitui "atua a serviço de um interesse sobranceiro: o interesse público".[11] Por essa razão, o exercício do poder soberano do Estado, personificado na autoridade administrativa, "é o exercício de um poder cujo conteúdo é mais amplo, estendendo-se a modificações produzidas unilateralmente na esfera jurídica de terceiros: poder extroverso, neste caso", assevera Alessi.[12]

6.5 Da doutrina de Francis-Paul Bénôit extraímos a necessidade, já aqui apontada, de se distinguir entre visão científica e visão artística, no sentido de que a idéia de função estatal só assumirá validade científica enquanto exprimir realidades do direito positivo, pois "a existência precede a essência".

A ausência, neste passo, às contribuições extraídas de Oswaldo Aranha Bandeira de Mello, concebendo, com originalidade e coerência de argumentos, apenas duas funções no Estado (administrativa e jurisdicional) e de Agustin Gordillo (extremamente feliz tão-somente ao identificar o regime jurídico das funções legislativa e jurisdicional) justifica-se em razão da metodologia deste trabalho, conforme se pretende demonstrar logo a seguir.

6.6 Portanto, os elementos considerados úteis à identificação da função administrativa, até agora, são: *a*) submissão rígida à ordem jurídica; *b*) mediante produção de atos jurídicos complementares, na aplicação concreta de comandos contidos na Constituição ou nas leis; *c*) onde o Estado comparece numa posição de autoridade, de superioridade em relação aos particulares.

II — A função de governo

A princípio, o destaque ora titulado pode parecer alheio e inusitado ao tema central desse estudo.

11. *Ato Administrativo e Direitos dos Administrados*, São Paulo, Ed. RT, 1981, pp. 22/23.

12. Ob. cit., p. 252.

As razões motivadoras, contudo, encontram justificativa nas lições dos mestres, ao fazerem referência a uma atividade estatal identificada como de governo ou política, quer conferindo-lhe contornos de verdadeira função estatal, ao lado das funções legislativa, administrativa e jurisdicional, quer negando a possibilidade da sua existência autônoma, muito embora reconhecendo, alguns, que o Estado pratica atos políticos ou de governo no exercício de função puramente política e expedidos em nível infraconstitucional.[13]

O intuito não é esgotar o assunto mas, tão-somente, tecer algumas considerações necessárias à compreensão do objeto nuclear do presente trabalho: identificar o regime jurídico da função administrativa segundo o Direito Positivo brasileiro.

Para tanto, o exame ora iniciado se nos apresenta ungido de utilidade, uma vez que não há, no Estado brasileiro, uma função de governo distinta das demais. A demonstração desse entendimento deve passar, necessariamente, pelo conhecimento da posição defendida por aqueles que vêem a existência, no Estado, dessa quarta função.

7. *Função de governo distinta das demais funções estatais*

7.1 No título anterior, vimos Otto Mayer ressaltar que, no início, a palavra *governo* compreendia todas as atividades do Estado: legislação, justiça e administração. Contudo, continua ele, durante o processo de evolução do Estado, esses ramos foram se separando, um depois do outro. O primeiro foi a Justiça; a seguir, a Legislação, com a formação do novo Direito Constitucional; finalmente, a Administração, para designar um novo ramo de atividade estatal, se desprende do Governo.

Hoje, diz Otto Mayer, "se entende por Governo a alta direção, a impulsão, que parte do centro para ativar os negócios no sentido de uma boa política e do interesse geral", alta direção essa "que não se estende, por seus efeitos diretos, sobre o terreno do Direito".[14]

Em verdade, a identificação de uma outra função autônoma — a função governamental ou política — encontra sua origem sobretudo na doutrina francesa, alicerçada na diferenciação do chamado *acte de gouvernement* que, dado seu conteúdo político, está excluído do controle jurisdicional, segundo seus defensores. Talvez influenciado por essa doutrina Alessi tenha externado pensamento no sentido de ser, dita função, uma atividade política e "prejurídica" tendente a determinar os fins da ação do Estado.

7.2 Após fazer referência ao exemplo histórico do Primeiro Império francês, em que se separava o governo e a administração, Maurice Hauriau, um dos mais aguerridos defensores dessa corrente de opinião, assim delimita o campo de influência da função administrativa e o da função governamental: "1) A função administrativa consiste essencialmente em exercitar os assuntos comuns do público; 2) a função governamental consiste em resolver os assuntos excepcionais que interessam à unidade política em zelar pelos grandes interesses nacionais".[15]

13. Celso Antônio Bandeira de Mello, ao destacar os atos da Administração que, no seu entendimento, não se confundem com atos administrativos, aponta, inclusive, os atos políticos ou de governo, "submetidos a uma disciplina peculiar" (*Elementos de Direito Administrativo*, 3ª ed., São Paulo, Malheiros Editores, 1992, p. 117).

14. Ob. cit., p. 4. No mesmo sentido, Carlos Garcia Oviedo, *Derecho Administrativo*, Madri, t. 1º, 1943, p. 4.

15. *Précis de Droit Administratif et de Droit Public*, 10ª ed., pp. 17/19. Veja-se, igualmente, Miguel Marienhoff, *Tratado de Derecho Administrativo*, Abeledo — Perrot, Buenos Aires, t. II, 1966, pp. 684 e ss.

Para Hauriau, não se pode confundir "interesses do público" com "interesses nacionais", porque o público é uma formação individualista, cujos interesses também são individualistas, enquanto a Nação é uma coletividade orgânica, onde os interesses são coletivos.

Dessa forma, na função de governo ter-se-á a condução da Nação à realização de seus fins essenciais, segundo as grandes diretrizes de orientação política fixadas pelo Estado ("orienta a Nação para o caminho que foi determinado").

Os atos produzidos — atos de governo ficam, então, alheios ao controle judicial, pois a importância política do ato exige que a administração goze de ampla liberdade.

7.3 Perfilhando essa linha de pensamento, o espanhol Garcia-Trevijano Fos[16] salienta que a função de direção política do Estado, embora com variações em cada um dos sistemas políticos, será levada, depois e "como é natural", para a prática através da Administração, a fim de serem satisfeitas as necessidades gerais.

Assim, diz ele, uma função de direção política poderá ser a reforma agrária. A Administração, depois, dirá de que forma poderá ser feita essa repartição das terras: se deverá fazê-la expropriando, comprando, parcelando etc. Trata-se, assim, diz ele, de duas funções cronologicamente sucessivas. Uma coisa é o "ato de governo". Outra, é o "ato do Governo".

Buscando provar não se tratar de um jogo de palavras, Garcia-Trevijano Fos assinala: quando um Ministro participa do Conselho de Ministros, pratica atos de governo. Porém, quando se encontra à frente do seu Ministério, apenas pode administrar.

Embasado na alínea *b* do art. 2º, da Lei de Jurisdição contencioso — administrativa espanhola, de 27.12.56, Fos afirma que os atos de governo que dizem respeito *a*) à defesa do território nacional, *b*) às relações internacionais, *c*) à segurança interna do Estado e *d*) à direção e organização militar, estão excluídos do regime de impugnação.

7.4 Emanados de uma função estatal autônoma, os atos de governo teriam, então, uma distinção baseada na importância do assunto: são destinados a gerir os assuntos que afetam os interesses vitais, essenciais da comunidade nacional. "O governo é, então, função de iniciativa, de impulso e direção à administração. O governo é a cabeça e a administração é o braço".[17]

Da importância do seu conteúdo, esses atos passam a ter uma peculiaridade específica: não se encontrariam submetidos ao controle jurisdicional.[18]

Portanto, na existência de uma "função de governo", autônoma em relação às funções legislativa, administrativa e judicial, os seus defensores justificam a produção de uma categoria de

16. *Tratado de Derecho Administrativo*, Madri, Editorial Revista de Derecho Privado, t. I, 1968, pp. 44/48.

17. Cf. Manuel Maria Diez, citando Ducrocq, em *Derecho Administrativo*, 2ª ed., Editorial Plus Ultra, Buenos Aires, t. I, 1974, p. 123.

18. Essa peculiaridade estava presente no Ato Institucional de 9 de abril de 1964 (conhecido, posteriormente, como AI n. 1), editado por um triunvirato de militares brasileiros, que, em seu art. 10, excluía da apreciação judicial os atos de suspensão dos direitos políticos e de cassação dos mandatos legislativos federais, estaduais e municipais praticados sem as limitações previstas na Constituição de 1946, sob fundamento do "interesse da paz e da honra nacional". Posteriormente, a Carta de 1967 (art. 173) e a Emenda Constitucional n. 1, de 17.10.69 (art. 181) reafirmaram a aprovação e a exclusão de apreciação judicial dos atos praticados no período da ditadura militar brasileira. Portanto, na esteira de Gordillo, quer sejam chamados de "atos de autoridade", "atos de Estado", "atos soberanos", "atos institucionais" ou de outra denominação qualquer que se queira utilizar, o problema é o mesmo: sendo atos isentos de controle judicial estarão inseridos no que se convencionou chamar de "atos de governo".

atos que, por estarem alicerçados em "razões superiores do Estado" e objetivarem atender a um "alto fim político", estão excluídos do controle judicial.

7.5 Os exemplos apontados pela doutrina como pertencentes à categoria dos denominados atos de governo, por atenderem interesses excepcionais (indulto, celebração de tratados internacionais, declaração de guerra, intervenção federal, declaração de estado de sítio, nomeação de magistrados da mais alta Corte de Justiça), são, em verdade, exemplos de atos jurídicos, cujo exercício encontra-se subordinado a determinadas condições e formalidades fixadas, diretamente, na Constituição. Não divergem, juridicamente, dos atos que solucionam os negócios correntes ou normais. "Atenda o poder público a uns e a outros daqueles interesses, os atos que pratique terão sempre identidade de natureza jurídica".[19]

Por ser assim, não nos parece válido aceitar a possibilidade da existência de uma função estatal não subordinada à ordem jurídica, sob ter ela uma natureza ideal, com a invocação de argumentos usualmente metajurídicos, por incompatível com o Estado de Direito, onde temos a ordem jurídica condicionando o exercício das ações dos agentes públicos e assegurando poderes aos cidadãos em face do Estado, na precisa lição de Oswaldo Aranha Bandeira de Mello.[20]

De outro lado, parece-nos que a ausência de fundamentos normativos concretos reforça, examente, a tese contrária: não há fundamento jurídico a justificar a possibilidade de se excluir do controle judicial toda uma categoria de atos rotulados como sendo atos de governo. Esse aspecto comprova constituírem eles reminiscência do antigo absolutismo governamental.

19. Seabra Fagundes, em *Controle dos atos administrativos pelo Poder Judiciário*, 4ª ed., Rio de Janeiro, Forense, 1967, notas 2 e 3, pp. 16/18.

20. Ob. cit., p. 38.

7.6 Para melhor compreender essa afirmação, deve-se ter presente que a supremacia incontrastável dos atos de governo ou políticos foi proclamada, ao longo da história, tendo por fundamento a necessidade de pronto atendimento dos superiores interesses públicos, sob a guarda imediata do monarca.

É certo que, muitas vezes, o reconhecimento dessa supremacia surgiu da conveniência de preservação da autonomia dos órgão dotados de funções de controle, de natureza jurisdicional, ameaçada pela arbitrariedade dos governantes.

Paul Duez e Guy Debeyre[21] assinalam esse comportamento do Conselho de Estado francês, organismo criado por Napoleão I. Ao ter que enfrentar a disposição dos novos governantes liberais e ultradireitistas (retorno da dinastia dos Bourbons, com Luiz XVIII), retraiu-se mediante a autolimitação do exercício do seu pode jurisdicional, a fim de poder sobreviver. Assim, o Conselho de Estado foi elaborando, com sua jurisprudência, a teoria dos atos políticos ou de governo em função de uma intenção psicológica da autoridade ("móvel político"):[22] as decisões do governo seriam classificadas como políticas segundo os propósitos, os fins, as intenções das autoridades, no exercício da "alta política" do Estado e, desde que assim classificadas, não seriam suscetíveis de revisão por aquele Conselho de Estado.

21. *Tratado de Droit Administratif*, Paris, 1952, pp. 486 e ss.

22. Os franceses estabeleceram a distinção entre "móvel" e "motivo" do ato editado pela autoridade administrativa. "Motivo" é a situação à vista da qual se produz o ato; é a intenção fática, a circunstância do mundo exterior que faz com que algo exista. "Móvel" é a representação psicológica, subjetiva, interna do agente, correspondendo à intenção, àquilo que o agente deseja. Na metodologia de Oswaldo Aranha Bandeira de Mello, "motivo" corresponde à "causa ocasional" e "móvel" à "causa final subjetiva" (cf. *Princípios*..., pp. 488 e ss).

O abandono do critério do "móvel político" vai ocorrer com o exame da pretensão do príncipe Napoleão (José Bonaparte), postulando contra sua exclusão na lista de generais do anuário militar de 1873. Apesar da alegação do Ministro de Estado de que se tratava de um ato político, o Conselho de Estado reconheceu o pedido e se declarou competente para julgá-lo (19.2.1875).

Depois, na fase seguinte, como anota Georges Vedel, tanto o Conselho de Estado como o Tribunal de Conflitos, entendendo que certas decisões, aparentemente administrativas, não comportavam debates pela via contenciosa nem controle jurisdicional, acabam por admitir a impossibilidade de definir os atos de governo e se contentam, apenas, em enumerá-los. Assim, os atos políticos, subtraídos a todos os recursos contenciosos, judiciais ou administrativos, passam a ser aqueles constantes de uma "lista", que incluía os referentes às relações entre o Parlamento e o Governo, às relações internacionais, aos atos de guerra, aos decretos de indulto e a algumas medidas de ordem interna.[23]

7.7 Esta incursão no tempo, realçando as razões que pretendem assinalar a distinção de um conjunto de atos produzidos por uma função de governo, a título de destacá-la das demais funções estatais, demonstra serem razões eminentemente pragmáticas, sem embasamento em concretos fundamentos jurídicos.

Assim, busca-se explicitar "a inadmissibilidade do recurso pela necessidade, baseada em razões de fato, de subtrair certos atos a toda discussão jurisdicional, posto que a experiência revelou que havia inconveniente em se deixar desarrolhar a questão".[24]

Ora, na medida em que se tenha como inadmssível a superveniência de atividades estatais à margem do Direito, carecem de qualquer autoridade doutrinas que defendem a exclusão dos chamados atos de governo, resultantes de uma função estatal autônoma, de toda e qualquer apreciação judicial.

7.8 Não nos parece, inclusive, ter fundamento a argumentação de que tais atos estariam alicerçados numa ampla discricionariedade atribuída ao agente público e, portanto, faleceria ao Judiciário o exame das razões de conveniência e oportunidade da sua produção.

Em estudo anterior, assinalamos que, na ausência de previsão normativa expressa ou mesmo quando a norma prevê uma situação que não permite sua identificação com absoluta precisão, em razão das expressões normativas estarem revestidas de certa imprecisão, generalidade ou vaguidade, reconhece-se ao agente público liberdade para selecionar o sentido real dos conceitos da norma e, com base nele, editar o ato reconhecido como discricionário.

Essa liberdade, porém, não é ilimitada. Seus contornos "... encontram-se delimitados no próprio sistema jurídico-positivo, que encontra, na Constituição, sua norma hierárquica superior. Assim, é objetivamente possível apreender e identificar a significação mínima, nuclear que todos os conceitos possuem. A própria ordem jurídica estatal, com seus comandos principiológicos e normativos, resulta em uma verdadeira barragem a conter, dentro de seus limites, a discrição do agente público".

23. *Droit Administratif*, Paris, t. I, 1968, p. 168. Bernard Schwartz, confirmando que, "tal como o ato de Estado, a ação do Governo norte-americano relacionada com questões políticas está inteiramente livre do controle judicial", aclara que a doutrina norte-americana não limitou a lista às relações exteriores, como o fez a doutrina inglesa, e nela englobou os atos relacionados com a orientação governamental no campo dos negócios internos (em *Direito Constitucional Americano*, trad. brasileira de Carlos Mayfeld, Rio, 1966, pp. 193/194).

24. Cf. Roger Bonard, citado por Gordillo, *Tratado...*, t. II, 1975, pp. XIV-12.

Desta forma, impedir possa um ato, listado como produzido por uma denominada função de governo, ser contrastado pelo Judiciário é exatamente concluir pela inexistência de limites à discrição. Essa conclusão afronta os postulados do Estado de Direito e rompe com toda a ordem jurídica.

Nesse sentido é, inclusive, a afirmação de Celso Antônio Bandeira de Mello: "Em rigor, não há, realmente, ato algum que possa ser designado, com propriedade, como ato discricionário, pois nunca o administrador desfruta de liberdade total. O que há é 'exercício de juízo discricionário' quanto à ocorrência ou não de certas situações que justificam ou não certos comportamentos e opções discricionárias quanto ao comportamento mais indicado para dar cumprimento ao interesse público 'in concreto', dentro dos limites em que a lei faculta a emissão deste juízo ou desta opção" (*Elementos de Direito Administrativo*, 3ª ed., São Paulo, Malheiros Editores, 1992, p. 141).

Muito embora referindo-se ao ato administrativo que, no entender do autor, não se confunde com o ato de governo, parece-nos ser a assertiva acima destacada perfeitamente adaptável à linha de raciocínio que estamos a seguir neste estudo.

Assim, mesmo que se atribua uma graduação na discricionariedade, permitindo afirmar-se ser ela maior ou menor, mais ampla ou menos ampla, a liberdade conferida ao agente público é para que a decisão adotada venha a ser aquela que permita seja legitimamente alcançado o objetivo delineado e desejado pela ordem jurídica. Será assim, quer esse objetivo esteja expresso em um dispositivo constitucional, quer sua moldura tenha sido construída sob a forma de uma lei que, então, será a habilitação prévia e necessária ao ato. A competência discricionária atribuída ao agente público há de estar, sempre e em ambas as hipóteses, contida nos limites de discrição normativamente balizados.

8. Ausência da utilidade na distinção de uma função de governo

Dos argumentos expostos, percebe-se carecer de qualquer utilidade a distinção de uma função de governo, pois os argumentos e fundamentos apontados, a título de fixar características a distingui-las das demais funções estatais, contém, conforme Gordillo, o mesmo sentido vago e impreciso, impedindo toda conotação útil. A diferença entre assuntos "comuns" e "transcendentes", efetuada por Hauriau, é um bom exemplo, assinala o administrativista argentino.[25]

8.1 Em verdade, os critérios tendentes a demonstrar quando o Estado estaria a produzir atos no exercício de uma função governamental sucederam-se desde a noção fundada na "natureza" do ato ("alta direção do Estado"), passando para a mera intenção, vontade psíquica do monarca ("móvel político") e chegando mesmo ao fundamento de que a função governamental é a que deriva diretamente da execução da Constituição, enquanto a função administrativa é a que deriva da execução, não da Constituição, mas da legislação.[26]

Este é o entendimento perfilhado por Celso Antônio Bandeira de Mello. Ao afastar o ato administrativo dos atos denominados políticos ou de governo, aponta ele, como razão desse discrimem, a peculiaridade, própria destes últimos, de serem expedidos em nível imediatamente infraconstitucional, enquanto os atos administrativos são em nível infralegal.[27]

25. *Tratado...*, t. II, pp. XIV-11.

26. Veja-se Marienhoff, citando Ducrocq, em *Tratado...*, t. II, p. 687.

27. Em *Ato Administrativo...*, p. 27 e nota 28.

Muito embora não se possa negar a afirmação, assente na doutrina, de que, via de regra, os atos administrativos pressupõem uma lei que lhes sirva de fundamento (princípio da legalidade), tal critério se nos afigura como insuficiente para o fim proposto. Em verdade, há certos atos jurídicos produzidos pelo Estado em razão de um comando constitucional, tais como a aposentadoria compulsória do servidor público, ao completar 70 anos de idade (CF, art. 40, II), a licença à servidora gestante, sem prejuízo do cargo ou emprego público, bem como dos vencimentos ou salário, com a duração de 120 dias (CF, art. 39, § 2.º, c/c o art. 7.º, XVIII). Ninguém os rotularia "atos de governo", em razão da circunstância de serem imediatamente infraconstitucionais. São, em verdade, atos administrativos. Portanto, a característica de serem expedidos em nível infraconstitucional, por si, se nos afigura como insuficiente para nominar certos atos estatais sob o título de atos de governo.

8.2 De outra parte, não sendo possível admitir a existência de qualquer função estatal à margem do direito, a característica, apontada por segmento doutrinário como própria da função de governo, de estarem, os atos por ela produzidos, excluídos de qualquer apreciação jurisdicional perde toda a sua força, todo o seu fundamento, perde, enfim, sua própria identidade, pois, na medida em que se lhes tira essa peculiaridade, nenhuma diferença jurídica terão com os demais atos administrativos e não haverá, portanto, razão para distingui-los.[28]

Expressivas são, nesse sentido, as afirmações de Oswaldo Aranha Bandeira de Mello: "Nada justifica no Estado de Direito essa figura de atos de governo em oposição aos atos administrativos. Se dizem respeito à manifestação da vontade individual, concreta, pessoal do Estado, enquanto poder público, na consecução do seu fim, de criação e realização da utilidade pública, de modo direto e imediato, para produzir efeitos de direito, constituem atos administrativos. Se violarem a lei e ofenderem direitos ou lhes causarem danos, cumprem estar sujeitos à apreciação do Judiciário. No Estado de Direito, torna-se inadmissível atividade insuscetível de controle do Judiciário, quando viola direitos e causa danos".[29]

Esse controle, todavia, não se efetivará apenas quando houver violação à lei. Estará ele presente, inclusive, para impedir a permanência, no sistema, de atos normativos contrários à Constituição (CF, art. 102, I, *a*), bem como para examinar a decisão judicial que tenha julgado "válida lei ou ato de governo local contestado em face da Constituição Federal" (CF, art. 102, III, *c*).

Não importa o nome que se lhes queira dar (atos de governo, atos de Estado, atos de autoridade, atos institucionais), serão sempre passíveis de revisão judicial.[30]

28. Parece-nos importante, neste lanço, lembrar que todas as normas constitucionais, muito embora sejam dotadas de eficácia, podem ser agrupadas, na lição de José Afonso da Silva, segundo o grau de sua eficácia, em: *1*) normas constitucionais de eficácia plena: as de aplicabilidade imediata, direta, integral, independendo de legislação posterior para sua inteira operatividade. Por essa razão, não dependem do legislador infraconstitucional; *2*) normas constitucionais de eficácia contida: as que, apesar de terem aplicabilidade imediata, integral e plena, podem ter seu alcance reduzido pela atividade do legislador infraconstitucional; *3*) normas constitucionais de eficácia limitada: as que dependem da emissão de uma normatividade futura, em que o legislador ordinário, integrando-lhes a eficácia, mediante lei ordinária, lhes dê capacidade de execução em termos de regulamentação dos interesses visados. Divide-se em: *a*) normas de princípio institutivo — as que dependem de lei para dar corpo a instituições, pessoas, órgãos previstos na norma constitucional, e *b*) normas de princípio programático — as que estabelecem um programa constitucional a ser desenvolvido mediante legislação que integrará a vontade do legislador constituinte" (em *Aplicabilidade das Normas Constitucionais*, São Paulo, Ed. RT, 1968, pp. 80 e ss.).

29. Ob. cit., p. 467.

30. Cf. Agustin A. Gordillo, *Tratado*..., pp. XIV-4. Para Marienhoff, o ato institucional "não pode dar lugar à uma impugnação de inconstitu-

Num passado, de recente e triste lembrança, o direito positivo brasileiro, por expressa vedação constitucional, previu a irrevisibilidade dos atos praticados no período do regime militar a que foi submetido todo o povo de nosso Estado (veja-se a nota 18). Todavia, no direito vigente, essa excepcionalidade não mais persiste. Em seu lugar, tem-se que nenhuma lesão ou ameaça a direito pode ficar isento da apreciação do Poder Judiciário (CF, art. 5º, XXXV). Por outro lado, compete aos juízes federais processar e julgar as causas em que a União for interessada na condição de autora, ré, assistente ou oponente (CF, art. 109). Da conjugação desses preceitos, bem como aquele que erige a mais alta Corte de Justiça do país à condição de guardião supremo da Constituição, seja na via de ação, seja na de exceção (ou de defesa), bem como no controle da inconstitucionalidade por omissão (CF, art. 103, § 2º),[31] pode-se concluir que, por força dos atuais comandos constitucionais expressos, não só querem eles que o Poder Judiciário intervenha em todos os assuntos em que a Nação seja parte ou verse

cionalidade pois, por sua índole, não afeta direitos subjetivos dos administrados. Esses últimos direitos poderiam vir a ser afetados, direta e imediatamente, por força dos atos emitidos como conseqüência dos mencionados atos 'institucionais'. O ato institucional não se vincula ou relaciona imediata ou diretamente com os administrados ou particulares; vincula-se ou relaciona-se com os próprios órgãos ou poderes estatais, contemplando principalmente relações entre 'poderes públicos'. Como os particulares não são parte do ato institucional, carecem de ação para impugná-los'' (ob. cit., p. 758). Essa conclusão do autor decorre da distinção que faz entre ato de governo e ato institucional. Aquele reflete uma direção de caráter superior, mas sempre dentro do funcionamento normal do Estado. Assim, o regime jurídico dessa categoria de atos obedece a princípios similares aos dos atos administrativos. Entre eles haveria, apenas, uma diferença de ''fato'', de ''grau'', meramente conceitual, não a diferença de direito (p. 757). Exemplos de atos de governo o autor aponta o indulto, a expulsão e a proibição da entrada de estrangeiros, a celebração de tratados internacionais, atos esses que podem incidir, direta e imediatamente, na esfera jurídica do particular ou do administrado, atingindo, inclusive, um direito ou uma garantia individual estabelecida a seu favor pela Constituição. Já o ato institucional, afirma, não se refere ao funcionamento normal do Estado e tem uma maior transcendência: vincula-se à própria organização estatal (ex.: intervenção federal, nomeação de magistrados da Corte Suprema de Justiça) e subsistência da Nação (ex.: declaração de guerra, celebração de tratados de paz, declaração de estado de sítio, bem como convocação de sessões extraordinárias do Parlamento, promulgação ou veto dos projetos de lei), conforme se vê às fls., 757 e 762. Esse ato institucional, conclui Marienhoff, ''surge e pertence à ordem jurídica permanente do Estado. As raízes positivas desses atos são nada menos que preceitos da Constituição Nacional. Daí a conseqüência inevitável de que ''todo ato institucional requer concordância plena com os preceitos constitucionais'', pois ''enquanto vigente a Constituição, nada há que possa ser validamente realizado à margem da mesma ou em contradição com ela'' (p. 763). Em razão desse entendimento, Marienhoff afirma não guardarem os atos institucionais introduzidos na ordem jurídica brasileira ''por autoridades revolucionárias triunfantes'' a mesma identidade dos atos institucionais por ele definidos. Isto porque, diz o autor, o ato institucional brasileiro ''é um ato que se incorpora ao direito deste país vindo de fora da ordem jurídica então vigente'' (p. 763).

Segue essa orientação o jurista argentino José Roberto Dromi, vendo, nos atos políticos, como manifestação da função governativa, a divisão em duas espécies: *a*) atos institucionais; *b*) atos de governo (em *Instituciones de Derecho Administrativo*, Editorial Depalma y Hnos, Buenos Aires, 1973, pp. 116 e ss.).

Criticando Marienhoff, Gordillo argumenta que a distinção entre ''ato de governo'' e ''ato institucional'' é, apenas, dar um outro nome ao problema, que se mantém invariável. O que importa não é como chamaremos os atos irrevisíveis, mas, sim, se admitiremos ou não a existência de atos irrevisíveis, seja qual for o nome que se lhes queira dar (*Tratado...*, pp. XIV-7).

31. Nesse particular, Michel Temer averbera: ''A competência é do STF originariamente. É o que deflui do art. 102, I, *a*. Embora este dispositivo aluda apenas à 'ação direta de inconstitucionalidade de lei ou ato normativo federal ou estadual', haveremos de entender que o julgamento das ações de inconstitucionalidade por omissão também compete à Corte Suprema, uma vez que foi transformado, o Supremo, em verdadeiro Tribunal Constitucional'' (em *Elementos de Direito Constitucional*, 9ª ed., São Paulo, Malheiros Editores, 1992, p. 47).

sobre a Constituição, como também que o indivíduo tenha sempre acesso ao órgão judicial para defender sua pessoa e seus direitos.[32]

8.3 As observações e ponderações expendidas reforçam, segundo entendemos, a afirmação quanto a inexistência de utilidade em se apontar, como distinta, uma função de governo, produtora de atos políticos ou de governo.

De todos os argumentos trazidos pela doutrina, apenas e tão-somente a característica de serem, tais atos, imediatamente infraconstitucionais se mantém com certo relevo, muito embora não seja uma característica exclusiva, conforme já ressaltamos.

Exatamente por essa razão cabe indagar se seria suficiente, funcional e operativa essa única característica para justificar todo um processo científico visando à afirmação da existência de uma quarta função estatal.

Muito embora pondere Hospers ser possível "eleger um critério para a integração a uma classe tão detalhado e específico que em todo o universo não haja mais que um membro de cada classe", a verdade é que, na prática, "não o fazemos porque a linguagem seria tão incômoda como o seria se todas as palavras fossem nomes próprios".[33]

Portanto, apenas o dado de serem atos imediatamente infraconstitucionais levaria ao incômodo ressaltado por Hospers e, então, a alegada existência autônoma, distinta dos atos administrativos, perderia sua razão de ser.

Impõem-se, então, buscar o estabelecimento de outras diferenças. Não é do nosso saber tenha a doutrina, além do jurista argentino Dromi, fixado os traços próprios dos atos aqui nominados. É, pois, em Dromi que centraremos nossa atenção, ao afirmar que o ato de governo caracterizar-se-ia por:

a) executar direta e imediatamente uma norma constitucional;

b) ser um ato jurídico, cujo objeto essencial e direto é produzir efeitos de direito em relação a terceiros;

c) ser editado no exercício de uma atividade vinculada, em relação ao seu procedimento e conteúdo, sendo discricionário quanto ao momento da sua edição;

d) ter regime jurídico idêntico ao dos atos administrativos;

e) ser passível de revisão pelo Poder Judiciário;

f) ser, quanto à sua estrutura, um ato exclusivamente unilateral, de alcance individual ou particular.[34]

O que se apura da leitura dessas características é que, em verdade, não há diferença jurídica entre atos administrativos, produzidos em razão da função administrativa, e atos de governo, emanados de uma função governamental. O próprio Dromi assim o afirma: "A diferença entre atos de governo e atos administrativos é apenas de efeitos didáticos, pois ambos são regidos pelos mesmos princípios essenciais e geram idênticas conseqüências. O regime jurídico dessas categorias de atos, no fundamental, obedece a princípios similares; trata-se de uma diferença de fato, de grau, meramente conceitual, não uma diferença de direito, de interesse jurídico".[35]

Nada há de singular, então, na distinção pretendida. Se são considerados atos administrativos, inútil é destacar objeto, já identificado sob determinado ró-

32. Seguimos, mais uma vez, a linha perfilhada por Gordillo, ao analisar disposições semelhantes contidas na Constituição argentina vigente em 1975.

33. Apud Agustin Gordillo, *Princípios*..., p. 10.

34. José Roberto Dromi, ob. cit., pp. 120/121.

35. Ob. cit., p. 121.

tulo, para dar-lhe outra nomenclatura. Como expressa o filósofo Hospers, "a garrafa conterá exatamente a mesma substância, ainda que coloquemos nela um rótulo distinto, assim como a coisa seria a mesma ainda que usássemos uma palavra diferente para designá-la".[36]

8.4 Em verdade, deve-se ter presente que, seja qual for a forma ou o conteúdo, os atos do Estado devem estar conformes à Constituição, fundamento de validade de todo o sistema normativo infraconstitucional, e serão sempre fruto de um mesmo "poder". Todos os atos do Estado referem-se, sempre, a um Poder único, próprio das organizações políticas estatais, cujo titular é identificado na própria Constituição.

No § único do art. 1º da Constituição brasileira, essa identificação está assim expressa: "Todo poder emana do povo, que o exerce por meio de representantes eleitos, ou diretamente, nos termos desta Constituição".

O "poder" de que aqui se trata é, pois, o poder como "expressão da soberania popular e que, em razão disto, podemos identificar como poder nacional ou, mais tecnicamente, poder constituinte. No citado dispositivo, a 'Lex maxima' solenemente declara que o povo brasileiro é titular do poder político que se contém na soberania. E que, sem alienação dessa titularidade, o exercício dele se fará em nome do povo segundo o princípio da representatividade política, ou da democracia representativa". A expressão mais eminente da soberania é o poder constituinte, "poder que tem a Nação para constituir a pessoa política que vai jurisdicioná-la — o Estado — e para dispor sobre a regência do seu próprio destino, elegendo seus superiores objetivos de vida e escolhendo os meios que entender necessários ou convenientes ao alcance deles". A expressão formal mais importante e definitiva do poder constituinte, titularizado pelo povo brasileiro, é a própria Constituição do País.[37]

No pórtico da Constituição brasileira atual vamos encontrar as diretrizes fixadas à concretização dos objetivos superiores do Estado Democrático de Direito que, tendo por fundamentos a soberania, a cidadania, a dignidade da pessoa humana, os valores sociais do trabalho e da livre iniciativa e o pluralismo político (art. 1º e seus incisos), deve "I — construir uma sociedade livre, justa e solidária; II — garantir o desenvolvimento nacional; III — erradicar a pobreza e a marginalização e reduzir as desigualdades sociais e regionais; IV — promover o bem de todos, sem preconceitos de origem, raça, sexo, cor, idade e quaisquer outras formas de discriminação" (art. 3º e seus incisos), regendo-se, nas suas relações internacionais, pelos princípios da "I — independência nacional; II — prevalência dos direitos humanos; III — auto-determinação dos povos; IV — não-intervenção; V — igualdade entre os Estados; VI — defesa da paz; VII — solução pacífica dos conflitos; VIII — repúdio ao terrorismo e ao racismo; IX

36. Apud Gordillo, *Princípios...*, p. 2.

37. Carlos Ayres Britto, autor de texto destacado, publicou estudo sistematizado do significado do vocábulo "poder", a partir do tratamento constitucional brasileiro vigente em 1979 que, em verdade, encontra perfeita adequação à Constituição de 1988. No seu "Separação dos poderes na Constituição Federal" (*RDP* 59/60, pp. 115 a 127), Carlos Ayres Britto comprova serem quatro os sentidos que a Constituição Federal empresta ao vocábulo "poder": "Poder Nacional ou Poder Constituinte, que é titularizado pela Nação e, por isso mesmo, anterior e superior aos 'Poderes do Estado'; Poder Estadual, ou Poderes do Estado, que são os três órgãos básicos, elementares e supremos da pessoa jurídica União, independentes e harmônicos entre si..., com competência política ou faculdade de ação jurídica, nos campos da legislação, da execução e da jurisdição; é pessoa pública política, ou simplesmente 'Estado', que tanto pode ser a União, quanto as demais pessoas políticas de base territorial (abstração feita da consideração de serem os Territórios pessoas políticas, ou simples autarquias federais)" (p. 119).

— cooperação entre os povos para o progresso da humanidade; X — concessão de asilo político'' (art. 4º e seus incisos).

Eis os grandes interesses nacionais colocados à cura do Estado brasileiro, informadores e condicionantes jurídicos, assim, das suas atividades, manifestando-se tanto em atos gerais (leis) ou em declarações e imposições definitivas das sentenças judiciais, bem como em atos individuais, em providências administrativas, no seu sentido amplo. Exemplos destas últimas encontramos, igualmente, na própria Constituição, ao prever a possibilidade da produção de atos como indulto (art. 84, XII), declaração de guerra (art. 84, XIX), celebração da paz (art. 84, XX), celebração de tratados, convenções e atos internacionais (art. 84, IV e V).

Pois bem: segundo entendemos, esses atos jurídicos estatais não são emanações da função legislativa (produção de normas jurídicas gerais e abstratas infraconstitucionais que regem a vida em sociedade e inovam a ordem jurídica) nem mesmo da função jurisdicional (deliberação ou decisão de conflitos a propósito da aplicação das normas jurídicas a casos concretos e com força de verdade legal).

Por detectarmos no Estado brasileiro a confirmação de uma tradição muito antiga, consubstanciada no modelo, implícito e referencial, de que três são as funções estatais (legislativa, jurisdicional e administrativa), mediante as quais toda a atividade estatal se esgota, os atos jurídicos dos quais falamos alojam-se na função administrativa e são, pois, atos administrativos.

É certo que, na atividade jurídica do Estado, destacam-se aquelas atinentes aos grandes interesses nacionais, ao bem-estar coletivo e à sua própria sobrevivência.

Todavia, mesmo que consideremos existir, nessas atividades, uma preeminência do objeto, isto não significa deva ser modificada a natureza da função estatal que as realiza.

Em razão dos aspectos focalizados e dos argumentos apontados, reafirma-se, assim, uma das características da função administrativa: os atos através dos quais ela se expressa são atos dependentes ou da Constituição ou da lei. Portanto, são atos de caráter secundário (e não iniciais) e passíveis, sempre, de controle jurisdicional.

IV — A função administrativa no Estado de Direito brasileiro

9. Adoção da tripartição das funções estatais

O princípio metodológico fundamental da ciência jurídica é libertá-la de todos os elementos que lhe são estranhos, o que só é conseguido se o conhecimento for dirigido apenas para o Direito.

Para tanto, deve o jurista se ater, unicamente, ao que foi qualificado pelo sistema normativo, ao que foi definido por um dado ordenamento jurídico.

Não sendo possível fazer ciência jurídica sem se estar apoiado num dado Direito Positivo, nosso intento, sem a pretensão de inovar, é buscar a identificação das funções estatais albergadas nas normas constitucionais brasileiras, fundamento de validade de todo o nosso ordenamento jurídico. Particular relevo será, então, dado à função administrativa, tema central deste estudo.

Conforme demonstrado, as classificações jurídicas das funções do Estado partem, via de regra, da formulação teórica da divisão do exercício do poder proposta por Montesquieu.

Por outro lado, a doutrina tem afirmado que, não sendo possível nem praticável uma separação completa e absoluta das funções específicas do Estado (legislativa, jurisdicional e administrativa), de forma a que a totalidade de uma delas seja confiada exclusivamente a um só conjunto orgânico, resulta deva ser atribuído a uma estrutura orgânica estatal o exercício principal de uma função e, em caráter secundário, o das demais funções. E mais: por ser necessário que "o poder detenha o poder", esses órgãos (Poderes) atuarão, entre si, em harmonia e independência.

Em verdade, essa é a expressão da Constituição brasileira de 1988, ao declarar serem "Poderes da União, independentes e harmônicos entre si, o Legislativo, o Executivo e o Judiciário" (art. 2º).

Igualmente, percebe-se que, a cada uma das estruturas orgânicas do poder do Estado, a Constituição outorga o exercício precípuo de uma das funções estatais sem, contudo, retirar a possibilidade de, atipicamente, cada uma exercer as atribuições que se incluam na esfera de outra.[38]

Parece-nos, assim, ter a Constituição de 1988 adotado a posição de serem três as funções estatais: legislativa, jurisdicional e administrativa. Cabe, pois, identificá-las, a partir de um critério que permita fixar suas características tipificadoras.

10. Critério objetivo formal para identificar as funções estatais

No início desse estudo ressaltamos autores que, para distinguir as funções do Estado, adotam ora o critério orgânico, ora o material, ou, ainda, o critério misto (orgânico-material).

Dos juristas então elencados, Oswaldo Aranha Bandeira de Mello afastase desses critérios e parte do conceito de integração e reintegração da ordem jurídica. Vale lembrar que, para o autor, a ação legislativa e a administrativa são duas manifestações de uma mesma faculdade do Estado-poder: a de realização e de integração da ordem social. Já a ação judicial é reintegradora dessa ordem social. Assim, as atividades legislativa e administrativa, de integração da ordem social, são dois momentos de uma mesma função: a função administrativa, enquanto a atividade judicial, de reintegração da ordem social, é a atividade da função jurisdicional. Portanto, para o autor, duas apenas são as funções fundamentais do Estado-poder, as quais se distinguem pelo objeto essencial.

Como entendemos ter a Constituição brasileira adotado a divisão tripartida do poder, a respeitável posição do autor não nos serve de apoio.

Voltamos nossa atenção, assim, aos critérios trabalhados pela doutrina: o critério orgânico também denominado subjetivo ou formal, que leva em conta o órgão que pratica o ato; o critério material, ou objetivo, que atende à natureza interna dos atos.

Na esteira de Gordillo, ambos são insuficientes para diferenciar as funções estatais. Isto porque há atos que, materialmente legislativos, são organicamente administrativos (compra de livros, remoção de funcionários); atos materialmente administrativos que são organicamente judiciais (construção do prédio do fórum, admissão de servidores pelo Judiciário); e atos materialmente judiciais que são organicamente administrativos (decisão de um recurso hierárquico pelo Poder Executivo).

38. Assim, por exemplo: I — funções típicas: *a*) Poder Legislativo, exerce a função legislativa, conforme art. 48; *b*) Poder Judiciário, exerce a função jurisdicional, conforme art. 102; *c*) Poder Executivo, exerce a função administrativa, conforme art. 84, I, II e outros; II — funções atípicas: *a*) Poder Legislativo, exerce função jurisdicional (art. 52, I) e função administrativa (art. 51, IV); *b*) Poder Judiciário, exerce função legislativa (art. 96, I, *a*) e função administrativa (art. 96, I, *f*); *c*) Poder Executivo, exerce função jurisdicional (art. 41, § 1º, parte final) e função legislativa (art. 84, IV).

10.1 Impõe-se, então, estabelecer o patamar distintivo dos critérios. Para tanto, fixando âncora nas conclusões extraídas de Celso Antônio Bandeira de Mello, destacamos serem dois os critérios: *subjetivo* (ou orgânico) e *objetivo*. "*Este último é que pode ser material ou formal*. Será *material* — e por isso metajurídico — quando se pretender reconhecer na atividade administrativa uma essência própria, uma significação autônoma independentemente do que a respeito dispuser o sistema jurídico". Já o *formal*, que não pode ser utilizado como sinônimo de subjetivo (ou orgânico), procura identificar a atividade dentro do sistema normativo, examinando os efeitos jurídicos produzidos e enquadrando-os dentro de um mesmo regime jurídico previsto normativamente.[39]

"Quando se fala do caráter formal de um ato de vontade do Estado", afirma Guido Zanobini, "se quer entender sua específica eficácia jurídica".[40]

Essa posição coaduna-se com a doutrina moderna que distingue, com mais precisão, os elementos "formal" e "subjetivo".

Portanto, o "formal" não é sinônimo de subjetivo e também não está fundado na forma, como modo de perfeição e exteriorização dos atos jurídicos. O que se verifica, do seu emprego, é se os atos foram ou não produzidos de acordo com o procedimento previsto, determinado pelo ordenamento jurídico e quais os efeitos jurídicos deles emanados.

Atribuindo-se tal sentido ao critério objetivo-formal e acompanhando Oswaldo Aranha Bandeira de Mello, quando afirma ser o valor formal dos atos jurídicos "o seu regime, que lhe empresta particular força e corresponde a elemento de sua eficácia",[41] entendemos ser possível sua adoção para identificar, com contornos próprios, típicos, as três funções do Estado. Através dele, pretende-se identificar o regime jurídico previsto normativamente a cada uma daquelas funções.

10.2 Considerando que o Estado, sendo criação do Direito, "desenvolve apenas as atividades que a ordem jurídica lhe atribui, estando proibido de fazer o que a Constituição ou as leis não autorizam expressamente",[42] é no texto constitucional, de início, que se vai buscar a demarcação das funções estatais, pois nele este estudo se encontra estreitamente vinculado.

Uma outra ponderação também se impõe, como decorrência do acima afirmado: muito embora a Constituição de 1988 tenha fixado, para cada um dos órgãos que constituem o Poder do Estado, a competência para exercer prioritariamente uma das funções e, conseqüentemente, a produção de uma espécie de ato jurídico estatal, a função administrativa não é apanágio do Poder Executivo.

Deflui do art. 37, *caput*, da Lei Fundamental que o Legislativo e o Judiciário também o desempenham. Mas, não só. Através da descentralização, o particular, por qualquer das figuras jurídicas expressas no art. 21, XII e art. 175 (autorização, permissão, concessão), ou mesmo uma outra pessoa jurídica distinta do Estado, mas por ele criada (p. ex., autarquias), poderão igualmente exercer atividades administrativas, bem como também poderá ter sido transferida a própria função administrativa para uma

39. *Prestação de Serviços Públicos e Administração Indireta*, 2ª ed., 3ª tir., São Paulo, Ed. RT, 1987, p. 12, nota 7. Nesse mesmo sentido, Celso Ribeiro Bastos, em *Curso de Direito Constitucional de acordo com a Constituição de 1988*, São Paulo, Saraiva, 1989, pp. 301/302.

40. *Curso de Derecho Administrativo*, Parte General, I, Ediciones Arayú, Buenos Ayres, 1954, pp. 34/35.

41. Ob. cit., p. 33.

42. Carlos Ari Sundfeld, em *Fundamentos de Direito Público*, São Paulo, Malheiros Editores, 1992, p. 41.

empresa privada, caracterizado, aqui, o fenômeno da privatização, na tentativa de modernização do Estado. De uma forma ou de outra, o objetivo só poderá ser um: satisfação plena das necessidades e dos anseios da coletividade.

Exatamente por essas razões, o que importa é identificar o regime jurídico aplicável ao desenvolvimento de cada categoria de atividade estatal, permitindo, inclusive, a individualização de seus atos jurídicos típicos. Entende-se por regime jurídico um sistema de normas informadas pelos mesmos princípios básicos, que lhe são peculiares e que alicerçam todo um sistema.

11. Função legislativa

Função legislativa é a atividade através da qual, seguindo rigorosamente o procedimento fixado na Constituição (obediência ao processo legislativo) e respeitando direitos ou princípios nela consagrados, o Estado edita, produz o ato jurídico "lei". Esta regra jurídica, de caráter geral e abstrato, inova a ordem jurídica e impõe-se a todos, regulando os comportamentos dos cidadãos bem como os demais atos estatais.

Eis a emanação de atos jurídicos primários (conforme Alessi e Oswaldo Aranha Bandeira de Mello), por revelarem, imediatamente, o direito positivo e por se bastarem por si mesmos. Nesse sentido, a função legislativa foi atribuída, pela Constituição, ao Poder Legislativo.

Dessa forma, os regulamentos expedidos pelo Poder Executivo e os regimentos internos editados pelo Poder Judiciário não se confundem com a "lei" (muito embora com eles se assemelhem), pois não têm o caráter inovador da lei, não são atos jurídicos primários. Os regimentos internos do Judiciário e os regulamentos do Executivo, embora contenham normas gerais, encontram-se submetidos à lei (norma primária do Legislativo), conforme se depreende do comando constitucional expresso, respectivamente, no art. 96, I, *a* (os regimentos devem observância às normas do processo, fixadas nas leis que disciplinam os processos civil e penal,por exemplo) e no art. 84, IV (os regulamentos devem ser expedidos para a fiel execução das leis).

Deve-se, ainda, ressaltar que as "medidas provisórias", que o Presidente da República poderá expedir, desde que em "caso de relevância e urgência", muito embora tenham, na expressão constitucional, "força de lei" (art. 62), não têm a mesma força jurídica da lei. As diferenças entre elas foram magistralmente apontadas por Celso Antônio Bandeira de Mello, levando-o a afirmar, com acerto incontestável, que "seria erro gravíssimo" analisar as medidas provisórias "como se fossem 'leis expedidas pelo Executivo' e, em conseqüência, atribuir-lhes regime jurídico ou possibilidades normatizadoras equivalentes às das leis".[43]

12. Função jurisdicional

No exercício da "função jurisdicional", o Estado exerce uma atividade através da qual, estando submissa não só à Constituição, que fixa a competência dos órgãos integrantes do Poder Judiciário (arts. 102, 105, 108 e 114), ressalvada, apenas, a competência dos órgãos das Justiças Eleitoral e Militar, a ser fixada por lei (CF, art. 121 e § único do art. 124), como também à lei, que regulamenta o procedimento judicial, produz o ato judicial "sentença".

A sentença, "além da sua natureza de resolução, de modo eminente, de controvérsia jurídica entre as partes, para a

43. *Elementos...*, pp. 64 a 70.

aplicação do direito ao caso concreto, tem um 'valor formal', que consiste no trânsito em julgado da decisão proferida...'', doutrina Oswaldo Aranha Bandeira de Mello.[44]

Sendo a aplicação do direito ao caso concreto, a sentença é, assim, um ato de produção jurídica subsidiário do ato primário (''lei''), com o fim de obter a concretização e atuação coativa desse ato primário.[45] Nesse sentido, a função jurisdicional é atribuída constitucionalmente ao Poder Judiciário.

Dessa forma, a função jurisdicional difere das demais em razão da definitividade do ato jurídico por ela produzido. A decisão judicial, emanada segundo procedimento fixado aos órgãos do Judiciário, põe fim à controvérsia entre as partes, termina a situação contrastante posta a seu exame, declarando ou decretando, em definitivo, o direito das partes e determinando o seu respeito.

À função jurisdicional compete, pois, dizer o Direito de forma definitiva, assegurando a manutenção da ordem jurídica normativa vigente, quando ameaçada ou desrespeitada.

Estabelecida a ''coisa julgada'', a decisão judicial não mais poderá ser modificada, quer pelo próprio julgador, quer mesmo pelo advento de uma lei (CF, art. 5º, inciso XXXVI).

Em razão dessas características, a decisão proferida em processamento administrativo disciplinar, demitindo serviço público estável (CF, art. 41, § 1º), não tem a mesma força jurídica da sentença judicial, embora com esta guarde certa similitude. Falta-lhe, inclusive, o requisito da definitividade, fazendo com que não fique imune à apreciação, à revisão judicial (CF, art. 5º, XXXV).

44. Ob. cit., p. 33.

45. Neste particular, acompanha-se a posição defendida por Renato Alessi, já exposta na primeira parte deste estudo.

13. *Função administrativa*

Logo no início deste estudo, assinalamos a ampliação e alteração das atividades estatais, provocando a mudança no Estado de Direito que, em razão das exigências oriundas da própria sociedade, aliada à preocupação com o desenvolvimento da mesma sociedade e com a valorização de cada um de seus integrantes, se afirma no Estado Social.

Essas mutações encontram-se visíveis no Estado brasileiro, particularmente com a entrada em vigor da Constituição de 1988, podendo-se destacar o acréscimo das atividades assumidas pelo Estado particularmente no âmbito social e econômico.

Doutra parte, fixamos o entendimento do sentido de que, no Estado brasileiro, as atividades estatais estão inseridas numa das três funções: legislativa, jurisdicional ou administrativa.

Das duas primeiras já cuidamos. Trata-se, neste lanço, de verificarmos as atividades alojadas na denominada ''função administrativa'', dentro da moldura construída pela Lei Fundamental.

13.1 Considerações preliminares

Etmologicamente, a palavra ''administração'' vem do latim, segundo uns, da preposição ''ad'' e do verbo ''ministro — as — are'', que significa servir, executar, e, segundo outros, de ''ad manus trahere'', que envolve idéia de direção ou gestão. Daí a possibilidade de lhe emprestar sentido amplo, afirmando que administrar significa ''não só prestar serviço, executá-lo, como, outrossim, dirigir, governar, exercer a vontade com objetivo de obter um resultado útil'', segundo lição de Oswaldo Aranha Bandeira de Mello.[46]

46. Ob. cit., p. 43.

Presente esse entendimento e a partir do direito posto, podemos observar que, além dos atos de produção jurídica primária, implicando comandos gerais e abstratos, realizados através da função legislativa, e dos atos, sem o caráter da primariedade, de produção jurídica definitiva, verificados por provocação das partes em controvérsia, objetivando a concretização e a atuação coativa da norma legal, atos esses realizados através da função jurisdicional, caberá ao Estado, também e por exemplo: expropriar bens ou direitos dos administrados (Cf, arts. 5º, XXIV, 182, § 4º, III e 184, *caput*); controlar a produção, comercialização e emprego de técnicas, métodos e substâncias que comportem risco para a vida, a qualidade de vida, e o meio ambiente (CF, art. 225, V); provar, por concurso público de provas, ou de provas e títulos, os cargos (exceto os de confiança) necessários à estrutura administrativa dos órgãos estatais (CF, art. 37, II); contratar, mediante processo de licitação, as obras, serviços, compras e as alienações de seus bens (CF, art. 37, XXI); prestar, diretamente ou sob o regime de concessão ou permissão, os serviços públicos (CF, arts. 21, XII e 30, V); emitir moeda (CF, art. 21, VII); expedir certidões (CF, art. 5º, XXXIV, *b*); proceder ao registro civil de nascimento e óbito (CF, art. 5º, LXXVI); apurar e punir as infrações cometidas pelos servidores públicos (CF, art. 41, § 1º); expedir decretos e regulamentos (CF, art. 84, IV).

Vale dizer: no desempenho dessa outra gama de atividades tão heterogêneas, o Estado estará a gerar a produção de uma série de atos que, tradicionalmente, são denominados "atos da Administração".

Esses atos serão: *a*) atos materiais (p. ex.: um professor ministrando aulas num estabelecimento de ensino oficial; um servidor público elaborando uma certidão ou dirigindo um veículo oficial) ou *b*) atos jurídicos. Os primeiros, por sua vez, serão ou não relevantes, dependendo se a eles o Direito atribuiu ou não efeitos jurídicos; já os atos jurídicos, imputáveis à administração, são denominados atos administrativos e constituem a maior parte dos atos praticados pelo Estado no exercício da função administrativa. Eis a razão pela qual se diz ser o ato administrativo, distinto dos atos legislativos, dos atos jurisdicionais e dos atos de Direito Privado praticados pelos particulares.[47]

Um outro aspecto a merecer registro está no fato de que, diferentemente das demais, a função administrativa não está unicamente a cargo do Poder Executivo. Já assinalamos que, inclusive, os outros dois Poderes também a realizam. Todavia, ao desempenhá-la, se submetem ao mesmo regime jurídico da função administrativa.

Como assinala Gordillo, nessa hipótese não ocorre "o mesmo que nos casos anteriores, nos quais um poder realizava alguma atividade semelhante à do outro, porém, essa atividade não tinha seu regime jurídico e não podia por isso ser considerada como parte da mesma função.

A atividade de tipo administrativa, que realizam os poderes judicial e legislativo, rege-se no seu todo pelo regime jurídico próprio da atividade administrativa, não cabendo em princípio aplicar-lhe o regime da função jurisdicional e nem da função legislativa, ainda que desses poderes se trate".[48]

Essa assertiva encontra respaldo na Constituição brasileira quando, ao fixar os comandos a que se submeterá a atividade administrativa estatal, exercitada,

47. Estando em vias de ser aprovado o novo Estatuto de Licitações e Contratos e nele estando expresso que todo e qualquer ajuste a ser firmado entre o Poder Público e os particulares será considerado como "constado" e se sujeitarão às normas de direito público, incluímos esses atos como produzidos pela função administrativa.

48. *Princípios...*, p. 122.

segundo sua expressão, através da administração direta, indireta ou fundacional, obriga a sua observância a "qualquer dos Poderes da União, dos Estados, do Distrito Federal e dos Municípios..." (art. 37, *caput*).

Portanto, excepcionando apenas os atos materiais, por não serem sequer atos jurídicos, consideramos atos administrativos, num sentido amplo, como manifestação típica da função administrativa, os denominados atos de governo (pelas razões apontadas no item II deste estudo), os ajustes celebrados entre o Poder Público e qualquer outra pessoa física ou jurídica (mesmo que subsidiariamente a eles se apliquem as normas do Direito Privado) e os atos jurídicos produzidos pelo Poder Executivo. Igualmente atos administrativos são os praticados por aqueles que fazem as vezes do Estado, bem como os praticados pelas autoridades do Poder Judiciário e do Legislativo no exercício atípico da função administrativa, mas submetidos ao regime jurídico próprio desta função estatal.[49]

Em que pesem as afirmações dos doutos de que não se pode explicar a função administrativa exclusivamente como sendo a produção do ato administrativo, sob argumento de que o conceito resultaria tão amplo "que seria muito difícil reconhecer-lhe alguma utilidade",[50] não vemos como deixar de estabelecer esse relacionamento, dada a própria amplidão desse território jurídico.

13.2 Exame das características

Pois bem. A partir dessas considerações preliminares, como identificar a função administrativa. A que regime jurídico distinto está sujeita?

Das premissas e argumentos até agora pontuados, resultante da análise feita a título de se buscar um conceito para a função administrativa, podemos assinalar as seguintes características:

1) no exercício da função administrativa, o Estado encontra-se submetido totalmente à ordem jurídica;

2) no exercício da função administrativa, o Estado comparece numa posição de autoridade, de superioridade em relação aos particulares. Todavia, é uma atividade destituída de eficácia definitiva;

3) os atos, através dos quais, via de regra, se expressa a função administrativa, são atos dependentes da Constituição ou da lei e têm caráter secundário (não inicial), passíveis, sempre, de controle jurisdicional. São, assim, realizados de forma direta e imediata, independentemente de provocação de quem quer que seja.

13.2.1 Já tivemos oportunidade de ressaltar a inexistência da possibilidade do Estado, submetido ao Direito, exercer qualquer atividade que não em respeito à ordem jurídica. Carlos Ari Sundfeld, explicando a submissão do Estado à ordem jurídica, assim se manifesta:

"Segundo o princípio da submissão do Estado ao Direito, todo ato ou comportamento do Poder Público, para ser válido e obrigar os indivíduos, deve ter fundamento em norma jurídica superior. O princípio determina não só que o Estado está proibido de agir contra a ordem jurídica, como, principalmente, que todo poder por ele exercido tem sua fonte e fundamento em uma norma jurídica.

"Assim, o agente estatal, quando atua, não o faz para realizar sua vontade pessoal, mas para dar cumprimento a algum dever, que lhe é imposto pelo Direito. O Estado se coloca, então, 'sob a ordem jurídica', nos mais diferentes aspectos de sua atividade".[51]

49. Afastamo-nos, assim, da doutrina firmada por Celso Antônio Bandeira de Mello, ao não considerar como atos administrativos: a) os atos regidos pelo direito privado e os atos políticos ou de governo, conforme se constata no seu *Elementos...*, p. 117.

50. Ernest Forsthoff, *Tratado de Derecho Administrativo*, Madri, 1950, p. 282.

51. Ob. cit., p. 151.

Sendo a Constituição a norma jurídica anterior não feita pelo Estado (pois este é fruto dela), todo seu funcionamento, todas as atividades por ele exercitadas devem atender às disposições constitucionais. A ordem jurídica estatal tem na Constituição, assim, a sua norma maior, o fundamento da validade de todas as suas outras normas. Eis porque se diz que a atividade estatal, seja atividade legislativa, jurisdicional ou administrativa, é função. Vale dizer, o agente público, ao exercer qualquer uma das atividades estatais, está proibido de realizar seus interesses particulares, próprios, pessoais. Na verdade tem ele o dever de buscar, no interesse alheio, o atendimento de uma dada finalidade prefixada na Constituição, manifestação do Poder Constituinte do qual o povo é titular.

Dessa forma, o ato jurídico correspondente à função legislativa (lei), norma primária, só poderá ser obrigatório ao respeito e acatamento dos cidadãos do Estado desde que seja expressão ou execução de uma regra de direito. No mesmo sentido, a decisão jurisdicional e o ato administrativo, atos jurídicos não primários, somente serão válidos se conformes à ordem jurídica. O poder conferido aos agentes públicos, quando exercitam essas funções, nada mais representa que um instrumento para que cumpram o dever de atender à finalidade posta na regra de direito que, em última análise, visa atender, manter, resguardar interesses de terceriros — interesses públicos. Exatamente por isso, no exercício da atividade administrativa, o Estado deve tratar a todos com isonomia, sem discriminações.

Sobre essa limitação à ação estatal (legislativa, jurisdicional ou administrativa) parece-nos ser de perfeita adequação trecho das lições de Celso Antônio Bandeira de Mello, ao referir-se à função: "Onde há função, pelo contrário não há autonomia da vontade, nem a liberdade em que se expressa, nem a autodeterminação da finalidade a ser buscada, nem a procura de interesses próprios, pessoais. Há adscrição a uma finalidade previamente estabelecida e, *no caso da função pública, há submissão da vontade ao escopo pré-traçado na Constituição ou na lei e há o dever de bem curar um interesse alheio que, no caso, é o interesse público; vale dizer, da coletividade como um todo e não da entidade governamental em si mesma considerada*" (grifos nossos).[52]

13.2.2 Destacou-se para a função administrativa, ainda que o Estado, ao exercê-la, muito embora compareça numa posição de autoridade, de superioridade em relação aos particulares, essa atividade é destituída de eficácia definitiva.

Essa posição de supremacia de que se investe o Estado, na esfera jurídica de terceiros, é uma relação de virtualidade. Eis o "poder extroverso", a que se refere Alessi, em oposição ao "poder introverso", próprio da atividade privada, onde os atos só podem atingir a esfera dos sujeitos que os praticam.[53]

Como a atividade estatal só se justifica se e quando atender aos interesses da coletividade, pois estes têm prevalência sobre os do particular, essa supremacia, na função administrativa, resulta que o ato jurídico administrativo tem "o valor formal de presunção de verdade, o que consiste em independer, em princípio, de prova, e poder ser, desde logo, exigível, o que traz, como conseqüência, a força jurídica da autotutela, ou seja, a possibilidade de auto-executoriedade, quando não obedecido, isto é, de execução de ofício dos atos, sem prévia decisão do Poder Judiciário, apreciando a sua legitimidade e reconhecendo o seu direito de coagir terceiros, na hipótese, bem como de decretação de sua nulidade ou revogação pelos próprios órgãos

52. *Elementos...*, p. 47.
53. Ob. cit., pp. 5 a 25.

executivos'', assinala Oswaldo Aranha Bandeira de Mello.[54]

13.2.3 Uma outra particularidade assinalada refere-se aos atos, através dos quais se expressa a função administrativa, como sendo dependentes da Constituição ou da lei, de caráter secundário e passíveis, sempre, de controle jurisdicional.

A dependência à Constituição, conforme já justificado na segunda parte deste estudo, guarda coerência com a opção sistemática por nós adotada, particularmente em relação ao entendimento da inexistência dos chamados atos de governo. Para nós, são atos administrativos com a particularidade de terem natureza de realização concreta da Constituição, que lhes regula o procedimento mas confere ao agente público a possibilidade de exercitar uma apreciação de certo modo subjetiva. Portanto, assim como os demais atos administrativos, o exercício dessa atribuição outorgada direta e imediatamente por uma disposição constitucional expressa não retira desses atos a característica de serem manifestação da função administrativa. Distinguem-se eles do ato jurídico lei (que também é manifestação direta da Constituição), pelo fato de terem, ao contrário dela, caráter secundário. Mesmo sendo atos decorrentes de situações excepcionais, vemos aqui presente o princípio da legalidade, entendendo-se a lei, no seu sentido amplo, como norma expressa em dispositivo constitucional.

Mais uma vez com apoio em Gordillo, pode-se afirmar que, nestas hipóteses, não são atividades num plano de igualdade com a lei, mas de subordinação, e que o espírito da Constituição não é, de nenhuma maneira, que o Poder Executivo se transforme em seu próprio legislador.[55]

Da subordinação do ato estatal, produção da função administrativa, à lei temos reafirmado o respeito ao princípio básico à configuração do regime jurídico desta função: o princípio da legalidade. Opondo-se a toda e qualquer forma de poder autoritário, o princípio da legalidade condiciona toda a atividade estatal administrativa. Esta é, então, uma atividade infralegal, que se traduz na expedição de comandos complementares à lei, segundo já ressaltamos com Alessi. É dele a afirmação de que a função administrativa está subordinada à legislativa não só porque a lei pode estabelecer proibições e vedações à Administração, mas também porque esta só pode fazer o que a lei antecipadamente, previamente autoriza. No mesmo sentido a lição de Stassinopoulos, repetida por todos os administrativistas, no sentido de que, no exercício da atividade administrativa, o Estado não está apenas impossibilitado de agir *contra legem* ou *praeter legem*, mas é obrigado a agir *secundum legem*.

Não é suficiente, todavia, o respeito à lei. É necessário, ainda, que o ato jurídico, correspondente à função administrativa, atenda ao objetivo, aos propósitos, à finalidade da lei. Não aplicar uma regra de Direito em vista da finalidade para a qual está preordenada é o mesmo que desaplicar o Direito, caracterizando, então, o desvio de finalidade ou ''desvio de poder''.

Impende ressaltar que o ''direito, mesmo nos casos da maior discricionariedade, fornece sempre os elementos para a identificação, por via negativa (isto é, dizendo o que ela não pode ser), da finalidade do ato. E o faz através de idéias como as da razoabilidade, proporcionalidade, moralidade e boa-fé, das

54. *Princípios...*, p. 33.

55. Para Gordillo, esses atos também são sujeitos à regulação legislativa. Assim, por exemplo, no caso de indulto, o significado dos termos ''pena'', ''delito'' é interpretado com base na legislação (Código Penal), não cabendo ao Poder Executivo, ''ex novo'' e ''ex inventione'', por-se em cada caso a determinar discricionariamente o que é delito, o que é pena (cf. *Princípios...*, p. 160 a 165).

quais deriva a interdição dos atos cujos fins sejam irracionais, desproporcionais, imorais ou consagradores da má-fé'', sintetiza Carlos Ari Sundfeld.[56]

Todavia, a possibilidade daquela interdição, que se efetivará através do controle jurisdicional dos atos administrativos e conseqüente responsabilização nas hipóteses de acarretarem danos aos administrados, exige sejam conhecidas dos administrados as razões, de fato e de direito, e sua correlação com a situação concreta que levaram o Estado, no exercício da função administrativa, a editar um determinado ato, a adotar determinada conduta, salvo se o sigilo for exigido como imprescindível à segurança da Sociedade e do Estado (CF, art. 5º, XXXIII). Dito conhecimento será concretizado através da publicidade dos comportamentos administrativos, que devem ser sempre justificados.

13.3 Princípios basilares e a Constituição Federal

O que se pretende ressaltar nessas pontuações, nada mais é do que demonstrar a distinção da função administrativa das demais funções estatais, em razão de estar ela submetida a um regime jurídico próprio, peculiar: o regime jurídico administrativo.

Não é do nosso conhecimento tenha sido proposta uma sistematização desses diversos elementos de forma mais expressiva, clara, coerente e objetiva do que a formulada por Celso Antônio Bandeira de Mello, no seu *Elementos de Direito Administrativo*, pp. 15 a 44. Guardadas as devidas proporções, pretendemos dela não ter discrepado.

A função administrativa, assim (e agora seguindo a sistematização do mestre), encontra-se submetida ao regime jurídico administrativo, informado por dois princípios básicos, os quais encontram respaldo no Direito Positivo brasileiro:

I — o princípio da supremacia do interesse público, do qual decorrem: *1*) posição privilegiada do órgão encarregado de zelar pelo interesse público e de exprimi-lo, nas relações com os particulares; *2*) posição de supremacia do órgão nas mesmas relações. Da conjugação desses dois princípios decorrem a exigibilidade dos atos administrativos (atos unilaterais, através dos quais o Estado, no exercício da função administrativa, constitui os particulares em obrigações e modifica as relações já estabelecidas), bem como a possibilidade da revogação e decretação da nulidade desses mesmos atos;

II — o princípio da indisponibilidade, pela Administração, dos interesses públicos, do qual se extrai, como conseqüência: *1*) o princípio da legalidade (CF, art. 5º, II, 37, *caput* e 84, IV), do qual decorrem os princípios da: a) finalidade, tipicidade, razoabilidade e proporcionalidade (CF, art. 5º. LXIX e art. 37, *caput*); b) motivação (CF, art. 1º, II, art. 5º, XXXV e 93, X); c) responsabilidade (CF, art. 37, § 6º); d) impessoalidade (CF, art. 5º, *caput* e art. 37, *caput*); e) moralidade (CF, art. 37, *caput* e § 4º, e art. 85, V); f) publicidade (CF, art. 5º, XXXIII e XXXIV, *b*); g) controle judicial (CF, art. 5º, XXXV); *2*) o princípio da obrigatoriedade do desempenho da atividade pública.

13.4 Conceito

Resta, agora, propor um conceito de função administrativa que, encontrando

56. Ob. cit., p. 158. Deve-se registrar que tais manifestações do autor, segundo depoimento expresso em sua obra (p. 173), foram integralmente inspirados nas lições de Celso Antônio Bandeira de Mello. Também nós as estamos seguindo, conforme nos manifestaremos, logo mais, no corpo deste estudo.

amparo nas ponderações aqui expendidas, permita dizer o modo pelo qual essa função estatal é exercida no Estado Democrático brasileiro:

Função administrativa é a atividade que o Estado, ou quem lhe faça as vezes, realiza, numa posição de autoridade em relação aos particulares, com submissão à lei ou à Constituição, nas situações excepcionais nesta previstas, segundo regime jurídico administrativo, para cumprir as finalidades assinaladas no ordenamento jurídico.

São Paulo, março de 1993

MINISTÉRIO PÚBLICO E TUTELA DOS INTERESSES DIFUSOS

LUIZ FABIÃO GUASQUE
Promotor de Justiça no Rio de Janeiro

1. Introdução

Com a chegada do terceiro milênio temos assistido mutações em todas as partes do planeta. A liberdade lança seu espectro contra todas as ideologias que a inibem. Pouco a pouco, os regimes totalitários vão desaparecendo e dando lugar à Democracia, ou seja, ao governo do povo pelo povo, destinatário e tutor de seu bem-estar e liberdade.

A europa ocidental derruba suas fronteiras, unindo os povos em busca de um equilíbrio econômico que alcance a fraternidade e a igualdade das nações, para que a economia não ameace a paz e traga bem-estar e desenvolvimento para os povos.

Nasce uma consciência sobre o futuro do planeta e conseqüentemente da humanidade, unindo as nações em acordos sobre como se pode conjugar desenvolvimento e equilíbrio ambiental e social.

Enfim, o homem começa a descobrir que a união faz a força, e que o bem-estar dos povos e do planeta é coisa de interesse público de toda a humanidade.

Organizações não governamentais se formam desta consciência, com a solidariedade de pessoas das mais diversas nacionalidades. Tudo faz crer que o mundo está mudando.

No Brasil temos sentido esta mudança. Nunca havíamos vivido, em toda nossa história, momento de tanta liberdade. O povo começa a sentir que todo o poder dele emana, e que em seu nome é exercido (parágrafo único do art. 1º da Constituição da República), o que impele as funções essenciais do Estado a expressar a vontade de tutelar esses interesses.

Nunca se havia assistido a tantos confrontos entre as funções executiva, legislativa e judiciária na busca dessa finalidade, nem tampouco o Ministério Público havia desempenhado de forma tão independente e firme a missão que lhe delegou o legislador originário. Eleito pelo constituinte como quarta função essencial do Estado, agiganta-se perante toda essa ordem constitucional, como instituição permanente, essencial à atividade inerte da Jurisdição, com a missão de defender a ordem jurídica, o regime democrático e os interesses sociais e individuais indisponíveis (art. 127 da CR).

A par disso, desde o descobrimento do Brasil temos visto o desenvolvimento de uma cultura de criação de oligarquias. Com as capitanias hereditárias assistimos o primeiro loteamento do solo pátrio, e a materialização de uma idéia de que ali não se estava formando uma nação, mas um feudo de burgueses portugueses, o que se prolongou por todo o tempo do Brasil Colônia e Império.

Veio a República e sua causa não foi outra senão o descontentamento da burguesia em não receber, em sua maioria, as benesses dos súditos da corte.

Quando no Brasil, num primeiro momento de regime democrático, as classes assalariadas começaram a pugnar pelos direitos sociais, testemunhamos a supressão de todos os direitos da cidadania com a Revolução de 1964.

Em todos esses anos não temos presenciado outra coisa senão o surgimento de uma sociedade desigual e extratificada, onde o próprio Estado procura garantir esta situação.

Hoje, passados mais de quatro anos de uma Constituição democrática, que tem como objetivos fundamentais construir uma sociedade livre, justa e solidária; erradicar a pobreza e a marginalização e reduzir as desigualdades sociais e regionais, promovendo o bem de todos, sem preconceitos de origem, raça, sexo, cor, idade e quaisquer outras formas de discriminação (art. 3º da Constituição da República), todos os direitos e garantias fundamentais continuam guardados na Lei Magna. O povo, nem da forma mais tênue, pôde sentir que em nossos dias o Brasil é uma sociedade livre e igualitária.

O resultado disso é que, atualmente, a única coisa que podemos afirmar sem medo de errar é que vivemos numa sociedade extratificada em castas sociais.

Isto nos faz pensar em como realizaremos os direitos conferidos ao povo, de forma a igualizar uma fragmentada sociedade civil.

Tal situação não é privilégio de nossa história. No estado romano, em sua segunda fase, a República, houve a preocupação em realizar a igualdade entre patrícios e plebeus já anteriormente iniciada pelo Sérvio Túlio, o penúltimo rei de Roma.

Para tal fim foi constituído o tribunato da plebe (496), e seus magistrados seriam *sacrossanti* (invioláveis), o que foi aceito e jurado pelo Senado. Representantes e defensores da plebe tornaram-se os órgãos motores de suas reivindicações, entre as quais se destacam: a) a codificação do direito costumeiro; b) igualdade civil entre patrícios e plebeus e c) igualdade política entre uns e outros, isto é, o acesso aos cargos públicos monopolizados pelos patrícios.

O direito dessa época tinha dois defeitos capitais: era incerto e desigual. Incerto porque não escrito, e desigual, porque fazia distinção entre patrícios e plebeus. Da incerteza do direito nascia o arbítrio na sua aplicação; da desigualdade, a inferioridade jurídica dos plebeus. Os tribunos da plebe encaminharam a sua ação para conseguir estes dois objetivos: a codificação do direito e a igualdade jurídica entre patrícios e plebeus (*summis infimisque iura aequare*).

Dos esforços dos tribunos da plebe, após a lei das XII tábuas foi conseguida a igualdade civil, a tutela da liberdade e o respeito à autonomia individual entre patrícios e plebeus (Matos Peixoto, *Curso de Direito Romano*, 4ª ed., 1960, pp. 54 e ss.).

No Brasil, esta preocupação em realizar os direitos fundamentais de um regime democrático fez do Ministério Público, segundo a própria Carta Magna, o defensor da ordem jurídica do regime democrático e dos interesses sociais e individuais indisponíveis (art. 127, *caput*, da CR). É evidente, que para realizar tal tarefa foram-lhe outorgadas várias garantias. Mas, passados mais de quatro anos de uma democracia jurídica, não conseguimos, nem de longe, começar a construir uma democracia social, e ao Ministério Público, com seu poder de ação, é que foi atribuído o dever de realizar a efetividade dos direitos fundamentais conferidos na Constituição, à semelhança dos tribunos da plebe da República Romana.

Vejamos portanto, a amplitude desta missão.

2. *A democracia no Brasil e seus valores fundamentais*

A democracia se funda no princípio da soberania popular, realizando os valores da igualdade, liberdade e dignidade da pessoa.

José Afonso da Silva, após minucioso exame do conceito de "Estado Democrático de Direito", expresso no art. 1º da Constituição da República, conclui que seus princípios e sua tarefa são:

"a) *princípio da constitucionalidade*, que exprime, em primeiro lugar, que o Estado Democrático de Direito se funda na legitimidade de uma Constituição rígida, emanada da vontade popular, que, dotada de supremacia, vincule todos os poderes e os atos deles provenientes, com as garantias de atuação livre de regras da jurisdição constitucional;

"b) *princípio democrático* que, nos termos da Constituição, há que constituir uma democracia representativa e participativa, pluralista, e que seja a garantia geral da vigência e eficácia dos direitos fundamentais (art. 1º);

"c) *sistema de direitos fundamentais* que compreende os individuais, coletivos, sociais e culturais (tits. II, VII e VIII);

"d) *princípio da justiça social* referido no art. 170, *caput*, e no art. 193, como princípio da ordem econômica e da ordem social;

"e) *princípio da igualdade* (art. 5º, *caput*, e I);

"f) *princípio da divisão de poderes* (art. 2º) e da independência do juiz (art. 95);

"g) *princípio da legalidade* (art. 5º, II);

"h) *princípio da segurança jurídica* (art. 5º, XXXVI a LXXIII).

"A tarefa fundamental do Estado Democrático de Direito consiste em superar as desigualdades sociais e regionais e instaurar um regime democrático que realize a justiça social" (ob. cit., pp. 107 e v).

De todos esses princípios enumerados pelo mestre, entendo que muitos são desdobramentos do princípio da *isonomia*. Não há igualdade sem justiça social, ou seja, sem a preocupação do Estado em dar a todos os seus súditos condições equivalentes de acesso ao ensino, à saúde e à educação.

Tampouco haverá equilíbrio na atividade econômica se a ação do Estado não procurar regularizá-la, de forma a assegurar o desenvolvimento do mais fraco contra a ação do mais forte. A dominação dos mercados gera a iniqüidade, tendo como conseqüência a falta de oportunidades para os brasileiros, o que atenta contra a *isonomia* e o regime democrático, com reflexos funestos em todos os segmentos da vida nacional.

Em relação ao princípio, Radbruch explica que a justiça manda tratar como iguais as coisas iguais e diferentemente as que são desiguais, na proporção de sua desigualdade (Gustav Radbruch, *Filosofia do Direito*, trad. de L. Cabral de Moncada, 2ª ed., 1937, pp. 323-325, apud Oscar Tenório, *Lei de Introdução ao Código Civil Brasileiro*, p. 157).

O art. 3º da Constituição da República expressa bem a idéia de que o Estado não é fim, mas meio pelo qual se promovem os interesses comuns. Os particulares devem conciliar-se aos da sociedade.

No título II da Constituição da República Federativa do Brasil, no art. 5º e incisos, estão expressos os Direitos e Garantias Fundamentais. Sua relevante importância é reconhecida na carta política pela sua natureza de princípios de um regime democrático, do que decorre a impossibilidade de sofrer emendas, conforme dispõe o art. 60, § 4º, erigindo tais normas à condição de cláusulas pétreas.

Ali estão garantidos aos brasileiros e estrangeiros residentes no país o direito à vida, à liberdade, à igualdade, à segurança e à propriedade (art. 5º, *caput*), sendo que este último se subordina à função social (inc. XXIII), discriminada ao longo do texto nos arts. 170, III, 182, § 4º, e 184.

De toda esta quantidade de preceitos que garantem a República, ou seja, *respública*, coisa do povo, e a Democracia, *demos*, povo, *cracia*, governo, o poder constituinte legitimou o Ministério Público seu representante.

O princípio da *isonomia* que iguala homens e mulheres em direitos e obrigações (inc. I), apresenta vários desdobramentos ao longo da Lei Maior de forma a materializar esta igualdade, quando:

a) limita o uso da propriedade à sua função social (art. 5º, inc. XXIII);

b) subordina a atividade econômica, fundada na valorização do trabalho humano e na livre iniciativa a *assegurar a todos existência digna* (art. 170, *caput*);

c) apresenta como objetivo fundamental da República Federativa do Brasil *erradicar a pobreza e a marginalização e reduzir as desigualdades sociais e regionais*, (art. 3º, inc. III); o que vem explicitado na forma de elaboração da lei orçamentária (art. 165, § 1º);

d) dirige ao legislador e à União *princípio de crescimento nacional equilibrado para planos nacionais e regionais de desenvolvimento* (art. 174, § 1º, e 43);

e) assegura a livre concorrência, determinando que a *lei deve reprimir o abuso do poder econômico que vise à dominação dos mercados, à eliminação da concorrência e ao aumento arbitrário dos lucros* (arts. 170, inc. IV, c/c 173, § 4º);

f) *busca tratamento favorecido à empresa brasileira de capital nacional*, eis que, como referimos, constitui iniqüidade o tratamento igual de desiguais (art. 170, inc. IX);

g) determina que a educação é *direito de todos e dever do Estado e da família* (art. 205), o que vem complementado pela necessidade de a União aplicar nunca menos de dezoito, e os Estados, o Distrito Federal e os Municípios vinte e cinco por cento *na manutenção e desenvolvimento do ensino*, sendo que nos dez primeiros anos da promulgação da Constituição o poder público deve aplicar, pelo menos, *cinqüenta por cento dos recursos a que se refere o art. 220, para eliminar o analfabetismo e universalizar o ensino fundamental* (art. 60 do Ato das Disposições Transitórias);

h) erige o acesso ao ensino obrigatório e gratuito a *direito público subjetivo*, tendo como conseqüência a responsabilidade da autoridade pelo não oferecimento, ou oferta irregular — (§§ 1º e 2º).

Com todas essas medidas, busca garantir a *igualdade* a todos os brasileiros nas oportunidades na vida e no mercado de trabalho.

Também a assegura na atuação de arrecadação de tributos pelo Estado, limitando-a com os princípios da *capacidade contributiva* (art. 145, § 1º), e o da *isonomia tributária* (art. 150, inc. II), e vedando a utilização de tributo com efeito de confisco (inc. IV).

Também não será possível democracia sem *segurança jurídica* (art. 5º, XXXVI a LXXIII), sem observância ao princípio da *legalidade* (art. 5º, inc. II) e o da *ampla defesa* (art. 5º, inc. LV).

O princípio da independência e harmonia dos poderes expresso no art. 2º da Lei Maior procura tornar viável o equilíbrio entre as funções essenciais do Estado.

O da *legalidade* (art. 5º, inc. II), desdobramento do da *segurança jurídica*, procura limitar a ação do Estado contra seus súditos, determinando no art. 37 que a administração pública direta, indireta ou fundacional de qualquer dos poderes de todos os entes federados deve obedecê-lo, bem como ao da impessoalidade, moralidade e publicidade, além de outros que discrimina.

Atende, desta forma, reclamação antiga da doutrina, que pregava a necessidade de que todo ato administrativo fosse motivado, de forma a possibilitar ao judiciário o controle da existência ou não dos motivos (ver Celso Antônio Bandeira de Mello, "Legalidade, Motivo e Motivação do Ato Administrativo", *RDP* 90/57). Aperfeiçoa, portanto, a doutrina dos freios e contrapesoas pregada por Montesquieu.

Na atividade tributária os discrimina, com os princípios da *irretroatividade*, para a cobrança de tributos em relação a fatos geradores ocorridos antes da vigência da lei que os houver instituído ou aumentado (art. 150, inc. III, letra *a*). Com o da *anterioridade*, impede a cobrança de tributos no mesmo exercício financeiro em que haja sido publicada a lei que os instituiu ou aumentou (letra *b*) e veda a utilização de tributo com efeito de confisco (inc. IV).

Todos desdobramentos dos princípios enunciados, corolários de um Estado Democrático de Direito que, volto a dizer, tem no Ministério Público seu guardião.

3. A missão do Ministério Público

O poder do Estado é uno, expressão de sua soberania. As funções é que se tripartem em executiva, legislativa e judiciária. Embora a Constituição os tenha positivado como "poderes", em termos científicos aquela assertiva não encontra resistência em toda a doutrina (p. ex., Hélio Tornaghi, *Instituições de Processo Penal*, vol. 1, p. 229, e José Afonso da Silva, *Direito Constitucional Positivo*).

Ao longo do texto da Lei Maior, o constituinte originário demonstra reconhecer o Ministério Público como quarta função essencial do Estado.

À semelhança das outras funções, o organiza com autonomia funcional e administrativa (art. 125, §§ 2º e ss.).

Confere aos Procuradores-Gerais iniciativa de leis complementares, portanto de natureza constitucional, para estabelecer a organização, as atribuições e o estatuto de cada Ministério Público, fixando as garantias necessárias ao exercício da função constitucional que lhe atribui (art. 128, § 5º e incisos).

Após reconhecê-lo como instituição permanente e essencial à função do Estado, incumbe-lhe (art. 127):

a) a defesa da ordem jurídica;

b) do regime democrático;

c) dos interesses sociais e individuais indisponíveis;

Confere-lhe as funções de (art. 129 e incisos):

a) promover, privativamente, a ação penal pública, na forma da lei;

b) zelar pelo efetivo respeito dos Poderes Públicos e dos serviços de relevância pública aos direitos assegurados nesta Constituição, promovendo as medidas necessárias a sua garantia;

c) promover o inquérito civil e a ação civil pública, para a proteção do patrimônio público e social, do meio ambiente e de outros interesses difusos e coletivos;

d) promover a ação de inconstitucionalidade ou representação para fins de intervenção da União e dos Estados, nos casos previstos nesta Constituição;

e) defender judicialmente os direitos e interesses das populações indígenas;

f) expedir notificações nos procedimentos administrativos de sua competência, requisitando informações e documentos para instruí-los, na forma da lei complementar respectiva;

g) exercer o controle externo da atividade policial, na forma da lei complementar mencionada no artigo anterior;

h) requisitar diligências investigatórias e a instauração de inquérito policial, indicados os fundamentos jurídicos de suas manifestações processuais;

i) exercer outras funções que lhe forem conferidas, desde que compatíveis com sua finalidade, sendo-lhe vedada a representação judicial e a consultoria jurídica das entidades públicas.

De todos esses preceitos, não é difícil concluir que o Ministério Público tem largo campo de ação não só para provocar a função jurisdicional, mas também para medidas administrativas em prol do interesse público.

4. *O conceito de interesse difuso e coletivo*

De todos os trabalhos que se dispuseram a conceituar o que vem a ser interesse difuso, não encontrei em nenhum a afirmativa de que este advém de um direito. Direito público subjetivo de todo cidadão, a por exemplo ter o meio ambiente ecologicamente equilibrado (art. 225 da CR); de exigir do Estado que a sua atividade seja determinada pela finalidade de atender o interesse da maioria (art. 5º, inc. LXXIII, c/c 37, todos da CR); de que a atividade de arrecadação de impostos obedeça aos princípios estabelecidos na Constituição (art. 150 e ss.); de ter direito à saúde, educação, cultura e desporto (art. 196, 205, 215 e 217), além de tudo o mais que a Lei Magna, complementada pela legislação infraconstitucional, confira ao cidadão.

É evidente que a natureza deste direito, pela sua importância vital aos valores fundamentais de uma sociedade juridicamente organizada, é que determina que o seu desrespeito atinja toda a coletividade. Mesmo os cidadãos mais afastados do efeito da lesão resultante da desconsideração ao preceito, quando eventualmente constatam o dano, estão sofrendo os reflexos de seu espectro.

Note-se que esses direitos, conferidos na Lei Maior, devem ter a interpretação mais ampla possível em sua aplicabilidade e segurança, e caberá ao aplicador da lei o dever de resguardá-los sob este prisma.

Em trabalho pioneiro, o professor Mauro Capelletti, já no ano de 1977, publicava estudo na revista do processo n. 5 sobre as formações sociais e interesses coletivos diante da justiça civil. Com excelente desenvolvimento de direito comparado, aborda as formações sociais das pessoas individuais e as *class actions* dos países da *common law*. Entretanto, talvez pelo ineditismo da obra, não distingue o interesse difuso ou como ele próprio denomina meta-individual do coletivo.

No direito italiano é atribuído às associações não reconhecidas e a outras entidades privadas a personalidade jurídica, o direito de agir para a tutela dos direitos dos quais são diretamente titulares (CC, art. 36, § 2º; art. 41, § 2º; arts. 1.131, 2.266 e 2.297 a 2.298; CPC, art. 75, § 4º). A nossa Constituição seguiu a idéia e legitimou as associações a defenderem os interesses de seus membros ou associados (art. 5º, inc. XXI), ou mesmo a fazer uso da ação civil pública para tal desiderato (art. 8º da Lei 7.347/85). Ocorre que tais interesses atingem a esta classe de pessoas, e por isso mesmo tem acepção mais restrita do que aquelas hipóteses de interesses difusos, onde há a violação do direito de toda a sociedade juridicamente organizada.

O direito ao meio ambiente equilibrado, ao respeito às leis de utilização do solo urbano, e de todos aqueles princípios do Estado Democrático de Direito, como dissemos, são interesses difusos e o seu desrespeito atinge indistintamente a todos os cidadãos.

Portanto, não se deve confundir a tutela coletiva de interesses, deferida normalmente a associações, e a difusa que compete ao Ministério Público como parte pública que representa a sociedade como um todo.

5. *Os efeitos "erga omnes" de fato nas ações de interesse difuso*

Quando um criminoso é condenado, um menor é protegido pela intervenção Ministerial ou qualquer outro interesse público é assegurado, esses efeitos são notados em todos os segmentos sociais. É garantido o equilíbrio do Estado de Direito.

Ao contrário das ações coletivas, onde a coisa julgada opera em limites subjetivos, ou seja, entre as partes do processo, nas ações de interesse difuso é impossível a concepção de tal eficácia, pois o direito em discussão é o direito de todos.

Nesse aspecto, há um ponto no magnífico estudo do mestre Capelletti que não foi notado: nas *class actions* ou nas ações coletivas a coisa julgada opera somente aos integrantes daquela coletividade. Nas ações de interesse difuso, não há necessidade de vinculação de efeitos nos limites subjetivos, pois por sua natureza, apenas a vinculação do sujeito passivo da relação jurídico-processual a *um facere ou non facere*, determina efeitos de fato o que significa dizer, *efeitos "erga omnes" de fato* a toda coletividade. Note-se que o que confere esses efeitos não é o fenômeno da coisa julgada, mas a natureza do direito sobre o qual se manifestou o Judiciário.

As ações movidas pelo Ministério Público com base na sua legitimação constitucional não são ações coletivas, pois consubstanciam sempre, sob pena de ilegitimidade, interesses difusos, conceito mais amplo do que o das *class actions* e das nossas ações coletivas.

Poderia perguntar-se. E quando for indeferida a pretensão do Ministério Público? Estará ele impossibilitado de intentar outra ação?

Entendemos que assim como nas ações coletivas os efeitos da coisa julgada operam *erga omnes*, conforme os termos do art. 103 da Lei 8.078/90, "exceto se o pedido for julgado improcedente por insuficiência de provas, hipótese em que qualquer legitimado poderá intentar outra ação, com idêntico fundamento, valendo-se de nova prova, na hipótese do inc. I do parágrafo único do art. 81". Assim, indeferida a pretensão do Ministério Público, não poderá ser intentada outra ação com o mesmo objeto, contra a mesma parte e com a mesma causa de pedir. O artigo referido conceitua o que o código entende como interesses ou direitos difusos, sendo aqueles transindividuais, de natureza indivisível, de que sejam titulares pessoas indeterminadas e ligadas por circunstância de fato.

6. *A legitimação constitucional*

O direito de ação, segundo os grandes processualistas, é um direito subjetivo como outro qualquer e como não poderia deixar de ser vem conferido em lei de direito material (Hélio Tornaghi, *Comentários ao Código de Processo Civil*, vol. I, pp. 88 e ss.).

Antes do advento da Constituição da República de 1988, a legitimação do

Ministério Público era atribuída pela legislação infraconstitucional, em especial os códigos penal e civil que disciplinam tais relações jurídicas.

Em algumas situações esparsas, esta legitimação aparecia nos diplomas que disciplinam o direito judiciário processual, para usar a feliz expressão de Goldsmith. Isto porque as leis têm função maior do que o desenvolvimento científico, e por questões de organicidade e funcionalidade, algumas vezes repetem ou atribuem legitimações em códigos que apenas disciplinam o exercício do direito público subjetivo de agir e a relação jurídica que estabelecem entre as partes e o Estado a partir do seu exercício, como o são os códigos de processo.

Como um marco de avanço alargando o espectro de ação do Ministério Público, a lei da ação civil pública (Lei 7.347/85) conferiu direito de ação a esse para proteger o meio ambiente, o consumidor e bens e direitos de valor artístico, estético, histórico, turístico e paisagístico (art. 1º).

Seu objeto é a condenação em dinheiro ou o cumprimento de obrigação de fazer ou não fazer (art. 3º).

Ao atribuir-lhe a função obrigatória de fiscal da lei (art. 5º, § 1º), também lhe confere a função de *sucessor processual* para o caso de abandono ou desistência da ação (§ 3º).

Anteriormente, a lei da ação popular (4.717/65), embora não conferisse direito de ação ao Ministério Público (art. 1º), lhe deferia também a função de *sucessor processual* para as mesmas hipóteses (art. 9º).

A doutrina de forma uníssona negava direito de ação ao Ministério Público para as hipóteses da ação popular e afirmava que o membro do *parquet* que quisesse agir teria de fazê-lo como cidadão.

Sempre considerei tal posicionamento um contra-senso, pois na minha modestíssima opinião a natureza pública da *actio populi* legitimava o representante da sociedade que é o Ministério Público. Note-se que a ação civil pública e a popular podem dirigir-se a mesmos objetivos, ampliados na ação civil, de preservação de bens e direitos de valor econômico, artístico, estético, histórico ou turístico, afora as hipóteses de nulidade ou anulabilidade do ato administrativo discriminadas nos seus art. 2º, 3º e 4º (Luiz Fabião Guasque, "A nulidade e a anulabilidade do ato administrativo e seus efeitos", *RDP* 99/142).

Mas não devemos esquecer que essas leis são infraconstitucionais, e que a Constituição da República de 1988 legitimou o Ministério Público à defesa da ordem jurídica, do regime democrático e dos interesses sociais e individuais indisponíveis (art. 125), zelando pelo efetivo respeito dos Poderes Públicos e dos serviços de relevância pública aos direitos assegurados na Constituição, além da proteção ao patrimônio público e social, do meio ambiente e de outros interesses difusos e coletivos *promovendo as medidas necessárias a sua garantia* (art. 129 e incisos), bem como de tudo o mais que foi explicitado no item 3 deste trabalho.

Desta forma, não é difícil concluir-se que ao Ministério Público foi conferida uma legitimação para agir da forma mais ampla possível como requer uma norma constitucional, utilizando-se de qualquer ação possível no ordenamento jurídico brasileiro, desde que a pretensão seja atender à missão que lhe confere o constituinte originário. Qualquer disposição infraconstitucional que lhe diminua o campo de ação deverá ser considerada expressamente contrária à Lei Maior.

Assim, deverá o *parquet* utilizar-se de toda ação prevista no ordenamento pátrio para proteger interesse difuso, como legitimado extraordinário constitucional, defendendo em nome próprio os interesses de toda a população.

Como legitimado extraordinário de toda a sociedade, as ações propostas pelo Ministério Público têm sempre caráter difuso ou meta-individual, pois a ausência desta característica o torna parte ilegítima.

7. *As hipóteses de legitimação do Ministério Público*

Quando ao Estado e seus entes delegados é conferido o poder-dever de garantir por ação comissiva ou omissiva os valores fundamentais do regime democrático, com a observância da ordem jurídica e dos interesses sociais e individuais indisponíveis, todos direitos públicos subjetivos do cidadão em face do Estado, há interesse difuso.

Nessas hipóteses, o Ministério Público tem legitimação constitucional genérica para a defesa dos aludidos direitos perante o judiciário, conforme lhe confere o art. 127, *caput*, da Constituição da República.

Também pode celebrar convênios e contratos para tomar medidas administrativas, dentro de suas atribuições, a fim de consertar distorções na atividade Estatal (art. 129, incisos. II, III, IV, VII, VIII e IX-genérica).

Há ainda legitimações específicas para propor as ações:

I — penal;

II — para zelar pelo efetivo respeito dos Poderes Públicos e dos serviços de relevância pública aos direitos assegurados na Constituição;

III — civil pública;

IV — inconstitucionalidade direta e interventiva;

V — para defender direitos e interesses das populações indígenas.

Há também interesse difuso quando o Estado tem o poder-dever de zelar pelo ordenamento jurídico na esfera dos direitos privados onde ocorrem questões de ordem pública, determinadas por um critério legal, como o são os exemplos do Código Civil. Nestes casos o Ministério Público intervém para fiscalizá-los (*custos legis*) e pode agir quando ocorre inobservância.

Nas hipóteses onde ao Estado é cometido apenas o poder-dever de supervisão da atividade privada, o interesse em questão é coletivo.

Isto porque a relação jurídica se estabelece entre o particular e o cidadão que está diretamente vinculado à mesma. Forma-se aí uma coletividade de interesses.

A legitimação para agir é normalmente infraconstitucional por lei ordinária, como é exemplo o Código do Consumidor.

Para legitimar-se o Ministério Público quando não há previsão em lei ordinária, tem que haver omissão do Estado no dever de fiscalizar e corrigir distorções, tornando-o litisconsorte com o fiscalizado ou apenas sujeito passivo na relação jurídico-processual.

8. *Os meios de defesa*

Também buscando atender este momento de consciência coletiva a que nos referimos anteriormente, o legislador constituinte ampliou instrumentos de ação pública como a ação popular, que agora pode se dirigir a anular ato lesivo ao patrimônio público ou de entidade de que o Estado participe, à moralidade administrativa, ao meio ambiente e ao patrimônio histórico e cultural (art. 5º, inc. LXXIII).

Ampliou o campo da ação civil pública que agora protege não apenas o meio ambiente, o consumidor e bens e direitos de valor artístico, estético, histórico, turístico e paisagístico, mas *o patrimônio público e social e outros inte-*

resses difusos e coletivos em sua acepção mais ampla (art. 129, inc. III).

Note-se que a ação civil tem objeto tão amplo quanto a popular, que se refere à moralidade administrativa com o controle da legalidade a que nos referimos, tendo aquela por escopo proteger o *patrimônio público e social* e outros interesses difusos e coletivos. Legitimação mais ampla creio ser impossível, inclusive por vir deferida em nível constitucional.

9. A atuação administrativa

No campo da atividade administrativa, pode o Ministério Público *conveniar-se* a fundações ou entidades públicas ou privadas de proteção de interesses públicos buscando o efetivo respeito dos Poderes Públicos e dos serviços de relevância pública aos direitos assegurados na Constituição.

Recentemente, em exercício na curadoria do meio ambiente da comarca de São Pedro d'Aldeia, celebrei convênio com a Fundação Secretaria de Rios e Lagoas do Estado do Rio de Janeiro e a Prefeitura Municipal de forma a somar esforços e agilizar a proteção ao meio ambiente, já que o ataque ambiental é muito mais rápido do que as ações judiciais. Os resultados têm sido satisfatórios, onde estamos resolvendo os inquéritos civis com um contraditório entre o Estado e a Municipalidade e após o arquivamento ou não pelo curador submetendo-o ao Conselho Superior como determina a lei (art. 9º., § 4º).

Nos ataques que envolvem atos de particulares, o Estado e a Municipalidade tomam as medidas técnicas e operacionais e após restaurado o equilíbrio ambiental serão ajuizadas as ações buscando dos responsáveis o ressarcimento ao erário, já que tudo é documentado com levantamentos topográficos e exames técnicos especializados, pois a ação civil pode ter por objeto a condenação em dinheiro.

Parece-me que esta forma de atuação pode ser de extrema eficácia, principalmente na proteção ao meio ambiente, que não pode ficar esperando uma decisão lenta do Poder Judiciário, pois a especulação imobiliária e a atividade industrial são de uma rapidez impressionante, e quanto mais lenta a ação do Estado maior será o dano e mais difícil sua reparação.

10. A legitimação do Ministério Público no Mandado de Segurança para o controle da legalidade da atuação estatal

Por toda esta finalidade abordada ao longo do texto, não poderíamos deixar de lembrar que pela própria natureza do *parquet*, colocada em nível constitucional, está ele legitimado a fazer uso do *mandamus* para atacar atos de ilegalidade ou abuso de poder, desde que o interesse a proteger seja público. Poderia argumentar-se que a ação civil já serve a este escopo, mas é de se notar que a mesma é ação de conhecimento, de rito vagaroso de quando indeferida a pretensão liminar as conseqüências são muitas vezes trágicas com a perpetração do dano ou do abuso, e como veremos ela não esgota todo o campo de atuação do Ministério Público.

Sabemos que muitas vezes a atuação do Estado é obstada por interesses políticos ou outros menores no seu dever de atuar em prol do interesse público, e que a ilegalidade pode se apresentar ou por ação contrária à lei, ou por omissão no *dever jurídico* de agir em prol do interesse coletivo. Nessas hipóteses de subsunção dos fatos ao mandamento legal, como é próprio do *writ*, deve o Ministério Público pedir segurança ao Judiciário.

Para interpretar-se a lei é necessária a análise de seus elementos sistemático, gramatical, lógico teleológico, histórico e sociológico, de forma a concluir-se se a aplicação do preceito deve ser ampla ou restrita (Roberto de Ruggiero, *Instituições de Direito Civil*, vol. I, pp. 133 e ss. Também Savigny, *Sistema*, vol. I, pp. 221 e ss.).

Do elemento sistemático do texto da Lei Maior podemos tirar as seguintes ilações:

A regra do art. 5º, inc. LXIX, é genérica e apresenta o mandado de segurança para a proteção de direito líquido e certo, não amparado por *habeas corpus* ou *habeas data*, quando o responsável pela ilegalidade ou abuso de poder for autoridade pública ou agente de pessoa jurídica no exercício de atribuições do Poder Público.

Não se limita a sua legitimação como se faz com o mandado de segurança coletivo, que só é deferido a partido político com representação no Congresso Nacional; organização sindical, entidade de classe ou associação legalmete constituída e em funcionamento há pelo menos um ano, *em defesa de seus membros ou associados*. Assim, a Constituição da República o coloca como ação genérica contra a ilegalidade. Inclusive, a colocação do *habeas corpus*, de natureza semelhante e do qual sempre fez uso o Ministério Público para atacar a ilegalidade no processo penal, que atinge a liberdade de ir e vir reforça a assertiva.

O art. 129, em seu inc. III, dirige a ação civil pública para a proteção do patrimônio público e social, do meio ambiente e de outros interesses difusos e coletivos e antes, no inc. II, determina que cabe ao Ministério Público a função de *zelar pelo efetivo respeito dos Poderes Públicos e dos serviços de relevância pública aos direitos assegurados nesta Constituição, promovendo as medidas necessárias a sua garantia*. Desta forma, as relações com o Estado têm acepção mais ampla, dirigindo-se a assegurar todos os direitos garantidos na Carta Magna.

Dentre eles podemos destacar por exemplo:

a) o direito ao meio ambiente ecologicamente equilibrado (art. 225);

b) a observância dos princípios de legalidade, impessoalidade, moralidade e publicidade na atividade do Estado e demais órgãos da administração direta ou fundacional (art. 37);

c) todos os direitos e garantias fundamentais expressos no título II;

d) as limitações do Poder de Tributar expressos pelos princípios da reserva legal (art. 150, inc. I); da isonomia (inc. II); da irretroatividade (inc. III, letra *a*); da anterioridade (inc. III, letra *b*); da utilização do tributo com efeito de confisco (inc. IV); da liberdade de trânsito (inc. V); e o da capacidade contributiva (art. 145, § 1º). Enfim, em todas as hipóteses onde haja atuação do Estado de forma comissiva ou omissiva, que contrarie de forma direta os direitos garantidos, atentando contra a democracia e a ordem jurídica.

O elemento lógico ou teleológico não deixa dúvida de que a intenção do constituinte é dar ao Ministério Público ampla responsabilidade por todos os princípios democráticos como referimos anteriormente, tendo inclusive o dotado de autonomia funcional, administrativa e financeira (arts. 125, § 2º, e 128, § 5º).

O gramatical, quanto fala em zelar pelo efetivo respeito *dos* Poderes Públicos e *dos* serviços de relevância pública aos direitos assegurados nesta Constituição, *promovendo as medidas necessárias a sua garantia*, reforça este entendimento.

Os elementos histórico e sociológico pelos motivos apontados na introdução do texto revelam que nunca o Ministério Público foi reconhecido como quarta função essencial do Estado em toda a história da República Brasileira, que o incumbiu da defesa da ordem jurídica, do regime democrático e dos interesses sociais e individuais indisponíveis.

Desta forma, o espectro de ação do Ministério Público deve ter interpretação a mais ampla possível, vez que a legitimação que lhe é conferida é de natureza de poder constituinte originário, revelando a análise do texto magno que esta não pode ser limitada pela legislação infraconstitucional.

Assim, toda ilegalidade ou abuso de poder que provenha direta ou indiretamente de atividade do Estado pode ser atacada pelo Ministério Público por meio de mandado de segurança.

São as hipóteses de atividades concedidas, dependentes de licença ou permissão, ou mesmo as conseqüentes de dever jurídico imposto ao Estado de obrigação de agir ou não (sobre o conceito de dever jurídico vale a pena ver Hélio Tornaghi, *A Relação Processual Penal*, p. 58).

Assim, revelada a ilegalidade que atenta contra o interesse difuso, cabe ao Ministério Público pedir segurança contra o ato ilegal.*

11. O interesse difuso e a sentença como ato e como fato jurídico

Poderia argumentar-se que o mandado de segurança não atingiria a finalidade de estender os efeitos da coisa julgada a todos os integrantes da coletividade. Como sabemos, apenas o mandado de segurança coletivo possibilita esta situação, já que defere esses efeitos a todos os que integram aquela comunidade ou associação. Nesses termos, o inc. LXX do art. 5º da CR, onde a legitimação é conferida a partido político com representação no Congresso Nacional; e a organização sindical, entidade de classe, ou associação legalmente constituída e em funcionamento há pelo menos um ano, em defesa dos interesses de seus membros e associados. E, como vimos, esses efeitos só são expressos para a defesa do consumidor em juízo (art. 81 do Código de Defesa do Consumidor).

Ocorre que a ilegalidade de uma licença ou concessão de serviço público não precisa atingir diretamente a cada cidadão, já que apenas a existência da ilegalidade, mesmo que indiretamente, prejudica a todos.

A sentença tem duas formas de se apresentar no mundo jurídico produzindo seus efeitos. Ou é expressão concreta da vontade do Estado nos limites do pedido, e desta forma é um ato jurídico que atinge somente as partes que controvertem sobre a pretensão do autor. Ou pode ter efeitos como *fato jurídico*, com reflexos para todos os integrantes da coletividade jurídica que *de fato* podem sofrer os efeitos daquela decisão.

Hélio Tornaghi em suas *Instituições de Processo Penal*, aponta que já no século passado Adolf Wach se referia aos efeitos da sentença como fato ao tratar da intervenção de terceiros (*Thatbestandswirkung des Urtheils*) no seu *Handbuch des deuschen Zivilprozessrechts*, § 55, p. 626 (observada a ortografia da época) (ob. cit., vol. 4, p. 353).

Toda a doutrina alemã posterior estudou os efeitos reflexos ou colaterais da sentença.

Nesse sentido a regra dos arts. 468 e 472 do Código de Processo Civil não dá margem a dúvidas: "A sentença que jugar total ou parcialmente a lide, tem força de lei nos limites do pedido e das questões decididas. A sentença faz coisa julgada às partes entre as quais é dada não beneficiando ou prejudicando a terceiros...".

* Já estavam escritas essas linhas e divulgado o trabalho, quando tive a felicidade de ser surpreendido com a Lei 8.625, de 12.2.93, que em seu art. 32 conferiu expressamente a legitimidade para o mandado de segurança ao Ministério Público. Eis o seu teor: "Além de outras funções cometidas nas Constituições Federal e Estadual, na Lei Orgânica e demais leis, compete aos Promotores de Justiça, dentro de suas esferas de atribuições:

"I — impetrar 'habeas corpus' e *mandado de segurança* e requerer correição parcial, inclusive perante os Tribunais locais competentes".

Mas, como referimos anteriormente, nas hipóteses de interesses difusos, a declaração da ilegalidade pelo judiciário atinge toda a coletividade como um fato jurídico, fazendo o que denominamos, efeitos *erga omnes de fato*, pois, pela natureza do *direito* não há necessidade de efeitos como ato, pois o interesse difuso atinge toda a coletividade.

12. A legitimação do Ministério Público para o Mandado de Injunção

O *mandado de injunção* é instituto novo no ordenamento pátrio, art. 5º., inc. LXXI, destinado a dar auto-aplicabilidade às normas garantidoras dos direitos e liberdades constitucionais e das prerrogativas inerentes à nacionalidade, à soberania e à cidadania. Estão elas expressas nos arts. 5º a 11 (direitos e liberdades constitucionais); e das prerrogativas inerentes à nacionalidade (art. 12); à soberania (arts. 14 a 16); à cidadania (arts. 1º., II, e 22, XIII).

A doutrina tem afirmado a natureza de remédio de eqüidade para evitar a existência de lesão para a qual não haja outro remédio jurídico.

Hélio Tornaghi, em trabalho publicado na *Revista do Processo* n. 56, afirma que o *mandado de injunção* surgiu no Direito brasileiro pela mesma razão que provocou na Inglaterra o aparecimento do *Writ of Injunction*.

Ensina o mestre: "Aqui como lá, o sentimento de eqüidade não tolera a existência de lesão para a qual não haja remédio jurídico ("Equity does not suffer a wrong to be whithout a remedy")" (p. 37).

Conclui que "quando não houver norma regulamentadora, funcionará a jurisdição de eqüidade: o judiciário aplicará a norma que ele próprio estabeleceria se fosse legislador" (p. 42).

No mesmo sentido é a conclusão do Prof. José Carlos Barbosa Moreira, ao abordar o tema na mesma revista: "Penso que por meio dele se pode pleitear e, eventualmente, conseguir que o Poder Judiciário, pelo seu órgão competente, primeiro formule a regra que complemente, que supra aquela lacuna do ordenamento; e, em seguida, se solução de continuidade, esse mesmo órgão aplique a norma ao caso concreto do impetrante, isto é, profira uma decisão capaz de tutelar, em concreto, aquele direito, aquela liberdade constitucional ou aquela prerrogativa inerente à cidadania, à nacionalidade ou à soberania, mediante, por exemplo, uma ordem de fazer ou de não fazer" (p. 115).

O Supremo Tribunal Federal, até o ano passado, entendia, com base em parecer do Procurador-Geral da República, Dr. Sepúlveda Pertence, que o *mandado de injunção* se equiparava a ação de inconstitucionalidade por omissão, em homenagem ao princípio da separação dos poderes expresso no art. 2º da Constituição.

Recentemente, o Supremo Tribunal Federal deu um passo adiante. Entendeu aquela corte constitucional que, fixado prazo para que o Congresso editasse a norma viabilizadora do direito assegurado, o Poder Judiciário a fixaria se o Poder Legislativo não o fizesse. Eis parte do julgamento ainda não publicado em acórdão (MI 232-1—RJ). No mérito, o Tribunal, por maioria, conheceu em parte do mandado de injunção e nessa parte o deferiu para declarar o estado de mora em que se encontra o Congresso Nacional, a fim de que, no prazo de seis meses, adote as providências legislativas que se impõem para o cumprimento da obrigação de legislar, decorrente do art. 195, § 7º., da Constituição, sob pena de, vencido esse prazo, sem legislar, passe a requerente a gozar da imunidade requerida, vencidos os Srs. Mins. Marco Aurélio, Carlos Velloso e Célio Borja, que deferiam em termos diversos (publicado no *DJU* I de 16.8.91).

Assim, desde que a norma regulamentadora ou a lei se refira a interesse difuso, sendo o direito inviabilizado daqueles que fazem coisa julgada *erga omnes de fato*, está o Ministério Público legitimado a agir.

No que respeita à tutela dos interesses difusos, o Estatuto da Criança e do Adolescente previu, expressamente, a possibilidade de o Ministério Público pedir a injunção, art. 201, inc. IX, o que reforça o entendimento de que a *legitimação constitucional* deferida ao Ministério Público o autoriza a fazer uso do remédio jurídico para a tutela de outros interesses difusos que estejam sendo afetados pela ausência de norma regulamentadora.

Os efeitos de fato da coisa julgada ocorrem como referido no item anterior, uma vez que é direito de todos, indistintamente, o respeito à lei e aos princípios fundamentais do Estado Democrático de Direito.

12.1 O problema da competência no Mandado de Injunção

Entretanto, inviabilizando de forma transversa a utilização de tão importante instituto, que se dirige, como vimos, a efetivar o exercício de direitos que consubstanciam valores basilares de um Estado Democrático, o Supremo Tribunal Federal e o Superior Tribunal de Justiça têm entendido que a competência para o conhecimento da injunção lhes é privativa.

Recentemente, o Ministro Carlos Mário Velloso, que integrou o Superior e hoje está no Supremo, em conferência sobre "A Nova Feição do Mandado de Injunção", reafirma esta tese, ao dizer que a competência da Justiça Federal é constitucional, e que a única possibilidade é as constituições estaduais estabelecerem a competência para o julgamento de Mandado de Injunção aos órgãos do Poder Judiciário Estadual (*RDP* 100/173).

Firma o entendimento, na redação do art. 105, inc. I, letra *h*, que estabelece a competência dos mesmos órgãos para "julgar o mandado de injunção, quando a elaboração da norma regulamentadora for atribuição de órgão, entidade ou autoridade federal da administração direta, indireta, *excetuados* os casos de competência do Supremo Tribunal Federal e dos órgãos da Justiça Militar, da Justiça Eleitoral, da Justiça do Trabalho e da Justiça Federal".

Entendo, e não estou sozinho nisso, que a competência do Superior, bem como a do Supremo, é residual para a hipótese de *prerrogativa de função*, e que, por conseqüência, a utilização do *writ of injunction* tem ampla possibilidade em toda a esfera da Justiça Federal bem como a dos Estados-membros, que podem disciplinar apenas a competência dos juízos onde houver mais de uma vara, por suas leis de organização e divisão judiciárias.

Reforça o entendimento a letra *q* do inc. I do art. 102, que ao estabelecer a competência do Supremo arrola casos de hipóteses claras de prerrogativa de função: "o mandado de injunção, quando a elaboração da norma regulamentadora for atribuição do Presidente da República, do Congresso Nacional, da Câmara dos Deputados, do Senado Federal, das mesas de uma dessas Casas Legislativas, do Tribunal de Contas da União, de um dos Tribunais Superiores, ou do próprio Supremo Tribunal Federal". Portanto, todos casos evidentes de prerrogativa de função.

Seria inviabilizar-se o exercício pronto e eficaz de direitos e liberdades constitucionais e das prerrogativas inerentes à nacionalidade, à soberania e à cidadania, dependentes de norma regulamentadora, ou melhor, seria atentar contra a própria finalidade do instituto, idealizado pelo legislador constituinte para alcançar este escopo.

No mesmo sentido Hélio Tornaghi: "A competência para conhecer do pedido de Mandado de Injunção é definida pela Constituição da República (arts. 102, I, *q*, e II, *a*; 105, I, *h*) *quando há prerrogativa de função*. E pelas leis ordinárias, especialmente as de organização judiciária nos demais casos" (grifamos; *Rev.* cit., p. 47).

Recentemente, o Tribunal Regional Federal da 2ª Região concedeu *mandado de injunção* ex-ofício, para promover a regulamentação de preceito constitucional que assegura listagem especial para precatórios referentes a créditos alimentícios. Eis a ementa:

Mandado de Segurança contra ato do Juiz.

I — *Writ* visando dar efeito suspensivo a agravo de instrumento interposto de decisão do Juiz que determinou a intimação do impetrante para pagamento da quantia exeqüenda em 24 horas.

II — Não há ilegalidade no ato, eis que a atual Constituição Federal, no art. 100, determina o pagamento de créditos de natureza alimentícia, independentemente de rigorosa ordem cronológica de apresentação dos precatórios.

III — Caberia à Autarquia, através de norma semelhante à do Governo de São Paulo, por ela mesma apontada, promover a regulamentação do preceito constitucional, determinando a elaboração de listagem especial para os precatórios referentes a créditos alimentícios. Não o fazendo, está tornando inviável o exercício de direito constitucional, cabendo a concessão *ex officio* de mandado de injunção para restabelecimento do direito lesado, sendo competente a autoridade apontada como coatora-inteligência dos arts. 5º., LXXI; 105, I, *h*, e 109, I, da Constituição Federal.

IV — Segurança denegada (n. 89.02.13282-0/RJ, Rel. Des. Henry Bianor Chalu Barbosa, julgado em 27.8.90).

13. Conclusões

1. A Constituição da República de 1988 legitimou o Ministério Público a fazer uso de qualquer ação presente no ordenamento jurídico brasileiro, para a defesa de direitos subjetivos públicos nela assegurados e que expressem interesses difusos por esta natureza. Esta legitimação ocorre, conforme as hipóteses do quadro em anexo, havendo possibilidade de legitimação para tutela de interesse coletivo, quando faltar previsão infraconstitucional.

2. Também pode celebrar convênios e contratos para tomar medidas administrativas, dentro de suas atribuições, a fim de consertar distorções na atividade Estatal (art. 129, incs. II, III, IV, VII, VIII e IX-genérica).

3. Toda a ação de interesse difuso proposta pelo *parquet* tem efeito *erga omnes de fato* pela natureza do direito que visa assegurar.

4. Na hipótese de não acolhimento da pretensão do Ministério Público para defesa de interesses difusos, a decisão deve ter as mesmas conseqüências do art. 103 e inc. I do Código do Consumidor já referido, aqui aplicado por analogia, pois onde há a mesma razão de decidir deve ser aplicado o mesmo preceito. Ubi Eadem Ratio Ibi Idem Ius.

Novembro de 1992.

Hipóteses de legitimação do Ministério Público

Estado e atividades delegadas: Poder-dever de garantir por ação comissiva ou omissiva os valores fundamentais do regime democrático, com a observância da ordem jurídica e dos interesses sociais e individuais indisponíveis. Todos direitos públicos subjetivos do cidadão em face do Estado.

Interesse difuso: Ministério Público tem legitimação constitucional genérica para a defesa dos aludidos direitos perante o judiciário (art. 127, *caput*).

Também pode celebrar convênios e contratos para tomar medidas administrativas, dentro de suas atribuições, a fim de consertar distorções na atividade Estatal (art. 129, incs. II, III, IV, VII, VIII e IX-genérica).

Há também legitimações específicas para propor as ações:

I — penal;

II — para zelar pelo efetivo respeito dos Poderes Públicos e dos serviços de relevância pública aos direitos assegurados na Constituição;

III — civil pública;

IV — inconstitucionalidade direta e interventiva;

V — para defender direitos e interesses das populações indígenas.

Estado: Poder-dever de zelar pelo ordenamento jurídico.

Direitos privados onde há questões de ordem pública (critério legal). Exemplos do Código Civil.

Interesse difuso: O Ministério Público intervém para fiscalizá-los (*custos legis*) e pode agir quando há inobservância.

Estado: Poder-dever apenas de supervisão da atividade privada.

Interesse coletivo: Legitimação normalmente infraconstitucional por lei ordinária (ex.: Código do Consumidor).

Para legitimar o Ministério Público quando não há previsão em lei ordinária tem que haver omissão do Estado no dever de fiscalizar e corrigir distorções, tornando-o litisconsorte com o fiscalizado ou apenas sujeito passivo na relação jurídico-processual.

ESTUDOS & COMENTÁRIOS

RECURSOS HÍDRICOS E CONSTITUIÇÃO

DIMAS MACEDO
Procurador do Estado do Ceará

1. Considerações preliminares

Num momento como o presente em que as relações do homem com a manipulação dos recursos que lhe servem de suporte material e ideológico parecem superadas, em que as digressões filosóficas se apartam do leito do historicismo e propõem as bases de um novo contrato natural, se impõe de toda alvissareira a constatação de que o novo discurso constitucional brasileiro tenha assestado as suas coordenadas institucionais com vistas à concepção de um direito dos recursos hídricos, expresso num processo de repartição vertical de competências e bem assim na previsão de um sistema nacional de gerenciamento e de critérios de outorga dos potenciais hídricos existentes.

Para a consecução e a afirmação desse novo direito de águas, torna-se de logo imperativo que o Estado possa se encontrar munido de instrumentos legislativos eficientes, através dos quais a sua ação administrativa e fiscalizadora venha a representar a garantia de que a água, na condição de recurso natural essencial à vida, ao desenvolvimento econômico e ao bem-estar social possa ser utilizada em padrões de qualidade e quantidade satisfatórios, por seus usuários atuais e pelas gerações futuras, nos permitindo assim avaliar que o poder público brasileiro avança em duas direções: numa, modifica a concepção das políticas públicas, ajustando-as às novas demandas sociais, ansiosas por participar, em melhores condições, da utilização de um dos bens essenciais da natureza; noutra, capacita o poder público de instrumentos constitucionais novos que lhe asseguram viabilizar a sua vocação intervencionista.

E se a formulação de uma política de águas implica na existência de um direito de águas, que é o seu suporte instrumental e a viabilização da sua garantia, importa que desse direito de águas se possa conhecer o seu tecido sistemático, a sua forma de expressão legislativa e a sua proposta revolucionária de se insinuar como uma nova ciência normativa, desmembrada de ramos já por si renovadores da velha árvore da ciência jurídica, no caso o direito urbanístico e o direito agrário, entendendo-se, já neste lanço, que aqui não se está a tratar de um direito de irrigação ou de um direito cooperativo ou fundiário, mas de um direito que se projeta por sobre essas faces da política agrícola e entende com a intervenção do Estado no exercício do seu poder de polícia administrativa, invadindo as necessidades do espaço urbano e as esferas de abrangência do direito ambiental, ordenando os processos históricos de utilização e de derivação dos recursos hídricos e redistribuindo as suas modalidades de oferta com a emergência das novas demandas sociais. Um direito, portanto, em sintonia com o papel das novas políticas sociais, mas que no fundo representa também uma maneira nova de encarar a proteção dos direitos e garantias fundamentais do homem em sua relação com a natureza, em sua comunicação com a água nos seus mais diversos processos de serventia pública ou particular, privilegiando-se assim a oferta potencial e racionalizada dos recursos hídricos como uma das atividades essenciais do Estado.

2. Tratamento jurídico da matéria

No Brasil, como, de resto, em toda a tradição da política Ocidental, a preocupação com as questões ambientais só recentemente veio a adquirir significação no campo da instrumentalização das suas necessidades reivindicatórias. É dizer: as aspirações dos ambientalistas, quer a daqueles preocupados com o fenômeno da urbanização, quer a dos ecologistas ou dos seus similares, concernentes ao *habitat* rural ou urbano, apesar de sempre vivas e palpitantes no coração da história, somente por último puderam ser acolhidas no seio do aparato jurídico do Estado, nele se cristalizando principalmente no texto das constituições, que são os documentos políticos nos quais se inscrevem as atas do processo de participação.

Para se conhecer a dimensão desse aparato jurídico impõe-se, inicialmente, que tracejemos um rápido bosquejo da sua evolução institucional entre nós, bastando-nos, preliminarmente, mencionar que o Código de Águas, baixado pelo Decreto 24.643, de 10 de julho de 1934, continua como o único instrumento legislativo, resguardado pela sua legislação suplementar, a disciplinar no Brasil uma situação que se tornou complexa e que exige a tomada de novas decisões. Sem contar o fato de que um simples Decreto Federal, ainda hoje em vigor, tentava disciplinar um assunto que somente uma moderna principiologia constitucional estaria apta a enfrentar, quando o Código de Águas foi editado, em julho de 1934, a compreensão da sua definição e da sua conseqüente concepção conceitual ainda estavam inteiramente voltadas para os setores da navegação fluvial e da energia hidráulica, a política de açudagem e de combate às secas ainda refletia uma visão emergencial e os efeitos das calamidades climáticas ainda acalentavam, de forma piedosa e impressionante, o *leitmotiv* dos nossos romancistas, preocupados em pagar tributos às relações de poder a que emprestavam a energia do seu tirocínio ideológico.

Nestas circunstâncias, é claro que o Código de Águas se tornou obsoleto. Com o tempo se vão insinuando novos instrumentos legislativos voltados para o setor, ainda que concebidos a passos retardados e descompromissados com uma efetiva proposta de transformação das estruturas agrárias e urbanas, correspondentes à manutenção das suas bases materiais. Finalmente, em 25 de julho de 1979, seria sancionada a Lei 6.662, que dispôs sobre a Política Nacional de Irrigação e, em 12 de fevereiro de 1986, o Decreto 92.395, que institui o Programa Nacional de Irrigação — PRONI, mas tudo isso sem que se divisasse a extensão de uma política nacional de águas, que continua a desafiar a inteligência dos nossos governantes.

E se é verdade que o Código de Águas se tornou obsoleto, e se o mesmo, como afirmam alguns, conjugado com os ditames da Constituição em vigor, imporia óbices aos Estados-Membros, no que pertine à competência para legislar sobre recursos hídricos, gostaria de esclarecer que, se o conhecimento do assunto parece ainda colocado no limite destas estreitezas, por outro lado, também parece certo que o desafio erigido pelo texto das nossas Constituições, promulgadas ou outorgadas a partir da edição do Código de Águas, reflete a face mais expressiva do problema: a competência da legislação sobre águas continua preponderantemente nas mãos da União; entretanto, não resta dúvida de que aos Estados-Membros há de se reconhecer a competência para dispor sobre as águas que se represam ou se estendem sobre o seu território. E não só a capacidade de dispor convenientemente do seu uso, mas de conceder a outorga da sua concessão e policiar o seu racional aproveitamento.

As competências que se acham discriminadas na Constituição da República, entre as pessoas da União, dos Estados, do Distrito Federal e dos Municípios, representam não somente a chave para a compreensão do direito constitucional, num Estado de inspiração federativa, como é o caso do Estado brasileiro, mas a porta de entrada que se descortina para o entendimento de um direito dos recursos hídricos cujo sistema aqui se intenta perquirir.

3. *Os recursos hídricos e a Constituição*

Ditos estes argumentos, impende que se conheça como a discriminação da matéria se projeta no texto da nova Constituição Federal. Ali se pode ver, respectivamente, a existência de uma competência da União para organizar serviços e exercer atribuições próprias do seu interesse (art. 21), uma competência privativa da União para exercer a iniciativa das atividades legislativas, pertinentes, inclusive, à disciplina das águas (art. 22), uma competência comum da União, dos Estados, do Distrito Federal e dos Municípios para a implementação da sua política administrativa (art. 23) e, por último, uma competência concorrente da União, dos Estados e do Distrito Federal para o exercício da sua competência legislativa (art. 24). No âmbito da legislação concorrente, esclarece o § 1º deste último dispositivo, "a competência da União limitar-se-á a estabelecer normas gerais", sendo ainda de registrar que "a competência da União para legislar sobre normas gerais não exclui a competência suplementar dos Estados" (§ 2º) e mais: que "inexistindo lei federal sobre normas gerais, os Estados exercerão a competência legislativa plena, para atender a suas peculiaridades" (§ 3º), e que somente na hipótese da superveniência de lei federal sobre normas gerais poderá ser suspensa a eficácia da lei estadual, no que lhe for contrário (§ 4º). No rastro desse elenco de competências, pois, é que cabe aos Estados-Membros exercer a sua política de vanguarda legislativa, tanto mais quanto na proporção de outras competências constitucionais que lhe são reconhecidas (arts. 25 e 26), cabendo aos Municípios exercer as suas competências na forma dos arts. 29, 30 e 31 da mesma Constituição.

No que tange à competência privativa da União, para legislar sobre águas, prevista no inc. IV do art. 22, referido, cumpre salientar que citada previsão atende ao natural desdobramento do que está preceituado no art. 20, incs. III e IV, da Constituição Federal, que tratam das águas fluentes ou em depósitos pertencentes ao domínio da União, excluídas, neste caso, as áreas das ilhas oceânicas e costeiras pertencentes ao domínio dos Estados, dos Municípios ou de propriedade de terceiros, conforme a lição do inc. II do art. 26 da Constituição.

Deflui também a competência privativa em apreço do inc. XIX do art. 21 da Constituição Federal, que nos ensina competir à União "instituir sistema nacional de gerenciamento de recursos hídricos e definir critérios de outorga de direitos de seu uso", esclarecendo-se, por fim, que na forma do parágrafo único do art. 22, anotado, está assentado que "lei complementar poderá autorizar os Estados a legislar sobre questões específicas das matérias relacionadas no artigo em epígrafe".

Noutros termos, pelas normas da Constituição Federal, legislar sobre águas é competência privativa da União (art. 22, inc. IV). Entretanto, poderá lei complementar federal autorizar aos Estados-Membros a legislar sobre questões específicas relacionadas com a disciplina das águas. Mas, se para legislar sobre águas estão os Estados a depender de autorização da União, por via de lei complementar, nada obsta a que os mesmos possam dispor sobre o aproveitamento dos seus bens e a utilização dos recursos hídricos sob o seu domínio, segundo a faculdade que lhe é conferida pela própria Constituição (art. 25, § 1º, e art. 26, incs. I e II), assim como se reconhece aos Municípios, neste tocante, o direito de legislar sobre assuntos hídricos de interesse local (art. 30, inc. I), isto é, sobre o aproveitamento e a utilização dos recursos hídricos municipais, e o de participar, juntamente com os órgãos da Administração direta da União, os Estados e o Distrito Federal do resultado da exploração de recursos hídricos, existentes em seu território, para fins de geração de energia elétrica, na forma da autorização referida no § 1º do art. 20 da Carta Magna da República.

Competiria ainda ao poder público dos Estados "registrar, acompanhar e fiscalizar as concessões de direitos de pesquisa e exploração de recursos hídricos e minerais em seus territórios", para que assim se possa materializar a competência concorrente clássica, de natureza material, que lhe é reconhecida pelo art. 23, inc. XI, da Constituição Federal, cabendo ainda ao intérprete do direito de águas rastrear a competência legislativa concorrente, reconhecida aos Estados-Membros da Federação para dispor sobre "recursos naturais", na forma do que preceitua o art. 24, inc. VI, da Constituição da República.

Ainda no que pertine à competência material da União, cabe referir que somente "em articulação com os Estados onde se situam os potenciais hidroenergéticos" é que poderia o ente central federado explorar "os serviços e instalações de energia elétrica e o aproveitamento energético dos cursos de água" (art. 21, inc. I, alínea *b*), valendo com isso afirmar que, para efeito de aproveitamento energético, deverá predominar a vontade nacional sempre que confrontada com o princípio da autonomia dos Estados, isto porque se está diante de uma situação regional cujo deslinde entende com a questão da estratégia e da segurança nacional. Porém, insistimos: somente em situações desta natureza é que cabe reservar à União as competências constitucionais demarcadas. Veja-se, neste sentido, as competências privativas do art. 22, conferidas à União para legislar sobre normas gerais de organização, efetivos, material bélico, garantias, convocação e mobilização das polícias militares e sobre normas gerais de licitação e contrato administrativo, sem que isso embargue a competência material e legislativa dos Estados para a organização dessas corporações e para dispor sobre licitação e contrato administrativo.

O que não podem são os Estados dispor de uma política legislativa de águas com implicações em possíveis monopólios de recursos hídricos regionais, almejando fins estratégicos ou geopolíticos, porque assim se estaria a ferir o equilíbrio federativo da República, proibido pelo sistema e o regime adotados na Constituição. Mas podem os Estados instituir por lei sua política hídrica de natureza ambiental, principalmente quando tenham por fim planejar o abastecimento e o saneamento e disciplinar a política administrativa das suas reservas hídricas potenciais, constitucionalmente reconhecidas como afetas à sua dimensão patrimonial.

Vê-se, assim, pela disciplina do art. 22, inc. IV, da Constituição brasileira, que legislar sobre águas é competência privativa da União, mas que essa competência deve ser entendida apenas em termos estratégicos, haja vista o sistema federativo que preside à organização do Estado brasileiro, onde a discriminação das águas que são bens de domínio da União se faz correlata à explicitação das águas cujo domínio pertence à pessoa política dos Estados, a quem se deve reconhecer a competência para dispor do aproveitamento e da utilização dos seus recursos naturais, emergentes, fluentes ou em depósito, para aqui nos valermos da técnica utilizada pela Constituição da República.

Resguarda-se, pois, com as observações acima minutadas, o princípio da autonomia dos Estados Federados, assegurado, basicamente, pelo art. 25 da Constituição Federal, da mesma forma que aqui se faz a defesa do regime de bens sobre os quais os Estados exercem seu domínio (art. 26, inc. I), entre eles "as águas superficiais ou subterrâneas, fluentes, emergentes e em depósito", ressalvadas, é claro, neste caso específico e na forma da lei, aquelas armazenadas em obras construídas pelo governo da União.

Não seria, assim, prudente afirmar, como o fez Manoel Gonçalves Ferreira Filho, comentando o inc. IV do art. 22, aludido, que "defere-se neste passo à União legislar sobre a utilização de todos os recursos hídricos do território nacional, inclusive sobre as águas incluídas no patrimônio do Estado ou passadas para o de qualquer entidade pública" (in *Comentários à Constituição Brasileira de 1988*, São Paulo, Saraiva, 1990, p. 173).

Preferimos, neste tópico, endossar a lição de Pinto Ferreira (in *Comentários à Constituição Brasileira*, São Paulo, Saraiva, 1990, p. 24), no sentido de que, no pertinente ao "problema de águas", a matéria "é bastante complexa", em tudo "compreendendo-se na legislação específica o seu conteúdo, a determinação da sua natureza jurídica e de todo o seu regime legal, bem como o aproveitamento das águas".

Têm os Estados-Membros, portanto, na forma dos dispositivos constitucionais acima, o âmbito do poder que lhes toca em relação ao domínio dos recursos hídricos, sendo que com a União e os Municípios se acham intercambiados por força da disciplina do art. 23 da Constituição Federal, que trata dos acertos da competência comum dessas pessoas políticas, e que no seu parágrafo único verbera que "lei complementar fixará normas para a cooperação entre a União e os Estados, o Distrito Federal e os Municípios, tendo em vista o equilíbrio do desenvolvimento e do bem-estar em âmbito nacional".

Assim sendo, o que parece inadmissível, nestas alturas, é que os intérpretes do direito de águas não tenham deslocado a sua ótica para a assimilação de outra forma de discriminação existente em nosso direito constitucional — exatamente aquela relacionada com a explicitação dos bens que são de domínio da União ou dos Estados, de par com a autonomia constitucional que lhes é consagrada. Seria letra morta o texto da Constituição Federal se se pudesse argumentar, com certo grau de certeza, que os Estados-Membros não podiam dispor da outorga do uso de águas represadas ou fluentes no território sobre o qual exercem o seu domínio, excluídas aquelas de domínio da União, por expressa disposição constitucional. A invasão da legislação federal, nessa área privativa de domínio dos Estados, a pretexto da salvaguarda das competências legislativas, é abusiva e de todo não se justifica, pois já no velho Código de Águas se veiculava a lição de que as concessões ou autorizações para derivação de águas que não se destinassem à produção de energia hidrelétrica seriam outorgadas pela União, pelos Estados ou pelos Municípios, "conforme o seu domínio sobre as águas a que se referir ou conforme os serviços públicos a que se destine a mesma derivação".

No art. 5º da Constituição de 1967, pela redação que lhe foi dada pela Emenda Constitucional de 1969, pertinente aos negócios dos Estados-Membros, era pacífica a assertiva de que se incluíam entre os bens dos Estados e Territórios "os lagos em terrenos de seu domínio, bem como os rios que neles têm nascente e foz", assim como as ilhas fluviais e lacustres. Na Constituição de 1988 (art. 26, inc. II) o trato do assunto adquiriu uma nova expressão, pois já agora os Estados podem arrolar entre os seus bens "as águas superficiais ou subterrâneas, fluentes, emergentes ou em depósito, ressalvadas, neste caso, na forma da lei, as decorrentes de obras da União". Esta a lição do art. 26 da Constituição Federal, referido, o qual, como temos reiteradamente sustentado, não pode deixar de ser interpretado extensivamente com as competências pactuadas nos arts. 21/24 da mesma Constituição.

A confirmação de que os recursos hídricos de domínio dos Estados podem ser aproveitados pelos mesmos, na forma da Constituição e leis que adotarem, e a de que somente estariam afetas à União as águas do seu estrito domínio e aquelas de domínio dos Estados potencialmente hidroenergéticas, podem ser aferidas igualmente nos arts. 176 e 231, § 3º, da Constituição, onde se lê, no primeiro dispositivo, que "os potenciais de energia hidráulica constituem propriedade distinta da do solo" e que são eles pertencentes ao patrimônio da União; e, no segundo, que "o aproveitamento dos recursos hídricos, inclusive os potenciais energéticos" encravados nas terras tradicionalmente ocupadas pelos indígenas, somente pode ser efetivado com autorização do Congresso Nacional.

Aspecto outro que excele na Constituição, pertinente ao ramo do direito em comento, é aquele previsto no art. 43, assim como em seus parágrafos e incs. O art. 43 trata da dimensão administrativa e sócio-econômica das regiões, estabelecendo em seu § 2º, inc. IV, que Lei Complementar disporá sobre a "prioridade para o aproveitamento econômico e social dos rios e das massas de água represadas ou represáveis nas regiões de baixa renda, sujeitas a secas periódicas", esclarecendo o § 3º do mesmo dispositivo que "nas áreas a que se refere o § 2º, inc. IV, a União incentivará a recuperação de terras áridas e cooperará com os pequenos e médios proprietários rurais para o estabelecimento, em suas glebas, de fontes de água e de pequena irrigação".

Com estes dispositivos, abre-se uma janela para minorar as desigualdades hídricas do Nordeste em relação a outras regiões do País, mas não se resolve, em definitivo, o desequilíbrio federativo brasileiro neste setor, uma vez que apenas de forma problemática o constituinte buscou atacar a essência da questão, sem uma preocupação maior com o processo de afirmação da autonomia política da região em apreço.

Por fim, faz-se necessário esclarecer, a leitura de todos estes dispositivos da Constituição Federal, sistematicamente confrontados, nos deixa a impressão de que novos avanços poderiam ter sido tentados pelo Constituinte neste setor, assim como nos impõe aqui registrar uma preocupação que julgamos essencial discutir — aquela de que a função social da água ainda não se mostrou esboçada com um princípio constitucional, entre nós. Com efeito, se se pode falar de uma função social da propriedade, como um dos princípios constitucionais da nossa ordem econômica, cujo sentido ainda representa para nós uma relação pegajosa, individual e autoritária de poder, porque não se tomar a questão do domínio das águas e do seu racional aproveitamento como uma função social? Ela bem que poderia constituir um dos princípios do novo contrato natural, cujos lineamentos foram recentemente tentados pelo pensamento filosófico europeu.

A água, como qualquer outro bem essencial cujo fim é a satisfação das necessidades humanas, não mereceria jamais constituir uma questão descurada. A proclamação da função social da água e a disciplina da sua utilização democrática e racional é evidente que se tornam precisas diante das novas emergências humanas e das suas necessidades materiais. Bastaria aqui mencionar a sua expressão de força motriz das energias que impulsionam os engenhos industriais, a sua capacidade de dessedentar a sobrevivência dos vegetais e animais, a sua misteriosa teimosia de fluir ou de jorrar, de se represar na superfície do solo ou de se armazenar nos espaços do além, para que viéssemos a entender que a água não é uma propriedade de ninguém, mas um bem de imenso domínio social.

4. Algumas conclusões

Em arremate ao presente trabalho, por ser de estilo, impõe-se que minutemos algumas conclusões, tanto mais quanto à magnitude do assunto que aqui se discute possa ser levada em consideração, estimando-se principalmente a dimensão natural e humana das águas, como um bem de imenso domínio social:

1. Advoga-se, em primeiro lugar, que, com a Constituição brasileira de 1988, o direito dos recursos hídricos adquire o seu melhor estatuto institucional, expresso que se encontra referido direito num processo de repartição vertical de competências e bem assim na previsão de um sistema nacional de gerenciamento e de critérios de outorga dos potenciais hídricos existentes, o que confirmaria a determinação da sua autonomia legislativa e conceitual, consolidando-se assim um novo ramo do direito. Um direito, portanto, em sintonia com o papel das novas políticas sociais, mas que no fundo representa também uma maneira nova de encarar a proteção dos direitos e garantias fundamentais do homem em sua relação com a natureza, em sua comunicação com a água nos seus mais diversos processos de serventia pública ou particular, privilegiando-se assim a oferta potencial e racionalizada dos recursos hídricos como uma das atividades essenciais do Estado.

2. Em seu lugar, tendo em vista o princípio da autonomia dos entes federados, perquire-se sustentar a tese de que os Estados-Membros da Federação podem legislar sobre o aproveitamento e a utilização dos recursos hídricos sob seu domínio, segundo a faculdade que lhes é reconhecida pela própria Constituição (art. 25, § 1º., e art. 26, incs. I e II), excluídos aqueles recursos hídricos potencialmente hidroenergéticos, para que se ressalve o predomínio da vontade nacional sempre que confrontada com o princípio da autonomia dos Estados, isto porque se está diante de uma situação regional cujo deslinde entende com a questão da estratégia e da segurança nacional. Os Estados-Membros, esclareça-se, não poderiam dispor de uma política legislativa de águas com implicações em possíveis monopólios de recursos hídricos regionais, almejando fins estratégicos ou geopolíticos, mas poderiam, por lei, instituir sua política hídrica de natureza ambiental, principalmente quando tenham por fim planejar suas reservas hídricas potenciais, constitucionalmente reconhecidas como afeta à sua dimensão patrimonial.

3. Por último, intentamos nesta monografia registrar uma preocupação que julgamos essencial discutir — aquela de que a função social da água ainda não se mostrou esboçada como um princípio constitucional entre nós. A proclamação da função social da água e a disciplina da sua utilização democrática e racional, aduzimos, é evidente que se tornam precisas diante das novas emergências humanas e das suas necessidades materiais. E arrematamos: "Com efeito, se se pode fazer de uma função social da propriedade, como um dos princípios da nossa ordem econômica, por que não se tomar a questão do domínio das águas e do seu racional aproveitamento como uma função social? Ela bem que poderia constituir um dos princípios do novo contrato natural, cujos lineamentos foram recentemente tentados pelo pensamento filosófico europeu.

Bibliografia

1. *Código de Águas*, Brasília, Departamento Nacional de Águas e Energia Elétrica, 2 vols., 1980.
2. *Constituição da República Federativa do Brasil*, São Paulo, Saraiva, 8ª ed., 1993.
3. Ferreira, Pinto, *Comentários à Constituição Brasileira*, São Paulo, Saraiva, 1990.
4. Ferreira Filho, Manoel Gonçalves, *Comentários à Constituição Brasileira de 1988*, São Paulo, Saraiva, 1990.
5. Serres, Michel, *O Contrato Natural*, Rio de Janeiro, Nova Fronteira, 1991.

CONFERÊNCIAS & DEBATES

DÍVIDA EXTERNA E ÉTICA NAS RELAÇÕES INTERNACIONAIS*

JOSÉ CARLOS DE MAGALHÃES

Advogado, Professor Associado da Faculdade de Direito da USP,
Diretor do Instituto de Direito Internacional e Relações Internacionais

A história do desenvolvimento recente da dívida é conhecida, porém não é demais relembrá-la.

Os países árabes, onde se concentra grande parte das reservas petrolíferas mundiais, resolveram, na década de sessenta, expropriar as empresas estrangeiras exploradoras de petróleo. Essas expropriações foram, em grande parte, concomitantes com a rescisão de contratos de concessão para exploração de petróleo, com prazos longos, ainda não expirados. O direito dos expropriados de receberem indenização pelos investimentos feitos e pelo rompimento dos contratos bilaterais foi confrontado com o direito do desenvolvimento dos países expropriantes. Duas pretensões opostas, ou pelo menos conflitantes. De um lado, sustentava-se o direito dos expropriados de receberem indenização completa de seus investimentos e a ilegitimidade da rescisão unilateral dos contratos. De outro, emergia a tese do direito do desenvolvimento, acenada nos foros internacionais, sobretudo na Assembléia Geral da ONU, dominada pelos países novos, recém-saídos do regime de tutela a que estavam submetidos. Essa discussão jurídica tinha, como substrato, a questão ética do subdesenvolvimento perene, não resolvido ou mitigado pela atividade das empresas petrolíferas.

Os países produtores de petróleo, agora com o controle de sua extração, organizados no cartel da OPEP, passaram a elevar o preço do petróleo, causando a conhecida "crise do petróleo", que resultou em substancial transferên-

* Trabalho apresentado na XV Conferência Nacional da Ordem dos Advogados do Brasil, realizada em Foz do Iguaçu, de 5 a 8 de setembro de 1994.

cia de recursos para o Ocidente, sob a forma de depósitos e aplicações bancárias, ou pela compra de ativos, imóveis, ações e obrigações.

Os bancos, com o enorme volume de recursos disponíveis, ofereceram-nos indiscriminadamente aos países deles necessitados, dentre os quais os não-industrializados. Os empréstimos foram feitos sem atenção ao destino e à finalidade do investimento, muitos dos quais de lento retorno, como os destinados à construção de estradas, escolas, sistema metropolitano de transportes; outros mal direcionados, servindo para a aquisição de bens de consumo, ou à instalação de indústria bélica. A taxa de juros vigente era baixa, dada à grande oferta. Porém, os bancos europeus já adotavam a sistemática de captar e emprestar a taxas flutuantes. Com a política norte-americana de elevação dos juros, para combater a inflação e a concomitante demanda de recursos, o resultado foi o salto brusco, nos anos de 1979 a 1981, de 9% a 21,5% ao ano, agravando a situação dos países devedores, com a simultânea revalorização da moeda norte-americana.[1]

Os países não industrializados, ou neo industrializados, como o Brasil, que se socorreram dos empréstimos para seu desenvolvimento industrial e social, acabaram por ter de adotar rígida política de exportações, como forma de angariar divisas para fazer frente ao serviço da dívida. De importadores, acabaram se transformando em exportadores de capital, de que tanto necessitavam para seu desenvolvimento econômico e social. Durante os anos de 1982 a 1988 a transferência de recursos dos países da América Latina, para restringir-se apenas a essa área, atingiu o volume de US$ 178,7 bilhões. Segundo estimativa do Departamento de Estado dos EUA relativa ao período de 1982 a 1986, a exportação atingiu US$ 100 bilhões, ou seja 21 vezes o montante aportado pela Aliança Para o Progresso e 16 vezes pelo Plano Marshall.[2]

Essa síntese revela que a origem da dívida tem em sua base duas questões ético-jurídicas. A primeira, reside nas expropriações e na pretensão de desenvolvimento e a segunda na mesma pretensão de desenvolvimento, impedida pela política de juros elevados de países como os Estados Unidos e pelo livre jogo do mercado, sem intervenção balizadora do limite aceitável para a remuneração do capital.

Deixando de lado a primeira questão, que, no entanto, interliga-se à segunda, verifica-se que os países não industrializados tornaram-se exportadores de capital de que careciam, injetando recursos nos países industrializados, que dele se beneficiaram. O resultado antiético é evidente e tem como substrato, além da política estatal de combate à inflação pelos países industrializados, segundo recomendação de economistas que advogam a doutrina monetarista, a desconsideração do conceito de usura, de há muito condenada. A explicação técnico-econômica da elevação das taxas de juros repousa na teoria da oferta e da procura, no livre jogo do mercado. Havendo grande procura, sobe o valor dos juros. A intervenção do Estado, longe de estabelecer parâmetros legais para coibir abusos, deu-se em outro sentido, com a intervenção dos bancos centrais — o Federal Reserve dos Estados Unidos, em particular — estabelecendo juros elevados como forma de debelar o processo inflacionário, ainda que à custa da inevitável recessão, política esta modifica-

1. Panizza, Roberto, "All'origien del debito estero di Paesi del terzo mondo", in *Principi Generali del Diritto e Iniquità nei Rapporti Obbligatori*, Centro di Studi Latino Americani, 1991.

2. Pastor, Robert, "Forgin a Heminspheric Bargain: The Bush Opportunity", apud James Chace, in "The Consequences of the Peace", 21th Centruty Fund Book, 1992, p. 151.

da na administração Reagan, época em que, já cristalizada a dívida externa e constatada a impossibilidade de seu pagamento, elaborou-se o conhecido Plano Brady.

Em ambas as situações a questão ética foi simplesmente ignorada. E essa desconsideração não provém apenas da atitude dos bancos internacionais, mas encontra suporte na interpretação sobre a não-sujeição das instituições financeiras à lei de usura, ou aos princípios a ele inerentes. Em lúcido e recente estudo sobre o que denominou a *cultura do contentamento*,[3] John Kenneth Galbraith salienta o menosprezo dos que advogam tal entendimento pelos menos afortunados: "Altas taxas de juros, como antes mencionado, premia com renda uma considerável e muito influente parte da comunidade do contentamento". Com sarcasmo que lhe é peculiar, continua: "É indubitavelmente inescapável fato que aqueles que têm dinheiro para emprestar têm provavelmente mais dinheiro do que aqueles que não o têm para emprestar — uma verdade econômica que se emparelha com observação impecável atribuída à Calvin Coolidge de que quando muitas pessoas estão fora do trabalho, resulta em desemprego".

A recessão provocada pela adoção dessa política, com o desemprego de muitos, não suscitou reclamos éticos por parte dos beneficiários rendeiros, satisfeitos com os resultados imediatistas de limitação do processo inflacionário, mas que, a longo prazo, resulta no aumento do endividamento do Estado e que, no que diz respeito aos Estados Unidos, tornaram-no o maior devedor do mundo, de maior credor que era, em passado muito recente.

No caso da dívida externa, os juros módicos inicialmente cobrados pelos bancos internacionais, ante a abundância de recursos de que dispunham e que os motivou a aplicá-los para não perderem oportunidades de negócio e não caírem de posição na classificação bancária, foram gradativamente elevados. Transformando-se em captadores diários de fontes privadas de financiamento para seus empréstimos de longo e médio prazo, viram-se compelidos a pagar juros maiores, repassando-os aos tomadores, com base na cláusula de juros flutuantes que governava seus contratos.

A situação cômoda de transferir para os tomadores os ônus dos efeitos da lei da oferta e da procura e da própria incúria — que os levou a fazer empréstimos a longo prazo, contando com a captação de curto prazo — não lhes permitiu invocar a mudança de circunstância para restaurar o equilíbrio de relações múltiplas ajustadas com clientes indeterminados. Contudo, os tomadores estavam habilitados a isso, ante os notórios danos que passaram a sofrer e ao caráter especial dos financiamentos, destinados, em grande parte, a iniciativas de cunho social.

A inversão de resultados justificaria, por si só, a renegociação dos contratos, ainda que deles não constasse cláusula expressa nesse sentido.

A condição *rebus sic stantibus* pode se considerar implícita em ajustes de empréstimos a juros flutuantes, que têm como pressuposto certa estabilidade, admitindo-se, até, oscilações dentro de limites razoáveis. Quando, contudo, tais limites são superados de forma drástica, como ocorrido, justificar-se-ia a renegociação das prestações ajustadas em função dos fatores não previstos e não previsíveis e que alteraram profundamente economia do contrato.[4]

3. Galbraith, John Kenneth, *The Culture of Contentment*, Houghton Mifflin, New York, 1992.

4. Cassis, Antoine, *Problemes de base de L'Arbitrage en Droit Comparé et en Droit International*, t. 1, LGDJ, 1987, pp. 65 e ss.; Jean Paul Jacqué, *Elements pour une Theorie de L'Acte Juridique en Droit International Public*, LGDJ, 1972, Paris, p. 420.

Há que se ter em mente que o contrato que regula relações entre Estado e empresa privada estrangeira tem por pressuposto o interesse da comunidade nacional e, assim, uma finalidade de cunho social. E dessa circunstância sempre teve conhecimento o contratante estrangeiro.

As instituições financeiras, ao se disporem a fazer empréstimos aos Estados não industrializados e em vias de desenvolvimento, sujeitaram-se aos riscos inerentes ao negócio, cobrando por esse risco taxas elevadas, não incluídas no conceito de juros. Dentre esses riscos situa-se o da impossibilidade ou dificuldade de pagamento.

A adequação da relação contratual às modificações que interferem de modo substancial com a economia do contrato é hoje amplamente aceita nos direitos nacionais, com acolhimento da chamada cláusula *hardship*, incluída, com freqüência em tais ajustes, em favor das instituições financeiras.

Em decisões arbitrais, tendo como partes Estado e empresa privada estrangeira, tem-se acolhido a condição *rebus sic stantibus*, como determinante para modificar as condições ajustadas. Ou, como enfatiza o Dr. Sobhi Mahmassami, no laudo arbitral que decidiu o litígio entre a Líbia e Libian American Company — LIAMCO, a força vinculativa de um tratado "está sujeita à permanência das circunstâncias sobre as quais foi concluído, se essas circunstâncias mudam substancialmente, então sua modificação ou resolução pode ser exigida e efetivada".[5]

A renegociação, dessa forma, se impõe para retirar os efeitos danosos da exacerbação da taxa de juros. Pois, se é certo que o contrato tem força de lei entre as partes, é certo também que a própria lei pode ser modificada, quando deixa de atender as aspirações da comunidade.

Em contratos internacionais de longa duração, como são os contratos de empréstimos, sobretudo os *sindication agreements*, que prevêem retorno em prazos longos dos recursos emprestados, não havendo previsibilidade sobre os acontecimentos ulteriores, sua intangibilidade não pode ser tida como absoluta, estando neles implícita a condição resolutiva em virtude da modificação das circunstâncias.

Atento a essa realidade, registram-se decisões arbitrais, como a proferida por juristas da mais alta responsabilidade, como Paul Reuter, Harmet Sultan e Gerald Fitzmaurice, que, embora reconhecendo pleno valor ao princípio fundamental do *pacta sunt servanda*, admitem que mudanças significativas verificadas no curso do contrato podem compelir a sua reformulação. No laudo que decidiu a controvérsia entre Aminoil e Kwait, aqueles internacionalistas, após analisar as modificações ocorridas no curso da relação contratual, concluíram: "Estas mudanças não foram conseqüência de fatores acidentais ou especiais, mas antes, de uma transformação profunda e geral nos termos das concessões do petróleo que ocorreram no Oriente Médio e, posteriormente, por todo o mundo. Estas modificações tiveram lugar progressivamente com a aceleração crescente desde 1973".[6]

À questão jurídica da aplicação da condição *rebus sic stantibus*, em contraposição ao do *pacta sunt servanda*, cuja observância rígida tem sido fonte de abusos e de injustiças notórias, adiciona-se à questão ética de os países não indus-

5. Mahmassami, Sobhi, "Laudo arbitral LIANCO x Líbia", in *International Legal Materials*, vol. XX, n. 1, 1981.

6. Laudo arbitral publicado em *International Legal Materials*, vol. XXI, n. 1, set./1982, pp. 976-1.053.

trializados estarem a financiar e exportar capitais de que carecem para os mais desenvolvidos.

Mas a questão ética não se resume nesse efeito apenas. Situa-se, antes, na prática generalizada da usura, como forma condenada de remuneração do capital. Já no Direito Romano a usura era veementemente repudiada, adotando-se a política de *favor debitoris*, como enfatizado pelo Min. Moreira Alves em erudito estudo sobre o assunto.[7] No entanto, a perda do sentido ético que deve reger as relações econômicas internacionais fez esmaecer a preocupação sobre a observância de certos padrões de comportamento empresarial e governamental.

No Brasil essa perda vem se refletindo, de há muito, em diversas manifestações oficiais. É notória a política de combate à inflação, por meio de imposição, pelo Estado, de taxas elevadas de juros, em níveis muito superiores à prevista em lei. Sob pretexto de que essa política desestimula a formação de estoques especulativos e seguindo orientação da corrente econômica monetarista, criou-se grave recessão, cujo prolongamento por mais de dez anos gerou desemprego e infelicidade, questão ética que não comoveu os articuladores e responsáveis pela condução da economia nacional. Se o desemprego não os sensibilizou, quanto mais a questão ética das taxas de juros acima do permitido em lei. No entanto, cientistas políticos como John Kenneth Galbraith[8] não hesitam em abjurar tal prática, sustentando que os efeitos da recessão que provoca ignora as necessidades dos desafortunados e assegura conforto a uma parte privilegiada da comunidade, desestruturando a economia como um todo. O desemprego — e a fome conseqüente — foi deixado em segundo plano, ante a prioridade do combate à inflação. O caráter drástico de tal política, quando exorbita os limites do razoável, configurando a usura e legitimando-a, equipara-se à inimaginável pretensão de se eliminar a fome, pela supressão de parcela substancial da população... O genocídio, mais do que ato antiético, foi, no entanto, elevado à categoria de crime contra a humanidade.

O Poder Judiciário brasileiro, no entanto, deu guarida a tal infração à ordem jurídica, deixando de ratificar princípios éticos tradicionais de repúdio à usura. Os juros legais de 6% ao ano, quando não convencionados, ou o máximo de 12% ao ano, quando pactuados, são limites que observam critério já definido no Direito Romano como percentuais aceitáveis para remuneração do capital. O princípio inscrito no Código Comercial, de 1850, ratificado pelo Código Civil, de 1916 e pela Lei de Usura, de 1933, foi ignorado, ao excluírem, por interpretação jurisprudencial, as instituições financeiras dos preceitos limitadores da taxa de juros, ante o entendimento de que são regulados pelo Conselho Monetário Nacional que, por seu turno, desconhece a normativa ético-jurídica que informa o assunto.

Uma atividade que tem nos juros sua principal fonte de receita e de lucro é mantida afastada dos parâmetros tradicionais que a governam. Ignorou-se a ética e elegeu-se a eficiência econômica como princípio norteador da economia. Mais do que isso, permitiu-se ampla liberdade ao Estado de estabelecer juros acima dos limites tradicionais balizadores da usura, como política monetária para conter o processo inflacionário, afastando-se completamente a questão ética e jurídica da usura.

A desconsideração da Ética, pelo Estado, em sua qualidade de autoridade

7. Moreira Alves, José Carlos, "As Normas de Proteção ao Devedor e o *favor debitoris* do direito romano ao direito latino-americano", in *Principi Generali del Diritto e Iniquità nei Rapporti Obbligatori*, Centro di Studi Latino Americani, Università di Roma, 1990.

8. Galbraith, John Kenneth, ob. cit., loc. cit.

jurisdicional delegada, leva à inevitável análise sobre a Ética e o Direito.[9] O Estado faz a lei, que somente se configura Direito, como norma jurídica, quando se afina ou quando atende às aspirações perenes da comunidade, e não as circunstanciais ou episódicas. O Estado não tem ampla liberdade para elaborar a lei. Está sempre subordinado às aspirações e aos valores e princípios eleitos pela comunidade que o organizou e que delimitam a jurisdição delegada.

Assim, a Constituição brasileira de 1988, ao estabelecer que os juros não podem ser superiores a 12% ao ano, retratou aspiração, já antiga, da nação e do povo, incorporada em leis também antigas e relegadas a segundo plano pelo Poder Público. Por isso, o Estado, seja o Executivo, seja o Legislativo, ou, ainda, o Judiciário, não tem autoridade para fixar taxas superiores em empréstimos públicos, ainda que como política de combate à inflação. A ausência dessa percepção é responsável por decisões, como a do Supremo Tribunal Federal, de deixar de dar aplicação ao preceito constitucional, sob o argumento — ou o pretexto — de que a norma depende de regulamentação legal. No entanto, em outras decisões sobre matéria diversa, inclusive tributária, aquela Corte não hesitou em proclamar que os princípios constitucionais estão acima da lei e limita a autoridade do Estado, compelido a observá-lo.

O desrespeito à norma constitucional de 1988 e, anteriormente, à norma legal, produz o efeito internacional nefasto de impedir o Brasil de alegar, perante os foros estrangeiros, a usura que os bancos praticaram, ao imporem taxas superiores aos limites tradicionalmente aceitáveis. O "estopel" — comportamento do Estado contrário à pretensão manifestada — obsta a que o País venha a se beneficiar, até, de eventual decisão em processo consultivo da Corte Internacional de Justiça sobre a usura.[10] O Estado brasileiro não tem autoridade, perante o Judiciário de qualquer outro país, para reclamar contra as altas taxas de juros a que foi e está sendo compelido a pagar, em detrimento da Nação brasileira, simplesmente porque adota, no âmbito interno, a mesma política que o infelicita na área internacional.

Poder-se-ia, contudo, lembrar que a inobservância, pelo Judiciário — e, portanto, pelo Estado — de princípios ético-jurídicos que governam a nação, retira legitimidade aos atos que deles se apartam.

Dissociando-se dos poderes delegados pela comunidade — titular da jurisdição originária — esses atos podem ser considerados abusivos e não representativos das aspirações e valores que informam a Nação. O positivismo jurídico que equipara a lei ao Direito é, em parte, responsável pelos abusos do Estado, que se considera produtor originário da norma, quando, na verdade, atua como mero delegado da Nação que o constituiu e o organizou. O divórcio entre o Estado e a Nação permitirá que esta reivindique o respeito a princípios ético-jurídicos consagrados, ensejando, até, a desobediência civil, quando o Direito positivo se recusa a acolhê-los.

O direito de "quebrar a lei" opõe a legitimidade à legalidade, ou, como salienta um autor, "o direito de desobedecer à lei não é um direito separado, tendo algo a ver com a consciência, adicional aos outros direitos contra o governo.

9. Segundo Miguel Reale, "O Direito, como experiência humana, situa-se no plano da Ética, referindo-se a toda a problemática da conduta humana subordinada a normas de caráter obrigatório", *Filosofia do Direito*, Saraiva, 1987, 12ª ed., p. 37.

10. O ilustre diplomata e jurista argentino, Miguel Angel Espeche Gil, propôs, perante o Instituto Latino-Americano Hispânico de Direito Internacional que a Assembléia Geral da ONU formulasse consulta sobre a matéria à Corte Internacional de Justiça, sugestão que tem merecido exame sério, em diversos conclaves internacionais.

É simplesmente um aspecto destes direitos contra o governo e não pode ser negado um princípio, sem se negar que qualquer destes direitos exista''.[11]

O direito de rever um contrato pela nação prejudicada pela ação negligente do Estado, com a cumplicidade do contratante privado estrangeiro, observa o mesmo raciocínio. Os países árabes, ao expropriarem as empresas exploradoras de petróleo, rompendo contratos de concessão de longo prazo, dissentiram da ''ordem legal'' estabelecida, em prol de seus interesses de desenvolvimento e de controle dos recursos minerais, provocando, com isso, a rediscussão do tema na esfera internacional e pondo em destaque o papel desempenhado pelas empresas em seu interesse, com desconsideração dos das nações afetadas.

No que concerne à dívida externa, o mesmo raciocínio pode ser desenvolvido.

As aspirações da comunidade internacional encontram-se cristalizadas em manifestações dos diversos povos que a compõem. Os costumes internacionais, os princípios gerais de direitos, a atuação dos grupos de pressão, governamentais ou não, a opinião pública, tudo forma um conjunto de fatores que permite desvendar o conteúdo de tais aspirações.

Atualmente, mais do que em qualquer outra época, sobreleva o interesse da humanidade a ser protegido propugnando-se, até, por um direito internacional universal, que contém, em seu bojo, princípios que se impõem a todo o sistema estatal que ainda organiza o mundo. Ou, como acentuam McDougal, Laswell e Chen, há uma verdadeira volta às origens do *international concern*, anterior ao moderno direito das nações, com sua ênfase, hoje em vias de superação, na soberania do Estado.[12] Na verdade, cada vez mais se delineia o papel do Estado como organização dotada de competência jurisdicional delegada, considerando-se abusivos os atos que refogem à delegação recebida. Daí porque os contratos que regulam a dívida externa celebrados pelo Estado com instituições financeiras privadas, contendo condições que desrespeitam princípios ético-jurídicos da nação, são também ilegítimos e podem ser por ela contestados.

Se na ordem interna o Estado adota a usura como política para evitar a inflação e, nos ajustes internacionais privados aceita, até por coerência, o mesmo critério, nem por isso a nação por ele representada estaria compelida a acatar tais ajustes que claramente ofendem princípios internacionalmente acolhidos.

Se os contratos devem ser cumpridos — e o Estado representando a nação, a compromete, embora com excesso de poderes — nem por isso todos os contratos, em quaisquer circunstâncias devem ser observados. O aforisma ''sumum jus, suma injuria'' retrata bem o efeito injusto que pode decorrer da observância estrita do convencionado, sem se atentar para as circunstâncias em que o ajuste celebrado e os eventos que as transformaram, em detrimento de uma das partes, geralmente, a mais débil.

11. Vamireh Chacon, ''Uma Filosofia Liberal do Direito'', Introdução ao livro de John Rawls, *Uma Teoria da Justiça*, Ed. UnB, 1971, trad. de 1980.

12. McDougal, Laswell e Chen, ''Human Rights and World Order: A framework for Policy — Oriented Requires'', in *American Journal of International Law*, vol. 63, n. 2, abr./1969, p. 269; Charney, Jonathan I., ''Universal International Law'', in *American Journal of International Law*, vol. 87, n. 4, out./1993.

INOVAÇÕES DA JURISPRUDÊNCIA EM MATÉRIA AMBIENTAL*

ALVARO LUIZ VALERY MIRRA

Juiz de Direito no Estado de São Paulo, Diplomado em Estudos Superiores Especializados em Direito Ambiental pela Faculdade de Direito da Universidade de Estrasburgo e Membro da Coordenadoria de Direito Ambiental da Escola Paulista da Magistratura

1. Introdução

Antes de iniciar a minha exposição, eu gostaria de agradecer à Universidade Federal de Santa Catarina, nas pessoas do Diretor do Centro de Ciências Jurídicas, Prof. Doutor Nilson Borges Filho e da Chefe do Departamento de Direito Processual e Prática Forense, Prof[a] Doutora Marilda Machado Linhares, bem como aos responsáveis pelo PIMA — Programa Institucional de Meio Ambiente, pelo convite que me foi formulado para participar deste I Simpósio de Direito Ambiental e dizer que para mim é uma satisfação muito grande poder estar no meio acadêmico na companhia de profissionais da área jurídica e científica, que desenvolvem importantes pesquisas e trabalhos voltados à defesa do meio ambiente.

Eu gostaria também de felicitar os organizadores do Simpósio, na pessoa do Prof. Doutor José Rubens Morato Leite, pela escolha dos temas que serão tratados ao longo do encontro, os quais, segundo eu entendo, não só permitirão uma visão abrangente do sistema jurídico-ambiental brasileiro e internacional, como ainda darão ênfase ao aspecto pluridisciplinar da questão ambiental, absolutamente necessária para a correta compreensão e aplicação do Direito nessa área.

Queria igualmente mencionar que para mim é uma satisfação enorme poder reencontrar alguns amigos, como os Drs. José Rubens Morato Leite e Antônio Fernando Pinheiro Pedro e Prof. Paulo Affonso Leme Machado, com quem venho mantendo já há algum tempo intercâmbio na área do Direito Ambiental e com quem tive o privilégio de trabalhar, no caso dos Drs. José Rubens e Antônio Fernando, na Subcomissão de Meio Ambiente da Comissão de Direitos Humanos da Ordem dos Advogados do Brasil — Subsecção de São Paulo.

Finalmente, eu não poderia deixar passar a oportunidade de render de público as minhas homenagens ao Prof. Paulo Affonso Leme Machado, ambientalista de renome internacional e respon-

* Palestra proferida em 19.5.94, no I Simpósio de Direito Ambiental promovido pela Universidade Federal de Santa Catarina.

sável pela formação de toda uma geração de estudiosos em Direito do Meio Ambiente no Brasil, entre os quais eu tenho a ousadia de me incluir. Por tudo o que tem feito entre nós, com seus trabalhos e estudos em Direito Ambiental e sua militância na defesa do meio ambiente, o Prof. Paulo Affonso merece ser sempre e permanentemente reverenciado por todos. Eu gostaria que o senhor soubesse, Prof. Paulo Affonso, que eu me sinto muito honrado em poder compartilhar deste mesmo espaço, deste mesmo *ambiente* de trabalho com o senhor.

O primeiro tema que me coube neste Simpósio foi o das *Inovações da Jurisprudência em matéria ambiental*, "jurisprudência" entendida aqui no seu sentido atual de "conjunto das decisões que promanam dos Tribunais, ao proclamarem o Direito, aplicando a lei aos casos concretos",[1] ou seja, no sentido de orientação dominante e uniforme dos tribunais na decisão, de casos semelhantes.[2]

Segundo os autores em geral, a jurisprudência representa a *forma viva do direito*, porque ela revela a maneira pela qual o Direito está sendo aplicado quotidianamente às relações humanas, à vida social.[3-4] E tão importante se tornou a jurisprudência no estudo do Direito que ela passou a ser reconhecida inclusive como *fonte subsidiária do Direito*.[5]

1. Paulo José da Costa, prefácio à obra de Alberto Silva Franco, José Silva Júnior, Luiz Carlos Betanho, Rui Stoco, Sebastião Oscar Feltrin, Vicente Celso da Rocha Guastini e Wilson Ninno, *Código Penal e sua interpretação jurisprudencial*, 4ª ed., São Paulo, Ed. RT, 1993, pp. 5 a 7.

2. Marcus Cláudio Acquaviva, *Dicionário Jurídico Brasileiro*, São Paulo, Jurídica Brasileira, 1993, pp. 534 e 535.

3. Planiol, apud Paulo José da Costa Júnior, ob. cit., pp. 5 a 7.

4. Henri Capitant, *Les Grands Arrêts de la Jurisprudence Civile*, 8ª ed., Paris, Dalloz, 1984, pp. XI a XVII.

5. Henri Capitant, ob. cit., pp. XI a XVII, e Marcus Cláudio Acquaviva, ob. cit., pp. 534 e 535.

De fato, poucos são aqueles que contestam hoje em dia o papel da jurisprudência como *fonte criadora do Direito*, papel criador esse, bem entendido, não como meio de substituir a atividade do legislador pelo poder individual do magistrado, mas como forma de se obter uma permanente *atualização do Direito*, em decorrência das demandas sociais que vão surgindo ao longo dos tempos, independentemente da alteração dos textos legais.

Por todos esses aspectos é que se afirma hoje em dia, sem qualquer hesitação, a importância de se estudar a jurisprudência de um modo geral:

a) primeiro, como forma de se conhecer o Direito na sua realidade quotidiana, na sua aplicação prática;

b) segundo, como maneira de se compreender um dos mecanismos mais importantes de atualização e aperfeiçoamento das normas jurídicas.

E principalmente em matéria ambiental o estudo da jurisprudência se mostra relevante, em razão da novidade do Direito Ambiental, da enorme variedade de leis que regulam a matéria e, ainda, devido à complexidade técnica das questões relacionadas com a proteção do meio ambiente. Em função dessas circunstâncias, o que se verifica é que não raras vezes os casos práticos acabam pondo em evidência peculiaridades da proteção jurídica do meio ambiente, as quais dificilmente poderiam ser notadas e entendidas pela simples análise fria dos textos de lei.

Na exposição da matéria eu vou procurar agrupar os julgados que eu selecionei em tópicos, divididos, por sua vez, em temas que expressam alguns dos aspectos que considero mais importantes na interpretação e na aplicação judicial do Direito Ambiental. E eu vou concentrar a minha análise nas decisões de juízes e tribunais de São Paulo, às quais, evidentemente, tenho mais fácil acesso, o que me permitirá, conseqüentemente, apresentar uma visão global de como a matéria vem sendo analisada nesse Estado.

2. A efetividade da legislação ambiental

Neste tópico, serão apresentadas algumas decisões judiciais que revelam, segundo o meu entendimento, a preocupação dos juízes e tribunais em interpretar e aplicar a legislação ambiental de forma a permitir que ela atinja a sua finalidade primordial, que é precisamente a proteção do meio ambiente. Iremos verificar, aqui, que muitas vezes tem sido dada grande amplitude e extensão a determinados institutos e regras jurídicas para que se consiga chegar a uma efetiva preservação do meio ambiente.

2.1 O Estudo de Impacto Ambiental e as atividades a ele sujeitas

O Estudo de Impacto Ambiental tem previsão constitucional (art. 225 § 1º., IV, da CF) e foi regulamentado pela Resolução 001/86 do CONAMA. O art. 2º dessa resolução estabeleceu o rol das atividades sujeitas ao estudo de impacto: estradas de rodagem com duas ou mais faixas de rolamento; ferrovias; portos; aeroportos; emissários de esgotos sanitários; barragens para fins hidrelétricos; aterros sanitários etc.

Esse rol do art. 2º da Resolução 001/86 tem sido considerado pela doutrina como meramente *exemplificativo*.[6-7] Isso quer dizer que o elenco legal pode ser ampliado para se sujeitar ao EIA outras atividades nele não previstas, desde que sejam potencialmente causadoras de significativa degradação ambiental.

E, de fato, uma decisão de primeiro grau de jurisdição da Comarca da Capital do Estado de São Paulo interpretou a legislação dessa maneira, ao impedir o início das obras de construção, pela Prefeitura Municipal, de quatro usinas de incineração e compostagem de lixo urbano, antes da elaboração do EIA. Decidiu-se que, embora a implantação desse tipo de usina não estivesse expressamente prevista no art. 2º da Res. 001/86 do CONAMA, os pareceres técnicos apresentados com a petição inicial da ação civil pública proposta pelo Ministério Público demonstravam que a queima dos resíduos das usinas poderia produzir substâncias altamente tóxicas. Daí a necessidade de avaliação cuidadosa dos impactos ambientais da atividade. Nesse caso, a proibição da implantação das usinas foi determinada em medida liminar.[8]

2.2 Aplicação da Resolução 001/86 do CONAMA, sobre EIA, a obras e empreendimentos anteriores à sua vigência

Ainda em matéria de Estudo de Impacto Ambiental, questão relevante é a possibilidade de se aplicar a Res. 001/86 do CONAMA a obras e empreendimentos anteriores à sua entrada em vigor. O problema aqui é o seguinte.

Quando sobreveio a regulamentação do EIA pela Res. 001/86, essa legislação encontrou muitos empreendimentos já instalados e alguns até em operação, os quais, por serem anteriores à re-

6. Édis Milaré e Antônio Herman V. Benjamin, *Estudo Prévio de Impacto Ambiental*, São Paulo, Ed. RT, 1993, p. 28.

7. Paulo Affonso Leme Machado, *Direito Ambiental Brasileiro*, 4ª. ed., São Paulo, Malheiros, 1992, p. 135.

8. Essa decisão foi proferida pelo Juiz de Direito da 1ª. Vara da Fazenda Municipal (Processo n. 606/86), cf. Édis Milaré e Antônio Herman Benjamin, ob. cit., p. 30, nota 48.

ferida norma, acabaram ficando imunes à prévia avaliação de seus impactos sobre o meio ambiente. Criou-se, então, um sistema de regularização dessas atividades que ficaram sujeitas à elaboração de estudo de impacto mesmo depois de instaladas. É o que Édis Milaré denomina de EIA *a posteriori*,[9] já que como regra o estudo é prévio ao empreendimento. Exemplo disso é a previsão da Res. 006/87 do CONAMA a respeito do EIA *a posteriori* para obras de grande porte, sobretudo para fins hidrelétricos.

Essa legislação foi efetivamente aplicada em São Paulo em relação à Usina Hidrelétrica de Três Irmãos, em Pereira Barreto. Nesse caso, onze anos depois do início das obras de implantação da usina foi realizado o EIA da atividade e isto por *determinação judicial*. Em uma ação civil pública movida pelo Ministério Público, o juiz da Comarca de Pereira Barreto determinou, em medida liminar, à CESP (empreendedora) que não procedesse ao fechamento das adufas da barragem da usina — o que levaria ao alagamento da área abrangida pelo projeto — até que fosse analisado, discutido e aprovado o estudo de impacto pela Secretaria do Meio Ambiente.[10]

2.3 A preservação de áreas naturais protegidas

Um dos principais instrumentos de proteção do meio ambiente, previstos na legislação, é a criação e manutenção dos chamados *espaços territoriais especialmente protegidos*. São os Parques Nacionais e Estaduais, as Reservas Ecológicas, as Estações Ecológicas, as Áreas de Proteção Ambiental e outras unidades de conservação do meio ambiente.

Nessa matéria, a Constituição Federal trouxe, no art. 225, § 1º, III, uma inovação da maior importância ao estabelecer que:

a) a *criação* de um espaço territorial especialmente protegido pode se dar por meio de *decreto*, ou seja, ato do Poder Executivo.

b) mas a *alteração* e a *supressão* desse espaço só podem ocorrer por intermédio de *lei*, isto é, ato do Poder Legislativo.

Houve um caso em São Paulo que deu ensejo ao pronunciamento do Supremo Tribunal Federal sobre essa questão.

O Governo Estadual pretendia construir uma rodovia para ligar a Capital ao litoral norte do Estado. E de acordo com o projeto técnico, essa estrada iria cortar o interior do Parque Estadual da Serra do Mar, alterando, conseqüentemente, seus limites. Em razão disso, foi editado pelo Governo um decreto que previu como condição para a alteração dos limites do Parque tão-só a elaboração de estudo de impacto ambiental, nada dizendo a respeito de prévia autorização da obra pela via legislativa, como exige a Constituição.

Esse decreto foi questionado quanto à sua constitucionalidade pela Procuradoria-Geral da República — provocada por uma entidade ambientalista — perante o Supremo Tribunal Federal. E o STF suspendeu liminarmente a eficácia do Decreto, exatamente por entender que aquela alteração proposta para o Parque, somente por ato do Executivo, violava o inc. III do § 1º do art. 225 da CF, ao excluir a necessária intervenção do Legislativo.[11]

9. Édis Milaré e Antônio Herman Benjamin, ob. cit., pp. 34 a 36.

10. Cf. Édis Milaré e Antônio Herman Benjamin, ob. cit., p. 36.

11. Ação Direta de Inconstitucionalidade n. 73/89, com medida liminar concedida em 9.8.89. Acórdão relatado pelo Ministro Moreira Alves e publicado no *DJU*, em 15.9.89. Esse julgado foi analisado igualmente por Paulo Affonso Leme Machado, no seu livro *Estudos de Direito Ambiental*, São Paulo, Malheiros Editores, 1994, p. 81.

2.4 Proteção de florestas e flora em geral

Igualmente em relação à proteção das florestas e da flora em geral tem havido pronunciamentos judiciais importantes em São Paulo.

O Código Florestal, em seu art. 2.º, estabeleceu que se consideram de preservação permanente, pelo só efeito da lei, as florestas e demais formas de vegetação natural situadas, entre outros locais, ao longo dos rios, estabelecendo, conforme a largura do curso d'água, uma determinada faixa marginal de preservação permanente, a ser mantida intacta.

Em 1989, uma lei federal (Lei 7.803) alterou o Código Florestal nessa matéria e aumentou a dimensão das faixas marginais de preservação permanente situadas ao longo dos rios. Por exemplo, nos rios com menos de 10 metros de largura, até 1989, a faixa de preservação permanente era de 5 metros; a partir de 1989, com a modificação legislativa, passou para 30 metros. Houve, conforme se percebe, uma mudança substancial na dimensão das áreas de preservação permanente.

A questão que tem sido discutida é se essas alterações ocorridas com a nova legislação em 1989 se aplicam a situações anteriores à sua vigência.

A matéria foi apreciada recentemente, em primeiro grau de jurisdição, pelo Juiz de Direito da 2.ª Vara da Comarca de Jaboticabal, no interior de São Paulo. O problema nesse processo envolvia a realização de obras pela Prefeitura da cidade.

A Municipalidade, ao efetuar o prolongamento de uma avenida marginal a um córrego local, invadiu área de preservação permanente e destruiu a vegetação nela existente. Diante dessa situação, o Ministério Público propôs uma ação civil pública para obrigar a Prefeitura a respeitar a faixa de 30 metros ao longo do rio em questão, mantendo essa área com vegetação ciliar intocada, como exige o art. 2.º do Código Florestal vigente.

A Prefeitura de Jaboticabal, por sua vez, contestou a demanda e, entre outros argumentos, sustentou que o projeto daquela avenida marginal havia sido elaborado, aprovado e começado a ser executado em 1980, quando a faixa de vegetação de preservação permanente ao longo do curso d'água era, nos termos da legislação então em vigor, de 5 metros e não de 30 metros, como pretendia o Ministério Público. Portanto, segundo o seu entendimento, a legislação nova (Lei 7.803/89) não poderia atingir uma situação jurídica já anteriormente consolidada.

A sentença, nessa ação civil pública, acabou repelindo a argumentação do Poder Público.

Decidiu inicialmente o Juiz da 2.ª Vara de Jaboticabal que as normas de proteção do meio ambiente, por serem de ordem pública, têm aplicação imediata e se impõem, assim, não apenas a fatos ocorridos sob a sua vigência, como também às conseqüências e efeitos dos fatos ocorridos sob a égide da lei anterior; só não atingindo os fatos ou relações jurídicas já definitivamente exauridos antes da sua edição. No caso, considerou o magistrado que não havia nenhuma situação jurídica consolidada, pois o projeto de construção da avenida, embora único e aprovado em 1980, foi desenvolvido em etapas pela Prefeitura e quando da superveniência da modificação legislativa de 1989, a construção daquele trecho da via pública discutida ainda não tinha sido iniciada. Dessa maneira, o projeto, segundo a sentença, deveria ter sido alterado para se conformar à nova regulamentação do Código Florestal.

Acrescentou o juiz que o proprietário está obrigado a se adaptar permanentemente à evolução da legislação ambiental, não podendo nunca invocar a seu favor direito adquirido ou ato jurídico perfeito nessa matéria; principalmente quando o titular da área é o Poder Público, em virtude do princípio constitucional da legalidade (art. 37, *caput*, da CF), que deve nortear a sua atividade.[12]

Anoto que essa decisão é recentíssima e contra ela a Prefeitura interpôs recurso, de modo que a matéria será em breve reapreciada pelo Tribunal de Justiça do Estado. Mesmo assim, trata-se de um precedente importante.

3. *Proteção dos direitos individuais atingidos pelas medidas de proteção do meio ambiente*

Mas se como nós acabamos de ver, de uma maneira geral em São Paulo, os juízes e tribunais têm privilegiado uma interpretação e aplicação da legislação ambiental de forma a torná-la mais efetiva em face dos fins aos quais ela se destina, nem por isso se tem deixado de lado a proteção dos direitos individuais das pessoas atingidas por medidas de interesse público adotadas na preservação do meio ambiente. Isso tem se dado normalmente pelo acolhimento na jurisprudência de mecanismos de compensação pecuniária dos particulares, pela via da concessão de indenizações.

Esse aspecto tem sido particularmente freqüente em matéria de *tombamento* e de *áreas naturais protegidas*.

3.1 Tombamento

Em matéria de tombamento tem se discutido se o proprietário de um bem tombado pela Administração tem direito a ser indenizado pelas restrições que sofre na utilização da coisa em razão da medida. Alguns autores entendem que o tomba mento é uma *limitação administrativa*, a qual decorre do exercício do poder de polícia do Estado, não sendo, por via de conseqüência, indenizável.[13] Outros sustentam que, em princípio, o tombamento é uma *servidão administrativa*, indenizável na proporção do prejuízo experimentado pelo dono da coisa tombada, mas, em algumas hipóteses, poderá configurar verdadeira *desapropriação indireta*, quando a medida tornar inútil a utilização econômica do bem pelo proprietário.[14]

A segunda orientação acima exposta tem prevalecido no Tribunal de Justiça de São Paulo. Tem-se entendido que, de regra, o tombamento não obriga à indenização, mas passa a exigi-la quando acarreta o esvaziamento econômico do bem, caso em que se assemelha a verdadeira desapropriação indireta.[15]

O caso que deu origem a esse julgado é o da "Casa Modernista", residência de valor histórico-arquitetônico construída pelo arquiteto Gregori Warchavchik. Os herdeiros deste haviam efetuado transação envolvendo o imóvel, para transferência do bem a uma empresa imo-

12. Sentença proferida pelo Juiz Durval Augusto Rezende Filho no Processo n. 575/93, da 2ª Vara da Comarca de Jaboticabal, em 28.3.94.

13. José Cretella Júnior, Themístocles Brandão Cavalcanti, Maria Sylvia Zanella Di Pietro, apud Paulo Affonso Leme Machado, *Ação Civil Pública e Tombamento*, São Paulo, Ed. RT, 1986, pp. 68 e 69. No mesmo sentido, Sônia Rabello de Castro, *O Estado na Preservação de Bens Culturais*, Rio de Janeiro, Renovar, 1991, p. 138, embora admitindo, excepcionalmente, a possibilidade de indenização.

14. Celso Antônio Bandeira de Mello, *Elementos de Direito Administrativo*, 2ª ed., São Paulo, Ed. RT, 1990, p. 250, Lúcia Valle Figueiredo, *Disciplina Urbanística da Propriedade*, São Paulo, Ed. RT, 1980, pp. 16 a 20, e Marcelo de Oliveira Fausto Figueiredo Santos, "Tombamento — Uma análise constitucional — Aspectos da discricionariedade aplicáveis ao instituto", in *Temas de Direito Urbanístico*, coord. Adílson Abreu Dallari e Lúcia Valle Figueiredo, São Paulo, Ed. RT, 1987, p. 61.

15. Cf. acórdão da 5ª Câmara Civil, de 26.3.87, relatado pelo Des. Ralpho Waldo, v.u., in *RT* 621/86.

biliária, a qual, por sua vez, tinha projetado a construção de um edifício residencial. Com o tombamento da coisa ficou inviabilizada a demolição da residência para a construção do edifício — um dos principais efeitos do tombamento é, precisamente, a imodificabilidade do bem — e, conseqüentemente, o negócio entre os proprietários e a incorporadora imobiliária.

O TJSP considerou que houve realmente, no caso, esvaziamento econômico completo da propriedade, ensejador do direito à indenização. Na fixação do valor desta última, inclusive, foram levados em conta os prejuízos sofridos pelos proprietários pelo desfazimento da anterior transação imobiliária concretizada.[16]

3.2 *Áreas naturais protegidas*

Igualmente em tema de áreas naturais protegidas tem-se debatido no TJSP sobre o cabimento ou não de indenização dos proprietários atingidos pela instituição das denominadas *unidades de conservação do meio ambiente*. E isso particularmente no caso da criação do Parque Estadual da Serra do Mar.

O Decreto Estadual que criou o PESM (Decreto 10.251, de 30.8.77) declarou de utilidade pública para fins de desapropriação as terras de domínio particular abrangidas pelo Parque. Expirado o prazo legal da desapropriação, sem que ela tivesse sido efetivada pelo Poder Público, os proprietários das áreas passaram a mover ações de indenização contra a Fazenda Estadual, alegando ter havido *desapropriação indireta*. O Estado, por sua vez, sustentava em suas defesas que a criação de um Parque Estadual é mera *limitação administrativa* e, assim, não indenizável.

No Tribunal de Justiça de São Paulo formaram-se diversas correntes nos julgamentos proferidos sobre a matéria:

a) Inicialmente, a tese da Fazenda do Estado, de configuração de limitação administrativa, foi acolhida.

Considerou a 6ª Câmara Civil que os requisitos da caracterização da limitação administrativa estavam presentes na hipótese. Na análise dos julgadores, a criação do PESM é *medida de caráter geral*, pois atinge todos os proprietários de uma região muito vasta, a qual abrange vários municípios e de *interesse público*, já que a preservação da Serra do Mar é imperativo não só de ordem ecológica, pela relevância ambiental, como também de segurança da população que vive nas encostas desses locais, sendo de conhecimento generalizado que a supressão da vegetação provoca deslizamentos de terra com risco às pessoas. A criação do Parque não é, ademais, incompatível com a *destinação natural* da área, pois a Serra do Mar integra a Mata Atlântica — área de relevância ambiental e histórico-cultural — que deve ser integralmente preservada, sendo absurdo pensar que os proprietários das terras possam destruí-la.

Negou-se, então, a possibilidade de indenização.[17]

16. Idem. De acordo com o voto do eminente Relator, "Esta (a indenização) foi bem determinada pelo MM. Juiz de Direito, com base no laudo oferecido pelo Sr. Perito Judicial, que para tanto levou em conta, principalmente, o fato relevante do negócio entabulado entre os autores e a Carmel (incorporadora imobiliária), negócio sério, diga-se de passagem, tanto que restou inteiramente concretizado, inclusive através de providências de ordem burocrática e início das vendas de apartamentos (...)". Da mesma forma a declaração de voto vencedor do revisor, Desembargador Márcio Bonilha: "(...) o valor do imóvel foi bem estimado pelo honrado Perito Judicial, cujo trabalho não comporta qualquer restrição, pois deu exata expressão do valor da indenização, mediante segura análise de dados comparativos, à luz de elementos relativos à transação cuja consumação veio a ser impedida com a superveniência do tombamento (...)".

17. Acórdão relatado pelo Des. Macedo Bittencourt, com julgamento em 20.6.85, por maioria de votos, in *RT* 602/84.

b) Em seguida, porém, o Tribunal de Justiça alterou o seu entendimento, para, dessa vez, conceder a indenização pleiteada pelos titulares do domínio da área.[18]

Considerou-se que a criação do PESM tornou inviável a utilização da área pelos proprietários e a exploração de recursos naturais. E como essas atividades, sobretudo a exploração de recursos naturais, eram as únicas possíveis naquelas terras, a medida acabou anulando, em seu conteúdo essencial, o exercício do direito de propriedade. Aliás, de acordo com essa decisão, tanto era cabível a indenização que o próprio Estado, ao criar o Parque, no mesmo Decreto declarou as áreas particulares nele situadas como de utilidade pública para fins de desapropriação.

c) Mais recentemente, ainda, outras decisões do Tribunal de Justiça deram novo enfoque à matéria, agora para excluir novamente a indenização dos donos das terras atingidas pelo PESM.

A 15ª Câmara Civil, por exemplo, entendeu que, embora o Decreto instituidor do Parque tivesse realmente declarado as propriedades particulares por ele abrangidas de utilidade pública para fins de desapropriação, a verdade é que a desapropriação não se efetivou no prazo legal, tendo o Decreto caducado nessa parte. De tudo, ressaltou-se, restou apenas um "hipotético Parque", ainda não implantado e que por isso não trouxe, ele próprio, nenhuma restrição prática aos proprietários, não tendo havido nenhum ato material de *apossamento administrativo* capaz de caracterizar a desapropriação indireta. As restrições existentes às atividades dos particulares decorrem, não da criação em si do Parque, mas das limitações administrativas do Código Florestal, como as vegetações de preservação permanente.[19]

E o Tribunal tem ido fundo na análise dos casos concretos, chegando até a verificar, por exemplo, a data da aquisição da área pelo proprietário que demanda a indenização, pois se a aquisição é posterior à vigência do Código Florestal, entende-se que o dono não pode alegar que desconhecia as limitações administrativas dele resultantes,[20] e também a averiguar o valor da transação, o preço pago na área pelo demandante da indenização, para concluir que muitas vezes, em razão das restrições da legislação ambiental, os proprietários se beneficiaram com um bom desconto no valor das terras. Portanto, nenhum prejuízo efetivo sofreram que mereça ser ressarcido pelo Estado.[21]

Mas é importante notar que mesmo nestas últimas decisões há votos vencidos que continuam decidindo pelo cabimento das indenizações pedidas, o que demonstra estar a questão longe de um entendimento definitivo e pacífico.[22]

18. Essa orientação foi firmada pela mesma 6ª Câmara Civil, ao apreciar embargos infringentes interpostos para fazer prevalecer o voto vencido do Des. Camargo Sampaio no acórdão acima referido, em julgado de 5.6.86, Relatado pelo Des. Garrigós Vinhaes, com votação majoritária, in *RT* 616/45. No mesmo sentido, acórdão da 14ª Câmara Civil do TJSP, de 1.7.86, relator o Des. Dínio Garcia, v.u., *RT* 611/71.

19. Acórdão de 14.4.92, relatado pelo Des. Ruy Camilo, com declarações de votos vencedores dos Des. Roberto Stucchi e Carvalho Viana, in *RJTJESP-LEX* 136/101.

20. Cf. acórdão da 11ª Câmara Civil, de 4.6.92, proferido por maioria de votos, relatado pelo Des. Laerte Nordi, com declaração de voto vencedor do Des. Gildo dos Santos, in *RJTJESP-LEX* 138/224.

21. Idem. Nos termos do voto do eminente Des. Gildo dos Santos, "(...) ao comprarem o bem, por preço inferior ao da própria transação anterior (...), os autores adquiriram área desvalorizada pela circunstância de ter perdido parte do seu valor econômico, em razão daquela ampla limitação ao uso da coisa (...). E que dano suportaram os autores com a aquisição feita, seja pelo baixo preço pago, seja por saberem de antemão que não poderiam explorar a área?".

22. Um desses votos é da lavra do Des. Salles Penteado. Considerou o eminente magistrado que em razão de o Decreto Estadual 25.341/86 ter

4. A prevenção e a reparação de danos ambientais

4.1 O problema da prevenção

É voz corrente na doutrina autorizada[23] a importância da *prevenção* em matéria ambiental, tendo em vista a característica do dano ao meio ambiente, reconhecido por todos como de difícil ou impossível reparação. E essa preocupação, evidentemente, se reflete nas ações judiciais e vem expressa sobretudo nos pedidos de medidas liminares em ações civis públicas e nas ações cautelares em geral.

O que se tem verificado na prática é que os juízes, principalmente em primeiro grau de jurisdição, atentos aos requisitos do *fumus boni iuris* e do *periculum in mora*, têm preferido conceder medidas liminares e cautelares para impedir ou suspender temporariamente uma atividade aparentemente degradadora do meio ambiente, até que se aprecie em profundidade a questão no decorrer do processo. Procura-se evitar com isso o risco de danos ao meio ambiente, de reparabilidade incerta e muitas vezes excessivamente custosa.

No entanto, esse critério, apesar de freqüente, está longe de ser utilizado pelos magistrados de forma sistemática ou de maneira indiscriminada a todas as circunstâncias. Essa solução de impedir ou suspender liminarmente uma atividade potencialmente degradadora do meio ambiente tem sido adotada dentro de certas condições.

Em primeiro lugar, quando a medida liminar ou cautelar visa à *manutenção* de uma situação de fato existente, para impedir que seja dado início a um fato danoso. Por exemplo, suspende-se a realização de obras de construção de edifícios em área litorânea ante a probabilidade da ocorrência de danos ao meio ambiente e a bens de valor estético, turístico e paisagístico;[24] paralisa-se a instalação não autorizada pelo órgão competente de usina de reciclagem de lixo em zona residencial;[25] proíbe-se a implantação de "pólo de desenvolvimento industrial" em área supostamente abrangida por estação ecológica;[26] impede-se a demolição de residência considerada como parte integrante do patrimônio histórico e cultural;[27] impõe-se ao proprietário a abstenção de proceder ao desmatamento de área natural ainda preservada; veda-se o início do despejo de resíduos em um curso d'água por uma atividade recém-instalada.

A situação muda, porém, quando a atividade danosa já se exerce há algum tempo e a decisão judicial liminar vai interromper obras ou empreendimentos que

incluído os Parques Estaduais entre os bens do Estado destinados ao uso do povo, tornou-se obrigatória a desapropriação das terras particulares neles situadas, prevista, inclusive, de forma específica, no Decreto 10.251/77 que criou o PESM. O Estado, todavia, não efetivou a desapropriação e vinha se recusando, naquele caso, a permitir a utilização econômica das áreas. Por outras palavras, o Estado esvaziou o direito de propriedade sem desapropriar o imóvel, causando com isso aos proprietários danos que, por seus efeitos, equivalem à expropriação. Daí o cabimento da indenização (*RJTJESP-LEX* 138/228).

23. Michel Prieur, *Droit de l'Environnement*, 2ª ed., Paris, Dalloz, 1991, pp. 60 e ss.; Paulo Affonso Leme Machado, *Estudos de Direito Ambiental*, São Paulo, Malheiros Editores, 1994, p. 35; Édis Milaré e Antônio Herman V. Benjamin, *Estudo Prévio de Impacto Ambiental*, São Paulo, Ed. RT, 1993, pp. 13 e 62.

24. Cf. acórdão da 7ª Câmara Civil do TJSP, de 12.11.86, relatado pelo Des. Godofredo Mauro, v.u., in *RT* 618/68.

25. Cf. acórdão da 6ª Câmara Civil do TJSP, de 18.2.88, relatado pelo Des. Ernani de Paiva, v.u., in *RT* 629/118.

26. Cf. acórdão da 4ª Câmara Civil do TJSP, de 22.9.88, relatado pelo Des. Moretzsohn de Castro, v.u., in *RT* 637/80.

27. Cf. acórdão da 8ª Câmara Civil do TJSP, de 21.3.90, relatado pelo Des. Jorge Almeida, v.u., in *RT* 658/91.

se desenvolvem ao longo dos anos, sem oposição anterior. Ou seja, a decisão vai implicar na *alteração* drástica de uma situação de fato existente. Aí os juízes e o Tribunal de Justiça são mais restritivos.

Em segundo lugar, e da mesma forma, as liminares e as cautelares são concedidas com maior tranqüilidade quando a causa opõe a proteção do meio ambiente a interesses estritamente individuais. É a hipótese bastante comum de um proprietário isolado que pretende derrubar vegetação de importância ecológica em sua fazenda, sítio ou chácara. Diante de tais circunstâncias os juízes não têm hesitado em impedir liminarmente o desmatamento, sob o argumento de que, além da difícil reparação dos danos ambientais, o interesse privado do proprietário não pode prevalecer sobre o interesse coletivo, público, da preservação do meio ambiente.

Agora, quando a matéria versa sobre a proteção do meio ambiente e a atividade apontada como degradadora é de interesse público (principalmente aquela realizada pelo Poder Público) ou de interesse social (como aqueles grandes empreendimentos que geram empregos e contribuem significativamente para a economia local, regional ou nacional) há uma maior cautela dos magistrados e não raro as preocupações ambientais são colocadas de lado.

A esse respeito, parece-me interessante mencionar um exemplo que, acredito, auxiliará na compreensão dessas nuances indicadas.

Problema muito comum no interior de São Paulo, sobretudo na região em que atuo, é a utilização de fogo para limpeza do solo, preparo do plantio e colheita da cana-de-açúcar. Discute-se muito que a queima da palha da cana é uma atividade altamente poluidora, devido às emissões de fumaça na atmosfera, e prejudicial à saúde da população, em razão de os resíduos lançados no ar causarem doenças pulmonares e respiratórias nas pessoas.

Atento a esse problema, o Ministério Público do Estado de São Paulo tem proposto inúmeras ações civis públicas para impedir a realização dessas queimadas. Alguns juízes têm concedido medidas liminares acolhendo o requerimento do Ministério Público e determinando a proibição da queima da palha da cana-de-açúcar. Mas essas liminares têm tido sua eficácia suspensa por decisões do Tribunal de Justiça de São Paulo em mandados de segurança.

Entre os motivos que têm levado o Tribunal a decidir dessa maneira estão: a controvérsia científica quanto aos efeitos nocivos da queima da palha da cana; o problema social que pode gerar a medida, já que a queima da palha é etapa necessária da colheita da cana-de-açúcar e a paralisação e a suspensão desta impedirão centenas de famílias ser trabalhar na safra; o fato de a queima da cana de tradição na agricultura do país, sendo realizada há séculos, tratando-se, assim, de prática agrícola que perdura há muito tempo, somente agora, recentemente, contestada; e os custos da mecanização da atividade — única alternativa para se pôr fim à queima da palha da cana —, extremamente altos para os produtores rurais, causadores de problemas de ordem econômica.[28]

Por todas essas razões, segundo a apreciação do TJSP, a queima da palha da cana-de-açúcar não pode ser proibida *liminarmente*, sem uma análise aprofundada de todas as repercussões da atividade, do ponto de vista ecológico, social e econômico, após a instauração do contraditório e amplo desenvolvimento

28. Cf. acórdão da 7ª Câmara Civil do TJSP, no Mandado de Segurança n. 202.070-1/5, de 27.10.93, relatado pelo Des. Rebouças de Carvalho, com declarações de votos vencedores dos Des. Godofredo Mauro e Benini Cabral.

de atividade probatória durante a instrução do processo.

Tal entendimento do Tribunal de Justiça tem sido objeto de críticas, notadamente por parte de estudiosos no assunto que acompanham essas demandas, por anteverem, na análise da matéria, um adiantamento do TJSP com relação ao julgamento definitivo da causa.

Não vejo, porém, nessa orientação do TJSP necessariamente uma antecipação do entendimento quanto ao resultado final do processo, mas apenas uma tomada de posição com relação ao problema exclusivo e específico da *medida liminar*. O Tribunal, na verdade, tem optado pela *não reversão* de plano, *in limine*, de uma situação de fato existente há anos, sem que antes haja um amplo debate da matéria no processo.[29]

A apreciação definitiva da questão nada tem a ver com o exame feito em nível de medida liminar e comporta, é certo, enfoque diverso.[30]

4.2 *A questão da reparação*

Em matéria de responsabilidade civil, a legislação brasileira adotou o princípio da *responsabilidade objetiva* por danos ao meio ambiente, com base na teoria do risco. De acordo com o art. 14, § 1°, da Lei 6.938/81, "é o poluidor obrigado, independentemente da existência de culpa, a indenizar ou reparar os danos causados ao meio ambiente (...)".

A reparação consiste na reposição do meio ambiente, na medida do possível, no estado anterior aos danos e pode ser *in natura* ou pecuniária.

A reparação *in natura* aperfeiçoa-se com a condenação do degradador ao cumprimento de obrigação de fazer, sob pena de execução específica ou cominação de multa diária (arts. 3º e 11 da Lei 7.347/85).

Exemplo típico na jurisprudência de São Paulo é o da imposição ao responsável por um desmatamento de obrigação de fazer consistente na restauração da cobertura vegetal da área irregularmente desmatada, com o replantio de espécies.[31]

A *reparação pecuniária* corresponde à condenação do degradador ao pagamento de uma soma em dinheiro (arts. 3º e 13 da Lei 7.347/85).

Problema invariavelmente levantado nessa matéria é o da dificuldade — e, segundo alguns, da verdadeira impossibilidade — de avaliação econômica dos danos ambientais, já que o meio ambiente é um bem que não tem valor patrimonial. Mas aqui a questão tem sido examinada sob o mesmo prisma do dano moral: a dificuldade de avaliação em dinheiro não pode levar à irreparabilidade do dano.

29. No mesmo sentido já havia decidido anteriormente a mesma 7ª Câmara, em acórdão de 22.2.89, relatado pelo Des. Benini Cabral, em questão relacionada com o depósito de lixo urbano em aterro sanitário: "Se datada de vários anos a existência de depósito de lixo industrial e urbano sobre aterro sanitário situado às margens de córrego abastecedor da região, temerário dar aquela por finda em liminar pretendida em ação civil pública, proposta para evitar dano ao meio ambiente, sem perquirir efetivamente as reais condições do local e possíveis soluções municipais, uma vez inviável à Municipalidade dar pronto destino à descarga", *RT* 640/106. O julgamento teve votação unânime.

30. Não existe ainda até o presente nenhuma apreciação definitiva quanto à matéria de fundo nessas causas. Em primeiro grau de jurisdição, o entendimento dos juízes não está pacificado. Para se ter uma idéia, aliás, do ponto a que chegou a controvérsia, basta mencionar, como exemplo, que, na Comarca de Sertãozinho, o Juiz de Direito da 1ª Vara — Dr. Alcides Leopoldo e Silva Júnior — julgou uma dessas demandas procedente, por considerar, com base na prova produzida durante a instrução, a queima da palha da cana-de-açúcar uma atividade efetivamente degradadora do meio ambiente; enquanto o Juiz de Direito da 2ª Vara — Dr. José Maria da Costa — deu pela improcedência de outra dessas demandas, por entender não ter ficado demonstrado, ao analisar as mesmas provas, ser essa atividade causadora de poluição ou degradação ambiental.

31. Cf. acórdão da 5ª Câmara Civil do TJSP, de 27.12.91, relatado pelo Des. Marcus Andrade, v.u., in *RJTJESP-LEX* 136/36.

As soluções admitidas pela jurisprudência do Tribunal de Justiça de São Paulo são as seguintes:

a) Avaliação do custo total das obras e trabalhos que serão necessários à recomposição do meio ambiente e condenação do responsável ao pagamento do valor correspondente.

Deve ser observado que nessa hipótese não se avalia o valor do dano em si, mas, diversamente, o valor das obras de restauração do meio ambiente. Verifica-se a dimensão da degradação, determina-se o conjunto de medidas de recomposição, calcula-se o custo deste e condena-se o poluidor a pagar a quantia apurada. O dinheiro, uma vez pago, é destinado a um fundo (fundo de recomposição dos interesses difusos lesados), cujo órgão gestor se encarregará de efetuar a reparação no local atingido.[32]

Caso interessante no interior de São Paulo foi o de uma Destilaria de Álcool que, por negligência, permitiu o despejo de enorme quantidade de resíduos poluentes de sua atividade (denominados restilo ou vinhaça) em um curso d'água, dando causa à morte de inúmeros peixes e seus criadouros naturais. Com base no trabalho pericial apresentado nos autos, o magistrado condenou a poluidora ao pagamento de uma quantia em dinheiro estimada pelo perito como aquela a ser dispendida no trabalho de recomposição da fauna ictiológica daquele curso d'água.[33]

b) Outra solução encontrada na jurisprudência para a reparação pecuniária do dano ambiental é utilizada normalmente no caso da morte de exemplares da fauna e da flora silvestres. Nessas hipóteses, procede-se ao cálculo aproximado do número de espécies abatidas ou destruídas e multiplica-se esse número pelo valor unitário de mercado de um exemplar dessa espécie. Com esse resultado, chega-se ao valor total da indenização a ser imposta ao responsável.

Caso célebre em São Paulo, em que se adotou essa solução, foi o da denominada "Passarinhada do Embu". O Prefeito da cidade de Embu e seu pai resolveram organizar um churrasco de confraternização política com seus correligionários e para isso determinaram que fossem abatidas aproximadamente 5.000 aves silvestres, entre rolinhas, sabiás e tico-ticos.

Movida uma ação civil pública pelo Ministério Público para a reparação dos danos, o Tribunal de Justiça de São Paulo acolheu a pretensão do autor e condenou os degradadores ao pagamento de quantia em dinheiro calculada com base no número de exemplares abatidos, multiplicado pelo valor unitário dos pássaros, obtido no meio comercial.[34]

5. *O papel do Poder Judiciário*

O último tópico que pretendo desenvolver nesta exposição diz respeito ao pa-

32. Cf. art. 13 da Lei 7.347/85.

33. A sentença foi proferida pelo Juiz de Direito da Comarca de Novo Horizonte — Dr. José Caetano Graziozi — em 10.9.86. Tal decisão foi confirmada pelo acórdão da 6ª Câmara Civil do TJSP, de 14.5.87, relatado pelo Des. Alexandre Loureiro, v.u. A sentença e o acórdão estão publicados na íntegra no livro de Édis Milaré, *A Ação Civil Pública na Nova Ordem Constitucional*, São Paulo, Saraiva, 1990, pp. 46 a 59. Semelhante orientação foi adotada, também em relação à poluição de curso d'água pelo despejo de resíduos industriais, pela 4ª Câmara Civil de Férias "D" do TJSP, em 16.7.92, acórdão relatado pelo Des. Ney Almada, julgamento por votação unânime, in *RT* 693/130.

34. Cf. acórdão da 5ª Câmara Civil do TJSP, de 26.6.86, relatado pelo Des. Márcio Bonilha, v.u., publicado no livro de Édis Milaré, *A Ação Civil Pública na Nova Ordem Constitucional*, cit., pp. 77 a 80. No mesmo sentido, sentença proferida pelo Juiz de Direito da 1ª Vara Cível do Foro Regional de Santo Amaro — Dr. Antônio Rodriguez — em 29.7.87, publicada nos livros de Rodolfo de Camargo Mancuso, *Ação Civil Pública*, 2ª ed., São Paulo, Ed. RT, 1992, pp. 255 a 257 e de Édis Milaré, *Curadoria do Meio Ambiente*, São Paulo, APMP, 1988, pp. 130 a 133.

pel do Judiciário diante da problemática ambiental. Eu me refiro aqui ao problema da extensão e dos limites da atividade jurisdicional nessa matéria ou, mais precisamnte, ao problema da extensão e dos limites do controle judicial das atividades de qualquer natureza — e sobretudo das exercidas pela Administração Pública — que tenham repercussão sobre a qualidade do meio ambiente.

No Tribunal de Justiça de São Paulo há duas orientações diversas e antagônicas.

5.1 *Patrimônio histórico e cultural*

Em tema de patrimônio histórico-cultural o Tribunal já decidiu que é possível ao Judiciário determinar medidas de preservação de um bem, cujo valor cultural é demonstrado no processo por meio de provas idôneas (principalmente perícias e pareceres técnicos), *independentemente de tombamento e mesmo na recusa expressa da Administração em tombar o bem* por entender ela (Administração) inexistir valor cultural a ser preservado.

No entendimento majoritário da 8ª Câmara Civil do Tribunal de Justiça, a identificação de um valor social — como o artístico ou estético — não é tarefa privativa ou exclusiva do órgão legislativo ou da Administração, tendo o Judiciário poder para se pronunciar a respeito. Valores dessa ordem não emergem de mera criação da autoridade administrativa ou legislativa; eles existem no plano da vida.

Têm considerado, ademais, os magistrados dessa Câmara que:

"A reserva exclusiva e de forma absoluta do monopólio de identificar o Direito pelo legislador advém de desatualizada compreensão do princípio da separação dos Poderes, reservando ao juiz o modesto papel de agente aplicador do Direito, colocando a função jurisdicional aos estreitos limites de uma máquina de silogismo.

"A identificação do interesse público, que a ação civil pública busca preservar, também cabe ao Judiciário. Não no sentido de ter poder criador de norma, mas pelo dever de observar a realidade dos fatos, no cumprimento de sua função de realizar justiça.

"(...)

"Não há restrição ao poder revisional dos Tribunais sobre o juízo da Administração, quando esta não reconhece os valores de vida referidos na Lei 7.347/85. É da nossa organização política a posição superposta do Judiciário em face dos outros Poderes, sempre que se trate de interpretar e aplicar um texto de lei."[35]

5.2 *Tratamento de esgotos domésticos*

Todavia, no tocante ao tratamento de esgotos domésticos a 3ª e a 5ª Câmaras Civis do TJSP revelaram entendimento diverso do da 8ª Câmara nessa matéria e decidiram que *não pode* o Judiciário, por intermédio de ação civil pública proposta pelo Ministério Público, determinar à Administração que efetue o tratamento prévio dos detritos lançados em cursos d'água, porque tal decisão envolve aspectos de conveniência e oportunidade relacionados até com circunstâncias técnicas e financeiras da realidade administrativa, sendo incumbên-

35. Cf. acórdão de 21.3.90, relatado pelo Des. Jorge Almeida, v.u., in *RT* 658/91, e acórdão de 28.3.88, relatado pelo mesmo magistrado, com votação majoritária. O texto desta última decisão, acompanhado do voto vencido do Des. Villa da Costa e da sentença de primeiro grau de jurisdição proferida pelo Juiz de Direito da 4ª Vara Cível da Comarca de Ribeirão Preto — Dr. Ênio Santarelli Zuliano — estão publicados no livro de Édis Milaré, *A Ação Civil Pública na Nova Ordem Constitucional*, cit., pp. 126 a 133.

cia privativa do órgão da Administração. E uma determinação nesse sentido do Poder Judiciário violaria o princípio da separação dos Poderes.[36]

Nos termos do acórdão da 3ª Câmara Civil: "Não podem os Juízes e Tribunais assomar para si a deliberação de atos de Administração, que resultam sempre e necessariamente de exame de oportunidade e conveniência daqueles escolhidos pelo meio constitucional competente para exercê-los".[37]

Como se pode observar, não há um entendimento uniforme no Tribunal de Justiça com relação à extensão e aos limites do controle jurisdicional sobre as atividades públicas relacionadas com o meio ambiente, notadamente quando se trata da possibilidade ou não de o Poder Judiciário impor a adoção de medidas positivas — e não a mera abstenção de atos — de proteção ambiental, pela vida da condenação em obrigações de fazer. E ante os termos e a fundamentação dos acórdãos acima enunciados, pode-se afirmar com segurança que a matéria está ainda muito longe de obter consenso entre os magistrados.

6. Conclusão

Acredito que esses julgados sejam suficientes para a compreensão da importância da jurisprudência no Direito Ambiental.

Como pudemos ver, a problemática ambiental é extremamente complexa e os casos práticos acabam revelando aspectos do Direito e da legislação sobre meio ambiente que dificilmente podem ser percebidos e alcançados pela simples leitura dos artigos de lei correspondentes. Na realidade, o estudo das decisões judiciais traz à tona freqüentemente sutilezas, peculiaridades e, sobretudo, potencialidades insuspeitadas de utilização da legislação ambiental para a solução dos conflitos que surgem nesse campo, de difícil alcance por meio da simples análise teórica e abstrata do assunto.

Mas, se, por um lado, o estudo da jurisprudência em Direito Ambiental é da maior importância, por outro lado, ainda mais importante é o estudo *crítico* dos julgados.

Conforme já se disse,[38] da mesma forma que uma pessoa que decide passear em uma floresta, ao entrar no seu interior deixa de poder vê-la no seu conjunto e amplitude, o juiz, ao se debruçar ininterruptamente sobre casos específicos nos processos — que, como todos sabem, se sucedem num volume e num ritmo impressionantes — passa a ter dificuldade de ver o Direito na sua globalidade, na sua unidade, e de poder dele extrair e compreender os princípios e as regras gerais. Daí a necessidade de se estudar criticamente a jurisprudência e confrontá-la com os princípios gerais do Direito Ambiental e com as manifestações da doutrina autorizada, para poder-se apontar não só o acerto como também, e principalmente, os equívocos das decisões judiciais.

Essa é, me parece, uma das principais tarefas da Universidade nessa área, como forma de contribuir para o crescente aperfeiçoamento do Direito Ambiental e da qualidade da atividade jurisdicional na interpretação e aplicação desse novo ramo do Direito.

Eu espero, portanto, que os julgados que eu acabo de apresentar neste encontro possam, ainda que minimamente, contribuir para as pesquisas e os trabalhos desenvolvidos pelo Departamento de Direito Processual e Prática Forense desta respeitadíssima instituição de ensino universitário.

36. Cf. acórdão da 5ª Câmara Civil, de 7.5.92, relatado pelo Des. Marco César, v.u., in *RT* 685/84.

37. Julgamento ocorrido em 15.12.92, v.u., Relator o Des. Mattos Faria, in *JTJ-LEX* 143/14.

38. Henri Capitant, ob. cit., pp. XI a XVII.

JURISPRUDÊNCIA

SUPREMO TRIBUNAL FEDERAL

Ementa: ***Ação direta de inconstitucionalidade. Dispositivos impugnados por admitirem a ascensão, o acesso, a progressão ou o aproveitamento como formas de provimento de cargos públicos.***

Ocorrência, no caso, de relevância jurídica e de conveniência da suspensão de eficácia requerida.

Pedido de liminar deferido, suspendendo-se, "ex nunc", a eficácia do art. 4º da Lei 7.707, de 1988, e da Lei 7.719, de 1989, do art. 10 da Lei 7.727, de 1989, do art. 17 da Lei 7.746, de 1989, dos arts. 8º, III, e das expressões "ascensão e acesso" do art. 10, parágrafo único, "acesso e ascensão" do art. 13, § 4º, "ou ascensão" e "ou ascender" do art. 17, e do inciso IV do art. 33, todos da Lei 8.112, de 1990, bem como dos arts. 3º, 15, 16, 17, 18, 19 e 20 do ato Regulamentar 1, e do art. 2º, II, "a", da Resolução 14, ambos de 1992, editados pelo Tribunal Regional Federal da 2ª Região.

Ação Direta de Inconstitucionalidade n. 837-4 — Distrito Federal
Tribunal Pleno

Relator: O Senhor Ministro Moreira Alves
Requerente: Procurador-Geral da República
Requeridos: Congresso Nacional
Tribunal Regional Federal da 2ª Região
(*DJU*: 23.4.93)

ACÓRDÃO

Vistos, relatados e discutidos estes autos, acordam os Ministros do Supremo Tribunal Federal, em Sessão Plenária, na conformidade da ata do julgamento e das notas taquigráficas, por unanimidade de votos, em deferir a medida cautelar, para suspender a eficácia do art. 10 e seu parágrafo único da Lei 7.727, de 9.1.89, bem como do art. 17 e seu parágrafo único da Lei 7.746, de 30.3.89. E, por maioria de votos, em deferir a medida cautelar, para suspender a eficácia do *caput* e o parágrafo único do art. 4º da Lei 7.707, de 21.12.88; do *caput* e o parágrafo único do art. 4º da Lei 7.719, de 6.1.89; da expressão "ascensão", contida no inciso III do art. 8º, da Lei 8.112, de 11.12.90; das expressões "ascensão e acesso", contidas no parágrafo único do art. 10 da Lei 8.112, de 11.12.90; das expressões "acesso e ascensão", contidas no § 4º do art. 13 da Lei 8.112, de 11.12.90; das expressões "ou ascensão" e "ou ascender", contidas no art. 17 da Lei 8.112, de 11.12.90; da expressão "ascensão", contida no inciso IV do art. 33 da Lei 8.112, de 11.12.90; dos arts. 3º e 15 e seus §§ 1º, 2º, 3º, 4º, 5º e 6º, do Ato Regulamentar 1, do Tribunal Regional Federal da 2ª Região; do art. 16 e seus §§ 1º, 2º, 3º, 4º e 5º, do mesmo Ato Regulamentar; do art. 17 e seu parágrafo único; dos arts. 18, 19 e 20 do mesmo Ato; da alínea *a* do inciso II do art. 2º da Resolução 14, do Tribunal Regional Federal da 2ª Região; vencido, nesses pontos, o Ministro Marco Aurélio, que, quanto a eles, indeferiu a medida cautelar.

Brasília, 11 de fevereiro de 1993 — Sydney Sanches (Presidente) — Moreira Alves (Relator).

RELATÓRIO

O Senhor Ministro Moreira Alves: O Exmo. Sr. Procurador-Geral da República argúi a inconstitucionalidade, na presente ação direta, de várias normas concernentes a provimento de cargos públicos por ascensão, acesso, progressão ou aproveitamento. Eis o teor de sua inicial:

(...) (lê) (fls. 02/12)

A 10 próximo passado, o Exmo. Sr. Procurador-Geral da República adotou a inicial por petição onde se lê:

"O Procurador-Geral da República, nos autos da Ação Direta de Inconstitucionalidade acima referida, vem perante Vossa Excelência, re-ratificando o pedido inicial, requerer a suspensão liminar, também, do art. 4º das Leis 7.707 e 7.719, ambas de 1988, bem como dos dispositivos e expressões impugnados das Leis 7.727, de 1989, 7.746, de 1989, e 8.112, de 1990.

"Com efeito, a ancianidade de tais leis longe de afastar a possibilidade de concessão da suspensão liminar, reforça, ao contrário, a necessidade de que sua eficácia seja suspensa, para que não se continue a realizar, inconstitucionalmente, provimento de cargo público.

"Com muito maior razão se justifica o pedido cautelar, principalmente quanto às normas atinentes à Lei 8.112, de 1990, porque integrantes de diploma legal que trata do regime único dos servidores públicos, de larga aplicação." (fls. 178)

Havendo pedido de liminar, trago-o à apreciação deste Plenário.

É o relatório.

VOTO

O Senhor Ministro Moreira Alves (Relator): 1. A questão relativa ao provimento derivado de cargos públicos é, sem dúvida, relevante, até porque esta Corte, nas Ações Diretas de Inconstitucionalidade 231 e 245, de que fui relator, já declarou a inconstitucionalidade das formas de ingresso em carreira diversas daquela para a qual foi prestado o concurso público, por ofensa ao art. 37, II, ressalvadas as hipóteses de promoção e aproveitamento de servidores em disponibilidade.

Por outro lado, é manifesta a conveniência da concessão da liminar pelos reflexos danosos à Administração Pública decorrentes da continuação de provimentos que esta Corte já decidiu — e o fez recentemente — serem inconstitucionais, ensejando, por isso mesmo, a concessão de liminar em outras ações diretas ainda pendentes de julgamento final.

2. Em face do exposto, defiro o pedido de liminar, e suspendo, *ex nunc*, a eficácia do art. 4º das Leis 7.707 e 7.719, ambas de 1988, do art. 10 da Lei 7.727, de 1989, do art. 17 da Lei 7.746, de 1989,

dos arts. 8º, III, e das expressões "ascensão e acesso" do art. 10, parágrafo único, "acesso e ascensão" do art. 13, § 4º, "ou ascensão" e "ou ascender" do art. 17, e do inciso IV do art. 33, todos da Lei 8.112, de 1990, bem como do art. 3º, 15, 16, 17, 18, 19 e 20 do ato Regulamentar 1, e do art. 2º, II, *a*, da Resolução 14, ambos de 1992, editados pelo Tribunal Regional Federal da 2ª Região.

VOTO

O Sr. Ministro Carlos Velloso: Sr. Presidente, pedi vista, justamente porque, no que toca aos Tribunais Federais e ao Superior Tribunal de Justiça, queria verificar se todos os atos já teriam sido praticados, dado que integrei o Superior Tribunal de Justiça. Lembro-me de que, à época, todos os atos foram praticados. Todavia, esclareceu-me agora o eminente Ministro Relator que a medida liminar é evidentemente *ex nunc* e com o sentido apenas de impedir a ocorrência de eventual ato futuro.

De modo que, assim esclarecido, Sr. Presidente, ponho-me de acordo com o Sr. Ministro Relator.

VOTO

O Senhor Ministro Marco Aurélio: Senhor Presidente, vou apreciar a matéria dispositivo por dispositivo, porque tenho convencimento contrário ao do ilustre Relator. Começo com o art. 4º da Lei Federal 7.707, de 21 de dezembro de 1988, norma semelhante àquele mediante o qual, no âmbito do Quadro da Secretaria desta Corte, foram criados, à época, também, os cargos de Inspetor de Segurança e já aqui a ação direta não está dirigida contra ele.

O preceito tem o seguinte teor:

"Ao primeiro provimento dos cargos de Inspetor de Segurança Judiciária concorrerão, por progressão funcional, observadas as normas regulamentares a respeito, os atuais ocupantes de cargos efetivos da Categoria Funcional de Agente de Segurança Judiciária, dispensada a exigência do art. 3º."

Todos estamos lembrados que a exigência ficou ligada à escolaridade. Dispensou-se, quanto a este provimento inicial, a necessidade de o candidato ter o nível superior.

Não posso, Senhor Presidente, desconhecer a realidade, não posso lançar no mundo jurídico uma liminar que cairá no vazio. Não é crível que, passados quatro anos, a Corte Federal não tenha, ainda, preenchido as primeiras vagas. Lembro que este Tribunal, bem como os demais Tribunais Superiores, procederam quase que imediatamente — no ano seguinte — ao preenchimento dessas vagas. Indaga-se: conceder uma liminar que tem efeitos a partir do momento em que lançada no mundo jurídico, a esta altura, não será algo totalmente inócuo? A meu ver, sim. Por isso, peço vênia ao nobre Relator para, no tocante a esse dispositivo, não conceder a liminar, e o faria, também, por vislumbrar uma carreira relativa à segurança. Ora, se na própria Carta, no art. 39, restou estabelecido que a legislação do regime único deve incentivar a carreira, não posso afastar dela a movimentação por ascensão. E lembro que quando apreciamos as ações diretas de inconstitucionalidade do Rio de Janeiro, em que funcionei como Relator, as hipóteses nelas versadas eram totalmente diversas, já que não se podia, em face ao princípio da razoabilidade, cogitar de uma carreira na movimentação prevista. Aqui, não! Aqui o preceito dispõe sobre a movimentação do cargo de Agente de Segurança Judiciária para o cargo de Inspetor de Segurança Judiciária. O simples fato de na Lei haver determinação no sentido de que os cargos inicialmente criados seriam preenchidos por clientela única, não se lhes abrindo, portanto, ao concurso público externo, ou seja, pela formada pelos agentes de segurança, já é conducente à convicção sobre a existência de uma carreira. De qualquer maneira, tenho a liminar como totalmente inócua. Ouso mesmo asseverar que não há Corte alguma que tenha alcançado a criação desses cargos, em 1988, e que esteja, até hoje, sem preenchê-los. Peço vênia para indeferir, no particular, a liminar.

Preceitua o parágrafo único do art. 4º:

> "Após o primeiro provimento, destinar-se-á 1/3 (um terço) das vagas registradas na Categoria Funcional de Inspetor de Segurança Judiciária à progressão dos ocupantes remanescentes dos cargos a que se refere este artigo."

Reafirmo, portanto: categoria compreendida em uma carreira que também conta com a categoria funcional dos agentes de segurança, ou seja, aos ocupantes dos cargos pertinentes à categoria funcional dos agentes de segurança foi assegurado um certo número de vagas.

Considerada a segunda premissa lançada quando votei indeferindo a liminar, relativa ao *caput* do art. 4º da Lei 7.707, não vejo, no caso, o sinal do bom direito indispensável à concessão da liminar e indefiro-a. Também procedo de igual modo quanto à liminar pedida em relação ao art. 4º da Lei 7.719, de 21 de dezembro de 1988.

Relativamente ao dispositivo do art. 10 da Lei 7.724, de 9 de janeiro de 1989, que não abrangeu um termo final para a opção, no particular, acompanho o nobre Relator, suspendendo a eficácia do preceito. Faço-o, todavia, sob a suspeita da inocuidade, pois é de se presumir que os aproveitamentos já tenham ocorrido. De qualquer forma, cedo no particular aos precedentes da Corte. O parágrafo único desse artigo segue a mesma sorte.

O art. 17 da Lei Federal 7.746 tem redação idêntica ao do dispositivo recém citado, cogitando do aproveitamento em relação àqueles que estavam prestando serviços ao Superior Tribunal de Justiça. Pelas mesmas razões, defiro a liminar.

O inc. III do art. 8º da Lei Federal 8.112, de 11 de dezembro de 1990, cuida do provimento derivado, que é a ascensão funcional. Nesse ponto, torno a frisar que o art. 39 da Carta impõe o incentivo à carreira e, portanto, o estímulo ao aprimoramento dos servidores visando a postos mais elevados. A previsão genérica da lei sobre o instituto da ascensão está em harmonia com o que se contém no art. 39. Destarte, não tenho como apropriado dizer da inconstitucionalidade do art. 8º, inciso III, a menos que assentemos, vez por todas, que o instituto da ascensão foi abolido e que, quando a Carta de 1988 cogita da carreira, apenas se refere a uma simples mudança de classe ou de nível, levando em conta a mesma categoria, o mesmo cargo ocupado pelo servidor. Não posso chegar a essa conclusão, sob pena de fossilizar o funcionalismo público.

Indefiro a liminar quanto ao vocábulo atacado e que encerra um ato normativo, no que prevê a ascensão funcional como forma derivada de provimento de cargos. Dentre as interpretações possíveis das expressões "ascensão" e "acesso", contidas no parágrafo único do art. 10 da Lei 8.112, abraço aquela que se harmonize com a Lei Básica Federal. Devo presumir que o intérprete, diante de um dispositivo que possa comportar várias interpretações, caminhe no sentido de eleger a mais consentânea com o texto fundamental e, no caso, é a ligada à ascensão funcional e ao acesso em face a uma carreira em si, ou seja, cargos que se aproximam. Peço vênia ao nobre Relator para, no particular, indeferir a liminar.

Pelas mesmas razões, indefiro a liminar em relação às expressões "acesso e ascensão", contidas no § 4º do art. 13 da Lei 8.112. O preceito não cogita do acesso e da ascensão considerados cargos que não estejam na mesma carreira.

O art. 17 da Lei 8.112, tem o seguinte teor:

"Art. 17. A promoção ou ascensão não interrompem o tempo de exercício, que é contado no novo posicionamento na carreira a partir da data da publicação do ato que promover ou ascender o servidor."

Pelas mesmas razões, indefiro a liminar.

O inciso IV do art. 33 da Lei 8.112 prevê a ascensão funcional, preceituando:

"Art. 33. A vacância do cargo público decorrerá de:
"I — exoneração;
"II — demissão;
"III — promoção;
"IV — ascensão;"

Realmente, pode ocorrer o fenômeno da vacância, porque admito que a ascensão funcional, considerados cargos da mesma carreira, é harmônica com o texto fundamental. Peço vênia ao nobre Relator para indeferir a liminar.

Agora, temos a impugnação ao art. 3º do Ato Regulamentar 1, do Tribunal Regional da 2ª Região:

"A Ascensão Funcional consiste na elevação do servidor, mediante prova de seleção interna, à referência inicial da classe de outra Categoria Funcional, integrante do Grupo Apoio Judiciário."

Senhor Presidente, entendo que o Grupo de Apoio Judiciário encerra, por si só, um grande todo, nele encontrando-se várias carreiras. Como admito a ascensão funcional presente a carreira, peço vênia ao nobre Relator para indeferir a liminar.

"Art. 15. À Ascensão Funcional, prevista nos Atos de estruturação da Justiça Federal de 1º e 2º graus, aplica-se, em princípio, as normas fixadas para o Instituto de Progressão Funcional, com as alterações ou exigências constantes dos §§ seguintes.

"§ 1º. O servidor que obtiver Ascensão Funcional será localizado na primeira referência da classe inicial da Categoria Funcional que concorreu, exceto na hipótese prevista no § segundo deste artigo.

"§ 2º. Se a referência indicada no § anterior corresponder a vencimento inferior àquela percebida pelo servidor, a localização, na nova Categoria Funcional, far-se-á na referência de vencimento imediatamente superior, ainda que pertencente à classe intermediária ou final.

"§ 3º. Na hipótese de Ascensão Funcional que eleve o funcionário à classe diversa da inicial, será a vaga, na condição de excedente, deslocada para a classe em que ficar localizado o servidor, retornando à classe primitiva somente em caso de vacância.

"§ 4º. A Ascensão Funcional, a que se refere o *caput* desse artigo, deverá ser realizada com intervalo, no mínimo, de dois anos, salvo se, havendo vagas, inexistirem candidatos habilitados.

"§ 5º. As vagas reservadas à Ascensão Funcional que não forem utilizadas por falta de servidores habilitados, poderão ser preenchidas por candidatos aprovados em concurso público, mediante prévia reversão das respectivas vagas.

"§ 6º. A realização do processo seletivo deverá ser coordenado por uma Comissão Especial, designada pelo Presidente deste Tribunal."

Também aqui, peço vênia ao Relator, para divergir. Entendo que as regras supra são inerentes à ascensão funcional, que admito consentânea com a Lei Básica Federal. Indefiro a liminar no tocante a esses dispositivos.

"Art. 16. Será realizado para as Categorias Funcionais do Grupo Apoio Judiciário, em data previamente fixada, processo seletivo interno de caráter competitivo e eliminatório, destinado à Ascensão Funcional, desde que haja vaga a ser preenchida."

Também peço vênia ao Relator para indeferir a liminar, porque entendo que o critério referido é o que viabiliza, na ascensão funcional, o preenchimento das vagas.

"§ 1º. O processo seletivo, a que se refere o *caput* deste artigo exigirá graus de conhecimento e de complexidade, forma e condição de realização idênticos aos estabelecidos para concurso público.

"§ 2º. Sempre que possível, aproveitar-se-á a oportunidade de realização de concurso público, na Justiça Federal de 1º e 2º graus e em outros órgãos do Poder Judiciário Federal, para selecionar os concorrentes às vagas de Ascensão Funcional existentes à época da abertura do concurso público.

"§ 3º. A classificação dos habilitados à Ascensão Funcional far-se-á pela nota obtida no processo seletivo interno ou no concurso público.

"§ 4º. A classificação dos candidatos à Ascensão Funcional, na hipótese do § 2º, será distinta da dos candidatos que se habilitarem no concurso público.

"§ 5º. O prazo de validade do processo seletivo, para efeito de Ascensão Funcional, será de até 2 (dois) anos, se houver candidato habilitado."

Peço vênia, mais uma vez, Senhor Presidente, ao nobre Relator, para indeferir a liminar. Faço-o como uma conseqüência do indeferimento quanto ao ato normativo que prevê a ascensão funcional dentro da carreira.

"Art. 17. Poderão concorrer à Ascensão Funcional na forma prevista nos atos de estruturação do respectivo grupo, os servidores integrantes dos Quadros Permanentes de Pessoal da Justiça Federal de 1º e 2º Graus, independentemente da classe e referência em que estejam localizados.

"Parágrafo único. Não poderá concorrer à Ascensão Funcional o servidor localizado na primeira referência da classe inicial da Categoria Funcional que estiver ocupando."

Também no que concerne a esse dispositivo, peço vênia para indeferir a liminar, pelas razões já expostas.

"Art. 18. Não se exigirá interstício para efeito de Ascensão Funcional."

Também indefiro, Senhor Presidente, a liminar. No caso, não vejo, ao primeiro exame, conflito do dispositivo com a Carta.

"Art. 19. O ato de Ascensão Funcional, singular ou coletivo, será expedido no prazo de 30 (trinta) dias, contados a partir da data da homologação do processo seletivo, ou de surgimento de vaga."

Mera formalização, portanto, do preenchimento dos cargos. Indefiro a liminar.

"Art. 20. Os efeitos financeiros do ato que conceder a Ascensão Funcional vigorarão a partir da data de sua publicação."

Também não vejo, neste dispositivo, um conflito com a atual Lei Básica.

Art. 2º, II, *a*, da Resolução 14, de 1992, do Tribunal Regional Federal da 2ª Região: "a) 30% (trinta por cento) mediante a Ascensão Funcional."

Aqui, creio que, mais uma vez, admitido o instituto da ascensão funcional, deve haver um dispositivo que verse sobre a reserva de vagas, e o percentual em nada conflita com a Carta. Por isso, também no que tange a este dispositivo, peço vênia para indeferir a liminar.

Em síntese, apenas concedo a liminar quanto ao art. 10 da Lei Federal 7.727, de 9 de janeiro de 1989, no que previu o aproveitamento de servidores que se encontravam e que se encontram prestando serviços aos Tribunais Regionais Federais e às Secretarias das Seções Judiciárias e ao art. 17, da Lei 7.746, de 30 de março de 1989, que cuida do mesmo procedimento relativamente ao Superior Tribunal de Justiça. Faço-o em respeito a precedentes desta Corte e, portanto, com ressalva do convencimento pessoal.

É como voto no caso vertente, pedindo escusas aos Colegas que integram o Plenário pelo tempo que despendi na apreciação dos dispositivos, mas não poderia, de modo algum, proceder de maneira diferente, ou seja, divergir sem fundamentar o voto.

Extrato de Ata

Ação Direta de Inconstitucionalidade 837-4 — Medida Liminar
Origem: Distrito Federal
Relator: Min. Moreira Alves
Reqte.: Procurador Geral da República
Reqdo.: Presidente da República
Reqdo.: Congresso Nacional
Reqdo.: Tribunal Regional Federal da 2ª Região

Decisão: Por votação unânime, o Tribunal deferiu medida cautelar, para suspender a eficácia do art. 10 e seu parágrafo único da Lei 7.727, de 9.1.89, bem como do art. 17 e seu parágrafo único da Lei 7.746, de 30.3.89. E, por maioria de votos, o Tribunal deferiu medida cautelar, para suspender a eficácia do *caput* e o parágrafo único do art. 4º da Lei 7.707, de 21.12.88; do *caput* e o parágrafo único do art. 4º da Lei 7.719, de 6.1.89; da expressão "ascensão", contida no inciso III do art. 8º, da Lei 8.112, de 11.12.90; das expressões "ascensão e acesso", contidas no parágrafo único do art. 10 da Lei 8.112, de 11.12.90; das expressões "acesso e ascensão", contidas no § 4º do art. 13 da Lei 8.112, de 11.12.90; das expressões "ou ascensão" e "ou ascender", contidas no art. 17 da Lei 8.112, de 11.12.90; da expressão "ascensão", contida no inciso IV do art. 33 da Lei 8.112, de 11.12.90; dos arts. 3º e 15 e seus §§ 1º, 2º, 3º, 4º, 5º e 6º, do Ato Regulamentar 1, do Tribunal Regional Federal da 2ª Região; do art. 16 e seus §§ 1º, 2º, 3º, 4º e 5º, do mesmo Ato Regulamentar; do art. 17 e seu parágrafo único; dos arts. 18, 19 e 20 do mesmo Ato; da alínea *a* do inciso II do art. 2º da Resolução 14, do Tribunal Regional Federal da 2ª Região; vencido, nesses pontos, o Ministro Marco Aurélio, que, quanto a eles, indeferiu a medida cautelar. Votou o Presidente. Plenário, 11.2.93.

Presidência do Senhor Ministro Sydney Sanches. Presentes à sessão os Senhores Ministros Moreira Alves, Néri da Silveira, Octávio Gallotti, Paulo Brossard, Celso de Mello, Carlos Velloso, Marco Aurélio, Ilmar Galvão e Francisco Rezek. Ausente, justificadamente, o Senhor Ministro Sepúlveda Pertence.

Procurador-Geral da República, Dr. Aristides Junqueira Alvarenga.

SUPREMO TRIBUNAL FEDERAL

Ementa: Constitucional. Ação Expropriatória. Indenização. Atualização de Débito. Cômputo da inflação real medida pelo IPC. Ausência de prequestionamento. Delimitação temática do Recurso Extraordinário. Incognoscibilidade do apelo extremo na hipótese de conflito indireto com a constituição. Inaplicabilidade da Súmula 400 do STF a questões de índole constitucional. Agravo Improvido.

A ausência, no "thema decidendum", de situação configuradora de litigiosidade constitucional inviabiliza,* por completo, *a cognoscibilidade do recurso extraordinário. O domínio temático do apelo extremo restou substancialmente restringido com a superveniência da nova Carta Política. Temas de índole comum ou de natureza infraconstitucional ou ordinária refogem,* agora, *ao âmbito do recurso extraordinário. Sendo evidente a ausência de prequestionamento da matéria constitucional, torna-se aplicável a Súmula 282 do Supremo Tribunal Federal.

A inocorrência de conflito direto e frontal com o texto da Constituição torna inviável o trânsito do recurso extraordinário perante o STF.

Se a questão constitucional não houver sido apreciada pela decisão recorrida, e contra esta não forem opostos embargos de declaração destinados a suprir a omissão constatada, torna-se inadmissível a utilização da via recursal extraordinária.

A jurisprudência do STF, mesmo sob a égide da Constituição de 1988, continua a exigir o prequestionamento* explícito *da matéria constitucional. A ofensa à Lei Fundamental da República — que se supõe direta e imediata — não dispensa o requisito essencial do prequestionamento,* "que não se admite implícito*".

Temas de índole constitucional não se expõem, em função da própria natureza de que se revestem, à incidência do enunciado 400 da Súmula do Supremo Tribunal Federal. Essa formulação sumular não tem qualquer pertinência e aplicabilidade às causas que veiculem, perante o Supremo Tribunal Federal, em sede recursal extraordinária, questões de direito constitucional positivo. Em uma palavra: em matéria constitucional não há que cogitar de interpretação razoável. A exegese de preceito inscrito na Constituição da República, muito mais do que simplesmente razoável, há de ser juridicamente correta.

A eventual inobservância, pelo órgão judiciário, do dever jurídico-processual de proferir sentença certa (CPC, art. 461) não se erige à condição de tema constitucional e nem se confunde, para efeito de acesso à via do recurso extraordinário, com a ausência de prestação jurisdicional.

Agravo Regimental em Agravo de Instrumento n. 145.680-0 — São Paulo
Primeira Turma

Relator: Ministro Celso de Mello
Agravante: Cia. do Metropolitano de São Paulo — Metrô
Agravado: Roberto Florentino Antônio e cônjuge

ACÓRDÃO

Vistos, relatados e discutidos estes autos, acordam os Ministros do Supremo Tribunal Federal, em Primeira Turma, na conformidade da ata de julgamentos e das notas taquigráficas, por unanimidade de votos, em negar provimento ao agravo regimental.

Brasília, 13 de abril de 1993, — Moreira Alves (Presidente) — Celso de Mello (Relator).

RELATÓRIO

O Senhor Ministro Celso de Mello: Ao negar provimento a recurso interposto pela ora agravante, proferi decisão do seguinte teor (fls. 57/58), *verbis*:

"Trata-se de agravo de instrumento deduzido em face de despacho que inadmitiu o processamento de recurso extraordinário interposto pela ora agravante contra decisão proferida pelo E. Tribunal de Justiça do Estado de São Paulo que "na atualização de débito decorrente de ação expropriatória, determinou o cômputo da inflação real do mês de março de 1990 (84,32%), medida pelo IPC" (fls. 38).

"O ato decisório impugnado assim apreciou a hipótese dos autos (fls. 38/39), *verbis*:

"O exame da questão, como feito, não evidencia violação direta e frontal da Lei Maior, revelando apenas que a recorrente se opõe ao critério de julgamento, fundada na legislação infraconstitucional pertinente. E, se para provar a contrariedade à Constituição tem-se, antes, de demonstrar ofensa à lei ordinária, é esta que conta para a admissibilidade (v. *RTJ* 104/191).

"Na verdade, a matéria controvertida, atinente à viabilidade da somatória do IPC de Janeiro, se circunscreve ao plano legal e à divergência jurisprudencial, não se alçando ao constitucional.

"Nesse contexto, não há falar, no caso, em ofensa flagrante, evidente, ao princípio da justa indenização e ao princípio da legalidade, preconizados na Carta Magna; (...)."

"Com efeito, quanto à suposta ofensa à Constituição, ela, na realidade, acaso existente, apresentar-se-ia por via reflexa, eis que a sua constatação reclama — para que se configure — a formulação de juízo prévio de legalidade fundado na vulneração e infringência de dispositivos de ordem legal. Não se tratando, pois, de conflito direto e frontal com o texto da Constituição, como exigido pela jurisprudência da Corte (*RTJ* 120/912, torna-se inviável o trânsito do recurso extraordinário, cujo processamento foi denegado na origem.

"Pelas razões expostas, nego provimento ao presente agravo."

Inconformada com esse ato decisório, a ora recorrente deduziu, nos termos do art. 39 da Lei 8.038/90 (RISTF, art. 317), o presente recurso de agravo, com o qual busca infirmar, pelos fundamentos a seguir transcritos, a decisão monocrática referida (fls. 65/66), *verbis*:

"Ao contrário do afirmado no r. despacho ora agravado, a ofensa ao texto constitucional é flagrante e direta, posto que a nossa Constituição Federal, diz em seu art. 48, que compete ao Congresso Nacional, dispor sobre todas as matérias de competência da União disciplinada pelo art. 22, e em especial sobre matéria monetária.

"Diz também, em seu art. 5º., inciso II, que: 'Ninguém será obrigado a fazer ou deixar de fazer alguma coisa senão em virtude de lei'.

"Por outro lado, o Decreto-lei 4.657, de 4 de setembro de 1942 (Lei de Introdução ao Código Civil Brasileiro), em seu art. 1º., assim estabelece: 'Salvo disposição em contrário, a lei começa a vigorar em todo o país quarenta e cinco dias depois de oficialmente publicada' (g.n.).

"Conforme se observa, a infringência a regra constitucional é evidente, posto que o acórdão recorrido esta a corroborar a aplicação do IPC de março, abril e maio/90, nos cálculos de liquidação, sem qualquer previsão legal.

"Não pode o Poder Judiciário a exemplo do contido no v. Acórdão recorrido, criar índices para a correção de cálculos judiciais, à margem da lei, sob pena de se oferecer prestação jurisdicional incerta, vedada, expressamente pelo art. 461 do Código de Processo Civil.

"Neste diapasão deve realmente a indenização fixada (ensejadora dos recursos de apelação e recurso extraordinário), ser atualizada, entretanto, para este fim deverá ser aplicada somente a legislação vigente aplicável à espécie dos autos e nunca outros fatores ou índices de correção diversos daqueles determinados por lei."

Por não me convencer das razões deduzidas pela ora agravante, submeto o presento agravo ao julgamento desta Colenda Turma.

É o relatório.

VOTO

O Senhor Ministro Celso de Mello (Relator): Sustentou-se, na interposição do recurso extraordinário, que o acórdão emanado do Tribunal de Justiça do Estado de São Paulo teria infringido, frontalmente, o disposto nos incs. II e XXIV do art. 5º e no § 3º do art. 182, *todos da Constituição Federal* (fls. 29).

A análise do acórdão recorrido evidencia que a controvérsia, no caso, foi dirimida pelo Tribunal *a quo* exclusivamente sob a égide de ordenamento infraconstitucional. A decisão em casa resolveu o litígio à luz da legislação ordinária pertinente.

A ausência, no *thema decidendum*, de situação configuradora de litigiosidade constitucional inviabiliza, *por completo*, a cognoscibilidade do recurso extraordinário. O domínio temático do apelo extremo restou substancialmente restringido com a superveniência da nova Carta Política. Temas de índole comum ou de natureza infraconstitucional ou ordinária refogem, *agora*, ao âmbito do recurso extraordinário. Sendo evidente a ausência de prequestionamento da matéria constitucional, torna-se aplicável a Súmula 282 do Supremo Tribunal Federal.

De outro lado, a alegada ofensa ao texto constitucional, *acaso existente*, apresentar-se-ia — consoante fiz consignar em minha decisão — por via reflexa, eis que a sua constatação reclama — *para que se configure* — a formulação de juízo prévio de legalidade fundado na vulneração e infringência de dispositivos de ordem meramente legal. Não se tratando de conflito direto e frontal com o texto da Constituição, como exigido pela jurisprudência da Corte (*RTJ* 120/912), torna-se inviável o trânsito do recurso extraordinário, cujo processamento foi corretamente denegado na origem.

No caso, é evidente o descabimento da pretensão da ora agravante, posto que esta, para demonstrar ofensa à Carta Federal, desenvolveu raciocínio que tem, como premissa básica, a recusa de aplicabilidade ao caso concreto, pelo Tribunal *a quo*, da legislação ordinária disciplinadora da matéria *sub examine*: Lei 7.730/89 (art. 15, inc. II, § 2º), Lei 7.801/89 (art. 5º), Lei 7.777/89 (art. 5º, § 1º, alínea *c* e § 2º) e Lei 8.030/90 (§ 6º do art. 2º) (fls. 5).

De outro lado, é preciso acentuar que a suposta ofensa à Constituição, *ainda que se pudesse considerá-la direta e imediata*, não se viu apreciar na instância *a quo*, deixando a recorrente de interpor os necessários embargos declaratórios para o efeito de prequestionar o tema constitucional, só vindo a suscitá-lo quando da interposição do próprio apelo extremo.

O rigor da jurisprudência do Supremo Tribunal Federal quanto à necessidade da perfeita configuração do requisito do prequestionamento, para efeito de cognoscibilidade do recurso extraordinário, é bem ressaltado pela orientação firmada em diversas decisões da Corte:

"Não é admissível o recurso extraordinário, se não ventilada, na decisão recorrida, a questão federal, e não opostos embargos declaratórios (Súmula 282 e 356).

"Recurso extraordinário não conhecido." (RE 77.764-PE, Rel. Min. Firmino Paz, *DJU* de 12.3.83).

"(...) não se conhece do recurso extraordinário se os dispositivos constitucionais e legais tidos por violados não se prequestionaram, no aresto ou em embargos de declaração, nem se demonstrou o dissídio pretoriano. Súmulas 282, 356 e 291. Recurso não conhecido." (RE 108.892/3-SP, Rel. Min. Néri da Silveira, *DJU* de 5.9.86).

"Recurso Extraordinário. Prequestionamento. (...). Não interposição de embargos de declaração para suprir a omissão, impossibilitando o reexame da decisão por esta Corte.

"Prequestionamento. Inobservância de regras técnicas para interposição do recurso extraordinário. Súmulas 282 e 356.

"Recurso extraordinário não conhecido." (RE 122.308-1-CE, Rel. Min. Paulo Brossard, *DJU* de 25.5.90).

"Recurso Extraordinário. Não tendo sido ventilados no acórdão recorrido os temas referentes ao art. 153, §§ 2º e 15, *nem tendo sido oferecido recurso de embargos declaratórios*, para prequestionar a questão federal, incidem os verbetes 282 e 356 da Súmula" (*grifei*) (*RTJ* 114/1.105, Rel. Min. Alfredo Buzaid).

Torna-se, pois, inviável o conhecimento do recurso extraordinário deduzido pela ora agravante por inobservância, no caso, do requisito do prequestionamento que, segundo iterativa jurisprudência desta Corte, *não se admite implícito* (*RTJ* 125/1.368).

A matéria constitucional, *somente argüida quando da interposição do apelo extremo*, não foi sequer ventilada no acórdão impugnado. A cognoscibilidade do recurso extraordinário pressupõe, além de outros requisitos de necessária observância, que o tema de direito constitucional tenha sido *efetivamente* apreciado na instância *a quo* (*RTJ* 98/754, 116/451).

Castro Nunes (*Teoria e Prática do Poder Judiciário*, p. 345, item 11, 1943, Forense), ao acentuar a *imprescindibilidade* do prequestionamento como requisito viabilizador do recurso extraordinário, assim definiu o sentido e o conteúdo desse específico pressuposto recursal:

"Supõe a Constituição, nos casos das letras *a*, *b* e *c*, que a questão tenha sido agitada nas instâncias locais.

"(...).

"A regra é, portanto, aquela — *uma controvérsia anterior à interposição do recurso.* (...). É que pelo recurso extraordinário o Supremo Tribunal não julga questões novas, que já então seriam por ele decididas em instância única. Compete-lhe, ao contrário disso, julgar, diz a Constituição, 'as causas decididas pelas justiças locais', pressupondo-se em qualquer dos três primeiros incisos em que se desdobra a sua competência uma controvérsia e a decisão que sobre ela tenha proferido a justiça local.

"(...).

"Está pressuposta em qualquer desses casos uma controvérsia sobre a qual tenha sentenciado o acórdão recorrido." (*grifei*).

Cumpre ter presente, por isso mesmo, a advertência do em. Min. Alfredo Buzaid (*RTJ* 109/589), para quem, *verbis*:

"... Uma coisa é o prequestionamento; outra, bem diversa, é a violação dos preceitos constitucionais. O prequestionamento supõe não apenas que, na petição do recurso, a parte vencida mencione os cânones constitucionais violados, mas que a matéria tenha sido ventilada e discutida no Tribunal *a quo*, onde ficaram vulnerados."

Ao contrário do que sustenta a agravante, a decisão objeto do presente recurso de agravo *em momento algum* referiu-se, como causa excludente de admissibilidade do apelo extremo, à existência, na espécie, de interpretação razoável.

Todos sabemos que temas de índole constitucional não se expõem, em função da própria natureza de que se revestem, à incidência do enunciado 400 da Súmula do Supremo Tribunal Federal. Essa formulação sumular não tem qualquer pertinência e aplicabilidade às causas que veiculem, perante o Supremo Tribunal Federal, em sede recursal extraordinária, questões de direito constitucional positivo. Em uma palavra: em matéria constitucional não há que cogitar de interpretação razoável. A exegese de preceito inscrito na Constituição da República, muito mais do que simplesmente razoável, há de ser juridicamente correta.

Observo, ainda, que a ora agravante, ao produzir as suas razões recursais, inovou a discussão da matéria *sub examine* ao introduzir referência a suposta ofensa aos preceitos que, inscritos nos arts. 22 e 48 da Carta Política, definem a esfera de competência legislativa da União Federal, especialmente no que concerne a tema de caráter monetário.

Essa *quaestio*, que sequer foi ventilada no acórdão emanado do Tribunal de Justiça do Estado de São Paulo, não pode ser suscitada em sede de agravo regimental, cuja delimitação temática é fixada pelo ato decisório contra o qual esse recurso foi interposto.

A ora agravante, após salientar que o Judiciário não pode *criar índices para a correção de cálculos judiciais, à margem da lei*... (fls. 65), enfatiza que esse procedimento incidiria na vedação legal, constante do art. 461 do Código de Processo Civil, que impõe ao órgão investido de função jurisdicional o dever de proferir sentença certa.

Ainda aqui, a matéria suscitada pela recorrente é de índole eminentemente ordinária. Nem se diga que a vulneração dessa obrigação imposta pela lei traduzir-se-ia em negativa de prestação jurisdicional.

A jurisprudência do Supremo Tribunal Federal tem salientado, a propósito desse tema, que:

> "Decisão emanada do Poder Judiciário, ainda que errônea, incompleta ou insatisfatória, não deixa de configurar-se como resposta efetiva do Estado-Juiz à invocação, pelo interessado, da tutela jurisdicional do Poder Público.
>
> "A prestação jurisdicional que se revela contrária ao interesse de quem a postula não se identifica, não se equipara e nem se confunde, para efeito de acesso à via recursal extraordinária, com a ausência de prestação jurisdicional" (RE 97.557-8, 1ª Turma, Rel. p/ acórdão Min. Celso de Mello, julg. 9.2.93).

A alegação de erro na apresentação da prestação jurisdicional não se erige, pois, à condição de tema constitucional.

Esta matéria, suscitada pela ora agravante, reveste-se de caráter eminentemente processual, não havendo como nela identificar qualquer questão de índole constitucional.

Com efeito, não se negou à recorrente o direito à prestação jurisdicional do Estado. Este, bem ou mal, apreciou, por intermédio de órgãos judiciários competentes, o litígio que lhe foi submetido.

É preciso ter presente que a prestação jurisdicional, ainda quando errônea, incompleta ou insatisfatória, não deixa de configurar-se como resposta efetiva do Estado-Juiz à invocação, pela parte interessada, da tutela jurisdicional do Poder Público, circunstância que afasta a possível alegação de ofensa a quanto prescreve o art. 5º, XXXV, da vigente Constituição Federal. Nesse sentido — *ressalte-se* — tem-se fixado a orientação jurisprudencial do Supremo Tribunal Federal: Ag 125.492-1 (AgRg), Rel. Min. Carlos Madeira, *DJU* de 31.3.89; Ag. 120.933 (AgRg), Rel. Min. Néri da Silveira, *DJU* de 4.3.88; Ag 125.934 (AgRg), Rel. Min. Celso de Mello, *DJU* de 27.4.90; Ag 131.798-PR (AgRg), Rel. Min. Carlos Velloso, *DJU* de 26.6.92.

Se lícito fosse conhecer do recurso extraordinário interposto pela ora agravante, tenho que não seria acolhível a pretensão recursal por esta deduzida, eis que a decisão judicial, que determina, na atualização de débito decorrente de ação expropriatória, o cômputo da inflação real do mês de março de 1990 (84,32%), aferida pela aplicação do IPC, presta efetivo obséquio ao princípio constitucional da justa indenização.

Demais disso, o acórdão ora recorrido, ao interpretar um amplo acervo normativo, fundou-se, na resolução da lide, em legislação infraconstitucional pertinente, circunstância que afasta, no caso concreto, a alegada ofensa ao princípio constitucional da legalidade consagrado pelo art. 5º, II, da Carta Política.

A solução do litígio derivou, no caso, de legítimo procedimento hermenêutico do Tribunal *a quo*. Este, tendo presente um amplo quadro normativo representado pelas Leis 7.730/89, 7.777/89, 7.801/89 e 8.030/90, interpretou os diversos diplomas legislativos em questão e definiu, a partir da inteligência que deles extraiu, os elementos necessários à exata composição da lide.

A lei — todos o sabemos — nada mais é do que a sua própria interpretação. No poder de interpretar os atos legislativos, encontra-se a magna prerrogativa judicial de estabelecer o alcance e de definir o sentido da vontade normativa que, emanada do Estado, neles encontra o meio idôneo de sua expressão formal.

Eventual interpretação desfavorável das leis, ainda que errônea, não pode ser invocada pela parte sucumbente como ato ofensivo ao postulado constitucional da legalidade. Trata-se de alegação que não guarda qualquer vínculo de pertinência com o princípio consagrado no art. 5º, II, da Lei Fundamental da República.

Devo salientar, finalmente, que o exame da matéria suscitada neste recurso já foi objeto de apreciação pela Colenda Segunda Turma desta Corte que, ao julgar o Ag 142.287-4 (AgRg), rel. Min. Carlos Velloso, *DJU* de 28.8.92, decidiu questão *virtualmente idêntica* à dos presentes autos:

> "Constitucional. Desapropriação. Indenização. Inflação: Expurgo.
>
> "I — O acórdão, interpretando um conjunto de leis, não admitiu o expurgo da taxa de inflação relativa ao mês de janeiro/89, tendo em vista o princípio constitucional da justa indenização (CF, art. 5º, XXIV e art. 182, § 3º). Inocorrência de ofensa ao princípio da legalidade inscrito no art. 5º, II, da Constituição. RE inadmitido.
>
> "II — Agravo improvido."

Nesse sentido, inclusive, têm decidido, em julgamentos monocráticos, os eminentes Ministros Ilmar Galvão (Ag 145.099, *DJU* de 18.12.92), Paulo Brossard (Ag 141.274, *DJU* de 29.9.92), Carlos Velloso (Ag 148.753, *DJU* de 25.2.93), e Marco Aurélio (Ag 143.884, *DJU* de 13.4.93).

Mesmo, portanto, que pudessem ser superados os obstáculos formais já referidos, inviabilizadores do próprio conhecimento do apelo extremo, ainda assim o julgamento do *meritum causae* não seria favorável à ora agravante.

Assim sendo, e ante as razões expostas, nego provimento a este recurso. Mantenho, em conseqüência, a decisão objeto do presente agravo.

É o meu voto.

Extrato de Ata

Agravo Regimental no Agravo de Instrumento 145.680-0
Origem: São Paulo
Relator: Min. Celso de Mello
Agte.: Cia. do Metropolitano de São Paulo — Metrô
Advs.: Rubens Cirilo Menezes e outros
Agdos.: Roberto Florentino Antonio e conjuge
Advs.: Flávio João de Crescenzo e outros

Decisão: A Turma negou provimento ao agravo regimental, nos termos do voto do Relator. Unânime. 1ª Turma, 13.4.93.

Presidência do Senhor Ministro Moreira Alves. Presentes à sessão os Senhores Ministros Octávio Gallotti, Sepúlveda Pertence, Celso de Mello e Ilmar Galvão.

Subprocurador-Geral da República, Dr. Miguel Frauzino Pereira.

JURISPRUDÊNCIA

TRIBUNAL REGIONAL FEDERAL DA 5ª REGIÃO

Constitucional e tributário. Ação rescisória. Contribuição social. Lei 78.689/88. Questões preliminares de admissibilidade. Aplicação do art. 485, V, CPC. Supremacia do Colendo Supremo Tribunal Federal na interpretação de texto legal em confronto com a Constituição Federal. Constitucionalidade dos arts. 1º a 7º declarada pelo Supremo Tribunal Federal. Inconstitucionalidade, tão-só, do art. 8º. Inaplicabilidade da Súmula 343-STF. Desconstituição do acórdão arestado. Rescisória provida.

1. Questões preliminares:

a) É evidente que, se a Corte Suprema não apreciou o mérito da questão presente no acórdão rescindendo, não tem competência para proferir o juízo rescindendo (AR 1.207-1-MG, Rel. Min. Paulo Brossard,* DJU *1.7.93; AR 918-MA, Rel. Min. Cunha Peixoto,* DJU *11.9.78).

b) "O prazo decadencial para a propositura da ação rescisória começa a correr da data do trânsito em julgado da decisão originária. A interposição do recurso cabível, inclusive o extraordinário, afasta o "dies a quo" da decadência, exceto se manifestado serodiamente ou parte ilegítima" (Ação Rescisória 25/RS, Rel. Min. Garcia Vieira, in Theotonio Negrão,* Código de Processo Civil e Legislação Processual em Vigor, *24ª ed., p. 342).

c) "A decisão que enseja a interposição de recurso ordinário ou extraordinário não é a do plenário, que resolve o incidente de inconstitucionalidade, mas a do órgão (Câmaras, Grupos ou Turmas) que completa o julgamento do feito" (Súmula 513/STF).

d) É do conhecimento da doutrina que a construção da Súmula 343, do STF, tem seu apoio na interpretação de direito que regula relações privatísticas, sem se questionar de inconstitucionalidade da norma. Além do mais, ela se apóia na interpretação que Tribunais diferentes tenha dado a determinado dispositivo legal, quer de legislação federal, quer de legislação estadual, especialmente, quando a matéria ainda não tinha merecido consolidação na Suprema Corte.

— "A Súmula 343 tem aplicação quando se trata de texto legal de interpretação controvertida nos Tribunais, não, porém, de texto constitucional" (*RTJ *108/1.369). Neste sentido:* RTJ *114/361, 125/267,* JTA *103/374.

e) O acórdão do Colendo Supremo Tribunal Federal não pode ser considerado documento novo. A sua existência só ocorreu muito após a lavratura da decisão rescindenda e, mesmo que existisse, ainda não se podia falar em não ser conhecido da parte (STJ-*RT *652/159;* RSTJ *26/504).

f) No acórdão atacado foram abordados os dois fundamentos postos na decisão rescindenda, conforme atestado da ementa respectiva. Afastada, pelo Colendo Supremo Tribunal Federal, a tese de

que não se fazia necessário Lei Complementar para a criação da Contribuição Social sobre o lucro e que era irrelevante o fato da arrecadação do referido tributo ser feita pelo Departamento da Receita Federal e integrar o orçamento fiscal da União.

g) A juntada do acórdão da Argüição de Inconstitucionalidade não se constitui em documento necessário para a presente causa, haja visto não ser ele, diretamente, o atacado.

2. O Colendo Supremo Tribunal Federal, em várias decisões, tem se pronunciado pela constitucionalidade dos arts. 1º a 7º, da Lei 7.689, de 15.12.88. A respeito, aponta, apenas, como inconstitucional o art. 8º, da mesma Lei.

3. Sendo da competência do Colendo Supremo Tribunal Federal julgar, mediante recurso extraordinário, as causas decididas em única ou última instância, quando a decisão recorrida declarar a inconstitucionalidade de tratado ou lei federal, ocorre literal violação a dispositivo legal quando órgão judiciário inferior prover pedido de parte interessada, sob o fundamento de ser inconstitucional lei que o Tribunal Maior, mesmo em decisão posterior, entende diferentemente. Cabendo à Excelsa Corte Suprema guardar a atuação do ordenamento jurídico de acordo com a Constituição, somente a ele é que cabe, dizer com força da imperatividade, se a lei é inconstitucional ou não.

4. A Súmula 343/STF, há de ser entendida com a mensagem que ela própria contém. Ela se destina a prestigiar a interpretação controvertida de texto legal pelos Tribunais. Não se expande, conseqüentemente, a prestigiar divergência sobre inconstitucionalidade de lei entre Tribunais inferiores e o Colendo Supremo Tribunal Federal.

5. A função do direito é ordenar. Atua de modo sistemático e obedecendo a uma hierarquia de valores que se expressam, também, no campo das competências. A unidade de sua força se encontra na horizontalidade de suas decisões e no estado harmônico como se apresenta o ordenamento jurídico. Este, em determinados momentos, deve submeter-se ao processo de verticalização que lhe foi imposto pela Constituição Federal, pelo que, em tema de constitucionalidade ou inconstitucionalidade, há de, sempre, homenagear a Corte que tem competência para a respeito decidir.

6. Ação rescisória procedente, para desconstituir, em parte, assim, a douta decisão atacada, a fim de que prevaleça, tão-somente, a inconstitucionalidade do art. 8º, da Lei 7.689/88. Honorários advocatícios pela parte vencida, na base de 10% (dez por cento), sobre o valor da causa.

Ação Rescisória 159-PE
Autora: Fazenda Nacional
Ré: Rhodia Nordeste S/A
Advogados: Dr. Edmir Reis Boturão e outros
Relator: O Exmo. Sr. Juiz José Delgado

ACÓRDÃO

Vistos, relatados e discutidos os presentes autos, entre as partes acima identificadas.

Decide o Pleno do Tribunal Regional Federal da 5ª Região, por maioria de votos, rejeitar as preliminares, com exceção da relativa a não ser considerado documento novo acórdão do Colendo STF, a qual acolho e, no mérito, por maioria, dar parcial provimento à ação rescisória, nos termos do relatório, voto do Juiz Relator e notas taquigráficas constantes dos autos, que ficam fazendo parte integrante do presente julgado.

Custas, como de lei.

Recife, 31 de agosto de 1994 (data do julgamento).

Juiz Petrúcio Ferreira, Presidente — Juiz José Delgado, Relator.

RELATÓRIO

O Exmo. Sr. Juiz José Delgado (Relator): A Fazenda Nacional pretende rescindir decisão deste Tribunal que, reformando sentença de primeiro grau, concedeu segurança à Ré da presente ação para se eximir do pagamento da contribuição social sobre o lucro (Lei 7.689/88).

Entende a autora, em primeiro plano, que, por haver a decisão rescindenda eximido a Ré do pagamento da contribuição social objeto da Lei 7.689, de 1988, por entender ser esse diploma legal inconstitucional, violou os arts. 1º "usque" 7º, da lei mencionada, haja vista entendimento contrário do Colendo Supremo Tribunal Federal que decidiu pela constitucionalidade da exação, acolhendo, apenas, a incompatibilidade do art. 8º com a Constituição Federal.

Em segunda fundamentação, defende, também, que a rescisória é procedente pela apresentação de documento novo (art. 485, VII, do CPC), no caso, o acórdão do STF sobre a matéria.

Em resposta, a Ré argüiu:

a) incompetência desta Corte para julgar e processar a presente rescisória, porque o último tribunal a apreciar o mandado de segurança que originou a decisão rescindenda foi o Colendo Supremo Tribunal Federal;

b) carência de ação por:

b.1 a decisão recorrida ter se baseado em texto legal de interpretação, na época, controvertida nos tribunais;

b.2 a Autora ter deixado de atacar um dos dois fundamentos do acórdão rescindendo, o de que a contribuição para a seguridade social constitui receita que não pode ser arrecadada por quem não exerça diretamente a administração do sistema previdenciário;

b.3 sem razão o fundamento de que o acórdão do Colendo Supremo Tribunal Federal se constitui em documento novo, haja vista que o mesmo não tem essa feição;

b.4 antes de ter promovido a presente rescisória, a Autora devia ter tentado rescindir o acórdão deste Tribunal que reconheceu a inconstitucionalidade da exigência da contribuição social sobre o lucro, tema agora rediscutido;

c) haver a autora decaído do direito de propor a presente rescisória, por ter sido intentada após 2 (dois) anos do trânsito em julgado da decisão que se pretende rescindir, o acórdão publicado em 17.8.90 (fl. 30), por não se contar, no caso, da data em que foi publicada a certidão do trânsito em julgado, em 3.11.92, do despacho que não conheceu do Recurso Extraordinário interposto por ausência de pressuposto para a sua admissibilidade;

d) ser improcedente a rescisória por a decisão atacada haver interpretado, do modo mais justo e jurídico, a legislação aplicada à contribuição social questionada, em face de não ter sido instituída por Lei Complementar e a sua arrecadação ser feita pela União Federal, no lugar da autarquia encarregada de gerir referidos recursos.

A Autora, em razões finais, repeliu as preliminares argüidas, dizendo:

a) que o Colendo Supremo Tribunal Federal já se pronunciou pela sua incompetência para processar e julgar rescisória, quando não é conhecido recurso extraordinário por ausência de qualquer um dos pressupostos de admissibilidade;

b) que se admite a rescisória contra sentença transitada em julgado, ainda que não tenham sido esgotados todos os recursos (Súmula 514, do Colendo STF);

c) ser impertinente, na espécie, a aplicação da Súmula 343, do Colendo Supremo Tribunal Federal, por o dissenso jurisprudencial invocado envolver matéria constitucional;

d) que todos os fundamentos apontados na decisão rescindenda foram atacados, uma vez que o suporte jurídico da presente ação é o acórdão proferido pelo Colendo Supremo Tribunal Federal, onde toda a matéria discutida naquele pronunciamento foi apreciada;

e) que o acórdão do Colendo Supremo Tribunal Federal se constitui em um documento novo, por só ter sido emitido após haver sido prolatada a decisão que se pretende rescindir;

f) que não há necessidade da prévia rescisão do acórdão proferido na Argüição de Inconstitucionalidade na AMS 976-AL, conforme se deduz da Súmula 513, do Colendo Supremo Tribunal Federal;

g) que não está em questão o acórdão proferido na Argüição de Inconstitucionalidade na AMS 976-AL, pelo que, não obstante não haver necessidade da sua juntada, apresenta o mesmo como elemento contribuidor para a decisão da causa;

h) que inocorre a decadência alegada, por ter se pacificado o entendimento jurisprudencial de que o direito de propor ação rescisória nasce com o trânsito em julgado da sentença ou do acórdão rescindendo, afastando-se o "dies a quo" se interposto recurso extraordinário ou especial, salvo se extemporâneo ou interposto por parte ilegítima;

i) que a decisão rescindenda violou expressamente a lei, quando, sem apoio constitucional, exigiu Lei Complementar para que se aperfeiçoasse a cobrança da contribuição social aqui questionada.

A Ré, em razões finais, repetiu as teses iniciais.

A Procuradoria Regional da República, em judicioso parecer da lavra da Dra. Dalva Rodrigues de Almeida, opinou pela procedência do pedido.

É o relatório.

VOTO-PRELIMINAR

O Exmo. Sr. Juiz José Delgado (Relator): Inicialmente, antes de adentrar-me no mérito da demanda, aprecio as preliminares levantadas pela parte Ré:

I — Destaco, entre as preliminares argüidas, pela obrigatoriedade de dar-lhe preferência, a de incompetência deste Tribunal para apreciar a presente rescisória.

Os autos revelam que o Recurso Extraordinário interposto contra a decisão rescindenda não obteve seguimento porque não constava nos autos o acórdão do Plenário do TRF que declarou a inconstitucionalidade da Lei 7.689, de 1988.

É evidente que o não conhecimento ocorreu pela ausência de um dos pressupostos de admissibilidade, o que impossibilitou o exame do mérito.

Na presença de tais hipóteses, a jurisprudência tem se pronunciado no sentido de que:

a) "Ementa: Ação Rescisória contra decisão que não examina a questão de mérito. Incompetência da Corte.

— Decisão que se limita ao exame dos pressupostos de admissibilidade do recurso extraordinário, para negar seguimento a agravo de instrumento que se insurgia contra a inadmissão daquele com base nas Súmulas 279 e 291.

— Impossibilidade da Corte Suprema de examinar a ação se o pedido se limita a pleitear a rescisão de decisão das instâncias "a quo" — art. 102, I, "j", da CF, e art. 259, RI/STF.

— Ação não conhecida. Remessa dos autos ao Tribunal de Justiça "a quo" (Ação Rescisória 1.207-1-MG. Rel. Min. Paulo Brossard (*DJU* 1.7.93, p. 13.142) .

b) "Não tendo o Supremo Tribunal Federal conhecido recurso por ausência de prequestionamento do dispositivo apontado como violado, não é sua a competência para julgar a ação rescisória" (Ação Rescisória 918-MA, Rel. Min. Cunha Peixoto, *DJU* 11.9.78) .

É evidente que, se a Corte Suprema não apreciou o mérito da questão presente no acórdão rescindendo, não tem competência para proferir o juízo rescindendo.

Por tais fundamentos, rejeito a preliminar e, por aceitar a competência desta Corte para processar e julgar a presente rescisória, dela eu conheço.

II — A segunda preliminar se refere à existência de decadência para a propositura da ação.

Segundo defende a Ré, a Autora decaiu do direito de propor a presente rescisória, por ter sido intentada após 2 (dois) anos do trânsito em julgado da decisão que se pretende rescindir, que é o acórdão publicado em 17.8.90 (fl. 30), por não se contar, no caso, da data em que foi publicada a certidão do trânsito em julgado, em 3.11.92, do despacho que não conheceu do Recurso Extraordinário interposto por ausência de pressuposto para a sua admissibilidade.

Sem razão a promovida. A tese que levantou, não obstante ter recebido, há algum tempo, apoio minoritário da doutrina, não tem, hoje, respaldo na jurisprudência.

Tal orientação está hoje superada. Ela só prevalece quando se trata de recurso interposto intempestivamente, isso mesmo sem a presença de fundada dúvida, ou quando interposto por parte ilegítima.

A conferência dos precedentes jurisprudenciais sobre a matéria demonstra a aceitação pacífica da corrente contrária, isto é, da que considera o "dies a quo" como sendo o do trânsito em julgado da decisão, pouco importando se o recurso extraordinário ou especial foi afastado por ausência de um dos pressupostos de sua admissibilidade, salvo as duas exceções já mencionadas.

Assim têm se pronunciado os Tribunais:

a) "O prazo decadencial para a propositura da ação rescisória começa a correr da data do trânsito em julgado da decisão originária. A interposição do recurso cabível, inclusive o extraordinário, afasta o "dies a quo" da decadência, exceto se manifestado serodiamente ou parte ilegítima" (Ação Rescisória 25-RS, Rel. Min. Garcia Vieira, in Theotonio Negrão, *Código de Processo Civil e Legislação Processual em Vigor*, 24ª ed., p. 342).

b) "O direito de propor ação rescisória nasce com o trânsito em julgado da sentença ou do acórdão rescindendos (*RT* 636/167). Por isso, enquanto contra eles couber recurso, ainda que com efeito meramente devolutivo (até mesmo embargos de declaração: STF-Pleno-*RTJ* 120/958, ou agravo regimental em agravo de despacho denegatório de recurso extraordinário ou especial: STJ, 3ª Turma, REsp 13.415-RJ, Rel. Min. Nilson Naves, j. 25.5.92, deram provimento, v. u., *DJU* 29.6.92, p. 10.315, 2ª Col., em.; *JTA* 102/360), não se iniciou, para o recorrente, o prazo da rescisória".

Tal afirmação é válida mesmo no caso de recurso especial que, embora cabível, não tenha sido julgado pelo mérito, porque não configurados seus pressupostos legais (cf. *RTJ* 84/684, 98/892, 109/180, 116/605; STF-*RT* 554/258, 592/240; *RTFR* 123/3, v. u.; TJSP-Pleno: *RT* 627/83, v. u.; TJRJ-Câms. Civis Reuns.: *RT* 544/195, maioria; (....) (citação feita por Theotonio Negrão, ob. já citada, pp. 342 e 343).

c) "Pendentes embargos de divergência no STF, cabíveis por força de previsão legal, embora não conhecidos, posteriormente, o prazo de decadência somente começa a correr da data do trânsito em julgado do acórdão proferido nos embargos de divergência (STF-Pleno: *RTJ* 105/446 e *RT* 567/215). Mas, se incabíveis e repelidos liminarmente por despacho do relator, conta-se o prazo do trânsito em julgado desse despacho" (*RTJ* 118/599).

d) "Ação Rescisória. Decadência. Termo Inicial do Prazo.

"— O prazo de dois anos conta-se do trânsito em julgado. Tal não se verifica pendendo recurso, cabível e tempestivamente ofertado. Não faz retroagir aquele termo a circunstância de haver sido julgado deserto. O termo "a quo" coincidirá com o momento em que se exaurir o prazo para impugnar o provimento que reconheceu a deserção" (REsp. 5.722-MG, 3ª Turma do STJ, Rel. Min. Eduardo Ribeiro, *DJU* 25.11.91, p. 17.070).'

Por tais fundamentos rejeito a preliminar de decadência suscitada pela Ré, conhecendo da presente rescisória por entender que foi proposta dentro do biênio fixado pela lei, uma vez que o trânsito em julgado da decisão ocorreu em 3.11.93.

III — A preliminar que agora aprecio é a que entende ser incabível a presente rescisória, pelo fato de que a Autora devia ter, antes, tentado rescindir o acórdão deste Tribunal que reconheceu a inconstitucionalidade da exigência da contribuição social sobre o lucro, tema agora rediscutido. Trata-se, no caso, da decisão Plenária proferida na Argüição de Inconstitucionalidade na AMS 976-AL.

Sem razão a Ré. Conforme bem salientado na resposta da Autora, fl. 82, não há necessidade de prévia rescisão do acórdão proferido na Argüição de Inconstitucionalidade mencionada.

É certo que a decisão emitida por Tribunais de Segundo Grau, com base no art. 97 da Carta Magna, tem carga apenas declarativa e produz efeito, apenas, de vincular o Pleno e as Turmas à interpretação do Tribunal sobre o dispositivo legal questionado.

A decisão a ser atacada é a proferida no caso concreto. Somente este último acórdão, o que, realmente, decide a causa, é passível de recurso.

A respeito, atente-se para o enunciado na Súmula 513 do Colendo Supremo Tribunal Federal:

"A decisão que enseja a interposição de recurso ordinário ou extraordinário não é a do plenário, que resolve o incidente de inconstitucionalidade, mas a do órgão (Câmaras, Grupos ou Turmas) que completa o julgamento do feito."

Estando pacificada a matéria, pela palavra final do Colendo Supremo Tribunal Federal sobre a sua interpretação, nada mais a se acrescentar.

Por tais fundamentos, rejeito a preliminar.

IV — A quarta preliminar argüida e que aprecio é a de não ser cabível a presente rescisória, por a decisão rescindenda, na época em que foi proferida, ter se baseado em texto legal de interpretação controvertida nos tribunais.

Com a devida vênia não é este o meu entendimento.

Tenho me manifestado pela adoção de uma posição de prudência no acatamento da Súmula 343, do Colendo Supremo Tribunal Federal, quando a matéria discutida é de índole constitucional e envolve relações jurídicas de direito público, de cunho rigorosamente indisponíveis.

Defendo que há de se considerar que o fenômeno processual da coisa julgada não reina, de modo absoluto, quando se está a tratar de relações jurídicas de direito público.

Na espécie, há da coisa julgada se render à imperatividade dos princípios aplicados à administração pública e que nascem do sistema instituído pela Constituição Federal.

Em sendo assim, não pode a coisa julgada atuar, de modo sobranceiro, sobre o princípio da legalidade, da impessoalidade, da indisponibilidade da coisa pública, da legalidade, da igualdade tributária, todos presentes, de modo explícito, no corpo da Carta Magna, sob pena do Poder Judiciário se transformar em autoridade legislativa.

Está, também, consagrado que o Poder Judiciário não pode conceder isenções ou criar tributos, nem que seja para fazer garantir o princípio da igualdade.

Na hipótese em exame, a prevalecer a coisa julgada, além de se ter a frontal violação à dispositivo legal, quando se lhe negou aplicação, desconhece-se a imperatividade da regra constitucional posta no art. 150, II, da CF, de que é vedado à União, aos Estados, ao Distrito Federal e aos Municípios, instituir tratamento desigual entre contribuintes que se encontrem em situação equivalente, proibida qualquer distinção em razão da ocupação profissional ou função por eles exercida, independentemente da denominação jurídica dos rendimentos, títulos ou direitos.

Tenho afirmado e repito, com a devida vênia dos que entendem de modo diferente, que a função do direito é ordenar. Esta missão se torna mais categórica quando ele regula as relações jurídicas de direito público, em face de não lhe ser possível criar comportamentos que fujam dos estreitos limites impostos pela legalidade objetiva.

O ordenamento jurídico atua em forma de sistema. Se assim não fosse não seria ordenamento e não teria função de harmonizar. Impossível, conseqüentemente, que uma decisão judicial importe em criar privilégios a determinados contribuintes, concedendo-lhe o direito de não pagar a contribuição social sobre o lucro, enquanto outros a tanto estão obrigados em face do Colendo Supremo Tribunal Federal ter reconhecido a lei que criou o tributo como constitucional.

Além de quebrar a horizontalidade administrativa que deve existir no trato de tal relacionamento, descumpre-se, por inteiro, a Carta Magna, não somente na imperatividade do princípio insculpido no art. 150, II, 1º., da CF, como, também, quebra-se a harmonia e independência dos Poderes, tranformando-se o Judiciário em Poder Legislativo de caso concreto.

É impertinente, com a devida vênia, no presente caso a aplicação da Súmula 343 do Colendo Supremo Tribunal Federal.

Tal impertinência se fortalece em face da motivação do acórdão rescindendo se encontrar filiado à interpretação dos arts. 146, III, *a*, 195 e 204, da Constituição Federal.

Se a controvérsia examinada é de cunho nitidamente constitucional, fato que não se pode negar pelo exame que se faz de ser ou não inconstitucional a Lei 7.689/88, não se deve aplicar o verbete da Súmula 343, do Colendo Supremo Tribunal Federal, conforme orientação jurisprudencial a respeito e que é mencionada por Theotonio Negrão, conforme referência abaixo.

O entendimento sumular do Excelso Pretório não tem o condão de afastar as várias possibilidades de discussão se uma decisão violou ou não literal disposição legal. Firmou-se, apenas, no sentido de que o dissídio jurisprudencial não é fundamento para tal hipótese, quando se revela, de modo especial, interpretação de textos que regulam relações privatísticas e que não são apontados como inconstitucionais.

Admitir-se conclusão diferente, seria prestigiar a imutabilidade de decisão que viola flagrantemente disposição de lei, apenas porque os Tribunais divergem a respeito, mesmo que, posta a matéria em confronto com a Constituição Federal, o Colendo Supremo Tribunal Federal, autoridade competente para examiná-la em tal aspecto, assim não acolhe.

As conclusões jurídicas firmadas por unanimidade não são próprias da ciência do Direito. A discussão é que aperfeiçoa a aplicação da norma. Para assim proceder, o sistema criou os Tribunais com instâncias extraordinárias com a função específica de uniformalizar o entendimento da lei, quando aplicada.

Nada justifica, assim, o não acolhimento de rescisória para apreciar decisão do trânsito em julgado que afronta interpretação de texto normativo firmada pelo Colendo Supremo Tribunal Federal, quando confrontado com a Constituição Federal.

Por tais razões, o argumento de que a Súmula 343 do Colendo STF impede o cabimento da presente rescisória, deve ser afastado.

É do conhecimento da doutrina que a construção da Súmula 343 do STF tem seu apoio na interpretação de direito que regula relações privatísticas, sem se questionar de inconstitucionalidade da norma. Além do mais, ela se apóia na interpretação que Tribunais diferentes tenham dado a determinado dispositivo legal, quer de legislação federal, quer de legislação estadual, especialmente, quando a matéria ainda não tinha merecido consolidação na Suprema Corte.

Por outro lado, em se tratando de tema constitucional, como o de se definir a existência ou não do direito de cobrar determinado tributo, a referida Súmula não se aplica. O que se interpreta, no particular, é garantia constitucional, cujo rumo definitivo só cabe ao Colendo Supremo Tribunal Federal impor.

Theotonio Negrão, na nota 22, ao art. 485, registra:

"A Súmula 343 tem aplicação quando se trata de texto legal de interpretação controvertida nos Tribunais, não, porém, de texto constitucional" (*RTJ* 108/1.369). Neste sentido: *RTJ* 114/361, 125/267, *JTA* 103/374. Menos explícito: *RTJ* 101/207.

Se não se aplica a referida Súmula quando se trata da interpretação de texto constitucional, com mais vigor há de se falar quando se discute um direito fundamental, um princípio expresso, como é o do direito de igualdade tributária.

É oportuno registrar, também, a crítica que Luís Eulálio Bueno Vidigal faz à Súmula 343, ao comentar o art. 485, V, do CPC, em sua obra *Comentários ao Código de Processo Civil*, Ed. RT, vol. VI, pp. 113 e ss.:

"Se as divergências de interpretação não fossem consideradas como violação de disposição literal de lei, somente se admitiria a rescisória ou o recurso extraordinário, por esse fundamento, quando o julgado rescindendo declarasse expressamente recusar-se a dar cumprimento a determinado texto legal. Essa limitação, que a doutrina e a jurisprudência sempre baniram, é inadmissível. É raríssimo o caso de abertamente declarar o juiz que deixa de cumprir uma lei.

"Quando, no juízo rescindente, prevalece interpretação de lei diferente da adotada pelo julgado rescindendo, este último deve ser considerado como proferido contra literal disposição de lei. Freqüentemente, as violações de disposição literal de lei resultam de divergências de interpretação, as quais, em virtude do princípio da pluralidade das instâncias, devem ser considerada, pelo Tribunal que por último examina a causa, como erros ou violações da lei."

Em nota de pé de página, mesma obra, Luís Eulálio Bueno Vidigal acentua:

"Pontes de Miranda observou com lógica irrecusável: 'a literalidade não é um absoluto; o senso literal não é um só, nem unívoco; há dois, três ou mais sensos literais, e dizer que somente se pode interpor recurso extraordinário do que contravém a letra da lei é ignorar que a letra das leis é forma, como toda palavra humana, que só se pode contravir, com uma proposição, a outra proposição, portanto, ao conteúdo de uma letra de lei, ao conteúdo de uma disposição literal' " (*Comentários à Constituição Federal de 10 de novembro de 1937*, t. III, Irmãos Pongetti, Rio, 1938, p. 134).

Por tais razões, por afastar a aplicação da Súmula 343, do STF, considero cabível a presente rescisória.

V — A preliminar de que os acórdãos do Colendo Supremo Tribunal Federal não constituem documento novo merece ser acolhida.

Na verdade, a presente rescisória está apresentada sob dois fundamentos: o de ter havido violação literal a disposição legal e o do art. 485, VII, do CPC, da existência de documento novo obtido depois da sentença, cuja existência ignorava, ou de que não pôde fazer uso, documento este com capacidade de, por si só, de assegurar pronunciamento favorável à parte.

A jurisprudência interpreta o art. 485, VII, do CPC, no sentido de que:

a) "Por documento novo não se deve entender aquele que só posteriormente veio a se formar, mas o documento já constituído à época da ação ordinária" (STJ-*RT* 652/159).

b) "O documento novo que ensejaria rescisão de sentença é aquele que, ainda que produzido anteriormente, não pôde ser obtido pela parte, por ignorar a sua existência, e, além de tudo, quando, por si só, pudesse ensejar pronunciamento favorável a quem o produz; descaracterizado como tal o documento extraído de assentos públicos" (*RSTJ* 26/504).

c) "Por documento novo não se deve entender o documento que só posteriormente veio a formar-se, mas o documento já constituído, cuja existência o autor da rescisória ignorava ou do qual não pôde fazer uso no curso do primeiro feito" (*RTFR* 145/7).

As ementas mencionadas estão citadas por Theotonio Negrão, in *Código de Processo Civil e Legislação Processual em Vigor*, p. 334, 24ª edição.

O acórdão do Colendo Supremo Tribunal Federal não pode ser, em face do acima exposto, considerado documento novo. A sua existência só ocorreu muito após a lavratura da decisão rescindenda e, mesmo que existisse, ainda não se podia falar em não ser conhecido da parte.

Por tais fundamentos, acolho a preliminar para afastar tais razões como causa de pedir da presente rescisória.

VI — Improcede a alegação da Ré de que a Autora deixou de atacar um dos fundamentos do acórdão rescindendo.

Na inicial, a Autora adotou como suas razões de rescindibilidade do venerando acórdão atacado, todos os fundamentos postos no acórdão proferido sobre a matéria pelo Colendo Supremo Tribunal Federal ao apreciar o Recurso Extraordinário 138.284-PE. No referido acórdão foram abordados os dois fundamentos postos na decisão rescindenda, conforme se pode atestar da emenda respectiva. Naquela oportunidade, o Colendo Supremo Tribunal Federal afastou a tese de que não se fazia necessário Lei Complementar para a criação da Contribuição Social sobre o Lucro e que era irrelevante o fato da arrecadação do referido tributo ser feita pelo Departamento da Receita Federal e integrar o orçamento fiscal da União.

Por tais razões, tenho como improcedente a alegação, posto que os dois fundamentos alegados estão sendo discutidos no curso da presente lide.

VII — Sem qualquer relevância para o julgamento da presente causa a afirmação da Ré de que a Autora estava obrigada a fazer juntar a íntegra do acórdão da Argüição de Inconstitucionalidade na AMS 976-PE.

A juntada do referido "decisum" não se constitui em documento necessário para a presente causa, haja vista não ser ele, diretamente, o atacado.

A autora, contudo, por ocasião das suas razões finais, fez juntar cópia integral da decisão reclamada.

Sem qualquer pertinência, portanto, pretensão da ré de obter a carência da ação por tal fato.

É como voto, preliminarmente.

VOTO-MÉRITO

O Exmo. Sr. Juiz José Delgado (Relator): O pedido rescisório merece procedência parcial.

O Colendo Supremo Tribunal Federal, ao apreciar a matéria, pacificou-se no entendimento de que não era inconstitucional a Lei 7.689, de 15.12.88, salvo o seu art. 8º.

A ementa do decidido no Recurso Extraordinário 138.284-CE, da lavra do eminente Min. Carlos Velloso, Relator, é expressiva ao assim afirmar:

"Constitucional. Tributário. Contribuições sociais. Contribuições incidentes sobre o lucro das pessoas jurídicas. Lei 7.689, de 15.12.88.

"I — Contribuições parafiscais: contribuições sociais, contribuições de intervenção e contribuições corporativas. CF, art. 149. Contribuições sociais de seguridade social. CF, arts. 149 e 195. As diversas espécies de contribuições sociais.

"II — A contribuição da Lei 7.689, de 15.12.88, é uma contribuição social instituída com base no art. 195, I, da Constituição. As contribuições do art. 195, I, II, III, da Constituição, não exigem, para a sua instituição, Lei Complementar. Apenas as contribuições do § 4º do mesmo art. 195 é que exige, para a sua instituição, Lei Complementar, dado que essa instituição deverá observar a técnica da competência residual da União (CF, art. 195, § 4º; CF, art. 154, I). Posto estarem sujeitas à Lei Complementar do art. 146, III, da Constituição, porque não são impostos, não há necessidade de que a Lei Complementar defina o seu fato gerador, base de cálculo e contribuintes (CF, art. 146, III, "a").

"III — Adicional do imposto de renda: classificação desarrazoada.

"IV — Irrelevância do fato de a receita integrar o orçamento fiscal da União. O que importa é que ela se destina ao financiamento da seguridade social (Lei 7.689, art. 1º).

"V — Inconstitucionalidade do art. 8º, da Lei 7.689/88, por ofender o princípio da irretroatividade (CF, art. 150, III, "a") qualificado pela inexigibilidade da contribuição dentro do prazo de noventa dias da publicação da lei (CF, art. 195, § 6º). Vigência e eficácia da lei: distinção.

"VI — Recurso Extraordinário conhecido, mas improvido, declarada a inconstitucionalidade apenas do art. 8º da Lei 7.689, de 1988" (Rec. Extraordinário 138.284-CE, Rel. Min. Carlos Velloso, in *DJU* 28.8.92, p. 13.456).

Esta posição foi assumida pelo Colendo Supremo Tribunal Federal, no exercício da competência maior de declarar inconstitucional ou não dispositivo legal integrante do ordenamento jurídico, pelo que se consolida como violadora da lei decisão que se põe em sentido oposto ao da Colenda Suprema Corte.

Por tais fundamentos, dou parcial provimento a presente Ação Rescisória para, rescindindo a decisão prolatada no AMS 1.605-PE (90.05.02174-8), considerar não aplicável, por sofrer do vício da inconstitucionalidade, apenas, o art. 8º da Lei 7.689, de 1988.

Condeno a Ré ao pagamento de honorários advocatícios que fixo em 5% (cinco por cento) sobre o valor da causa, considerando a sucumbência parcial.

É como voto.

REVISTA
TRIMESTRAL DE
DIREITO PÚBLICO

RTDP-8

DOUTRINA: EMENDAS DE TRATADOS INTERNACIONAIS — **Vicente Marotta Rangel** • A ORGANIZAÇÃO CONSTITUCIONAL DA FUNÇÃO PLANEJADORA — **Fábio Konder Comparato** • COMPETÊNCIAS ADMINISTRATIVAS DOS ESTADOS E MUNICÍPIOS — LICITAÇÕES — **Lúcia Valle Figueiredo** • CONTRARIEDADE À CONSTITUIÇÃO E RECURSO EXTRAORDINÁRIO: ASPECTOS INEXPLORADOS — **Gilmar Ferreira Mendes** • ***PARECERES***: LEI DE ZONEAMENTO URBANO — COMPETÊNCIA EXCLUSIVA DO LEGISLATIVO MUNICIPAL — DELEGAÇÃO DE PODERES AO EXECUTIVO — **Arnoldo Wald** • INCONSTITUCIONALIDADE DE PRECEITO DE CONSTITUIÇÃO ESTADUAL (PARÁGRAFO ÚNICO DO ART. 293 DA CONSTITUIÇÃO DO ESTADO DE SÃO PAULO) — **Geraldo Ataliba** • INCENTIVOS FISCAIS E FINANCEIROS — **José Souto Maior Borges** • EFICÁCIA SOCIAL DA PRESTAÇÃO JURISDICIONAL — **Teori Albino Zavascki** • ***ESTUDOS & COMENTÁRIOS***: MEDIDA PROVISÓRIA: CONTROLE JURISDICIONAL DE SEUS PRESSUPOSTOS — **Carlos David S. Aarão Reis** • CONTROLE JURISDICIONAL DOS ATOS POLÍTICOS DO PODER EXECUTIVO — **Derly Barreto e Silva Filho** • SERVIDORES PÚBLICOS MUNICIPAIS, REGIME JURÍDICO E O FGTS — **Sandra Krieger Gonçalves Silva** • FUNÇÃO ADMINISTRATIVA NO ESTADO BRASILEIRO — **Yara Martínez Carvalho e Silva Stroppa** • MINISTÉRIO PÚBLICO E TUTELA DOS INTERESSES DIFUSOS — **Luiz Fabião Guasque** • RECURSOS HÍDRICOS E CONSTITUIÇÃO — **Dimas Macedo** • ***CONFERÊNCIAS & DEBATES***: DÍVIDA EXTERNA E ÉTICA NAS RELAÇÕES INTERNACIONAIS — **José Carlos de Magalhães** • INOVAÇÕES DA JURISPRUDÊNCIA EM MATÉRIA AMBIENTAL — **Alvaro Luiz Valery Mirra** • ***JURISPRUDÊNCIA***

MALHEIROS
EDITORES

REVISTA TRIMESTRAL DE

DIREITO PÚBLICO

7/1994

M